In liebender Erinnerung
an meinen Zwillingsbruder
CHARLES H. FRIEDLANDER
(1927-1992)

Und mit Hoffnung für die Zukunft
unseren Töchtern
NOAM, ARIEL UND MICHAL FRIEDLANDER

Albert H. Friedlander

DAS ENDE DER NACHT

Jüdische und christliche Denker
nach dem Holocaust

Aus dem Englischen übersetzt von
Sieglinde Denzel und Susanne Naumann

Chr. Kaiser
Gütersloher
Verlagshaus

Deutsche Erstausgabe

Die englische Originalausgabe erschien 1993 unter dem Titel »Riders Towards the
Dawn. From ultimate suffering to tempered hope« im Verlag Constable & Company
Limited, GB-London.

Die Deutsche Bibliothek – CIP-Einheitsaufnahme

Friedlander, Albert H.:
Das Ende der Nacht : jüdische und christliche Denker nach
dem Holocaust / Albert H. Friedlander. Aus dem Engl. übers.
von Sieglinde Denzel und Susanne Naumann. – Dt. Erstausg. –
Gütersloh : Kaiser, Gütersloher Verl.-Haus, 1995
Einheitssacht.: Riders towards the dawn <dt.>
ISBN 3-579-02076-5

ISBN 3-579-02076-5
© Chr. Kaiser/Gütersloher Verlagshaus, Gütersloh 1995

Umschlagentwurf: Ingeborg Geith, München, unter Verwendung der Abbildung
eines jüdischen Grabsteins aus dem 3. Jahrhundert,
Fundort: Esztergom, Ungarn.
Satz: Weserdruckerei Rolf Oesselmann GmbH, Stolzenau
Druck und Bindung: Clausen & Bosse, Leck
Gedruckt auf chlorfrei gebleichtem Werkdruckpapier
Printed in Germany

Inhalt

Teil 4

Teil 5

Dank

Die Welt der Gelehrten ist groß – sie erstreckt sich über den ganzen Erdball. Ich selbst habe bei meiner Arbeit von so vielen Freunden und Kollegen Anregung und Hilfe erfahren, daß es unmöglich·ist, hier alle zu nennen. Eine solche Liste könnte ohnehin nie wirklich alle erfassen. Anfangen würde ich bei Leo Baeck und schließen mit Elie Wiesel. Zwischen diesen beiden aber stünden unter jedem Buchstaben des Alphabets unzählige andere Namen, deren Trägern ich Dank schulde. Ausdrücklich nennen möchte ich jedoch an dieser Stelle meine Lektoren Robin Baird-Smith und Sarah Baird-Smith. Ohne ihre ständige Ermutigung, konstruktiv-kritische Durchsicht des Manuskripts, ohne ihre Begeisterung und unermüdlichen Bemühungen hätte dieses Buch das Licht der Welt nicht erblickt. Danken muß ich auch meiner Frau und Lebensgefährtin Evelyn, »einer wahrhaft mutigen Frau«, die mich in all meinem Tun unterstützt und deren eigene Arbeit bei der Hidden Legacy Foundation eine ständige Quelle der Inspiration und des Ansporns für ihren manchmal etwas trägen Ehemann ist. Nicht zuletzt bin ich der Westminster Synagoge und dem Leo Baeck College zu großem Dank verpflichtet für ihre Anteilnahme an meinen Forschungsprojekten und für ihre Unterstützung und Geduld bei der Arbeit, die uns ein gemeinsames Anliegen ist und Teil der Tradition, die wir an die Zukunft weitergeben wollen.

London, im Juni 1993   Albert H. Friedlander

Vorwort zur deutschen Ausgabe

Dieses Buch mußte ins Deutsche übersetzt werden, weil es eigentlich in Deutschland gedacht und erlebt wurde. Der Versuch, das Unerklärliche zu verstehen, ist ein Teil des europäischen Denkens, das auch in Amerika Fuß gefaßt hat. Das Denken des Fernen Ostens habe ich nicht in meine Überlegungen einbezogen, obgleich schon das Wort Hiroshima unsere Betroffenheit weckt. Als Weltpräsident (ein Ehrentitel) der »Weltkonferenz der Religionen für den Frieden« komme ich häufig mit Buddhisten in Japan ins Gespräch, und wir erkennen uns am gemeinsamen Leiden. Dennoch hat dieses Kapitel der Weltgeschichte nichts mit der Einmaligkeit der Shoa zu tun, die ich in diesem Buch ansprechen will.

Die wichtigste Erkenntnis des folgenden Textes ist, daß wir in der postmodernen Zeit leben, daß wir die Nacht überlebt haben, und daß der Weg weitergehen muß. In den Gettos und in den KZs der Nazizeit gab es die leuchtenden Gestalten, die einen Weg in die Zukunft weisen konnten. In unserer Zeit, da wir in dieser Zukunft wohnen, gibt es Menschen, die sich dessen bewußt sind, daß die Erinnerung und das Verständnis gegenüber dem Mitmenschen – von einem Verständnis für das Geschehene kann ich gar nicht sprechen – uns jetzt in einen neuen Tag begleiten müssen. Und wie könnte ich diesen Versuch machen, ohne mich an den deutschen Mitmenschen zu wenden, der auch, auf andere Weise, so tief an dieser Vergangenheit leidet, ob er es weiß oder nicht?

Im November 1994 veröffentlichte Ismar Schorsch, Rektor des Jewish Theological Seminary in New York, einen Aufsatz (in: *Sh'ma*, A Journal of Jewish Responsibility, November 1994, S. 1 – 3), in dem er betont, daß »Erinnerung nicht genügt« und daß man zu einem Dialog mit den jungen Deutschen der 80er und 90er Jahre kommen muß. Er weist darauf hin, daß das frühere Schweigen der Deutschen jetzt aufgehört hat, und daß es gegenwärtig nicht nur viele Erinnerungsstätten, sondern auch viel Erinnerung in Deutschland gibt. Selbst in bezug auf die Widerstandskämpfer des 20. Juli hat sich viel verändert. Schorsch zitierte General Klaus Naumann, Gerneralinspekteur der Deutschen Bundeswehr. In der Eröffnungsrede zu einer Ausstellung über den deutschen Widerstand an der Columbia-Universität (New York) hob Naumann die Tatsache hervor, daß dieser Aufstand inzwischen zum Ethos der deutschen Armee gehört. Demnach hat sich viel in Deutschland geändert. Das Recht, sich gegen einen falschen Befehl aufzulehnen, gehört jetzt zum Verantwortungsbewußtsein der Armee. »Wir müssen die Veränderungen im deutschen Denken anerkennen«, sagt Schorsch, »und das Demokratische darin unterstützen. Nur in der Vergangenheit zu leben, bringt uns nie in die Zukunft.« Natürlich wurde Schorsch wegen seines Artikels sofort scharf angegriffen, doch auch mein Buch ist in diesem Denken und Geist geschrieben. Und so muß es auch gelesen werden.

9

Im Winter 1994 hatte ich ein längeres Gespräch mit Professor Johann Baptist Metz (im Hawelka-Café in Wien), von dem ich in den letzten Jahren viel gelernt habe – auch über die zeitgenössische christliche Theologie. Wie Metz mir sagte, ist eine christliche Theologie, die sich nicht mit Auschwitz beschäftigt hat, des Zuhörens nicht wert. Als Rabbiner muß ich jedoch auch anerkennen, daß im Laufe der Zeit immer wieder wesentliche Impulse aus dem christlichen Glauben gekommen sind und kommen. War die Shoa eine Apokalypse? Nie könnte man das sagen, da wir noch leben und einander Fragen stellen. Bringt die Zukunft die endgültige Nacht? Johann Baptist Metz glaubt, daß nur resigniert, wer meint, daß es nie ein Ende geben wird. Doch wir beide, Christ und Jude, haben einen gemeinsamen messianischen Glauben, der uns in die Zukunft führt. In einer Wiener Weinstube entwickelt sich solch ein hoffnungsvolles, fast apokalyptisches Denken vielleicht leichter, aber auch in den folgenden Wochen fand ich meine Hoffnung immer wieder neu bestätigt. Wir sprachen über unsere Freunde, Dorothee Sölle z. B., und ganz besonders über Elie Wiesel. Jüdische und christliche Gedanken kamen hier zusammen. Wenn ich Richard Rubenstein und Dorothee Sölle in diesem Buch öfter zitiere, dann nicht, um die Allmacht Gottes anzuzweifeln – aber der kreative Zweifel existiert im Judentum und im Christentum, bei Theologen wie unter Laien. Dieses Buch ist ein Versuch, von beiden zu lernen. Wäre dieses Buch eine rein historische Arbeit, wäre es schon jetzt überholt – soviel ändert sich jeden Tag. Regierungen kommen und gehen, Menschen treten auf und nehmen ihren Abschied von der Bühne der Geschichte. Wie Baeck Kohelet zitiert: »dor holech 'dor ba'; 'ha-olam ommedet la-at«. – »Eine Generation kommt, und eine geht; aber die Welt besteht ewig«. Auch dies ist ein Leitgedanke für dieses Buch, ein Buch, für dessen verantwortungsvolle und sensible Übersetzung Sieglinde Denzel und Susanne Naumann verantwortlich zeichnen. Danken möchte ich auch Ulrike von Essen, Gütersloher Verlagshaus/Chr. Kaiser, sowie Herrn Dr. Walter Homolka und besonders Herrn Dr. Frank Wössner, ohne dessen maßgebliche Unterstützung dieses Buch nicht hätte erscheinen können. Ich gebe das Buch nun in Ihre Hände und hoffe, daß ich aus dieser Begegnung viel lernen werde.

London, im Januar 1995   Albert H. Friedlander

Einführung

Am 3. August 1914 notierte Lord Grey of Fallodon: »Die Lampen gehen in ganz Europa aus, wir werden sie in unserem Leben nie wieder leuchten sehen.«[1] Vielleicht hätte es heißen sollen: »... in unserem Jahrhundert.« Immer wieder haben wir gehofft und geglaubt, das Zeitalter der Grausamkeit, das in den Schützengräben des ersten Weltkriegs begann, neige sich nun endgültig seinem Ende zu. Und dann kommt es im Balkan, im Fernen Osten, ja sogar in den Straßen unserer westlichen Metropolen zu Eruptionen der Gewalt, die die Welt jedesmal noch ein wenig dunkler zurücklassen. Und während wir uns bemühen, das 21. Jahrhundert einigermaßen heil zu erreichen, fragen wir uns, wieviel von dem, was der Mensch erreicht hat, überhaupt vor der Zerstörung bewahrt werden kann, wenn doch schon der Planet, auf dem wir leben, durch die maßlose Gier der Menschheit Schaden genommen hat. Gibt es überhaupt noch einen Weg in die Zukunft?

Auch dieses Buch kann einen solchen Weg nicht aufzeigen. Anfangs dachte ich, daß wir uns vielleicht über die Rückkehr des Glaubens freuen könnten, die Begeisterung für die Tradition, die in der westlichen Welt und ihren Religionen neu erwacht zu sein scheint. Doch wenn man genau hinsieht, wird man gewahr, daß ein Großteil dieser wiedererwachten Religiosität in Judentum, Christentum und Islam vom Erstarken eines Fundamentalismus herrührt, der der Vergangenheit ebenso entfliehen will wie der Gegenwart und sich hinter einem Schutzpanzer erstarrter Dogmen und Riten verschanzt, hinter dem das angeschlagene Ich des Gläubigen angeblich Heilung finden soll. Immerhin hatte sich diese Formel in der Vergangenheit bewährt: Die Kirche in ihrem Elfenbeinturm und das Judentum in seinem Getto waren imstande, die massiven Umwälzungen der Vergangenheit zu überstehen, um dann aus ihren Mauern hinauszutreten in die neue Welt, für die sie sich aufbewahrt hatten. Doch ich glaube nicht, daß das heute noch einmal funktionieren wird – die Gegebenheiten unserer Zeit lassen derartige Überlebensstrategien fragwürdig erscheinen.

Zunächst einmal und vor allem fehlt es nach wie vor an der Vergangenheitsbewältigung. Wir werden den Holocaust niemals vollständig begreifen können – aber wir müssen offen sein für die Fragen, vor die er uns stellt. Religion kann nach Auschwitz nie mehr so sein wie vorher. Das soll nicht heißen, daß wir eine ›Auschwitz-Theologie‹ brauchen. Im Gegenteil, ich möchte dieses Wort in meiner Untersuchung über die geistig-religiöse Entwicklung nach dem Holocaust so wenig wie möglich verwenden, auch wenn im folgenden viele Theologen zu Wort

---

1. *Lord Edward Grey*, Fünfundzwanzig Jahre Politik. Memoiren 1892-1916. Bd. II, München 1926, 18.

kommen sollen. Doch unsere Zeit ist zugleich auch eine post-religiöse Zeit, und viele der Antworten, die wir brauchen, lassen sich heute außerhalb der Religion finden. Man hat uns beigebracht, daß jedes Zeitalter seine eigenen Paradigmen hervorbringt: Denkweisen, in die die zeitgenössische Philosophie, Sprache, Erfahrung und auch die Denk- und Verhaltensmuster aus Kirche, Moschee und Synagoge einfließen. Trotzdem lassen sich die Erkenntnisse der Vergangenheit nicht restlos aus dem zeitgenössischen Denken ausschließen. Jehuda Halewi, Franziskus von Assisi und Al Halladsch teilen mit uns Erfahrungen der menschlichen Seele, die zeitlos sind. Die Frage ist – können sie auch nach Auschwitz noch unsere Lehrer sein? Können wir uns einfach an das religiöse Establishment halten in einer Zeit, in der, wie wir genau wissen, die Religion unzählige Male versagt hat? Doch wo sonst sollen wir uns Wegweisung holen?

Wir hetzen heute durch eine verdüsterte Welt und haben kaum mehr Zeit, Unterweisung zu geben oder zu empfangen. Aber vor unseren Augen zeichnet sich die Silhouette einer kleinen Schar von Menschen ab, die ich die ›Reiter in die Morgendämmerung‹ nennen möchte: Menschen, die aus der Finsternis kommen und sie nicht vergessen haben, und die doch wissen, daß sie vorwärts gehen müssen, auf die Morgendämmerung zu, deren matten Schein sie vor sich ahnen.

Ich bin an diesen Einzelpersönlichkeiten weit mehr interessiert als an den ›Fertigprodukten‹ der Religion, die uns mit den Traktaten fanatischer Gläubiger in die Hand gedrückt werden. Natürlich werden unter denen, die uns auf unserer Suche beistehen, religiöse Frauen und Männer sein, aber es wird auch andere geben, die keine besondere religiöse Bindung haben oder hatten. Ich habe sie einmal in ›Hasen und Schildkröten‹ unterteilt: Die Hasen stieben mit unglaublicher Geschwindigkeit in immer neue Richtungen; ihr Weg mag vielleicht richtig sein, aber wir verlieren sie leicht aus den Augen. Die Schildkröte dagegen trägt ihren Panzer. Sie hat ihr Haus bei sich, ihre Tradition, die ihr hilft oder ihr zumindest Schutz gibt. Das kann eine traditionelle Glaubensrichtung sein oder auch eine hochkomplexe Philosophie. Es sind nicht viele, die einen solchen Schutz haben, doch manchen von uns ist es tatsächlich möglich, eine bestimmte Philosophie, ein System, ein Gebäude aus religiösen Dogmen und Verhaltensweisen zu akzeptieren, das die Probleme der Vergangenheit für sie löst oder ihnen wenigstens erlaubt, sie abzugeben: »Das ist alles viel zu schwierig für mich. Das ist Sache meines Lehrers. Alles, was ich tun muß, ist, meinem Lehrer zu glauben.«

Ich erzähle hier von meiner eigenen Reise, als einer, der einen oder vielmehr viele Lehrer gefunden hat. Meine Lehrer kommen aus zahlreichen Disziplinen. Da ist mein geistiger Mentor und Freund, George Steiner. Da ist mein Rabbiner, Leo Baeck. Mein *Rebbe*, Elie Wiesel. Und dann sind da die vielen Kollegen, mit denen ich ein Stück des Weges gegangen bin, von Eugene Borowitz und Stephen Schwarzschild bis hin zu den Zweiflern und Skeptikern, von denen ich noch immer viel lerne. Ich bin eine ständige Enttäuschung für sie alle, weil ich mich keinem von ihnen ganz verschreibe, unter den Schutz seines Systems krieche und beschließe, daß ich jetzt meinen sicheren Hafen gefunden habe. Ich kann das einfach nicht, und ich kann es auch niemandem empfehlen.

Es ist meine Hoffnung, daß sich noch viele dem kleinen Trupp der ›Reiter in die Morgendämmerung‹ anschließen, denn ich habe das Gefühl, daß sie in die richtige Richtung reiten. Sie sind aufgebrochen in der Vergangenheit, sie haben diese Vergangenheit nicht einfach hinter sich gelassen, und doch sind sie weitergeritten, nach vorn, in ein neues Leben. Sie haben sich den Problemen der philosophischen Anthropologie, wie Kant sie formuliert hat, gestellt: Was kann ich wissen? Was soll ich tun? Was darf ich hoffen? Was ist der Mensch? Auf die erste Frage gibt die Metaphysik Antwort, auf die zweite die Ethik, auf die dritte die Religion und auf die vierte die Anthropologie. Doch die Reiter in den Morgen folgen nicht streng irgendwelchen philosophischen Wegweisern. Die meisten von ihnen gehen auf ihre ganz eigene Weise mit diesen Fragen um. Vielleicht wenden sie sich der Dichtung zu. Da ist ein Wissenschaftler wie Primo Levi zugleich ein Poet. Und es überrascht nicht weiter, wenn ein Historiker wie Eugen Täubler zum Dichter wird, um über die engen Grenzen seiner Disziplin hinaus Allgemeingültiges auszusagen.

In gewisser Weise versucht dieses Buch ähnliches. Es möchte Grenzen überschreiten und etwas von der unausgewogenen, unvollständigen Vielfalt der Realität bewahren. Es will uns daran hindern, Wahrgenommenes in einer ordentlich aneinandergereihten Prozession von Wortbildern zu organisieren, die an die Stelle der Realität treten. Wenn wir uns dem Schock des Erkennens aussetzen, wenn wir Elie Wiesel oder Piotr Rawicz zuhören oder eine Strophe eines Gedichts von Paul Celan lesen, sind wir schon ein Stück auf dem Weg vorangekommen. Nichtsdestoweniger folgt unser Buch bestimmten Orientierungspunkten. So gilt eine einleitende Reflexion dem Holocaust und der verstümmelten Wirklichkeit, die er zurückließ. Danach machen wir Zwischenstation, um uns bei einem Passamahl mit einigen Gästen zusammenzusetzen, die der Finsternis entronnen sind, und sei es auch nur physisch. Sie kommen miteinander ins Gespräch und stellen die ewige Frage nach der Natur des Bösen. Ich werde versuchen, ihre Fragen im Rahmen meiner Grenzen zu beantworten.

Auch mit den Antworten, die die Religion unserer Tage der Finsternis entgegenstellt, werden wir uns auseinandersetzen. Hier begegnen wir jüdischen Traditionalisten, deren profundes Wissen und tiefe Weisheit nicht weniger beeindruckend sind als ihr menschliches Erbarmen. Progressive jüdische Denker werden uns ihren Ansatz für die Auseinandersetzung mit den Herausforderungen eines Lebens nach dem Holocaust vorstellen – und manche von ihnen entpuppen sich dabei als überraschend traditionalistisch. Es folgen die christlichen ›Reiter in die Morgendämmerung‹, herausragend unter ihnen Dietrich Bonhoeffer und Martin Niemöller, die das Beste des deutschen Christentums in einer schlimmen Zeit verkörperten. Ich selbst habe mich vor allem mit Bonhoeffer und seiner manchmal nicht ganz einfachen Theologie befaßt – vielleicht, weil er in einem Konzentrationslager starb. Pastor Niemöllers Leben ist sicherlich ein nicht weniger eindrucksvolles Zeugnis, doch was er sagt, ist eingängiger. Er war so etwas wie ein ›christlicher Traditionalist‹ – eine Haltung, aus der heraus er seinem Land ein halbes Jahrhundert diente und die ihn zur Opposition gegen Hitler bewog. Aus derselben Haltung heraus stellte er sich ein weiteres halbes Jahrhundert (oder doch fast ein halbes Jahrhundert) in den Dienst seines neuentstandenen Landes – und geriet durch sein Engagement gegen die Aufrüstung erneut in Konflikt mit der politischen Führung.

Einen Hintergrund für die neuen Paradigmen des zeitgenössischen Denkens soll uns dann die Begegnung mit einzelnen Ländern liefern: mit den Vereinigten Staaten, Frankreich, Großbritannien, Italien, Deutschland und Israel. Daneben aber existiert noch ein anderes Land – das Land der Dichter. In diesem Land brauchen wir uns nicht in falscher Sicherheit zu wiegen. Es war stets sicher, weil es nicht in die Strudel der Veränderung hineingezogen werden konnte, die in Europa das Unterste zuoberst kehrten. Das ist denn auch einer der erschreckendsten Aspekte des Lebens nach dem Holocaust, und heute sehen wir seine Saat, die Saat der Drachenzähne, plötzlich aufs neue sprossen. Wieder greift ein fanatischer Nationalismus um sich, der prompt dazu führt, daß Nachbarn, mit denen man bisher in Freundschaft gelebt hat, um Leib und Leben fürchten müssen.

Die Greueltaten unserer Tage haben ihren Ursprung im Holocaust, als Menschen entbehrlich waren. Menschen als entbehrlich anzusehen aber war die Vorstufe von Auschwitz; die irischen Gesetze über den Landbesitz einer früheren Zeit und der Einsatz der Hungersnot in Irland als politische Waffe, die Entdeckung, daß wirtschaftliche Probleme sich lösen lassen, wenn man Grundbesitz oder Produkte höherschätzt als Menschen – all das waren Dinge, die Auschwitz vorangingen und doch untrennbar damit verbunden sind.

Gegen Ende unserer Reise setzen wir uns dann noch einmal zusammen, um die verschiedenen Punkte zu diskutieren, die uns auf unserem Weg vielleicht klarer geworden sind: Können Juden, Christen und Moslems gemeinsam beten? Bringt uns die Vorstellung von einem leidenden Gott näher zu Gott oder führt sie uns von ihm fort? Damit sind wir aber auch schon mittendrin in unseren einleitenden Überlegungen. Wir sammeln uns mit den »Reitern in die Morgendämmerung«. Es ist noch viel zu tun, bevor der Morgen heraufdämmert und wir am Ziel unseres Weges sind, doch wie immer ist auch hier der Weg so wichtig wie das Ziel.

Teil 1

1. Reise in die Finsternis

Manche sagen, die Welt wird im Feuer vergehen,
Manche sagen, im Eis.
Ich halt's mit denen, die lieber Feuer sehen,
Aber Eis ist leis
und tut's zum selben Preis.

Robert Frost[1]

Das Damoklesschwert der Vernichtung schwebt allezeit über der Welt, und das Bewußtsein der eigenen Sterblichkeit, ja der Endlichkeit der Menschheit überhaupt, lauert am Rande aller menschlichen Erfahrung. Daher die Schutzmechanismen in den Köpfen der einzelnen wie der Allgemeinheit: Wer tritt schon gern an den Rand des Abgrunds und blickt dem Tod ins Angesicht?

Können wir darauf vertrauen, daß die Politiker unser Leben schützen? Dürfen wir davon ausgehen, daß die Wissenschaftler, die ihre Forschung ja doch mehr und mehr als Selbstzweck betreiben, vor Forschungsvorhaben haltmachen, deren Resultate zur Vernichtung eines Feindes mißbraucht werden können – man denke nur an die Kriegführung mit biologischen Waffen? Zeichnet sich, wenn wir die Menschen unserer Zeit, der Zeit nach dem Holocaust, betrachten, trotz aller düsteren Vorzeichen irgendwo ein Weg ab, der aus der Finsternis ins Licht führt, aus der Verzweiflung in die Hoffnung, aus der Zerstörung in die Wiederherstellung?

Das jüdische Denken geht davon aus, daß es zu allen Zeiten und in allen Bereichen menschlicher Erfahrung jene »Reiter in die Morgendämmerung« gab und gibt, die sich nicht von der Finsternis der Nacht verschlingen lassen, sondern unbeirrt ihren Weg nach Osten fortsetzen, in der sicheren Erwartung, daß das Licht, das für immer erloschen schien, wieder aufgehen wird. »Wächter, wie weit ist die Nacht?« Die Nacht kommt, aber es kommt auch der Tag! Und es sind die Propheten und Rabbinen, die Dichter und Psychologen, die unabhängigen Geister, die uns in der Nacht den Weg weisen können. Damit ist aber auch schon die Brücke geschlagen zum Glauben, zu jenen biblischen Texten, die immer wieder von den Kämpfen der Menschheit gegen die Finsternis berichten, von der ersten

---

1. Übertragung durch die Übersetzerinnen.

15

Seite der Genesis an, wo die Gestaltlosigkeit und Leere, das »Nichts«, das der Schöpfung entgegensteht, überwunden wird. Die Menschen der biblischen Welt machten sich keine Illusionen über ihre Überlebenschancen. Der Philosoph Kohelet (Prediger) bringt es auf den Punkt:

»*Dor holech, w'dor ba* ... ein Geschlecht vergeht, das andere kommt; die Erde aber bleibt immer bestehen ...«

Oder umgekehrt, wie Leo Baeck den Text einmal ausgelegt hat: »Eine Welt vergeht, eine andere Welt kommt, die Geschlechter aber – die Menschheit – bleiben immer bestehen.« *Adam* und *Adama*, Menschheit und Erde, gehören zusammen. Sie sind aufeinander bezogen, und Gottes Verheißung, die Welt nicht durch Wasser zu vernichten (eine frühe Erinnerung an die Eiszeit? Oder die Vorwegnahme des radioaktiven Fallout?), wölbt sich über sie wie ein Regenbogen des Glaubens, eine Brücke zwischen der bedrohten Welt und ihrem Schöpfer. In unserer Zeit hat sich diese Aussage allerdings noch ein weiteres Mal verkehrt: Heute ist es die Menschheit selbst, die das Wasser vergiftet und damit ein neues Vernichtungspotential für die Welt schafft.

Wie wird der Weltuntergang diesmal aussehen? Zwei Professoren für jüdische Philosophie, der eine an der Columbia University, der andere am Jewish Theological Seminary, Jacob Taubes und Joshua Heschel, machten zusammen einen Spaziergang, und Taubes äußerte Heschel gegenüber seine Zukunftsängste. Heschel versuchte ihn zu trösten: »Denken Sie doch an die vielen Prophezeiungen der Vergangenheit, wie ungezählte Male der Untergang der Welt vorhergesagt wurde.« Beide schwiegen eine Weile. Schließlich meinte Taubes bedrückt: »Aber wissen Sie, jedesmal, wenn die Vernichtung angekündigt wurde, traf sie auch ein.«

Unsere Zeit steht unter dem Siegel des Holocaust, der drei Generationen geprägt hat. Ein ungeheuerlicher Feuerbrand hat das Europa, das wir kannten, vernichtet. In den jüdischen und christlichen Gotteshäusern verstummten die Stimmen von Glaube und Vernunft. Apathie bemächtigte sich der Zuschauer, der Angehörigen anderer Glaubensrichtungen. Das Gewissen der Welt wurde zum Schweigen gebracht. Die Argumente der buddhistischen Philosophie, der fernöstlichen Version der Stoa, für die das Leben des einzelnen ein Tropfen ist, der in die Wellen des Ozeans eingeht und so in das Ganze zurückkehrt, lassen sich nicht als Beleg dafür anführen, daß die Gewissensmaßstäbe der Kulturen variieren. Sicherlich haben Hiroshima und Nagasaki ihre eigene Wertigkeit, doch auch sie stellen moralische Forderungen an Täter und Opfer, die die ganze leidende Menschheit angehen, und verlangen Antworten, die sich nicht von den Übeln des 20. Jahrhunderts trennen lassen. Auch noch die kleinste Minderheit muß heute von einem neuen Verständnis der Verantwortung des Menschen für den Menschen her gesehen werden. Wenn wir uns die Rationalisierungen unserer Zeit anschauen, wird erschreckend deutlich, wie sehr der Holocaust unser Gewissen verstümmelt und uns zu Kindern seiner Zeit, des Zeitalters der Grausamkeit, gemacht hat.

Die Juden – und die Welt – müssen aus dem Schatten des Holocaust heraustreten. Wenn wir nur um uns selbst kreisen, machen wir aus Auschwitz eine niemals endende Katastrophe, die uns blind macht für die neuen Holocausts unserer Zeit. Unser beharrliches Hinweisen auf den Holocaust geschieht nicht aus dem Wunsch nach Mitleid, aus dem Verlangen, daß die Welt um uns und mit uns trauern möge. Wir wollen die Welt vielmehr an das Böse erinnern, das die Katastrophe herauf- geführt hat und das noch immer da ist, wir wollen daran erinnern, daß die Welt vernichtet worden ist und daß sie wieder vernichtet werden kann.

Die Juden leben im Bewußtsein dieser drohenden Vernichtung, doch sie wissen, daß sie nicht als einzige im Besitz dieser Erkenntnis sind. Noach stand stellvertre- tend für die ganze Menschheit, die dem Untergang der Welt ins Auge sah. Ijob bezeugte in seiner Existenz die Vernichtung des guten Menschen, nicht als Jude, sondern stellvertretend für jeden Gerechten, der unverdientes Leiden erduldet. In unserer eigenen Geschichte erleben wir Zeiten durchstandener Krisen, die mehr sind als persönliche Triumphe der Überlegenheit des menschlichen Geistes. Immer wieder war den Juden der Untergang prophezeit, und immer wieder traf er ein: Jeremia schaute das Anrücken des babylonischen Heeres und die Zerstörung Jeru- salems im Jahr 586 v.u.Z.; Ezechiel wurde die Vision der Wiedergeburt Israels im Tal der Gebeine zuteil. Rabbi Jochanan ben Zakkai sah, wie die Römer Jerusalem und den Tempel im Jahre 70 u.Z. niederbrannten, und hoffte auf den Messias. Und lange bevor Jehuda Halewi Häuser des Glaubens zur Bewahrung jüdischen Lebens gebaut hatte, gingen die Gemeinden selbst in Flammen auf. Doch in jeder Genera- tion, die in der Finsternis lebte, gab es Reiter, die der Morgendämmerung entge- genritten. Sie folgten einem Weg, der denen, die nur die Nacht und das Feuer sa- hen, verborgen war. Immer gab es Menschen, die einen besonderen Weg gingen und der nachfolgenden Generation eine Botschaft hinterließen. Unsere Generation, die Generation der Zeit nach dem Holocaust, kurz vor dem Eintritt ins 21. Jahrhun- dert, darf nicht länger in einer Eiszeit des Glaubens leben, paralysiert von Zweifeln und Ängsten, unfähig, das Trauma einer verdrängten Vergangenheit zu verarbeiten. Auch die Christen, die so manches Mal Gleichgültigkeit an die Stelle schmerzvol- ler Bewußtwerdung setzen, müssen diese Vergangenheitsbewältigung leisten. Ein Glaube, der so tief versunken ist in die Wahrheiten seiner Mythen, daß er die uner- bittliche Schärfe der geschichtlichen Ereignisse und Zusammenhänge hinter sich läßt, kann viel – vielleicht allzu viel – hinnehmen.

Da, wo die Boten, die aus der Finsternis kommen, schweigen, sind sie selbst die Botschaft. Es sind Christen wie Juden, Opfer, Beobachter, Chronisten. Wir hören ihnen zu, und ihre Antworten sind nicht immer die unseren. Die Menschen des 20. Jahrhunderts können nie mehr wirklich *heil* werden; wir nehmen unsere Verletzungen und Narben mit hinein in das neue Jahrhundert. Doch die Boten bringen auch gar keine Heilung, zumindest keine sofortige. Unsere Mythologien helfen uns vielmehr, etwas von unserem eigenen Wesen zu begreifen, vom Wesen des *Tikkun,* der Wiederherstellung der Welt, die im Bereich menschlichen Wollens und Könnens liegt, solange auf die Nacht die Morgendämmerung folgt.

Israel muß für Juden wie für Nicht-Juden eine Herausforderung, ein Stein des Anstoßes bleiben. Das Problem von Recht und Unrecht, von Überleben und Vernichtung gewinnt hier eine besondere Schärfe. Israel, das darf nicht vergessen werden, ist heiliger Boden: für Juden, Christen, Moslems und für die Bahai. Die erschütterte jüdische Identität – des einzelnen wie der Gesellschaft – kann erst gesunden, wenn eine Rückkehr zur Tora und ihren Prinzipien stattgefunden hat, wenn alle im Einklang mit der alten Vision und dem, was sich im Laufe der Jahrhunderte aus ihr entwickelt hat, leben. Diese Vision ist zu achten, doch müssen der progressive Jude und auch der Säkularist ebensosehr ein Teil des Volkes Israel werden wie der Jude, der in der Abgeschlossenheit von Mea Shearim lebt. Denn manchmal werden die neuen Mauern, die die frommen Juden um sich aufrichten, zu Barrieren, die nicht nur andere Juden ausschließen, sondern auch dem Kommen des Messias und dem Anbruch des Zeitalters der Erlösung im Wege stehen.

Das Phänomen der zerbrochenen Identität betrifft fromme Juden ebenso wie weltliche. Und manchmal sind es gerade weltliche Juden, in denen die Vision des Juden, so wie er gedacht war, Wirklichkeit wird, sind es die Grenzgebiete jüdischen Lebens, die am meisten Anlaß zur Hoffnung geben und die aufregendsten Entwicklungsmöglichkeiten ahnen lassen. Die Säkularität und die ethischen Spannungen, die das jüdische Gemeinschaftsleben außerhalb der Synagoge kennzeichnen, können als Quelle einer zeitgenössischen Lebensauffassung gelten, in der das Böse entweder durch das Gesetz oder durch den Glauben in Schach gehalten wird.

Auf diese Weise können wir uns langsam einem Menschenbild annähern, in dem das Böse ein integrierendes Element unseres Wesens ist; das in den Teilsiegen über die Finsternis die Triumphe menschlichen Lebens sieht; und das sich die Zuversicht nicht nehmen läßt, daß selbst noch eine Reise in die Finsternis die Dimension der Hoffnung in sich trägt.

2. Die Nacht

Jedes Jahr im Frühling, in der Passazeit, laden die Juden Freunde und Verwandte zum Passa-Seder ein. Bei einem dieser Seder, am zweiten Abend des Passafestes, kamen Freunde aus verschiedenen Ländern und ganz unterschiedlichen Berufsfeldern bei uns zusammen: einer der Mitherausgeber der *Times;* einige Schriftsteller, die ihre Holocaust-Erfahrungen in Romanen, Dramen und Hörspielen verarbeitet haben; und schließlich etliche Freunde aus der Welt der Musik und der Religion. Der Passa-Seder ist so etwas wie ein groß angelegtes Sozio- und Psychodrama, in dem wir die Geschehnisse unserer Geschichte, die sich vor über 3000 Jahren abspielten, nacherleben – und so zu unserer ganz persönlichen, ureigenen Erfahrung werden lassen: ›Bechol dor wa-dor ... jede Generation soll sich wieder ganz neu und ganz unmittelbar aus Ägypten herausgeführt fühlen ... so daß wir zu unseren Kindern sagen können: das hat Gott für *mich* getan, als ich aus Ägpyten kam ...‹ Jedes Jahr erkennen wir uns selbst in der Vergangenheit.

Einer unserer Gäste damals war Jakov Lind, dessen Büchlein *Eine Seele aus Holz* sicherlich eine der tiefgründigsten Darstellungen der Greueltaten der Nazizeit ist. Jakov ging vollkommen im Seder auf, während er sich gemeinsam mit uns anderen an diesem Abend in die Aggada vertiefte, die Texte, die an der Sedertafel verlesen werden. Nach Auffassung der Rabbinen soll man sich bei der Sederfeier möglichst intensiv und ausführlich mit den alten Texten auseinandersetzen und dabei nach neuen, eigenen Antworten suchen. So weiß die Tradition zu berichten, daß eine Gruppe von Rabbinen in Bene Berak sich so sehr im Text verlor, daß ihre Schüler sie am Morgen daran erinnern mußten, daß es nun Zeit war, die Morgengebete zu sprechen. An jenem Abend ging es uns ganz ähnlich. Wir waren an die Stelle gekommen, die von den vier Knaben handelt, die die Schlüsselfragen der Zeremonie stellen: Es sind der weise Knabe, der böse Knabe, der einfältige Knabe und der, der nicht weiß, was er fragen soll. Die Tradition hebt natürlich den weisen Knaben, der auf den Illustrationen der Aggada meist als Rabbi dargestellt wird, auf den Schild. Dieser Junge will einfach alles wissen! Und dafür wird er gepriesen. Jakov Lind behielt sich in jener Nacht die Rolle des bösen Knaben vor, der zynisch fragt: »Warum zelebriert ihr diese Rituale überhaupt?« und sich damit selbst aus der Gemeinschaft Israels ausschließt. »Der böse Knabe«, sagte Jakov Lind, »ist der wahre Repräsentant des Juden von heute. Er ist der tiefsinnigste Denker, und mit ihm identifiziere ich mich!« Andere am Tisch stimmten ihm zu, und es entspann sich eine lange Debatte, gerade wie in den Tagen von Bene Berak.

Im Grunde sprachen wir über den Holocaust. Es ging um die Frage des Überlebens in schlimmer Zeit, in der die Juden verfolgt wurden und der Feind uns zu vernichten suchte. Die Gesprächsteilnehmer vertraten dabei völlig unterschiedliche Ansätze.

Jakov Lind ist ein wahrer Bär von einem Mann, voller überschäumender Lebensfreude und mit einem unverwüstlichen Sinn für Humor gesegnet. Selbst in der Konfrontation mit dem absoluten Bösen trat dieser Zug bei ihm hervor, ergänzt durch persönlichen Mut und große Charakterstärke. Dennoch überschattete ihn, als er sich die Ereignisse jener Zeit für uns ins Gedächtnis zurückrief, ein finsterer Ernst. »Man kann dem Bösen nicht begegnen, ohne von ihm berührt zu werden«, sagte er. Als die Nazis in Holland einmarschiert waren, hatte die jüdische Gemeinde, die sich nicht einfach kampflos ergeben wollte, mehrere Möglichkeiten. Manche – wie etwa die Familie Frank – gingen in den Untergrund und versteckten sich. Bruno Bettelheim kritisierte später in seinen Schriften die Strategie der Franks als defätistisch und erfolglos – Anne, Margot und ihre Mutter und die anderen, die sich versteckt hatten, starben im Konzentrationslager. Otto Frank überlebte, und ich habe im Laufe der Jahre viele Male mit ihm gesprochen. Er hatte seine Kinder gelehrt – was Annes Tagebuch bezeugt –, den Glauben an die menschliche Güte nie aufzugeben. Die Familie wurde schließlich von einem holländischen Dieb verraten, der versuchte, die eigene Haut zu retten, indem er den Nazis ein Judenversteck preisgab.

Jakov Lind ging vom entgegengesetzten Standpunkt aus, von der Überzeugung, daß hier das absolute Böse am Werk war. Er war sich sicher, daß dieses Böse jedes Versteck aufspüren würde, und er hatte kein Zutrauen zu seinen Mitmenschen, die unter einem so ungeheuren Druck lebten. Gab es unter diesen Umständen überhaupt noch eine Chance zu überleben? Jakov wählte einen ungewöhnlichen Weg: Er beschloß, direkt in die Höhle des Löwen zu gehen. *Er würde sich freiwillig zum Arbeitsdienst in Deutschland melden!* Wenn er mitten im Nazireich arbeitete und als ›hinterwäldlerischer Holländer‹ den Rhein hinauf- und hinabfuhr, käme mit Sicherheit niemand auf die Idee, daß er ein untergetauchter Jude war. An jenem Sederabend erzählte Jakov uns einiges aus dieser Zeit. Er hatte überlebt, doch nicht ohne Wunden und Narben. Wie kann man als ›der böse Knabe‹ der Aggada existieren, der seine Zugehörigkeit zur jüdischen Gemeinschaft verleugnet und sein eigenes Volk verflucht, um sich selbst zu retten? Linds Schriften legen Zeugnis ab von den dunklen Abschnitten in seinem Leben und davon, wie er durch die Finsternis schließlich zum Licht hindurchdrang. Das ›Böse‹ war nicht in ihm, sondern um ihn herum. Genau das spiegelt sich auch in Jakov Linds Romanen und Kurzgeschichten.

Ein anderes Jahr, ein anderer Seder. Piotr Rawicz saß an unserem Tisch, und wieder sprachen wir über den ›bösen Sohn‹. Piotrs großes Werk *Blood from the Sky* ist auch so ein Brief aus dem Reich des Holocaust. Auf seiner Reise in die tiefste Hölle landete Piotr schließlich in einem ukrainischen Gefängnis, wo er sich als Ukrainer auszugeben versuchte – keine einfache Sache für einen beschnittenen Juden. Wie kann man etwas sein, das man nicht ist, und das auch noch so überzeugend, daß man den Feind damit täuscht?

Ein ukrainischer Kollaborateur wurde zu ihm in die Zelle verlegt, um ihn auszuhorchen: Konnte er beweisen, daß er wirklich Ukrainer war? »Wer ist unser größter Volksschriftsteller?« fragte der Spitzel. Wenn jemand in der gleichen Situation versuchen würde, eine britische Identität vorzutäuschen, wäre er wohl versucht, die Antwort zu geben, mit der jeder rechnet: »William Shakespeare!« Was aber würde das beweisen? Rawicz schreibt:

»Humeniuk sah Boris nicht einmal an. Zwischen den Zähnen stieß er eine Frage hervor, wie ein zänkischer Dorfschullehrer, der mit der Antwort seines Schülers unzufrieden ist, bevor er sie überhaupt gehört hat: ›Wer ist der größte ukrainische Dichter?‹ Und plötzlich fand Boris Gefallen an dem Spiel. Sein Gehirn arbeitete auf Hochtouren wie seit langem nicht mehr. Er dachte: ›Wenn jemand beweisen möchte, daß er Engländer ist, ein gebildeter Engländer, dann kann er das nicht, indem er auf eine solche Frage mit »Shakespeare« oder »Byron« antwortet. Das geht ganz einfach deshalb nicht, weil jedermann, Engländer oder nicht, Shakespeare und Byron kennt. Nein, er mußte durchblicken lassen, daß es eine Zumutung war, ihm eine solche Frage überhaupt zu stellen – und zwar so, daß es dem Fragesteller selbst so vorkam. Er mußte eine Gestalt wie Eliot oder Sitwell ins Spiel bringen. So weit, so gut. Auf die Frage, wer der größte ukrainische Dichter ist, erwartet unser Freund einen einzigen Namen: den des Barden, Tara Schewtschenko ... aber jeder hier – nicht nur die Ukrainer, auch die Russen, Polen und Juden, die in der Ukraine leben – weiß, daß dieser Mann, der die Qualen der Sklaverei und den Kosakenstolz besang, der Stolz der Nation ist. Es wäre abgedroschen, diesen Namen zu nennen. Wenn ich Schewtschenko anführte, würde dir das wohl gefallen, mein guter Humeniuk, aber ich würde nicht deine Phantasie anregen und vor allem würde ich dir damit nichts beweisen. Ich brauche – oder vielmehr *du* brauchst – etwas ganz anderes.

Und Boris nannte den Namen eines avantgardistischen Dichters, der erst kürzlich, im Alter von 29 Jahren, gestorben war, eines alten Freundes von ihm, den insgesamt vielleicht 200 Leute kannten und verehrten.

Humeniuk sprang auf und protestierte wütend: ›Was konnte ich von einem Galgenvogel wie dir anderes erwarten! Du hast den Nerv zu behaupten, daß Hranich, der arme verdrehte Teufel, unser größter Dichter sei! Daß er überhaupt ein Dichter sei! Du machst wohl Witze! Ich kannte Freund Hranich, er konnte einem bloß leid tun. Offen gesagt habe ich kein Wort von dem verstanden, was er geschrieben hat, und ich glaube auch nicht, daß es da überhaupt etwas zu verstehen gibt ... Sein Geschreibsel ist nichts als dummes, verqueres Geschwätz, das von einem Vierjährigen stammen könnte ...‹

›Das mag deine Meinung sein‹, antwortete Boris, ›aber ich denke anders. Du hast mir eine Frage gestellt, und ich habe dir geantwortet, so ehrlich ich konnte.‹

›Ehrlich, ehrlich ...‹ Humeniuk ging mehr und mehr in der Rolle des Schulmeisters auf, der einen Schüler prüft, der vielleicht brilliant ist, aber dabei beunruhigend exzentrische Ansichten an den Tag legt.

›Nun, da sind wir verschiedener Ansicht. Aber auch ganz und gar. Vergessen wir die Dichter, und wenden wir uns lieber praktischeren Dingen zu ...‹

Humeniuk sah auf. Mit rauher Stimme rief er den Wachen zu: ›Bringt diesen Mistkerl raus, aber dalli!‹

Und zu Lesch sagte er: ›Das ist kein Jude. Glaub mir, es ist völlig ausgeschlossen. Er ist Abschaum, klar. Politisch würde ich ihm nicht über den Weg trauen. Aber was die Frage betrifft, ob er ein Ukrainer ist ... er ist einer, leider ...‹«

Blood from the Sky ist einer der wichtigsten Romane über die *Shoa*, ein Bericht aus dem Mittelpunkt der Finsternis und zugleich ein Zeugnis menschlicher Größe im Angesicht des absoluten Bösen. Dabei spart Rawicz die menschlichen Schwächen nicht aus – niemand entkam dieser Hölle ohne Blessuren. Wie Jakov Lind konnte Piotr Rawicz an der Sedertafel lachen und sich an der Gemeinschaft freuen. Aber er hatte auch mit dem Teufel am Tisch gesessen – als der Tisch gedeckt war. Und er erinnerte uns daran, daß der ›schlechte Sohn‹ nicht vom Sedertisch verjagt werden darf: *Kol dichfin, jete w'jechol* – laßt alle, die hungrig sind, kommen und mit uns essen, sagt die Aggada. Es gab Menschen, die das Lager gebrochen hat, die sich schließlich unterwarfen. Sie wurden entweder zu Robotern, zu Automaten, sogenannten *Muselmanen,* die den Lebenswillen verloren und als erste starben. Oder sie wurden zu willigen Sklaven, die schreckliche Dinge begingen – und ebenfalls starben. Dabei darf man nie aus den Augen verlieren, daß ihre Sünden in erster Linie die Sünden ihrer Gefängniswärter waren und daß sie eigentlich unser Mitgefühl verdienen. Vor diesem Hintergrund tritt die Größe derer, die sich ihre Integrität bewahrten, umso leuchtender hervor. Piotr Rawicz schied schließlich wie Paul Celan, Jean Amery, Primo Levi und andere, die in der Begegnung mit dem absoluten Bösen zu tief verwundet worden waren, freiwillig aus einem Leben, das nur noch Finsternis war und in dem der Selbstmord der einzige Ausweg schien. Wir bleiben zurück mit dem Schmerz von Freunden, die zu wenig getan haben, um dieses Ende zu verhüten, und mit der Verantwortung von Erben, die wissen, daß wenigstens das Zeugnis dieser Menschen fortdauern und lebendig bleiben muß. An jeder Sedertafel sitzen auch die Gestalten jener neben uns, die die Finsternis verschlungen hat. Die Tür bleibt nicht nur für Elija offen, der das Kommen des Messias verkünden soll, sie gibt auch den Blick frei auf das Böse, das draußen lauert, auf vergangene und zukünftige Verfolgung.

Bei Elie Wiesel wird aus Elija der Flüchtling, der Auschwitz entronnen ist – die Geschehnisse des Passa und der *Shoa* vermischen sich. Nach dem Gebot der Gastfreundschaft muß an der Sedertafel stets Raum für den Fremden bleiben. In Wiesels Geschichte bricht dieser Fremde in die Sederfeier ein; er berichtet von seiner Flucht aus dem Todeslager, warnt seine Zuhörer, fleht sie an, nicht länger die Augen vor der Gefahr zu verschließen – und wird zurückgestoßen. Zusammengekommen, um die Rettung aus Todesgefahr vor langer Zeit zu feiern, im Vertrauen auf den göttlichen Schutz, der in den Passagebeten beschworen wird, reagieren die Versammelten mit Zorn auf seine Warnungen. Sie können und wollen nicht wahrhaben, daß vor der Haustür die Vernichtung wartet. Der kleine Junge am Sedertisch aber weiß, daß es Elija war, der ins Haus gekommen ist und auf Elijas Platz saß und seinen Wein trank. Später sieht er, wie der Fremde freiwillig einen der Frachtzüge nach Osten, in die Todeslager, besteigt. Nun weiß er mit Sicherheit, daß Elija erschienen ist; denn stieg nicht auch der Fremde, wie Elija in der Bibel, drei Tage später in einem Feuerwagen zum Himmel empor, und es blieb nichts zurück als Asche, Erinnerung und das Wissen um diesen Feuerwagen?

Die Aussagen Wiesels, dieses vielleicht wichtigsten Boten in unserer Zeit, verdienen eine ausführlichere Betrachtung, will man jenem reichen und vielfältigen Werk auch nur annähernd gerecht werden, das nicht zuletzt deshalb von so großer

Bedeutung ist, weil es tatsächlich über die Finsternis hinausweist ins Licht, in die Morgendämmerung unserer Tage – und damit letztlich mehr ist als eine ›Theologie des Holocaust‹, nämlich die Lehre von einem Leben *jenseits* der Nacht. Eines muß dabei von vornherein klargestellt werden: Wiesels Fiktion ist keine Fiktion, sondern Realität in ihrer äußersten Verdichtung. Es hat in unserer Zeit allzu viele Auslegungen, allzu viele allegorische Ansätze und Versuche zu einer christlichen oder jüdischen ›Theologie des Holocaust‹ gegeben. Elie Wiesel, der Friedensnobelpreisträger und Kämpfer für die Menschenrechte, muß sehr viel stärker von seinem Engagement her verstanden werden als von seinem schriftstellerischen Werk. Natürlich hat dieses Werk – als ein Versuch auszusprechen, was auf keine andere Art ausgesprochen werden kann – seinen eigenen Wert, doch Wiesels Botschaft reicht weiter.

Den meisten Lesern bleibt ein Bild aus seinem ersten Buch, *Die Nacht,* im Gedächtnis, das die Menschen seither nicht mehr losgelassen hat. Es ist das Bild vom Baum des Todes. Ein Kind und zwei Erwachsene werden vor den Augen der Lagerhäftlinge gehängt. Während die Erwachsenen ihre Wut und ihren Haß laut hinausschreien, bleibt das Kind stumm:

»›Wo ist Gott, wo ist er?‹ fragte jemand hinter mir. Auf ein Zeichen des Lagerchefs kippten die Stühle um.
Absolutes Schweigen herrschte im ganzen Lager. Am Horizont ging die Sonne unter.
... Die beiden Erwachsenen lebten nicht mehr. ... Aber der dritte Strick hing nicht reglos: der leichte Knabe lebte noch ...
... Hinter mir hörte ich denselben Mann fragen: ›Wo ist Gott?‹
Und ich hörte eine Stimme in mir antworten:
›Wo er ist? Dort – dort hängt er, am Galgen ...‹
An diesem Abend schmeckte die Suppe nach Leichnam.«[2]

Die Philosophen und Theologen unserer Zeit haben sich geradezu auf diesen Text gestürzt. Jeder Satz wurde nach seinem Symbolgehalt, nach seiner theologischen Botschaft, nach den verschiedenen Gleichnisebenen abgeklopft, ohne daß die Frager sich einen Augenblick des Nachdenkens gegönnt hätten, in dem ihnen bewußt geworden wäre, daß es sich hier in erster Linie und vor allem anderen um den Bericht eines Augenzeugen über ein Ereignis handelt, das tatsächlich so stattgefunden hat. Der Text ist ein Zeugnis; und zu bestimmten Zeiten hat Wiesel sich vehement gegen die vielen Kommentare gewehrt, die die Realität dessen, was da geschehen war, zu verschleiern drohten: Ein Kind wurde ermordet, das hatte leben wollen. Eine Million Kinder ist in den Konzentrationslagern umgekommen – aber vielleicht muß man sich auf eines von ihnen konzentrieren, um die Monstrosität dessen, was da geschehen ist, zu begreifen.

2. *E. Wiesel*, Die Nacht, 87/88.

23

Viele Christen sehen in dieser Geschichte ein Sinnbild für Golgata. Die Gedanken und Empfindungen, die sie zu diesem Schluß bewegen, sind durchaus begreiflich: drei nackte Galgen, die zum Himmel aufragen, Folterknechte und Zuschauer und die Verkörperung der Unschuld in der Mitte. Doch es gibt auch christliche Auslegungen, die Wiesels Darstellung als eine Parodie auf die Kreuzigung verstehen, wobei sie mit Recht darauf hinweisen, daß aus christlicher Sicht das Kreuz Jesu immer im Zusammenhang mit dem leeren Grab zu begreifen ist. Auf jeden Fall aber werden sie durch Wiesels Geschichte an menschliches und göttliches Leiden erinnert; und die Episode aus dem Holocaust schlägt so die Brücke zu allen leidenden Opfern der Menschheitsgeschichte.

Eine bedeutende christliche Theologin, die an dieser Stelle nicht übergangen werden darf, ist Dorothee Sölle, eine der großen radikalen Theologinnen unserer Zeit. Ihre ›Gott ist tot‹-Theologie schockierte die gesamte christliche Gemeinschaft ebenso wie ihre *Politischen Nachtgebete* im Kölner Dom, mit denen sie radikal politische Themen in ein Gotteshaus hineintrug. Sölles tiefes Verständnis für Elie Wiesels Werk weist sie auch in diesem Punkt als Pionierin des christlichen Lagers aus. Ihre ›Interpretation‹ der drei Galgen in Wiesels *Nacht* spielt denn auch eine wichtige Rolle im neuen Dialog zwischen Christentum und Judentum, in dem jede Seite versucht, die Traditionen der anderen zu achten und zu verstehen. Sölle schreibt:

»So kann man sagen, daß Gott in seiner Gestalt der Schekhinah in Auschwitz am Galgen hängt und darauf wartet, »daß von der Welt aus die anfangende Bewegung auf die Erlösung zu geschehe«. Nicht von außen oder von oben kommt die Erlösung den Menschen zu. Gott will den Menschen brauchen, um an der Vollendung seiner Schöpfung zu arbeiten. Eben darum muß Gott auch mit ihm leiden.«[3]

Es fällt auf, daß Dorothee Sölle hier eine grundlegende jüdische Lehraussage in die christliche Tradition hineinstellt und damit ein Erbe anerkennt, das bis heute von vielen Christen ignoriert wird. Ihre Schriften zeigen die Verbindung zwischen Christus und Auschwitz und auch zwischen Christus und Vietnam auf. Das ist eine politische Theologie, die die Geschehnisse des Holocaust und die neuen schrecklichen Konflikte der eigenen Zeit auf eine Art und Weise zur Sprache bringt, die darauf berechnet ist, das christliche Gewissen zu sensibilisieren. Sölle lehrt, daß die Menschheit auf alles Leiden reagieren muß. Doch in ihrer Betonung der menschlichen Reaktion kommt sie auch zu einer Aussage über Gott und das Leiden, die über die Dogmen der verschiedenen Theologien hinausreicht:

»Der entscheidende Satz, daß Gott »dort am Galgen« hängt, hat zwei Bedeutungen. Erstens ist es eine Aussage über Gott. Gott ist kein Henker – und kein allmächtiger Zuschau-

---

3. *D. Sölle*, Leiden, 179.

er (was auf dasselbe hinausliefe). Gott ist nicht der mächtige Tyrann. Zwischen den Leidenden und den Leidmachern, zwischen Opfern und Henkern ist »Gott«, was immer Menschen mit diesem Wort denken, auf der Seite der Leidenden. Gott ist auf der Seite der Opfer, er wird gehängt.

Zweitens ist es eine Aussage über den Jungen. Wenn es nicht zugleich eine Aussage über den Jungen ist, dann bleibt die Geschichte unwahr, und man kann auch auf die erste Aussage verzichten. ... Wir müßten lernen, in dem Satz »Hier ist Er, er hängt dort am Galgen«, das Bekenntnis des römischen Hauptmanns zu hören: »Wahrlich dieser ist Gottes Sohn gewesen.« Alle, jeder einzelne von den sechs Millionen ist Gottes geliebter Sohn gewesen. ... Gott ist nicht im Himmel, er hängt am Kreuz.«[4]

Es ließen sich noch viele Zitate christlicher Theologen anführen, die ihre eigene Deutung zu Wiesels Text vorgetragen haben. Wie die oben zitierte Passage sagen sie in der Regel mehr über das Christentum aus als über Wiesel, doch auch das ist wichtig und hat seine Berechtigung. Wiesel hat eine Art Durchbruch im christlichen Denken bewirkt, und gerade jene Vertreter des Christentums, die sich am stärksten für den Dialog zwischen Juden und Christen einsetzten (Eckhardt und Lyttel), haben sich in einem Maße auf seine Schriften gestützt, daß man geradezu sagen kann, daß die Romane und öffentlichen Stellungnahmen Wiesels zur Brükke wurden zwischen Juden und denjenigen Christen, die sich wirklich mit dem Holocaust und seinen Nachwirkungen auseinandersetzen wollen. Wie im Fall von Dorothee Sölle macht diese Haltung sie im allgemeinen zu Außenseitern in Kreisen der christlichen Theologie und des Klerus. Sie sind das christliche Gewissen, das auf die Stimme des Propheten antwortet – und sie bekennen mehr Schuld, als der Durchschnittschrist bereit ist einzugestehen. Elie Wiesel spricht nicht als Theologe. Er ist ein Zeuge, jemand, der der Welt sagt, was in jener anderen, dunklen Welt geschah, die zu betreten wir nicht gerüstet sind. Dennoch ist der ungeheure Einfluß, den er auf die denkenden, intellektuell redlichen Wahrheitssucher innerhalb der christlichen Tradition hatte, nicht zu unterschätzen. Schließlich und endlich erhielt Wiesel den Friedensnobelpreis (1986), weil er über die Grenzen jüdischen Lebens und Denkens hinausging und die Grausamkeiten und das Böse anprangerte, das *nach* Auschwitz geschah und das ihn auch zum Ankläger der Mörder in Bosnien und Serbien machte, die er als Kriegsverbrecher betrachtet sehen will in einer Welt, die die Lektion der Nazizeit zu vergessen scheint.

Damit sollen die biblischen Dimensionen im Werk Elie Wiesels keineswegs geleugnet werden. Seine Erfahrungen beschränken sich nicht allein auf das Reich des Holocaust. Als Kind in der *Jeschiwa* im ganzen Schatz der jüdischen Lehre und Weisheit unterwiesen, kam er in engste Berührung mit den biblischen Wurzeln jüdischen Lebens, und viele seiner neueren Bücher handeln denn auch von Gestalten aus der Bibel. Wiesel spricht in seinen Werken ganz einfach als Jude zu

4. A.a.O., 181-82.

uns, nicht als Wissenschaftler, der das chassidische Leben oder das Wesen der alten Prophetie analysiert, sondern als gläubiger Jude.

Nachdem wir Elie Wiesel nun so weit auf seiner Forschungsreise durch die Bibel, das talmudische Denken und die chassidische Gemeinschaft begleitet und in seinem Engagement für die soziale Gerechtigkeit in der Welt kennengelernt haben, dürfen wir ihn auch als immer wieder gegen den Horizont sich abzeichnenden Weggefährten bei unseren weiteren Erkundungen willkommen heißen. Mehr als jeder andere ist er dazu prädestiniert, uns in die Morgendämmerung neuen Bewußtseins und neuen Verstehens zu geleiten.

Doch letztlich müssen wir begreifen lernen, daß wir einen einsamen Weg vor uns haben, auf dem wir allein sind mit unseren Entscheidungen und unseren Ängsten, wenn die Finsternis vor uns sich nicht lichten will. In solchen Zeiten bleibt uns nichts, als einfach weiterzugehen und zu hoffen.

Die Botschaften, die aus dem innersten Kreis der Hölle zu uns dringen, sind unzweideutig und kurz: Das absolute Böse existiert in unserer Welt und in unserer Zeit. Es hat die Todeslager überdauert. Und jene, die Zeugnis davon ablegten, trugen Male davon, die zu Wundmalen der ganzen Menschheit wurden; nach der Begegnung mit einer solchen abgrundtiefen Dimension des Bösen ist nichts wieder wie vorher. Manche der Boten blieben, wie Elie Wiesels Elijagestalt, nur kurze Zeit in unserer Mitte; nachdem sie ihre Botschaft weitergegeben hatten, kehrten sie in die Finsternis zurück. Alle aber, ob sie uns verließen oder sich entschieden, trotz ihrer Qual weiterzuleben in einer Welt, die ihres Wortes immer noch bedurfte, haben uns weit mehr gegeben als dieses Wort: Sie haben uns sich selbst geschenkt. In gewisser Weise ist das eine erste Antwort auf die Frage nach dem Bösen und seinen Auswirkungen:

Das absolute Böse verstümmelt den einzelnen, ohne notwendigerweise sein Menschsein auszulöschen

Auf der Suche nach einer Antwort auf die Frage nach dem Bösen gehen unsere Gedanken merkwürdige Wege. Von den Theologen hören wir in diesem Zusammenhang immer wieder das Wort vom ›Tode Gottes‹ – eine theologische Schule, der Versuch, eine Antwort auf die Frage nach dem absoluten Bösen zu finden, indem man den Menschheitsmythos ›Gott‹ aufhebt oder doch das Dasein Gottes in der Welt nach der *Shoa* leugnet (beide Ansätze führen zu derselben Aussage, der Konstatierung der Abwesenheit Gottes in unserem Leben). Diese Antwort bezieht ihre Stoßkraft aus einer christlichen Umwelt, in der der ›Tod Gottes‹ zu einem notwendigen Bestandteil des Glaubens an die Auferstehung, Versöhnung und Rettung wird in einer Welt, in der das Böse über Menschen herrscht, die von der Erbsünde befleckt sind. Der Widerspruch des Lebens wird nur aufgelöst in dem Paradoxon, daß Gott stirbt, um wieder zu leben. In dem Bericht der Dichter und Schriftsteller aber tönt es anders:

In Auschwitz starb der Mensch

Die Aussage, daß nicht Gott in Auschwitz schwieg, sondern der Mensch, ist schon fast ein Gemeinplatz. Es gab damals keinen Aufschrei; allenfalls ein paar vereinzelte Stimmen erhoben sich gegen die Herrschaft der Nacht. Beim Blick durch die Lagerzäune konnten die Häftlinge nur verzweifeln. Die wenigen ›Gerechten unter den Völkern der Welt‹, die zu helfen versuchten – häufig, indem sie sich selbst opferten –, lieferten den Beweis, daß solche Hilfe nicht unmöglich war, daß es zu einer Woge der Menschlichkeit hätte kommen können, die den Brand des Bösen wenigstens zum Teil wieder gelöscht hätte. Daß ihrer nur so wenige waren, heißt nicht, daß man sie vergessen oder als unbedeutend hinstellen darf – doch sie dürfen auch nicht zum Alibi für die schuldigen Zuschauer werden. Doch noch etwas anderes, weit Wichtigeres berichten uns unsere Zeugen: Ein Funke ist im Menschen, der auch in den Todeslagern nicht erlischt. Wer durch das absolute Böse noch nicht vernichtet war, der entdeckte diesen Funken immer wieder bei den anderen Opfern; ja, man kann ihn nicht einmal den Wärtern, die sie bewachten, gänzlich absprechen. Das Böse wirkt durch die Menschen, die doch immer unvollkommene Werkzeuge bleiben – auch für den Teufel. Die ganze Struktur der Lager war darauf abgestellt, die Insassen so zu entpersönlichen, daß die Wärter die Gefangenen nicht mehr als Menschen betrachteten. Es war die Bürokratie des Todes. Aber auch ihre Handlanger wurden entpersönlicht.

Das absolute Böse existiert in der Welt

Unsere Führer in der Finsternis gehen von unterschiedlichen Voraussetzungen aus, auch wenn ihnen allen gemein ist, daß sie Menschen blieben noch im innersten Kreis der Hölle. Elie Wiesel z. B. gilt als Anhänger der ›Gott ist tot‹-Schule. In den Konzentrationslagern und auch jenseits der Lager, in einer Welt, der sein Zeugnis unbequem war und ist, steht Wiesels Werk für den Zweifel und die Fragen an den Glauben, die nach Auschwitz nicht mehr aus dem Leben wegzudenken sind. Damals wie heute fällt ihm die Aufgabe zu, die Welt an die Realität des Bösen zu erinnern – eine Aufgabe, die ihm in seinem Kampf gegen dieses Böse schließlich den Friedensnobelpreis eintrug. Doch das heißt nicht, daß sich in seinen Schriften und in seinem Leben nicht ein Bewußtsein von Gott manifestiert – sind doch das chassidische Denken und Gemeinschaftsleben untrennbar mit seinem Werk und seinem Leben verwoben. In seinem Insistieren auf die Realität des Bösen bezog Wiesel zwangsläufig Position gegen all jene, die es gern relativiert hätten – ein kleineres Übel, einem kleineren Gott entsprechend.

Es stimmt zwar, daß das Böse durch Menschen zu uns kommt und daß es durch die Unzulänglichkeiten – oder Stärken – dieser ›Werkzeuge‹ eine Abschwächung erfährt. Doch diese Erkenntnis darf nicht dazu dienen, das Böse in eine Schublade zu stecken, um es für den menschlichen Geist faßbar und handhabbar zu machen. Hannah Arendt hat als erste den Gedanken von der ›Banalität des Bösen‹ aufgebracht. Ihr Entwurf öffnet uns die Augen für den Prozeß, in dessen Verlauf die Bürokratie und ihre Vertreter, ganz gewöhnliche Menschen, zu Handlangern des Todes werden konnten, zu Menschen am Schaltpult einer Todesmaschinerie, die den entpersönlichten Mord in unserer Kultur gesellschaftlich akzeptabel gemacht hat. Doch das Akzeptieren der ›Banalität des Bösen‹ wird zu einer Gefahr für den menschlichen Geist, für den Versuch, einen Bereich zu schaffen, in dem das Böse eben nicht als eine natürliche Begleiterscheinug des Lebens hingenommen wird. Die glänzende Gedankenführung Hannah Arendts läßt uns das Böse in den alltäglichen Erfahrungen unseres Lebens entdecken: in der Gedankenträgheit, Denkfaulheit und Gleichgültigkeit derer, die, fast ohne es zu merken, zu Werkzeugen des Bösen werden. Ja, Arendts Konzept macht uns fast sogar den Holocaust begreifbar. Das aber ist denn auch die große Gefahr für all jene von uns, die nicht vergessen wollen, was geschehen ist, und die die Saat dieses Bösen in der Welt von heute aufschießen sehen. Wir dürfen das Böse nicht relativieren. Wir dürfen es nicht einfach mit der menschlichen Unzulänglichkeit und Schwäche gleichsetzen, sondern wir müssen seine Realität erkennen und uns ihm als dem *Tremendum* stellen, vor dem es kein Ausweichen gibt. Das absolute Böse hat existiert und existiert noch. Wir dürfen nicht meinen, ihm ein Ende machen zu können, indem wir es erklären.

Das wiederum ist natürlich eine religiöse Position – die ihrerseits ebenfalls Gefahren birgt. So hypostasieren manche Religionen das Böse zu einer absoluten Kraft, einem Satan, der in Opposition zu Gott steht und ihm die Herrschaft über die Welt streitig macht. Im Judentum war Satan stets eine recht unbedeutende biblische Figur, ein kleiner Funktionär am göttlichen Hof oder auch die entmythologisierte Schlange aus dem Garten Eden. Doch die jüdische Tradition weist eine Bandbreite und Vielfalt auf, die nicht auf einer einzigen Lösung beharrt, sondern vielen Ansätzen Rechnung trägt. Gleich neben Elie Wiesel ragt die Gestalt von Primo Levi. Jüdischer Humanismus war bei ihm getragen und ergänzt durch ein wissenschaftliches Denken, das seine Logik und Klarheit – und seine Fähigkeit, dem absoluten Bösen ins Gesicht zu blicken – ebensosehr aus dem Periodensystem bezog wie aus den halberinnerten Liturgiebruchstücken und Zeremonien der jüdischen Vergangenheit. Nicht nur verschaffte sein Beruf als Naturwissenschaftler Levi die Chance, in den Lagern zu überleben; sein naturwissenschaftliches Denken und die Idee der Reinheit der Elemente schenkten ihm auch die innere Kraft dazu.

Um zu überleben, mußte man etwas in das Reich der Nacht mitbringen, das nicht der Nacht zugehörte; und um die Welt zu retten, mußte man etwas aus diesem Reich hinaustragen, das die erstarrten Seelen der Zuschauer aufrüttelte. Wir können, ja wir dürfen nicht darüber spekulieren, wie dieses besondere prometheische Feuer beschaffen sein soll. Ich stehe in tiefer Hochachtung vor den Traditionalisten, die ihr reiner und schlichter Glaube bewahrte, die in diesem Glauben lebten und in ihm starben. Und doch fühle ich mich in meiner eigenen Existenz als Rabbiner manchmal dem offenen, von Zweifeln heimgesuchten Standpunkt eines Primo Levi oder Paul Celan näher als der engen Vollkommenheit des chassidischen Glaubens. Die ›chassidischen Erzählungen aus dem Holocaust‹ erschrecken mich: Sie sind so exklusiv, so sehr auf die Erlösung des Gerechten ausgerichtet. Der *Rebbe* macht seinen Glaubenssprung über den Abgrund des Todes hinweg, und die Erlösung ist ihm gewiß. Der Zweifler und der Ungläubige bleiben zurück. Ich kann mit den Menschen, die vom Tod zum Leben hindurchdrangen, die Überlebende des Glaubens sind, nicht rechten. Ich achte sie. Und ich weiß, daß es Enklaven des Glaubens geben muß, eingefriedet von den Mauern der Tradition, wo jene, die das absolute Böse gesehen haben, in der stillen Heiterkeit der abgeschlossenen Gemeinschaft der Tradition leben können.

Doch ich selbst lebe in der Welt draußen, wo Glaube und Zweifel sich vermengen. Die ›Reiter in die Morgendämmerung‹, von denen ich mir Unterweisung hole, ziehen ihre Straße in einer gebrochenen Welt; und der göttliche Funke, den sie aus der Hölle gerettet haben, ihre Menschlichkeit, bestärkt mich in meinem eigenen Weg, selbst wenn sie meinen Glauben in Frage stellen – ja sogar ganz besonders, wenn sie meinen Glauben in Frage stellen. Rationalisten und Skeptiker mögen mit Recht Vorbehalte gegen diese Auffassung anmelden, da sie den Rebellen der Rebellion beraubt. Die Frommen wiederum dünkt es allzu einfach, Glaubensprobleme dadurch zu vermeiden, daß man sich eine Welt denkt, in der auch die Suchenden oder Zweifelnden in den Armen des Ewigen ruhen und ihnen die Erlösung durch Gottes Gnade gewiß ist. Überhaupt ist das eher ein christlicher als ein jüdischer Gedanke. Das Judentum lebt recht eigentlich im Säkularen, in *dieser* Welt, deren Grenzen unbestimmt sind und schwankend. Wir kennen keinen geraden Weg in den Himmel und streben auch gar keinen an; ebensowenig lassen wir die Welt hinter uns. In der buddhistischen Lehre gibt es den Bodhisattva, der durch die Welt zieht, weiter und immer weiter, bis er schließlich vor der Mauer des Paradieses/Nirwana steht – und sich darüber schwingt. Doch es gibt noch einen anderen Bodhisattva, der, vor der Mauer stehend, sich zur leidenden Menschheit zurückwendet und versucht, auch andere an diesen Punkt zu führen: Er wählt das »größere Gefäß« – den Mahayana-Glauben, der stärker die Gruppe als den einzelnen im Blick hat. Vielleicht entspricht jener erstere mehr dem religiösen Heiligentypus – doch gerade so wollen viele Rabbiner nicht gesehen werden. Rabbiner sind Lehrer, wir fühlen uns all denen verwandt, die in der Gemeinschaft Unterweisungsfunktion haben.

Ich denke hier an Manès Sperber, einen der großen Lehrer und Schriftsteller der europäischen Tradition – sein Weg führte vom galizischen Zablotow durch die *Shoa* in das literarische Leben von Paris. Auch er ein Säkularist, ein Zweifler, ein Anhänger des Humanismus, wie so viele seiner jüdischen Zeitgenossen (er wurde im gleichen Jahr wie sein Freund Arthur Koestler geboren). Wie Elie Wiesel war auch Sperber mit André Malraux befreundet, der in der Einführung zu einem Sperberschen Text schreibt:»Hier werden Wahrheiten, Leidenschaft und Schicksal, deren Wüten all das herbeirufen soll, was im Geiste des Autors an ihre Stelle treten müßte: weder Skeptizismus noch Gläubigkeit, sondern eine in Luzidität verwandelte *menschliche Erfahrung.*«[5]

Wir gewahren diese Klarheit bei Primo Levi wie bei Manès Sperber. Nun geht es nicht an, dem fest im Glauben Ruhenden solche Klarheit des Denkens abzusprechen, aber der Zweifler, der unsere Welt des Zwielichts kennt, ist sicherlich zugänglicher als der Gläubige in seiner Glaubensburg. Sperber war tief im jüdischen Leben verwurzelt. Er übersetzte die Propheten aus dem Hebräischen, und nur sein Tod hinderte ihn an der Vollendung einer Übersetzung des Psalmenbuches. Einer seiner Schüler und Freunde bewahrte eine Geschichte, die Sperber gerne zu erzählen pflegte:

»Salmen und Scholem gehen miteinander am Sabbatnachmittag spazieren. Als endlich niemand mehr in Hörweite ist, sagt Salmen: ›Weißt du, es gibt Leute, die gehen herum und erzählen im ganzen *Schtetl*, daß du nicht mehr an Gott glaubst. Das ist doch eine Verleumdung, nicht wahr?‹ Scholem reagiert nicht ... Der Freund fragt wieder und wieder. Scholem bleibt stumm. Endlich sagt er: ›Komm morgen zu mir, morgen sag ich's dir.‹ – Am Morgen kommt Salmen mit der alten Frage: ›Glaubst du an Gott oder nicht?‹ Und Scholem sagt: ›Nein, ich glaube nicht.‹ Und Salmen, sein Freund: ›Aber warum hast du es mir nicht gestern gesagt?‹ Darauf Scholem: ›Was? Am *Sabbat* sowas sagen?‹«[6]

Im jüdischen Leben war zu allen Zeiten Platz für den Zweifler und Skeptiker, den sokratischen Quälgeist, der das mit dem absoluten Bösen konfrontierte religiöse Bewußtsein aufstachelt und eben dadurch schärft. Der *Apikoros* (von ›Epikuräer‹) hatte seinen festen Platz im *Schtetl*. Hier eine weitere Geschichte aus der volkstümlichen Überlieferung:

»Mosche kommt zum Rabbiner und erzählt: ›Ich bin ein *Apikoros* geworden!‹ ›Wirklich?‹ antwortet der Rabbiner. ›Die Tenach (Bibel) überzeugt dich also nicht mehr?‹ ›Wer liest schon diese alten Geschichten!‹ entgegnet Mosche. ›Aber was ist mit den Glaubensbeweisen von Saadja und Maimonides?‹ fragt sein Lehrer. ›Rabbiner‹, sagt Mosche, ›mit solchem Unsinn braucht man sich nicht mehr zu befassen, wenn man beschlossen hat, ein *Apikoros* zu werden.‹ ›Mosche, Mosche‹, antwortet der Rabbiner, ›du weißt nicht genug, um ein *Apikoros* zu sein. Du bist ganz einfach ein Ignoramus!‹«

5. *L. Reinisch*, Manès Sperber in Memoriam, Europäische Ideen Nr. 58, 1984, 7.
6. A.a.O., 8.

Sperber dagegen konnte schreiben: »Ich lernte, die Propheten übersetzen, vor allem Jesajas, dessen Botschaft mich Ungläubigen noch heute angeht, und Jeremias, dessen Leiden am eigenen Volk mich entdecken ließ, daß Liebe eine unversiegbare Quelle von Unglück sein kann.«[7] Auf die Frage »Was wissen Sie von der Wahrheit?« antwortete Sperber einmal: »Daß sie keiner Lüge ähnlich ist!«[8] Wenn man die Finsternis, durch die wir gereist sind, überwinden will, ist dieser Satz ebenso wichtig wie alle Glaubenslehren.

Was aber geschieht mit uns, wenn wir den Boten gelauscht und ihre Botschaft vernommen haben? Gleichen wir dem Hochzeitsgast aus Coleridges *Ancient Mariner,* der als ›ein traurigerer und weiserer Mann‹ weiterlebt? Wir haben zugehört. Wir haben das Leid mitgefühlt. Wir haben erkannt, was wir wissen und was wir nicht wissen können. Niemals können wir in den innersten Kreis der Hölle vordringen. Diese Einsicht kann uns gefährlicherweise dazu verleiten, Auschwitz aus der Realität unserer Gegenwart auszuklammern. Auschwitz ist Vergangenheit. Es darf nie wieder geschehen. Deshalb ist es einfacher, darüber hinwegzugehen, gerade dann, wenn wir mit Ernst und ethischem Engagement gegen die Übel der Gegenwart ankämpfen. Doch Tatsache ist, daß Auschwitz in der Welt von heute weiterlebt, auch wenn diese Welt nicht Auschwitz ist. Wir leben in einer Welt, die auf Auschwitz erbaut ist und die ohne dieses Wissen nicht verstanden werden kann. Auch das wird in einer chassidischen Erzählung (diesmal von Rabbi Nachman) deutlich:

»Es war einmal ein Königreich, hoch in den Bergen, völlig abgeschnitten von der Außenwelt. Die Menschen dort hatten alles, was sie brauchten: eine reiche Ernte, einen milden Herrscher. Eines Tages mußten sie feststellen: ›Die Ernte ist verdorben und giftig geworden. Wenn wir davon essen, werden wir verrückt werden!‹ Was sollten sie tun? Der König bedachte die Angelegenheit und erließ folgenden Beschluß: ›Wir haben keine Wahl. Wir müssen essen, oder wir sterben. Du aber, unser weisester Berater, sollst weniger essen als wir. Du sollst dir einen Funken geistiger Gesundheit bewahren, damit du immer wieder durch unsere Reihen gehen und uns zurufen kannst: ›Wir sind verrückt! Wir sind verrückt!‹«

Dasselbe rufen uns die Boten auf der Schwelle zu einem neuen Jahrhundert zu. Sie erinnern uns an das endemische Böse in uns, an das endemische Böse in der Gesellschaft, in der wir leben. Wir können anfangen damit umzugehen, indem wir unsere Fehler erkennen, indem wir uns an den *Jetzer ha-Ra* erinnern, den bösen Trieb, der so oft in unserem Denken und Handeln hervorbricht. Erst dann können wir uns unseren inneren Reserven zuwenden, können wir versuchen, unsere innere Stärke neu zu entdecken, mag sie nun im Glauben liegen oder sich aus

7. A.a.O., 7.
8. Ebd.

dem Zweifel speisen. Und schließlich können wir uns auch unseren äußeren Ressourcen zuwenden, der Gemeinschaft unserer Glaubensbrüder oder unseren Freunden. Vielleicht finden wir aber auch Kraft in der Gemeinschaft der Außenseiter, die einen einsamen Weg gehen und doch zum selben Ziel unterwegs sind.

Doch damit ist es nicht getan. Als Menschen sind wir auf die Gesellschaft angewiesen, in der wir leben. Bei aller berechtigten Kritik an den westlichen Demokratien und ihrem Wohlstand können wir nicht umhin, die positiven Werte, die sie vertreten, anzuerkennen und einzuräumen, daß die Freiheit des einzelnen und die Vorstellung vom sozialen Netz in ihrer Tradition verankert sind. Auch die religiösen Gemeinschaften gedeihen in diesen Ländern – ungeachtet der Tatsache, daß die besten Kräfte solcher Glaubensgemeinschaften häufig gerade unter Verfolgungen zum Durchbruch kommen. Doch die Folgerung, daß die Juden nur an einer streng jüdischen Lebensführung festhielten, weil sie verfolgt wurden, wäre eine glatte Leugnung der Wurzeln unserer Tradition. Es hieße, es sich allzu einfach zu machen, wenn man andere die Entscheidung für sich treffen läßt. In den Dreißigerjahren wurden Juden, die nach Palästina kamen, manchmal ironisch gefragt: »Kommen Sie aus Deutschland oder kommen Sie aus Überzeugung?« Dennoch haben die Flüchtlinge, die keine überzeugten Zionisten waren, am Ende ebensoviel zum Aufbau jüdischen Lebens im neuen Land beigetragen wie jene. Seite an Seite mit den Ideologen haben Lehrer wie Schmuel (Akiwa) Bergmann, Fritz (Jizchak) Baer, Gerhard (Gershom) Scholem und der leidenschaftliche Zionist Martin Buber die Dimensionen jüdischen Denkens ebenso vertieft wie die Ankömmlinge aus Osteuropa und den Vereinigten Staaten. Wobei man die Dimension des Landes selbst nicht übersehen darf. Israel ist das Land der Bibel, und die Vergangenheit ragt allenthalben in die Gegenwart hinein. Das alte Pionierlied *»Anu banu arza ...* wir sind in das Land gekommen, es zu erlösen und durch es erlöst zu werden« enthält eine fundamentale Wahrheit, in der pantheistische Empfindungen mit einem Wissen um Lehren zusammenfließen, die in Jerusalem schon alt waren, als die Welt noch jung war. Irgendwann und irgendwie wird dieses Land auch dazu beitragen, daß Friede wird zwischen den Israelis und den Palästinensern, beide Kinder Abrahams, dem dieses Land in einem Bund verheißen worden war. Die Wunden dieses Landes, in dem Geschwister einander hassen, werden nicht mehr in diesem Jahrhundert geheilt werden; doch das Land ist geduldig, sein sanftes, allmähliches Heilungswerk zu vollbringen.

Läßt sich dasselbe auch von Europa sagen? Inmitten des Umbruchs verschwindender Grenzen, eines neu erwachten, heftigen Nationalismus und des Zusammenpralls verschiedenartigster Ideologien erleben wir einmal mehr, daß die Boten aus dem Reich der Finsternis uns mehr zu geben haben als nur Hilfestellung für unser persönliches Leben. Es ist eine Illusion zu meinen, man könne auf den Trümmern Europas eine neue Gesellschaft, ein ganz neues System errichten, das völlig frei ist von dem Bösen von Auschwitz. Wie das Scheitern der tiefreligiösen

Karmeliternonnen, die das Gift des Ortes, der Auschwitz war, austreiben wollten, indem sie versuchten, dort ein Haus des Gebetes zu errichten, beweist, kann man grundsätzlich keine neue Gesellschaft auf den Ruinen der alten errichten. Das eindringlichste Beispiel dafür ist die Geschichte der DDR, die zum Lehrstück schlechthin für unsere Zeit wird.

Diese Geschichte beginnt nicht mit dem Fall der Berliner Mauer, obwohl mit diesem Fall und den Problemen des ›wiedervereinigten‹ Deutschland eine ganz neues Geschichtskapitel aufgeschlagen wurde. Ihren eigentlichen Anfang nahm sie mit dem Ende des nationalsozialistischen Staates und der Gründung der DDR. Es war ein ernstgemeinter Versuch, etwas Neues, Besseres zu schaffen – ein Versuch, der jedoch schon dadurch fragwürdig wurde, daß er auf der Verschleierung der Vergangenheit aufbaute. Man gab dem ›anderen‹ Deutschland die Schuld für die Sünden der nationalsozialistischen Ära und tilgte die Erinnerung an die Verbrechen, die im eigenen Land begangen worden waren. Das Denken von Auschwitz aber lebte fort. Wie? Ganz einfach, indem man – und das galt auch noch als besondere Errungenschaft – den einzelnen seiner persönlichen Verantwortung enthob und das ethisch-moralische Denken und Handeln dem kollektiven Staat übertrug. Die Deutschen waren solches gewöhnt: Dieselbe Haltung hatte es ihnen ermöglicht, unter der nationalsozialistischen Diktatur zu leben. Der unbedingte Gehorsam gegen die Staatsgewalt, die sämtliche Entscheidungen traf, war erste Bürgerpflicht: ›Ein Volk, ein Reich, ein Führer!‹ Zwar sollte man sich vor Verallgemeinerungen hüten, etwa daß der Wunsch nach Ordnung, nach Unterwerfung unter eine Autorität, nach Übertragung der Verantwortung auf einen Führer, ein typisch deutscher Wesenszug sei. Dennoch ist etwas davon in einer Gesellschaft zu spüren, die versucht, sich selbst dadurch zu konsolidieren, daß sie sich an vergangene Traditionen klammert oder eine neue Tradition einführt, die zum Gesetz erhoben wird, wie es in der DDR der Fall war. Westdeutschland dagegen war durch den Sieg der Alliierten so zutiefst in seinen Grundfesten erschüttert, daß nicht einmal der rasche Abzug der Siegermächte und der Übergang der Regierungsgewalt in die Hände der ›neuen‹ Deutschen, sprich Adenauer, dazu führte, daß man Zuflucht zu früheren Formen nahm. Doch auch Westdeutschland wollte nichts mehr von der Vergangenheit wissen. Sein Weg, das Geschehene zu verdrängen, bestand darin, kosmopolitisches Denken und westliche Denkansätze zu importieren und eine freie und offene Gesellschaft zu propagieren – obwohl man damit zugleich einige der übelsten Wesenszüge einer materialistischen Gesellschaft übernahm. In der DDR hingegen, die von den Sowjets ihrer wirtschaftlichen Entwicklungsmöglichkeiten beraubt wurde, versuchte man, die neuen Herren und die alte deutsche Tradition unter einen Hut zu bringen.

Der neue demokratische deutsche Staat war nichts anderes als eine Diktatur, auch wenn er sich den Anschein besonderer Menschlichkeit und sozialer Fürsorge gab. Buchenwald und Sachsenhausen existierten weiter – als ›Besserungsanstalten‹, in denen nun die Gegner des kommunistischen Regimes gefoltert und hingerichtet wurden, während der Staat sich andererseits mit echtem Engagement um all jene kümmerte, die sich seiner elterlichen Liebe vorbehaltlos auslieferten. Alle antisozialistischen Elemente wurden brutal unterdrückt – von daher läßt es sich auch erklären, daß der bis dahin staatlich unterbundene Antisemitismus nun in jenen Gebieten neu erwacht, in denen keine Zentralregierung mehr mit eiserner Faust für Ordnung sorgt. Dabei orientierte sich der sozialistische »Vater Staat« an einem längst vergangenen Modell. Andrej Szceypiorski kommt bei einem Vergleich der Entwicklung in Polen und Deutschland zu dem Schluß:

»In der DDR hingegen verfestigte sich das alte, rechte, konservative preußische Modell, die Dominanz des Mannes im familiären und öffentlichen Leben, die strenge Disziplinierung der Kinder, die Erzwingung des Gehorsams der Jüngeren gegenüber den Älteren, ein protestantisch-bäuerliches Modell aus dem 19. Jahrhundert ... im Grunde eine Verkörperung der extremsten deutschen Rechten wilhelminischen Typs.«[9]

Es ist ein Kuriosum, daß in totalitären Staaten, in denen Dissidenten den obszönsten körperlichen Erniedrigungen ausgesetzt sind, häufig die Pornographie verboten ist. Vielleicht schafft das die Illusion von Moralität in einem Land, in dem so viel unterdrückt wird und in dem den Bürgern alle moralischen Entscheidungen aus der Hand genommen sind. Sicherlich hat Westdeutschland in der Nachkriegszeit genauso viele Fehler gemacht; doch die Westdeutschen hatten immerhin die Möglichkeit, ihre persönliche moralische Entscheidung zu treffen, während die DDR-Bürger sich darauf verließen, daß der Staat ihnen die Auseinandersetzung mit den vergangenen und gegenwärtigen ethischen Problemen abnahm. Auf beiden Teilen Deutschlands lastete die ungelöste, unverarbeitete Verantwortung für Auschwitz; doch das Problem dieser unbewältigten Vergangenheit ist in den fünf neuen Bundesländern, die nun Teil des einen deutschen Staates sind, sehr viel gegenwärtiger – und es muß unter allen Umständen verhindert werden, daß die Vergangenheit der DDR die zaghaften Ansätze zur Vergangenheitsbewältigung im Westen wieder zunichte macht. Das Ergebnis bleibt abzuwarten. Jedenfalls kommen wir nicht an der Tatsache vorbei, daß die neue europäische Gemeinschaft, zumindest bis zu einem gewissen Grad, von Deutschland dominiert sein wird. Und Auschwitz liegt in Deutschland, ganz gleich, wo seine geographische Lage ist. Das heißt nicht, daß wir die Schuld der Väter an den Kinder heimsuchen. Es geht hier nicht um Schuld, sondern um Verantwortung für die Geschichte. Das gilt für ganz Europa, Ost und West, und für alle Gebiete des Mittleren und Fernen Ostens, die vom Holocaust betroffen sind.

9. Bilder und Zeiten, FAZ Nr. 184 (10. August 1991).

Die Lehrer, denen zuzuhören ich den Vorzug hatte, machen mich betroffen – als Einzelperson und als Mitglied der Gesellschaft. Das Gift zirkuliert noch immer in der Welt, wie radioaktive Wolken, die sich über den ganzen Erdball verteilen. Der letzte Ratgeber, den ich in diesem Teil unserer Überlegungen zitieren möchte, ist deshalb Arthur Koestler, auch er ein Agnostiker und zugleich einer der ganz großen Lehrer unserer Zeit. Koestler glaubte nicht daran, daß die Menschheit überleben wird:

»Für mich ist es eine offensichtliche Tatsache (daß die Menschheit zum Untergang verurteilt ist). Allem voran deswegen, weil die nuklearen Waffen inzwischen zum menschlichen Sein gehören. Und dies nicht nur für die kommenden zehn oder zwanzig Jahre oder für das nächste Jahrhundert, sondern für immer. Was einmal geschaffen worden ist, kann nicht mehr ungeschehen gemacht werden.

Dann aber auch deswegen, weil der Mensch, der *homo sapiens*, von seinen Ursprüngen an noch nie aufgehört hat, seinen unsinnigen Tötungs- und Zerstörungswahn auszuleben. ... Und schließlich wäre noch der so offenkundig gewordene Widerspruch zu erwähnen zwischen dem Fortschritt der Wissenschaft und Technik und dem der Moral.«[10]

Koestlers Angst vor einer nuklearen Katastrophe ist mit dem Holocaust selbst verknüpft. Wir können nicht in einer Zeit nach Auschwitz leben, ohne zugleich an Hiroshima und Nagasaki zu denken, auch wenn diese Ereignisse qualitativ verschieden sind. Koestler ist aber auch deshalb ein so wichtiger Lehrer, weil er klar erkannte, wie es dazu kommt, daß der einzelne sich dem Staat ausliefert (ein Beispiel dafür ist sein Buch *Darkness at Noon*). Er durchschaute den Prozeß, in dessen Verlauf sich Menschen Strukturen unterwerfen, die die Sprache zu einer Flagge, einer Vision umgeformt haben, der sie sich willenlos überlassen können, ohne selbständig zu denken. Er sah die Gefahr, die in der Sprache steckt. Die Tatsache, daß auch die Religionen sich häufig zu solchen Zwecken mißbrauchen lassen, ist Grund genug, Koestlers Warnungen ernstzunehmen. Im selben Interview spricht er von dem Gott, der scheiterte – so, wie die säkulare Vision des Kommunismus gescheitert ist:

»Tatsächlich ist das, was Sie sagen, (daß Koestler so etwas wie ein gläubiger Agnostiker sei), nicht ganz falsch. Verstehen wir uns aber richtig; ich meine, es ist sehr schwer, an einen Gott zu glauben, der Auschwitz hätte verhindern können, es aber zugelassen hat. Auschwitz und zahllose weitere Schrecknisse. Die Existenz eines allwissenden, allmächtigen Gottes annehmen, dessen Grundprinzip die Liebe ist, widerspricht der ganzen Geschichte der Menschheit. Es ist natürlich, nach einem Begriff, einer Erklärung zu suchen, die an seine Stelle treten könnte.«[11]

10. *A. Koestler*, Europäische Ideen No. 58 (1984), 15.
11. A.a.O., 16.

Koestler postulierte eine höhere Wirklichkeit, die allein der mystischen Erfahrung zugänglich ist. Für diese unsere Welt bleibt – nach der Prophezeiung der Vernichtung – nur seine Feststellung, daß letztlich keine Vorhersage möglich ist, weil es immer noch eine neue Alternative geben kann, ganz gleich, wie unwahrscheinlich sie von der Logik her ist. »Eine Hoffnung mag irrational, sie mag unlogisch sein, aber sie ist notwendig.« Könnten andere uns auch nur einen Bruchteil von dem geben, was Arthur Koestler dem suchenden Geist in Finsternis und in Not gegeben hat, so wäre die Welt sehr viel heller, auch die Welt nach Auschwitz.

Teil 2

1. Auf der Suche nach Antworten
Das traditionelle Judentum nach Auschwitz

Die Aussage, daß das traditionelle jüdische Denken unserer Zeit keine angemesse-ne Antwort auf Auschwitz habe, ist die Auffassung einer Minderheit. Die Mehrzahl der heutigen Juden fühlt sich dem orthodoxen Judentum zugehörig, dessen Wort-führer die Antworten der Tradition erbittert verteidigen. Ich für mein Teil werde den Verdacht nicht los, daß der durchschnittliche orthodoxe Jude sich nicht allzu viele Gedanken über das Problem des Holocaust macht – man überläßt es beque-merweise den Rabbinern, die entsprechenden Lehrentscheidungen zu treffen. Im-merhin stellt sich ja die Frage nach dem Bösen in der modernen Welt nicht nur im Zusammenhang mit der Vergangenheit: Eine Mutter, die in verzweifeltem Schmerz um ihr totes Kind weint, bringt ihren Kummer nicht mit dem Rätsel von Auschwitz in Verbindung. Voller Bitterkeit stellt sie die Frage nach dem Warum, und dann kommt es darauf an, was sie glaubt, welches Verhältnis sie zu ihrem Rabbiner hat und auch darauf, ob der Rabbiner auf ihre persönliche Not eingeht oder seine Zu-flucht zu dürren Dogmen nimmt. Man kann durchaus mit dem Leben nach Ausch-witz zurechtkommen, indem man das *Tremendum* ignoriert und sich in seinem Denken der Allgemeinheit anpaßt – den vielen, die einfach nichts mehr davon hö-ren wollen. Doch die dunkle Wolke bleibt, das Gift ist noch in der Atmosphäre, und wir tun deshalb sicherlich besser daran, uns an Denker zu halten, die imstande sind, der Vergangenheit ins Gesicht zu sehen. Nicht, daß wir die historischen und zeitge-nössischen Aussagen der Tradition einfach beiseite schieben wollen. Im Gegenteil, wir wollen uns in diesem Kapitel überblicksartig mit fünf der hervorragendsten Vertreter der traditionalistischen Richtung auseinandersetzen, Verfechtern des jü-dischen Gesetzes, der Halacha, und uns ansehen, was die Halacha in der Zeit der Finsternis zu sagen hatte und ob ihre Antwort – in Israel wie in Europa und Ameri-ka heftig diskutiert – immer noch eine Gültigkeit besitzt, die wir, wenn wir sie schon nicht akzeptieren, so doch respektieren können.

Yitzchok Hutner

Raw Hutner wurde 1907 in Warschau geboren und besuchte das berühmte Semi-nar von Slobodka, die ›Krone‹ traditionellen jüdischen Lehrens in Osteuropa. Er war ein *Illui* – ein Wunderkind, seit seiner frühesten Jugend von einem Kreis von

37

Bewunderern umgeben. Eine Zeitlang studierte er in Palästina, in Hebron, wo er Raw Kook hörte, dessen Lehre nicht ohne Einfluß auf ihn blieb. Nach seiner Rückkehr nach Warschau führten ihn seine Studien unter anderem nach Berlin und 1932 nach Jerusalem. 1935 war er wieder in Europa, emigrierte jedoch noch im selben Jahr in die Vereinigten Staaten. Dort wurde er das Oberhaupt der Rabbi Chaim Berlin Jeschiwa. Auf seine Anregung hin enstand das Kollel Gur Arye für weiterführende jüdische Studien. Als ein Mann, in dem sich hervorragende talmudische Gelehrsamkeit und Geistesschärfe mit dem Mystizismus der chassidischen Bewegung verbanden, wurde Raw Hutner zu einem Lehrer, bei dem viele Rat suchten, als die Finsternis über das jüdische Leben hereingebrochen war. Manche ihrer Fragen sind auch für unser Anliegen relevant:

1. Ist das Konzept der *Shoa*, des Holocaust, übertragbar auf das, was die Tradition als *Churban* bezeichnet, wenn sie von der Vernichtung jüdischen Lebens im Zweiten Weltkrieg spricht?
2. Sollte der Holocaust als eigenständiges Thema behandelt werden, wie es viele Schulen tun oder tun wollen, oder ist er in den normalen Lehrplan für jüdische Geschichte zu integrieren und als Teil des Stoffes einer bestimmten Epoche zu betrachten?
3. Welche Verbindung besteht in letzterem Fall zwischen dem Holocaust und der übrigen jüdischen Geschichte?

Diese und ähnliche Fragen wurden Raw Hutner von den Vorstehern der *Jeschiwot* und vieler anderer jüdischer Schulen vorgelegt. Er beantwortete sie im Rahmen einer Vorlesung an seiner *Jeschiwa* vor bedeutenden Lehrern des traditionalistischen Lagers. Im folgenden sind die wichtigsten Aussagen aus dieser Vorlesungsreihe wiedergegeben. Sie können als repräsentativ für die Auffassung der orthodoxen Gelehrten gelten.

Raw Hutner sieht die Notwendigkeit einer klaren Definition des Begriffs ›Holocaust‹, den er allenfalls als einen Hilfsbegriff für die Vernichtung der Juden gebraucht, freilich ohne zuzugestehen, daß es sich dabei um einen korrekten Terminus handelt – stammt er doch aus der säkularen Welt. Für Hutner muß jede Annäherung an die jüdische Geschichte in dem Bewußtsein erfolgen, daß »Israel und die Tora eines sind« – das heißt, daß alle Geschichtsforschung immer auch die Dimension des Heiligen in den Blick nehmen muß.

Der Terminus *Shoa* als Alternative zu ›Holocaust‹ wurde am Yad Vashem, der Holocaust-Forschungs- und Gedenkstätte in Israel, geprägt, wo man diese auf die völlige Ausrottung abzielende Vernichtung der Juden als etwas weltweit Einzigartiges betrachtet. Diese Auffassung hat sicherlich ihre Berechtigung, doch indem man in erster Linie auf die quantitativen Aspekte der Vernichtung abhebt, wird »das neue und bedeutsame Muster jüdischer Geschichte, das hier geschaffen wurde,« übersehen. Sieht man diese besondere Judenverfolgung auf dem Hintergrund der Gesamtgeschichte, so fallen zwei neue Entwicklungen ins Auge, die hier zum ersten Mal manifest wurden. Zwar gab es zu allen Zeiten massive Judenverfolgungen, die sich lediglich im Hinblick auf ihr Ausmaß und die Art der dabei zum Durchbruch kommenden Grausamkeit unterschieden. Im Holocaust jedoch wurden zwei neue Faktoren wirksam.

Der eine hat seinen Ursprung in der Moderne, in der den Juden zum ersten Mal in der Geschichte Gleichheit versprochen wurde – ein Versprechen, das sich in allen Fällen als trügerisch erwies. Während der französischen Revolution erhielten die Juden die bürgerliche Gleichstellung, allerdings nur die, die bereit waren, sich in die Gesellschaft zu integrieren. Nach dem Ersten Weltkrieg, im Vertrag von Versailles, gestand man den Juden und anderen Minderheiten bestimmte Rechte zu, die ihnen später wieder aberkannt wurden. Die gleiche Entwicklung war in Rußland zu beobachten: Die Privilegien, die Lenin verlieh, nahm Stalin wieder zurück. In England räumte die *Balfour Declaration* von 1917 den Juden das Recht auf eine Heimat in Palästina ein, welches durch Churchill 1922 wiederum beträchtlich eingeschränkt wurde. Diese Beispiele, so Raw Hutner, machen deutlich, daß Antisemitismus sich nicht nur in Pogromen und gewaltsamen Ausschreitungen äußert, sondern ebensosehr in der schleichenden Aufweichung der Bürgerrechte, die das gesetzliche Fundament einer Gesellschaft untergräbt. So konnte es geschehen, daß im Laufe der Entwicklung in Hitlerdeutschland das Rechtssystem selbst zum Werkzeug des Völkermords wurde. Die Juden hatten sich verleiten lassen zu glauben, daß sie ihren Mitbürgern, die ihnen so vieles versprachen, vertrauen könnten; doch in Wirklichkeit waren alle diese Versprechungen nur Zwischenstationen auf dem Weg in den Holocaust. Zu spät erst wachten die Juden auf und erkannten, daß die Welt ihnen grundsätzlich feindlich gesinnt war.

In welcher Beziehung zu dieser Welt steht nun aber die Tora? Die Tora macht Gottes Heilsplan für die Menschheit sichtbar. In Deuteronomium 31,16-18 hält Gott Mose warnend vor, daß sein Volk früher oder später den fremden Göttern, unter denen es lebt, huldigen wird: »... und ich werde sie verlassen und mein Angesicht vor ihnen verbergen. Dann wird dieses Volk verzehrt werden. Not und Zwang jeder Art werden es treffen ...«

Für Hutner ist die Verehrung fremder Gottheiten gleichbedeutend mit der »Verführung durch fremde Völker«, auf die der *Jetzer ha-Ra*, der ›böse Trieb‹ im Menschen, anspricht. Hutner trägt in diesem Zusammenhang eine Reihe rabbinischer Argumente vor und weist nach, daß es besser ist, eine konkrete Schuld zu bekennen als bei der Formel »Ich habe gesündigt« stehenzubleiben. Israel ist durch die umliegenden Nationen »verführt« worden, und es kann keine Buße und damit keine erneute Ausrichtung auf die messianische Zeit hin geben, bevor die Juden diese Schuld nicht erkannt und eingestanden haben. Die sogenannten *Baale Teschuwa* (diejenigen, die bußfertig zur jüdischen Tradition zurückkehren) machen in ihrem Lebenswandel sichtbar, daß die Zeit der *Teschuwa* (der Buße) gekommen ist. Gegen David Ben Gurions Versuch, einen Waffenstillstand zwischen den Religiösen und den Nichtreligiösen in Israel auszurufen, macht Hutner geltend, daß dies lediglich zu einem zeitlichen Aufschub führe, der den Säkularisten in die Hände arbeite. Die Traditionalisten orientieren sich an der eschatologischen, nicht an der chronologischen Zeit! Das jüdische Volk darf sich keine säkulare Geschichtsauffassung zu eigen machen, seine Sicht der Geschichte wird von der Tora definiert.

Hutner ist überzeugt, daß die ursprünglich unterschiedliche Entwicklung in der Behandlung der Juden in Europa und im Nahen Osten ihr Ende fand, als Amin el-Hosseini, der Großmufti von Jerusalem (ein islamischer Würdenträger), sich auf Hitlers Seite schlug und Nazi-Führern, darunter auch Eichmann, seine Aufwartung machte. El-Hosseini inspizierte sogar Auschwitz und Maidanek, und das kurz vor der Wannsee-Konferenz, mit der die ›Endlösung‹ in ihre heiße Phase trat. Die fortgesetzte Unterstützung, die Jassir Arafat bei den Vereinten Nationen fand, ist für Hutner eine weitere Stufe in dieser Entwicklung, einer Entwicklung, die mit der Geschichte von Jakob und Esau in der Tora in Beziehung zu setzen die weltliche Geschichtsauffassung nicht in der Lage ist. Für Hutner dagegen ist jeder einzelne Aspekt und jedes Detail aus der Vätergeschichte eine Vorwegnahme dessen, was dem Volk Israel widerfahren wird – eine Denkweise, wie sie uns auch im christlich-fundamentalistischen Bibelverständnis begegnet.

Wie läßt sich das alles nun mit dem Terminus *Shoa* in Verbindung bringen? *Shoa* beschreibt ganz einfach eine in ihrer Art einzig dastehende Katastrophe, die in keinem Zusammenhang zu vergangenen oder künftigen Ereignissen steht. Sie ist wie ein Erdbeben. *Churban* dagegen, hier eingeengt auf die Vernichtung der europäischen Judenheit, ist ein wesentlicher Aspekt jüdischer Geschichte, der im Lichte der torageleiteten Geschichtsauffassung der Juden Bedeutung gewinnt. Dennoch verschließen selbst traditionstreue Juden die Augen vor dieser Bedeutung, da sie das jüdische Leben lieber durch die ›rosa Brille‹ betrachten und die Strafen und Anfechtungen, die im Text der Tora angekündigt werden, gern übersehen oder verdrängen. Unsere Aufgabe ist es, so Hutner, ihnen und unseren Kindern die ›Warnungen‹ der Tora genauso nahezubringen wie ihre Verheißungen. Der Terminus *Shoa* mag auf einen neuen, einzigartigen und noch nie gedachten Gedanken hindeuten, doch wird damit das alte Wissen ignoriert und der Begriff *Churban* seines tieferen Sinnes beraubt. In der torageleiteten Auffassung gibt es eine ganz bestimmte Abfolge: *Churban* – *Galut* – *Ge'ula*, Vernichtung – Exil – Erlösung. Haben wir diese Abfolge erst einmal begriffen, so wird alles Fragen, das uns bedrängt, irrelevant.

Das Gewicht liegt hier auf der Stellung der *Tochacha* (Warnung), nicht bezogen auf bestimmte, konkrete Sünden Israels, sondern als ein Aspekt der ›Erwählung‹ des Volkes, dem Gott besondere Aufgaben und Forderungen auferlegt, die auch Leiden miteinschließen. Die Gründe für dieses Leiden der Juden kennt nur Gott allein. Jeder Versuch, das Leiden aus der säkularen Geschichtsauffassung heraus zu erklären, tritt das Andenken der heiligen Märtyrer, die als Glieder der jüdischen Gemeinschaft gestorben sind, in den Staub. Und die einzige Möglichkeit, das Geschehene zumindest ein wenig begreifen zu lernen, liegt in der Rückbesinnung auf die Tora, die in allen Lebensbereichen Richtschnur sein soll.

Mancher wird Raw Hutners Auffassungen nicht teilen können. Doch können wir nach dem Holocaust noch irgendeinem Juden das Recht absprechen, sich in die tröstliche Geborgenheit einer gesetzestreuen, frommen, in sich abgeschlossenen Gemeinde zu flüchten aus einer Welt, die ihm erst Versprechungen von angeblicher Gleichheit machte und dann daran ging, ihn und die Seinen auszurotten? In gewisser Weise ist dies überhaupt die verständlichste Bewältigungsstrategie. Im übrigen spricht Raw Hutner nicht einfach von einem ›Rückzug‹. Er rechnet sich vielmehr zu jenen, die der Morgendämmerung entgegengehen, und zwar der wahren, letzten Morgendämmerung – dem messianischen Zeitalter. Dabei hat er die Welt und ihre Menschen nicht hinter sich gelassen, sondern mahnt die jüdische Gemeinschaft im Gegenteil an ihre Verantwortung als priesterliches Volk, als ›leidender Gottesknecht‹, wie wir ihn aus zahlreichen Bibelpassagen kennen. Dieses Volk muß lernen, seine Rolle in der Geschichte, sein Leiden und seine Hoffnung auf das Kommen des Messias zu akzeptieren. Hutner lehnt den säkularistischen Geschichts- und Lebensentwurf ab und ruft sein Volk zurück zu den Wegen der Tora. Am Ende wird dieser Weg der Weg der ganzen Menschheit sein: Die Zeit des Messias gilt nicht exklusiv für eine bestimmte Gruppe. Raw Hutners religiöses Denken wurzelt in einem geschlossenen System, das keine anderen Ansätze neben sich duldet – ohne dabei jedoch die Menschheit als ganze aus dem Blick zu verlieren.

Man kann Hutners Geschichtsdeutung und seine Vorstellung vom säkularen und nicht-orthodoxen Juden, der vom Weg der Tora abgeirrt ist, durchaus ablehnen. Raw Hutner selbst wäre nie wie Raw Kook bereit, mit Juden zusammenzuarbeiten, die anderer Auffassung sind als er. Ja, seine Ablehnung des Ansatzes von David Ben Gurion läuft auf Forderungen hinaus, die in einem Staat, der so stark von außen bedroht ist, zur ernsten Gefahr werden können – auf jeden Fall muß ein so starrsinniges Beharren auf einer absoluten Tradition die Verteidigungslinien gegen jedwede Feinde schwächen. (Die auf gewaltsame Expansion gerichteten Ideen der Traditionalisten, die mittlerweile ihren Haß gegen die Araber mit der Forderung nach der Inbesitznahme besetzter Gebiete verbinden, ist ein Beispiel dafür.) Aber man sollte Raw Hutner auch in eine Linie stellen mit den großen Talmudisten und Halachisten in den Todeslagern, die bewiesen haben, wie offen der traditionalistische Ansatz in der Konfrontation mit unlösbaren Glaubenskonflikten in einer unerträglichen Situation sein kann. Am Ende dieses Kapitels werden wir uns der ›Halacha der Konzentrationslager‹ und einer Vielfalt religiöser Richtungen in Israel und in der Diaspora zuwenden, in denen uns Raw Hutners Auffassungen in verwandelter Form immer wieder begegnen. Zuvor soll jedoch ein anderer Tradionalist zu Wort kommen: ein tiefgläubiger Jude, dessen Leben dennoch ganz in der säkularen Welt wurzelt. Er ist mehr Universitätsprofessor als Rabbiner und Gemeindeoberhaupt, und wir wollen versuchen herauszufinden, ob sich bei ihm dieselbe Bewegung hin zur einer schließlichen Erlösung nach der Nacht findet oder aber ein neues Verständnis und so etwas wie ein Parallelweg, den der Traditionalismus gehen kann ohne die Absonderung und das Leiden, das Raw Hutners Position voraussetzt.

Michael Wyschogrod

Michael Wyschogrod wurde 1928 in Berlin geboren. Er kam in die Vereinigten Staaten und schlug dort die Laufbahn eines orthodoxen Rabbiners ein. Schon früh profilierte er sich im akademischen Leben. Zunächst lehrte er am City College von New York (1956-1963), dann am Baruch College, das 1968 von der orthodoxen jüdischen Gemeinde in New York als Ausbildungsstätte traditionalistischer Prägung gegründet wurde. Im Laufe seiner Tätigkeit hatte er außerdem eine Professur für Religionsphilosophie an der City University von New York inne.

Wie aufgeschlossen Wyschogrod nicht zuletzt auch für den jüdisch-christlichen Dialog ist, zeigt sich in seinen Büchern – eines trägt den Titel *Kierkegaard and Heidegger, Faith and the Holocaust*, und in jüngster Zeit verfaßte er ein Werk über die Theologie Karl Barths –, aber auch an der Tatsache, daß er mehrere Gastsemester in Deutschland lehrte und mehrmals am deutschen Evangelischen Kirchentag teilnahm. Seine Toleranz und emotionale Offenheit ermöglichen es ihm, sogar mit Reformrabbinern und Säkularisten zusammenzuarbeiten – was viele Traditionalisten noch härter ankommt als das Gespräch mit den Christen, bei dem die Grenzen immerhin sehr viel klarer abgesteckt sind. Dabei bleibt Wyschogrod seiner eigenen Überzeugung jedoch absolut treu. Als Traditionalist lehnt er progressive Denkansätze für fast alle Bereiche jüdischen Lebens strikt ab.

Daß Michael Wyschogrod dennoch ein geschätzter und offener Partner im Dialog zwischen Juden und Christen wie zwischen Juden und Juden ist, hängt nicht zuletzt mit der Position zusammen, die er im jüdischen Lager einnimmt. Anders als Raw Hutner ist er nicht der Sprecher einer bestimmten Gruppierung. Er hält sich vielmehr der politischen Arena fern und fühlt sich nicht wie Hutner genötigt, in offenen Gegensatz zu Ben Gurion und dem säkularen jüdischen Establishment zu treten. Professor Wyschogrod ist in erster Linie Gelehrter und Philosoph. Dabei zieht er allerdings eine klare Trennlinie zwischen Glaubensaussagen und der analytischen Beweisführung der Philosophie. Er ist sich seiner Sache sicher genug, um seine theologischen Aussagen für sich selbst sprechen zu lassen. Sie bedürfen in seinen Augen weder der analytischen Verifikation noch der Absegnung durch irgendwelche religiösen Autoritäten oder Anti-Autoritäten. Wyschogrods Glaube wurzelt in der Offenbarung. Seine Sprache aber ist die der jüdischen Philosophie, was ihn befähigt, auch die Vertreter der progressiven Linie zu verstehen, deren abweichende Aussagen ja in derselben Sprache formuliert sind. Mit Geduld und Nachsicht blickt Wyschogrod auf die Progressiven, mit denen er zusammenarbeitet – vielleicht nicht ohne die stille Hoffnung, daß auch sie sich schließlich seiner Auffassung von Glauben und Ritual annähern werden und bis jetzt einfach nur ›noch nicht angekommen‹ sind.

Wyschogrods Erklärungsansatz für die Leiden des Holocaust wird am ehesten verständlich, wenn man mitverfolgt, wie er sich gegen einen ihm verwandten Denker abgrenzt, gegen Irving ›Yitz‹ Greenberg, ebenfalls ein orthodoxer Rabbiner, der einen besonders phantasievollen und provozierenden Erklärungsansatz vorgelegt hat. Greenberg ist überzeugt, daß sich das Problem des Holocaust theologisch nicht nach der Weise traditionalistischer Denker wie Raw Hutner lösen läßt.

In vielfacher Hinsicht steht Wyschogrods Argumentation derjenigen von Raw Hutner, die ja ganz aus der Tradition der Tora lebt, nahe, wenngleich er dessen enge Haltung, die sich der Außenwelt verschließt, hinter sich läßt. Wyschogrod geht bei seiner Analyse des Greenbergschen Ansatzes von der Prämisse aus, daß sowohl Judentum als auch Christentum ›Erlösungsreligionen‹ sind. Das manifestiert sich im Judentum im Aufbau der Tora: Gott ist der Schöpfer, der sich in die Geschichte hineinbegeben hat und Israel und die Menschheit erlösen will. Das zentrale Gebet des Judentums, die *Amida*, kreist denn auch hauptsächlich um die Gestalt, die diese Erlösung annehmen wird. Gott ist der »Schild Abrahams«, der »die Toten auferweckt«, »Erkenntnis schenkt«, »die Kranken heilt«, »Jerusalem wiederaufbauen wird« usw. Nach Auffassung Greenbergs bringt das Judentum der Menschheit die ›Gute Nachricht‹, daß Gott sie erlösen wird. Wie ist nun aber der Holocaust auf dem Hintergrund einer solchen Behauptung einzuordnen? Damals hat Gott geschwiegen, er hat keinen Einspruch erhoben. Die jüdischen Denker haben unterschiedliche Erklärungen für dieses Schweigen gesucht. Doch angesichts des Holocaust muß jede existentielle Auseinandersetzung mit dem Judentum, die sich auf historische Ereignisse gründet, verstummen (es sei denn, sie definiert sich einfach als abstrakte Philosophie). War der Exodus eine Heilserfahrung, so war der Holocaust die Erfahrung der Vernichtung.

Ein anderer Weg, den die Traditionalisten gewöhnlich einschlugen, besteht darin zu behaupten, daß ›nichts geschehen‹ sei – oder zumindest nichts Schwerwiegenderes als zu allen Zeiten jüdischer Existenz, wenn Katastrophen über Israel hereinbrachen, die das Volk am Ende doch alle überlebte. Aus diesem Grund kann und muß man auch nach dem Holocaust weiterhin an Gott als den Spender der Erlösung glauben. Nach Wyschogrod verwirft Greenberg beide Ansätze, denn ein Glaube an die Abwesenheit Gottes, die Öffnung für den Atheismus, fördert genau die Denkweise, die einen Hitler hervorgebracht hat. Genausowenig kann Greenberg eine orthodoxe Position gelten lassen, die den Holocaust relativiert. Alles jüdische oder christliche Denken, das sich im Blick auf Gott und den guten Ausgang der Weltgeschichte einem blinden Optimismus überläßt, ist heute überholt, und eine Wertung des Holocaust als Bestrafung der Juden verkehrt den Glauben in Dämonenverehrung. Für Rabbiner Greenberg aber »darf es keine theologische oder allgemeingültige Aussage geben, die angesichts der Kinder, die den Tod in den Feueröfen fanden, ihre Glaubwürdigkeit verliert«. ›Yitz‹ Greenberg ist der Überzeugung, daß es durchaus möglich ist, Aussagen zu machen, die diese Forderung erfüllen – wenn man sich auf das Gebiet der dialektischen Theologie begibt. Die Spannung zwischen einander entgegengesetzten Wahrheiten ist von Greenberg sehr detailliert herausgearbeitet worden, und wir werden an anderer Stelle noch einmal darauf zurückkommen. Im Augenblick sind wir jedoch stärker an Michael Wyschogrods Entgegnung auf den dialektischen Lösungsversuch interessiert.

Seiner Auffassung nach muß die Art von dialektischem Denken, wie Greenberg es fordert, in Selbstquälerei und Wahnsinn führen. Nun ist Greenberg keineswegs wahnsinnig, er hat nach Auffassung von Wyschogrod lediglich nicht richtig begriffen, was dialektisches Denken eigentlich ist. Wyschogrod, der versierte Philosoph und Theologe, beruft sich hier gegen Greenberg auf den christlichen Denker Karl Barth. Barth verwirft eine dialektische Theologie, die mit dem Begriff der Beziehung zwischen Gott und dem Menschen operiert – sind beide doch durch einen freien Gnadenakt geeint. Ein solches Denken beruht natürlich auf der Hegelschen Philosophie, bei der These und Antithese in der Welt der Ideen zu einer Synthese finden können, in der der Konflikt aufgelöst wird – zumindest bis zum nächsten Schritt in der Dialektik. Diesem großen Entwurf kann der an seiner Existenz leidende einzelne nur Kierkegaards Aufschrei vom *Entweder – Oder* gegenüberstellen, in dem der Mensch sein Recht auf Entscheidung einfordert. Die Dialektik der Geschichte läßt sich an Kräften festmachen, die uns zerreißen können, aber sie kann keine Theologie sein für all jene, die sich nicht unterwerfen, die Herren über ihre Seele bleiben wollen. Sind wir damit am Ende wieder beim einfältigen Glauben? Oder beim Unglauben Rubensteins? Oder bei einer neuen Aussage innerhalb dieser Dialektik, wie Greenberg sie vorschlägt?

Wyschogrod würdigt an Greenberg, daß dieser die Herausforderung eines Glaubens, der sich nicht länger mit der traditionellen Denkart zufriedengibt, erkennt und gelten läßt. Greenbergs Kompromiß ist ein Ansatz, der sich dem Zweifel nicht verschließt, aber dennoch auf der Suche ist nach »Augenblicken des Glaubens«, Atempausen, in denen man mitten zwischen den brennenden Kindern und Zeiten des Unglaubens immer wieder die Erlösung und den Erlöser findet. Die menschliche Existenz besteht also in einem ständigen Schwanken zwischen Glauben und Zweifel. Für Wyschogrod stellt diese Vorstellung zwar eine treffende

Beschreibung unserer psychologischen Befindlichkeit dar, kann aber niemals Grundlage des Glaubens sein, der uns ja gerade dazu nötigt, eine feste theologische Position einzunehmen. Wahrheit muß Wahrheit bleiben. Wenn wir ständig zwischen Glauben und Unglauben hin- und herpendeln, bleiben uns am Ende nur die Nachteile beider Haltungen. Deshalb muß auch Glaube Glaube bleiben. Wyschogrod kann nicht mit dem Bild des zweifelnden Juden leben, der einmal glaubt und dann wieder nicht und der einzig und allein nach seinem gerechten Handeln zu beurteilen ist. Dafür haben die Rituale für Wyschogrod einen zu hohen Stellenwert: Kann man die Speisevorschriften etwa den einen Tag befolgen und am nächsten nicht? Kann man nur jeden zweiten *Schabbat* halten?

Hier muß Michael Wyschogrod in Gegensatz zu Greenberg geraten, wie er auch in Gegensatz zu den progressiven Rabbinern gerät, denen er in Deutschland begegnet. Ich selbst arbeite in Deutschland mit ihm zusammen und glaube, daß die unerschütterliche Freundlichkeit und Güte, die er mir gegenüber zeigt, in seiner Überzeugung wurzelt, daß wir – ich ebenso wie etwa Irving Greenberg – nach inneren Prinzipien leben, die in unserem Handeln weit deutlicher zum Ausdruck kommen als in unserer Theologie.

Unsere Liebe zu Gott ist im Holocaust nicht gestorben. Wenn wir die traditionellen Gebete sprechen, formulieren wir eine jüdische Antwort, die stärker ist als unsere Fragen. Michael Wyschogrod sieht den Glauben an die Erlösung Gottes nicht nur bei dem orthodoxen Rabbiner, sondern auch bei dem Reformrabbiner, der von Zeit zu Zeit an einem traditionellen jüdischen Gottesdienst teilnimmt. So wird er in gewisser Weise zu einem gütigen Diktator, der die unterschiedlichen theologischen Positionen einfach ignoriert in der Überzeugung, daß wir alle zum ›Leib Israel‹ gehören, in dem Gott sich selbst offenbart. »Abram glaubte dem Herrn, und der Herr rechnete es ihm als Gerechtigkeit an.« Gleichgültig, wie Irving Greenberg die Dialektik seines Glaubens und Zweifelns formulieren mag, Wyschogrod ist überzeugt, daß jeder Jude im »Augenblick des Glaubens« die Verheißungen der Tora, die Vision von dem »Gott, der erlöst«, als Gewißheit erlebt. Die immer wieder gesprochenen Worte der Liturgie aus dem jüdischen Gebetbuch erweisen sich über die Jahrtausende hinweg als stärker als die Fragen, die in Zeiten des Leidens aufbrechen. Wyschogrod bezieht sich hier auf ein Gespräch mit Karl Barth, der ihm gegenüber äußerte, daß die Juden nur die Verheißung hätten, während die Christen beides, die Verheißung und die Erfüllung, besäßen. Unter dem Einfluß der ›geldgeschwängerten‹ Atmosphäre Basels wies Wyschogrod darauf hin, daß zwar ein Versprechen unter Menschen jederzeit gebrochen werden könne, daß Gottes Verheißung aber für die Erfüllung gutstehe. »Seine Verheißung ist so gut wie Geld auf der Bank! Wenn wir Juden die Verheißung haben, haben wir damit auch die Erfüllung, haben wir aber nicht die Erfüllung, dann haben wir auch nicht die Verheißung!« Barth dachte eine Weile darüber nach und sagte dann: »Wissen Sie, von dieser Seite habe ich es noch gar nicht betrachtet!«

Glaube muß immer mit Gottvertrauen gekoppelt sein. Wyschogrod ist der Überzeugung, daß ein an Gott zweifelnder Rabbiner einer Familie mit einem krebskranken Kind nicht sagen kann, daß Gott dieses Kind behütet. Er selbst, Wyschogrod, würde sich jedoch gedrängt fühlen, das zu sagen, die ›Gute Nachricht‹ auch in einen Augenblick des Kummers hineinzutragen, in dem sie vielleicht nicht sogleich vernommen wird. Als Rabbiner einer Gemeinde, in der ich selbst immer wieder vor solchen Situationen stehe, kann ich Wyschogrods Auffassung (wie auch die der Traditionalisten aller Religionen, die meinen, sie müßten Gottes heilende Macht selbst bei einem solchen Anlaß bezeugen) nicht teilen. Ein solches seelsorgerliches Handeln aber ist nichts anderes als ein Ausdruck ihres Holocaust-Verständnisses: Sie hätten dasselbe Zeugnis auch damals vor der ganzen Gemeinde und vor der Welt abgelegt. Ich selbst jedoch muß an dieser Stelle zwischen theologischer Lehre und der Situation der Menschen unterscheiden. Ich trauere mit den trauernden Eltern, die ihre Tochter verloren haben, und vielleicht kann meine Trauer sie trösten. Möglicherweise befinde ich mich damit eher auf dem Gebiet der Psychologie, doch es geht genauso um Glauben, und zwar um Glauben in einer Zeit der Anfechtung und des Zweifels – man kann in einem Trauerhaus keine theologische Debatte vom Zaun brechen.

Wyschogrod lehnt Greenbergs zornige Haltung ab, insbesondere die Behauptung, daß Gott ein verabscheuungswürdiger Dämon sei, wenn die Millionen, die im Holocaust starben, zur Strafe für ihre Sünden starben. Entweder gibt es eine Bestrafung der Sünden oder nicht. Genauso ist die Überzeugung, daß Gott die Opfer des Holocaust erlösen wird, richtig oder nicht. Manche Wahrheiten sind unbequem, und in der Tat ist es bei bestimmten Gelegenheiten psychologisch ungeschickt, sie anzusprechen; doch das macht sie noch nicht zu Unwahrheiten. Greenberg möchte sich angesichts dieses Dilemmas in eine dialektische Theologie flüchten, die es ihm ermöglicht, seine Zweifel mit seinem Glauben zu verbrämen. Das aber kann Wyschogrod ihm nicht durchgehen lassen. Er mag es allenfalls Greenbergs geistigem Mentor Elie Wiesel zugestehen; Wiesel als Romanschriftsteller ist nicht an die Regeln theologischer Logik gebunden. Greenberg aber geht so weit, die Behauptung aufzustellen, daß der Holocaust in einem gewissen Sinne eine Offenbarung sei. Er ist sich wohl bewußt, daß eine solche Auffassung bei Juden und Christen auf Ablehnung stoßen wird, und versucht, allen Einwänden zuvorzukommen, indem er daran erinnert, daß der Glaube am Sinai der Glaube an die Selbstoffenbarung Gottes in der Geschichte ist. Die Geschichte muß einen Sinn haben, und der Exodus und das Sinai-Erlebnis lassen sich nicht von der Geschichte trennen – genausowenig wie der Holocaust. Entweder ist auch der Holocaust ein Offenbarungsereignis, oder die Geschichte muß sich selbst überlassen werden als eine Instanz, die sich selbst deutet.

Wyschogrod hält dagegen, daß damit ein sinnloses und unnötiges Dilemma geschaffen wird. Es gibt andere Möglichkeiten, die Geschichte zu begreifen. Die Sinai-Offenbarung enthielt eine besondere Botschaft; und die Propheten, die mit Gott in Kontakt standen, überbrachten den Menschen weiterhin Botschaften von Gott. Kein Ereignis hat nur eine einzige Bedeutung: Es gibt immer viele Deutungsmöglichkeiten. Die Erläuterungen des Exodus zum Beispiel, wie wir sie in der Tradition vorfinden, kreisen durchaus nicht nur um die Macht Gottes, sondern beziehen zahlreiche soziale und sogar ökonomische Faktoren in einer Gesellschaft, die dem jüdischen Leben feindlich gesonnen war, mit ein. Von Gottes rettendem Handeln hingegen wissen wir nur durch die Offenbarung – es gibt keine Ereignisse, die an sich ›Offenbarungsereignisse‹ darstellen; die Offenbarung erreicht uns allein durch das prophetische Wort und Gottes Anrede. Wenn ich ein Flugzeug verpasse, das dann abstürzt, so kann ich vielleicht sagen, daß Gott mich bewahrt hat, doch das Ereignis als solches ist noch kein Offenbarungsereignis. Offenbarungshandlungen werden durch das Wort Gottes als solche gekennzeichnet: die Erwählung Abrahams, der Exodus usw. Nie aber sind Situationen, in denen Gottes Zorn uns schlägt, Offenbarungsereignisse. Aus diesem Grund sollte niemand es wagen, den Holocaust zu einem Offenbarungsereignis zu erklären – vor allem nicht, weil Akte der Offenbarung immer auch Akte der Erlösung sind. Sie offenbaren den liebenden Gott, der uns rettet, der uns erlöst (wie etwa in der Erwählung Abrahams) und der uns Verheißungen für die Zukunft gibt. Das religiöse Denken ist induktiv, bezieht jedoch nicht Bestrafungen Gottes mit ein. Gott ist immer der Erlöser; sein Zorn ist allenfalls vorübergehend. Aus diesem Grund ist der 9. Aw, an dem die Juden zum Gedenken an die Zerstörung Jerusalems fasten, im Vergleich zu der Erlösung, wie sie im Passafest symbolisiert ist, vollkommen unbedeutend.

Wie aber kann man überhaupt auf den Gedanken kommen, den Holocaust als eine Offenbarung zu betrachten? Hat sich in ihm etwa ein zorniger Gott offenbart? Ein Gott, dem sein Volk gleichgültig ist? Oder hat sich im Holocaust der Teufel als stärker erwiesen als Gott? Das hören wir nicht gern. Wyschogrod spürt, daß Greenberg mit seinen »Augenblicken des Glaubens« ein gefährliches Spiel spielt. Zwar werden diese Glaubensmomente nicht zum Grundbaustein seiner Religiosität, da Greenberg ein ›toratreuer‹ Jude bleibt. Sie sind eher so etwas wie eine Absicherung – doch macht sich seine Theologie dadurch angreifbar. Der Holocaust als Bestandteil jüdischen Glaubens? Eine solche Denkweise gelangt an die äußersten Grenzen eines Judentums und jüdischer Menschen, deren instinktive Reaktion auf das Wort ›Hitler‹ der Wunsch *jemach schemo* ist – möge sein Name ausgetilgt werden! An erlösende Offenbarungen soll man sich erinnern; den Holocaust sollte man besser vergessen. Daß der Holocaust uns lehrt, daß es allenfalls »Augenblicke des Glaubens« gibt, ist vielleicht Greenbergs aus einer dialektischen Theologie abgeleitete Aussage – die uns jedoch nicht weiterbringt. Greenberg möchte, daß wir vom Holocaust lernen, daß »heute niemand mehr ohnmächtig sein sollte« und daß »jeder einen Ort haben muß, an den er fliehen kann«. Der Holocaust ist ein Plädoyer für die Unterstützung der Schwachen und Benachteiligten – so oder so ähnlich die moralische Lektion, die Greenberg aus dem Geschehen des Holocaust abzuleiten versucht. Demgegenüber ist festzuhalten, daß der Holocaust das absolute Böse war, und aus diesem Bösen derartige Schlüsse zu ziehen, wäre ein geradezu selbstmörderischer Pazifismus. Lassen sich überhaupt Lehren aus dem Holocaust ableiten? Sicherlich mehr negative als positive. Wyschogrod wünscht sich deshalb, daß wir uns stärker auf die jetzt vorhandenen Kräfte gegen das Böse stützen, etwa die Polizei, als daß wir neue Machtstrukturen schaffen. Was Wyschogrod irritiert – ja beschämt –, ist, daß der Holocaust ihn nicht in den Wahnsinn getrieben hat. Er konstatiert, daß weder er noch Greenberg wahnsinnig sind – wie es eigentlich sein sollte. Wir gehen weiter auf Hochzeiten, rezitieren die alten Freudengebete, sehen Kinder auf die Welt kommen und in den Straßen von Jerusalem spielen – und all das entspringt unserem Glauben an Gott. Gott ist da. Gott bewahrt sein Volk, selbst wenn es nicht so aussieht. Das ist Wyschogrods Glaube: immer und zu allen Zeiten – nicht nur in bestimmten »Augenblicken des Glaubens«.

Dennoch erscheint mir auch dieser Glaube beschädigt. Wyschogrods ›toratreuer‹ Glaube stellt ihn in ein Umfeld, in dem er seine Überzeugungen durch die Befolgung traditioneller Gebote, in die der Glaube von Jahrtausenden eingegangen ist, aufrechterhalten kann. Deshalb kann er die Nicht-Traditionalisten mit einer Nachsicht betrachten, die auch in ihnen immer noch ein Samenkorn des alten Glaubens vermutet und geduldig darauf wartet, daß es Frucht trägt. Und in der Auseinandersetzung mit Rabbiner Greenberg, dessen traditionelle Frömmigkeit mit einer radikalen Theologie einhergeht, arbeitet Wyschogrod zwar die Fehler in Greenbergs Denken heraus, doch er stellt diesem Denken immer das rituelle Handeln gegenüber und kommt zu dem Schluß, daß dieses letztere sich mit der Zeit von allen Denkfehlern freimachen wird. Ich denke, Wyschogrod hat recht, wenn er darlegt, daß die Dialektik nicht in den beiden gleichwertigen Polen Glaube und Unglaube liegt, sondern daß vielmehr der Unglaube im Glauben selbst existiert, in einer Haltung, die Gott nicht unhinterfragt hinnimmt und die zum jüdischen Leben gehört hat, seit Abraham vor Sodom stand und seit Ijob Gott zur Rede stellte und die Glaubensnormen seiner Zeitgenossen *ad absurdum* führte. Wyschogrod beharrt darauf, daß die traditionellen Deutungen das Herzstück des jüdischen Glaubens bilden, daß die Tradition (Halacha) die einzig gültige Richtschnur zum Verständnis der Vergangenheit ist. Demgegenüber betont das progressive Judentum die Autonomie des einzelnen bis zu einem Punkt, an dem schließlich jede Autorität geleugnet wird. Und wenn ein orthodoxer Rabbiner wie Greenberg auf einmal neue Deutungsansätze vorbringt und sie zu einer ›modernen Offenbarung‹ erklärt, so spricht ihm Wyschogrod das Recht dazu ab.

Wyschogrod hat recht, wenn er es ablehnt, den Holocaust als eine Quelle der Offenbarung anzusehen. Er irrt, wenn er annimmt, daß die Tradition und die Halacha der einzige Weg zur Gotteserkenntnis ist – ganz besonders in der Zeit nach dem Holocaust. Immerhin gestattet sich Wyschogrod selbst beträchtliche Freiheiten bei der Textinterpretation und bei der Formulierung religiöser Normen für den Alltag. Er wirft dem progressiven Judentum vor, es sei zu stark nach außen orientiert, an der Kantschen Ethik des 19. Jahrhunderts. Das Bild vom jüdischen Volk, wie er es in seinem Buch *The Body of Faith: God in the People Israel* entwirft, erinnert an Jehuda Halewi: Die Juden als ein Volk, dem ein besonderes religiöses Wissen zuteil wurde, das erwählt und begnadet ist und dessen ethische Maßstäbe deshalb in seiner Tradition und nicht in der Außenwelt wurzeln sollen. Der Kantschen Universalethik stellt er die Einsichten gegenüber, die Israel durch Offenbarung zuteil wurden und die mit dem Wesen des Volkes verschmolzen sind. In gewissem Sinne gerät Wyschogrods Auffassung damit in die Nähe des Theologen, dessen Position der seinen im Grunde genommen diametral entgegengesetzt ist: Leo Baeck, des Progressiven, des in mancher Hinsicht neukantianischen Denkers, für den das Volk Israel selbst eine Offenbarung Gottes war. Für Wyschogrod hat die Ethik ihre Grundlage in der Familie, sie ist nicht autonom, sondern beruht auf der menschlichen Vorstellung von Ordnung, an die sie durch die Verpflichtungen innerhalb der Familie gebunden ist. Gott ist Person und steht über allem Seienden (ein interessantes Argument gegen Anselms ontologischen Gottesbeweis, daß der Zustand des Seins dem höchsten Denkbaren zugeordnet ist – womit nach Wyschogrods Auffassung das ›Sein‹ über Gott gestellt wird). Der Jude findet seine Erfüllung in der Beziehung zum lebendigen Gott und innerhalb des jüdischen Volkes. Ja, Wyschogrod schreibt: »... wenn überhaupt etwas, so ist es das jüdische Volk, das das Judentum verkörpert.« Man könnte sagen, daß der versöhnliche Zug, der Michael Wyschogrods ganzes Wesen charakterisiert, aus diesem Glauben stammt. In seiner Phänomenologie jüdischen Lebens räumt er den Progressiven und Abweichlern gerade soviel Raum ein, daß er sie immer noch mit Respekt behandeln kann, auch da, wo er nicht mit ihnen übereinstimmt. Doch sein Festhalten an den Lehren traditionellen und toratreuen Denkens noch nach dem Holocaust – das so weit geht, daß er schließlich für den Wiederaufbau des Tempels in Jerusalem plädiert – zeigt, daß er auf einem Weg in die Morgendämmerung, ins messianische Zeitalter, ist, auf dem ihm nur wenige folgen können. Auch er ist der Überzeugung, daß es des Propheten bedarf, um den Messias zu bestätigen. Doch die Propheten, die wir brauchen, werden der Welt nach dem Holocaust in dem Bewußtsein gegenübertreten müssen, daß wir es hier nicht einfach mit einem Ereignis der Vergangenheit zu tun haben, das keinen Einfluß mehr auf die Gegenwart hat, einem dunklen Stern, der vor langer Zeit zur Supernova wurde. Die schwarzen Löcher im All geben den Astrophysikern immer noch Rätsel auf und bedürfen der Erklärung. Und der Holocaust, der eben *keine* Offenbarung ist, hat einen großen Teil des traditionellen Denksystems, das Michael Wyschogrod allenfalls für sich selbst noch einmal bestätigen kann, nicht aber für uns, zerstört. Ob wir nun zu den vertrauten Riten zurückkehren, wie er es fordert, oder nicht –

er kann auf jeden Fall nicht von uns erwarten, daß wir zum ›biblischen‹ Denken zurückkehren. Die Bibel, mit der sich die ›Wissenschaft des Judentums‹, die moderne Gelehrsamkeit, befaßt, kann auf unterschiedliche Weise ausgelegt werden, und sie kann uns Aussagen über den Holocaust liefern, ohne daß wir dafür unser rationales Denken über Bord werfen müssen. Doch welchen Weg wir auch einschlagen, es bleibt dennoch ein Trost, auf diesem Weg unabhängigen traditionalistischen Denkern wie Professor Wyschogrod zu begegnen.

Immanuel Jakobovits

Lord Jakobovits, vormals Oberrabiner der United Synagogues of Great Britain, kann in einem Maße als Vertreter der traditionalistischen Richtung gelten, wie es ein unabhängiger Denker wie Professor Wyschogrod niemals sein könnte. Der jüdische Gelehrte, dessen Autorität sich auf sein Wissen und seine Weisheit gründet, hatte im Leben der jüdischen Gemeinschaft allezeit eine wichtige Stimme. Dem Oberrabiner von Großbritannien fiel dabei stets eine besondere Rolle zu, auch wenn das Augenmerk mittlerweile stärker Israel und seinen Rabbinern gilt. Merkwürdigerweise war es die nicht-jüdische Allgemeinheit, die dem englischen Oberrabbiner seine Sonderrolle zuwies, indem sie ihn zur Anlaufstelle für alle Fragen über die Position der jüdischen Gemeinschaft machte. Für die nicht-jüdische angelsächsische Welt wurde er auf diese Weise gleichsam zum Botschafter und Sprecher des Judentums. Zu internen jüdischen Angelegenheiten dagegen hat er sehr viel weniger zu sagen, da hier die *Dajanim* (die Richter der rabbinischen Gerichtshöfe) ihre Vorrechte eifersüchtig zu wahren wußten.

Immanuel Jakobovits wurde in Deutschland, in Königsberg, geboren und kam als Flüchtling nach Großbritannien. Im Laufe der Zeit sammelte er eine Vielzahl von Erfahrungen: als Oberrabiner von Irland (ein Titel, der sich imposanter anhört, als die Realität aussieht), als Rabbiner der bedeutenden traditionalistischen Gemeinde von New York City (The Fifth Avenue Synagogue) und schließlich als Oberrabiner des Commonwealth. Daneben war er Experte für alle Fragen zum Thema ›Judentum und Medizin‹. Jakobovits, der gleichermaßen durch seine Gelehrsamkeit und sein Charisma besticht, wurde mit der Zeit der führende Kopf der Traditionalisten.

Lord Jakobovits' Einstellung zum Holocaust könnte man als noch nicht abgeschlossen bezeichnen. In einer Hinsicht ist er unerbittlich – er hat keinen Fuß mehr auf deutschen Boden gesetzt, seit er das Land verließ. In Israel wiederum, wo mehrere seiner Kinder leben, gilt er wegen seiner offenen Kritik an vielen politischen Maßnahmen der Regierung als ›Taube‹. Diese Offenheit und Unabhängigkeit vom religiösen ›Establishment‹ Israels beschert ihm jedoch nicht selten auch Probleme.

Vor einigen Jahren schrieb Rabbiner Jakobovits das Vorwort zu einem Gebet- und Meditationsbuch – einer Holocaust-Liturgie, die ich gemeinsam mit Elie Wiesel für den *Jom ha-Shoa* (den Gedenktag des Holocaust) erarbeitet hatte. Dieses Vorwort geriet in weiten Teilen eher zu einem Angriff auf das Buch als zu einer freundlichen Einführung.

Lord Jakobovits stellt darin den Holocaust in eine Reihe mit der Zerstörung des Tempels (*Churban*), derer noch heute in der jüdischen Trauerliturgie gedacht wird. Dennoch, so Jakobovits, hätten die Weisen niemals ›Churban-Studien‹ an ihren Lehrstätten getrieben und dieses Thema auch nie zum Mittelpunkt eines Curriculums für jüdische Studien gemacht. Der jüdische Geist findet seine Gewißheit nicht in der Erinnerung an die Vernichtung, sondern im Gedenken an Erfahrungen der Rettung: »Jede Generation soll sich wieder ganz neu und ganz persönlich aus Ägypten herausgeführt fühlen!« Im Gegensatz zur reichen Ausschmückung des Seder sollten Gedenkfeiern für den Holocaust einen gedämpften Ton anschlagen, auch wenn Lord Jakobovits der Ansicht ist, daß der Staat Israel »ohne den verzweifelten Druck und die übermenschlichen jüdischen Energien, die der Holocaust freigesetzt hat«, nicht Wirklichkeit geworden wäre. Statt uns in tiefsinniges Grübeln über dieses Thema zu verlieren, sollen wir lieber die positiven Aspekte sehen, die schließlich zum Überleben der Juden beigetragen haben. Jakobovits schließt mit den Worten:

»Für mich hat sich die Bedeutung dessen, was es heißt, ein Jude zu sein, nach Auschwitz nicht geändert. Was sich geändert hat, ist, daß heute Millionen von Juden stärker von der Selbstvernichtung bedroht sind als von äußeren Feinden, und gegen diese Bedrohung motiviert uns das Erbe des Holocaust zu einem Widerstand von nie dagewesener Stärke und Entschlossenheit.«

Bei einer Konferenz über Nuklearwaffen umriß Lord Jakobovits die Position des ›Jüdischen Gesetzes‹. Er sprach dabei nicht vom Holocaust, sondern zog es vor, das Problem von Krieg und Frieden von der Halacha her zu beleuchten. Auf die historische Situation bei der Zerstörung Jerusalems im Jahre 70 u.Z. Bezug nehmend, würdigte er Rabbi Jochanan ben Zakkais Entscheidung, die zerstörte Stadt zu verlassen und sich den Römern zu ergeben:

»Es ist absurd, das Judentum zu verteidigen und dabei das Leben des letzten Juden, der dieses Judentum weitertragen kann, aufs Spiel zu setzen. ... Genauso würde es an Wahnsinn grenzen, für die Erhaltung unserer westlichen Ideale auf Kosten der Menschen zu kämpfen, die diese Ideale künftigen Generationen vermitteln können.

Der Versuch, unser Problem durch direkte Bezugnahme auf irgendwelche jüdischen Quellen zu lösen, könnte sich damit als wenig fruchtbar, wenn nicht fragwürdig erweisen.«[1]

1. *I. Jakobovits*, Oxford Holocaust Conference, Bd. III, 1988, 205.

Das ist genau die Haltung, mit der Jakobovits die isralischen ›Falken‹ so oft verstimmte.

In der Frage des Holocaust hat sich Lord Jakobovits' Haltung im Laufe der Jahre kaum verändert. Man weiß von seiner persönlichen Trauer über den Verlust seiner großen Familie, von seiner Weigerung, Deutschland zu besuchen, und von seiner ablehnenden Haltung gegenüber Holocaust-Liturgien. Theologisch hat sich seiner Ansicht nach seit der Zeit Ijobs und seit dem Aufschrei angesichts der Ermordung irgendeines Kindes im Zuge irgendeines beliebigen Pogroms am eigentlichen Problem nichts geändert. »Unendlicher Schmerz kann durch Multiplikation nicht noch weiter vergrößert werden. Das Ausmaß des Leidens hat nichts damit zu tun, ob dieses Leiden gerechtfertigt ist oder einen Sinn hat.«[2]

An dieser Stelle sehe ich mich genötigt, selbst Stellung zu beziehen. Lord Jakobovits' Aussagen lassen sich für die Theologie bis zu einem gewissen Grad rechtfertigen, haben jedoch nicht das Geringste mit der Realität zu tun. Eine Million toter Kinder – vielleicht sogar zwei – sind etwas anderes als ein totes Kind, schon allein, weil der Kummer ihrer Familien und die Trauer der Welt sich um diese Tode ranken und Verbindungsfäden spinnen zu unzähligen anderen Existenzen. Jakobovits bemüht sich denn auch zu unterstreichen, daß er hier *theologisch* redet:

»Der plötzliche Kindstod eines Säuglings, der den jungen Eltern geraubt wird, ist theologisch nicht unerklärlicher als der bewußte Völkermord an Millionen. Ja, der erste Fall stellt, weil er vollkommen jenseits aller menschlichen Vorstellungen und Kontrolle liegt, vielleicht sogar eine unmittelbarere Konfrontation mit der göttlichen Unergründlichkeit dar.«

Wenn Jakobovits hier auch theologisch im Recht sein mag, so zeigt das doch nur, daß die Theologie *nicht* im Recht ist im Blick auf eine Menschheit, die heutzutage die Tragödie eines ganzen Volkes wie das tragische Einzelschicksal nicht mehr mit dem Verweis auf die göttliche Unergründlichkeit abtun kann. Vielleicht sind denn auch die Dichter und Schriftsteller deshalb unsere Wegweiser geworden, weil sie uns ein weiteres Land, als die Theologie es vermag, für unsere Suche nach Antworten erschließen. Wie Jakobovits selbst ausführt, haben sich auch die Theologen an Elie Wiesel und anderen orientiert, die vom »Schweigen Gottes ... als einem Geheimnis, das für alle Zeiten unter einem siebenfachen Siegel liegt«, sprechen. Doch während die Theologen die Debatte mit dieser Formel abschließen und alles weitere Fragen für sinnlos erklären, bedienen sich Elie Wiesel und die anderen Dichterpropheten der gleichen Vorstellung, um über den engen Bereich des Dogmas hinaus in die tägliche Auseinandersetzung mit jenen Problemen des Daseins vorzustoßen, die uns auch außerhalb des akademischen Elfenbeinturms verfolgen.

2. A.a.O., 292.

Immanuel Jakobovits ist kein Universitätslehrer; er ist mehr Rabbiner und Seelsorger als Theologe. Deshalb ignoriert er den häufig allzu theoretischen Diskurs der Theologen und stellt statt dessen die Frage nach der ›Religion‹ – die keine theologische Frage ist. Daraus wird dann die Frage: »Wo war der Mensch in Auschwitz?« Jakobovits bekennt, daß die Dichterpropheten mit ihrer künstlerischen Ausdruckskraft hier wesentlich angemessener reagiert haben als die religiösen Autoritäten, die in ihren Reaktionen oft weit hinter der Realität zurückblieben. Ja, er weist darauf hin, daß diese Autoritäten nicht selten sogar ganz verstummten. Doch dann kommt er auf die ›toratreuen‹ Gemeinden in Osteuropa zu sprechen, denn bei den dortigen Gläubigen, die im Schrecken des Holocaust ihr Leben ließen, begegnete er einem herausragenden Zeugnis des Glaubens.

Neunzig Prozent der Weisen, der Lehrstätten, der Gemeinden und eine vergleichbare Zahl der Gläubigen aus diesem Zentrum jüdischen Lebens wurden von der Finsternis des Holocaust verschlungen. Dennoch waren die wenigen Überlebenden, die weitermachten und die Strukturen ihres religiösen Lebens wiederaufbauten, weit seltener damit beschäftigt, Gedenkgebete, Gedenkstätten und Denkmäler zu schaffen als diejenigen, die sehr viel weiter weg von der Tragödie waren. Wie ist das möglich?

Jakobovits trägt verschiedene Erklärungen für dieses Phänomen zusammen, von denen einige im nächsten Kapitel zur Sprache kommen sollen, wenn es um die rabbinischen Ansätze geht. Wir begreifen Immanuel Jakobovits und die Haltung des gläubigen Juden jedoch besser, wenn wir uns die Zitate des ›Brisker Raw‹ (Rabbiner Welvl Soloveitschik) und des ›Chason Isch‹ (Rabbiner Abraham Jeschajahu Karelitz) ansehen – beide lehnen wie Jakobovits neue Liturgien und Gedächtnisgottesdienste ab.

Der ›Brisker Raw‹ kommentiert die Worte einer Elegie aus dem 11. Jahrhundert für die Opfer des zweiten Kreuzzugs wie folgt:

»... *da wir keinen besonderen, festgelegten Tag* für die Zerstörung und die Feuersbrunst einführen wollen ..., will ich meinen Weheschrei an *diesem Tag* (i.e. am *Tischa be-Aw*, dem Tag der Trauer, dem *Churban* des Tempels von Jerusalem) aufsteigen lassen ...

Merkt euch dies und verfaßt eine traurige Grabrede; legt Trauer an und werft euch in den Staub, denn das Blutbad, das unter ihnen angerichtet wurde, wiegt nicht weniger schwer als der Brand des Hauses Gottes ... und weil wir keinen besonderen Tag zum Gedenken an die Zerstörung und Feuersbrunst einführen wollen ..., will ich meinen Weheschrei an diesem Tag aufsteigen lassen und ich will klagen, schreien und weinen in bitterstem Kummer.«

Nach dem Krieg entgegnet der ›Chason Isch‹ auf eine Frage:

»Die Einführung eines festen Fastentags gehört in die Kategorie rabbinischer Verfügungen, und das, was wir heutzutage an solchen Tagen besitzen, geht zurück auf die Zeit, in der es noch Propheten gab. Wie können da wir, eine Generation, die am besten schweige, die Frechheit besitzen, auch nur daran zu denken, Dinge für künftige Generationen festzuschreiben? Eine solche Idee würde zeigen, daß wir unsere ganze Schuld und Erbärmlichkeit leugnen in einer Zeit, in der wir befleckt sind von unseren Sünden und Übertretungen, arm, ohne Tora und aller guten Werke entkleidet ...«

Vielleicht, so vermutet Immanuel Jakobovits, fürchtete Karelitz, daß die Säkularisten solche Neuerungen für sich vereinnahmen könnten. Haben sich die Säkularisten doch des Gedenkens an den Holocaust bemächtigt! Die Traditionalisten, davon ist er überzeugt, haben deshalb recht, wenn sie sich bis heute beharrlich gegen solche Gebete verwahren.

Unnötig zu sagen, daß es mich schmerzt, daß der ›Chason Isch‹ hier von der ›Schuld‹ der jüdischen Gemeinschaft spricht: Wenn die eingefleischten Orthodoxen keinen besonderen Anlaß zur gottesdienstlichen Erinnerung an den Holocaust sehen, so kann man den ›Säkularisten‹, »deren Zweifel mehr Glaube enthält als alle unsere Glaubensbekenntnisse« (Emerson), nur Beifall zollen. Es gibt tatsächlich historische Präzedenzfälle, wo sich die Rabbiner und ihre Gemeinden nach besonderen Katastrophen entweder weigerten, dem rituellen Gedenken an das Geschehene einen Platz einzuräumen, oder die wenigen Gedächtnisfeierlichkeiten, die es gab, abschafften (so waren die Gedenkgebete für die Kosaken-Massaker bald wieder aus den Gebetbüchern verschwunden). Diejenigen, die ein besonderes Gedenkfest zur Erinnerung an die Opfer des Holocaust einführen möchten, argumentieren, daß das, was hier geschah, etwas grundlegend anderes war, daß der Holocaust einzigartig ist; und genau dagegen wendet sich das traditionelle Judentum.

Jakobovits vermutet, daß die tiefeingewurzelte Aversion gegen neue Rituale vielleicht ein Merkmal unseres Zeitalters ist (jedenfalls im Traditionalismus!). Das führt er barmherzigerweise darauf zurück, daß das frömmste und damit am tiefsten getroffene Element jüdischen Lebens den Gedanken daran, daß die toratreusten Juden und die großen Zentren traditionellen Lehrens und Lernens einfach ausradiert wurden, nicht ertragen kann. Warum gerade sie, fragten sie sich, und fanden für sich die Antwort: »Für die, die glauben, gibt es keine Fragen, und für die, die nicht glauben, gibt es keine Antworten.« (Der Satz wurde zunächst dem bekannten rabbinischen Gelehrten ›Chofez Chaim‹ zugeschrieben und später vom ›Nitra Raw‹ aufgegriffen.) Wenn die Gemeinschaft der Frömmsten die Frage nach dem Warum stellte, dann sah sie die Schuld häufig bei den Gegnern – den Zionisten, Säkularisten und Reformjuden. Rabbiner Joel Teitelbaum aus Satmar war der Überzeugung, daß die Juden für die Sünden der Zionisten büßen müßten, während Raw Hutner, wie wir gesehen haben, den Arabern und dem Großmufti die Schuld gab. Die meisten Angriffe richteten sich an die Adresse der ›Assimilationisten‹, denen zum Teil auch die gemäßigten Fortschrittler in der orthodoxen Gemeinschaft selbst zugerechnet wurden. Jakobovits zitiert den Maggid von Chelm, der um die Mitte des 19. Jahrhunderts einen der führenden Repräsentanten der deutschen Reformbewegung scharf kritisierte: »Wegen der Sünde, die Geigers Reformkodex des jüdischen Gesetzes darstellte, wird es in Deutschland ein anderes Gesetz geben. Dieses Gesetz wird besagen, daß jeder Jude ohne Ausnahme sterben muß. Gott stehe uns bei!« Jakobovits führt eine ganze Reihe solcher bemerkenswerter prophetischer Vorhersagen an, distanziert sich jedoch von ihnen: »Ich kann nicht akzeptieren, daß irgendwelche jüdischen Verfehlungen als Ursache für den Holocaust betrachtet werden.« Für ihn ist die Lehre von der Kollektivbelohnung und Kollektivbestrafung ausschließlich auf Israels Erfahrungen als Volk im Lande Israel beschränkt. Er weist außerdem darauf hin, daß solche Ursachenzuschreibungen für den Holocaust keineswegs die Ansicht der Mehrheit der Juden widerspiegeln.

Trotz unserer abweichenden Auffassung im Blick auf die Einzigartigkeit des Holocaust stimme ich ganz und gar mit Jakobovits überein, wenn er Autoritäten zitiert, die unsere Aufmerksamkeit stärker auf die Opfer als auf die Verfolger lenken, die uns die Größe und Integrität dieser Opfer vor Augen führen, statt auf dem Bösen herumzureiten, das ihnen angetan wurde. Zweifellos ist es richtig, ihre Reaktionen im Holocaust und danach und die ungeheure Leistung, die dem nach dem Holocaust neu geschaffenen jüdischen Leben zugrundeliegt, herauszustellen. Jakobovits läßt in diesem Zusammenhang Rabbiner Hillel Goldberg zu Wort kommen:

»Das Bemühen, den Holocaust im Gedächtnis zu behalten, von ihm zu berichten und ihn zu deuten, straft die Vorstellung Lügen, daß er etwas Einzigartiges war ... die Überzeugungskraft der Behauptung dieser Einzigartigkeit verblaßt im Laufe der Zeit, während das jüdische Leben weitergeht, der Dialog zwischen dem Gedächtnis der Toten und dem alltäglichen Leben im gewöhnlich schweigend ausgetragenen Kampf der Überlebenden fortgesponnen wird ... In der jüdischen Geschichte wechseln sich Holocausts und Weiterleben ab. Damit der Holocaust, der in unsere Zeit fiel, zu einem einzigartigen wurde, mußte er nicht nur schrecklicher sein als alle vor ihm, sondern auch jenseits aller Deutung, jenseits der Möglichkeit, auf ihn zu reagieren, jenseits aller Versuche, ihn in die lange Kette jüdischen Glaubens einzureihen.«[3]

Die jüdische Gemeinschaft hat die Finsternis hinter sich gelassen und vieles wiederaufgebaut. Sie hat sich verändert. Oberrabbiner Jakobovits ist voll Hoffnung für die Zukunft seiner Gemeinde: »Die Nachkriegsära ist die erste Zeit der Moderne, in der der Strom der vom jüdischen Glauben Abfallenden in den frommen Gemeinden fast ganz versickert ist, sei es, weil es sich um Überlebende handelt, oder dank ihres Einflusses.« Es stimmt zwar, daß das fromme Judentum ein sehr viel stärkeres Wachstum erlebt hat als andere Bereiche jüdischer Religiosität. Dennoch kann eine solche Aussage nur als Übertreibung bezeichnet werden. Und

3. A.a.O., 294.

wenn, wie Jakobovits am Ende andeutet, die Gemeinschaft selbst das Problem des Holocaust zum Teil für sich gelöst hat, indem sie es isoliert, außer acht läßt, diesen Aspekt der Vergangenheit ausklammert und damit versucht, das Wissen darum zu verdrängen, muß man sich im Gegenteil eher Sorgen über ihre Zukunft machen. Eine traumatische Verletzung kann im Körper verkapselt und von Verstand und Gefühl abgeschlossen werden. Doch am Ende wird sie durchbrechen – und dann werden die Menschen keine Antikörper gegen den Kummer haben, der über sie hereinbricht. Auch das haben wir gesehen.

Jiskor, Erinnerung, ist mehr als der Auftrag »an die Überlebenden wiederaufzubauen, was zerstört ist, und die Kontinuität jüdischen Lebens durch Kindersegen zu gewährleisten, Kinder, die ihrerseits ihr Erbe bewahren und mehren werden«.[4] Das schließt den Schmerz ein, den Erinnerung bereiten kann, das Wissen um das Böse und die Entschlossenheit, nicht nur einfach weiterzumachen, sondern *mit* dem Wissen um die menschliche Unvollkommenheit und um das *Tremendum*, das absolute Böse, das über uns gekommen ist, zu leben.

Eliezer Berkovits

Der letzte in der Reihe unserer Zeugen für das traditionelle Judentum und seine Versuche, ein Leben nach dem Holocaust möglich zu machen, ist Eliezer Berkovits. Auch in diesem Philosophen und Theologen begegnen wir wieder dem europäischen Denken. Berkovits studierte in Berlin am berühmten Hildesheimer Seminar, nur ein paar Schritte von der liberalen Jüdischen Hochschule entfernt und doch zugleich Lichtjahre von der Denkweise, die dort gepflegt wurde und für die Männer wie Leo Baeck und Emil Fackenheim stehen. Professor Berkovits wurde zu einer zentralen Identifikationsfigur für das traditonelle amerikanische Judentum und hat als Lehrer am Hebrew Theological College in Stokie, Illinois, mehr als eine Generation Rabbinatsstudenten geprägt. Aber auch Israel hat er entscheidend mitgestaltet, wie umgekehrt das Land ihm seinen Stempel aufdrückte. Eines der am häufigsten zitierten Werke auf dem Gebiet der Holocaust-Theologie ist sein Buch *Faith after the Holocaust*, in dem Berkovits versucht, den Holocaust sowohl von der jüdischen Geschichte als auch von der Weisheit der Halacha her zu beleuchten. Es entstand in der Auseinandersetzung mit der »Gott ist tot«-Theologie Rubensteins. Ohne daß direkt auf Rubenstein Bezug genommen wird (Berkovits beschäftigte sich eher mit Altizer und den christlichen Denkern), wird darin der radikalen Theologie eine Untersuchung des Problems des *Deus absconditus* aus der Metaphysik im Sinne von *El Mistater*, dem ›sich verbergenden Gott‹ der Propheten Israels, gegenübergestellt. Altizers Behauptung, Gott sei dem

4. A.a.O., 295.

menschlichen Blick verborgen, so daß für den »radikalen Christen« feststehe, »daß Gott in Christus gestorben ist und daß dieser Tod ein endgültiges und unwiderrufliches Ereignis ist«,[5] hält Berkovits entgegen:

»Altizer glaubt, daß das christliche Dogma vom Gott, der Fleisch wurde, den Tod Gottes als geschichtliches Ereignis versinnbildlicht. In diesem Augenblick versank der transzendente Gott wirklich und wahrhaftig in seinem immanenten Menschsein. Und so starb er ... Den radikalen Theologen gemein ist ihre Unfähigkeit, die Vorstellung von einem ›sich verbergenden Gott‹ zu denken, die zum Beispiel in der Theologie eines Jesaja eine so wichtige Rolle spielt ...«[6]

Berkovits verweist demgegenüber auf die Gegenwart des Gottes, der sich *in* der Welt verbergen kann und verbirgt, der also da ist, auch wenn der Mensch ihn nicht spürt. Diese Aussage gehört in seinen Ansatz zu einer Theologie des Holocaust, einen Ansatz, in dem er versucht, die Rolle zu skizzieren, die den Menschen mit der Entscheidungsfreiheit zufällt – denn dies ist der Ort, an dem Gott sich verbirgt: in der menschlichen Verantwortung und in der menschlichen Freiheit. Dieser Aspekt jüdischen Denkens ist von den Christen noch nicht wirklich entdeckt oder wahrgenommen worden, auch wenn Dietrich Bonhoeffer, wie Berkovits einräumt, schon ein ganzes Stück auf diesem Weg vorgedrungen ist.

Berkovits ist sich darüber im klaren, daß der Gedanke an den *El Mistater*, den ›sich verbergenden Gott‹, für die Generation nach Auschwitz, die nach Gottes Schweigen angesichts der Qualen in den Konzentrationslagern und der Toten in den Krematorien fragt, keine Antwort sein kann. Wie konnte der Retter Israels stumm bleiben? Indem er versucht, eine Antwort auf diese Frage zu formulieren, verwebt Berkovits in seinem Text drei Faktoren jüdischer Existenz zu einem Muster: den *Churban*; das theologische Zerwürfnis innerhalb der Christenheit, das die radikale Theologie aufgedeckt hat; und schließlich die Gründung des Staates Israel, die Antithese zum Churban. Berkovits legt dabei besonderes Gewicht auf den letzteren Faktor, Israel und Jerusalem:

»In diesem geschichtlichen Augenblick hat die göttliche Vorsehung es in Gestalt des Staates Israel, der weltlichen Stadt der Menschen, in die Hände der Juden gelegt, diese Stadt, diesen Staat, zu einer Gottesstadt auf dieser Erde zu machen. Kein Zweifel, dazu sind wir berufen. Wie sollen wir, die Generation nach Auschwitz, auf den Ruf des offensichtlich doch nicht so schweigenden Gottes antworten?«[7]

5. *Thomas J.J. Altizer*, ... daß Gott tot sei. Zürich 1968, 123.
6. A.a.O., 62-3.
7. A.a.O., 66.

57

Diese Worte stammen aus dem Jahr 1973. Sie wirken heute sicherlich noch wesentlich provokanter als damals.

Berkovits läßt Wiesels klagende Frage aus *Die Nacht* – »Wo ist Gott jetzt?« – gelten, weil es die Frage ist, die gestellt werden muß – »sie nicht zu stellen, wäre Blasphemie.«[8] Für Berkovits ist Glaube nichts anderes als ein Ringen und Streiten mit Gott in der Tradition eines Abraham und Ijob. »Gerade wegen seines Glaubens kann Ijob eine Verteidigung Gottes nicht akzeptieren, die eine Verletzung der Würde des Gottes, an den er glaubt, impliziert.«[9] Berkovits kennt den Glaubenskampf in den Konzentrationslagern wohl:

> »Genauso, wie es jene gab, deren Glaube in den Todeslagern zerbrach, gab es andere, die niemals schwankend wurden. War Gott für viele gegenwärtig, so war er vielen anderen zumindest nicht verloren. Diejenigen, die sich auflehnten, taten es in echter Empörung; diejenigen, die festblieben und ihren Glauben bis zum Ende bezeugten, taten es aus wahrem Glauben heraus. Jenen aber, die nur Ijobs Brüder sind, steht weder die Authentizität der Empörung noch die Authentizität des Glaubens offen. Der Außenstehende, der Bruder der Märtyrer, tritt ein schwieriges Erbe an. Er erbt ja beides, die Empörung und das Zeugnis der Märtyrer ... Er versucht nicht, einen Blick auf ›die Hand‹ des Allmächtigen zu erhaschen – verstehen heißt rechtfertigen, annehmen. Das wird er nicht tun ... Er möchte glauben, aber nicht so tun, als habe es den Holocaust nie gegeben. Er weiß, daß diese Generation im Schatten des Holocaust leben und glauben muß. Wie das zu bewerkstelligen ist, muß er lernen. Wenn sein Glaube einen Sinn haben soll, so muß er in diesem Glauben auch Raum lassen für die undurchdringliche Finsternis der Todeslager.«[10]

Berkovits nimmt mit großer Offenheit alle Dimensionen religiöser Reaktion auf den Holocaust in seinen Ansatz auf. Seiner Auffassung nach hat die Reaktion jener, die ihren Glauben aufgaben, ebensoviel Berechtigung wie der standhafte Glaube des Frommen. Doch er verschließt sich der radikalen Verneinung derer, die glauben, daß Gott Israel verlassen hat, oder die Absurdität des Daseins, wie sie im existentialistischen Denken herausgearbeitet wird, akzeptieren und sich in einen tapferen Nicht-Glauben stürzen. Er zitiert Camus:

> »Ich weiß, daß der Himmel, der eure furchbaren Siege mit Gleichgültigkeit betrachtete, eure gerechte Niederlage ebenfalls gleichgültig hinnehmen wird. Auch heute erwarte ich nichts von ihm.«[11]

8. A.a.O., 68.
9. A.a.O., 69.
10. A.a.O., 70.
11. *A. Camus*, Briefe an einen deutschen Freund. In: Albert Camus, Kleine Prosa. Hamburg 1989, 93.

Berkovits würdigt die vornehme Denkungsart Camus', dessen Negation eines göttlichen Heilsplanes für die Welt umschlägt in die Feier menschlicher Integrität und Unabhängigkeit, so daß er sagen kann: »Diese Welt besitzt zumindest die Wahrheit des Menschen, und unsere Aufgabe besteht darin, ihm seine Gründe gegen das Schicksal in die Hand zu geben. Und die Welt hat keine anderen Seinsgründe als den Menschen ...«[12] Für Berkovits ist die Wahrheit dieser Aussage jedoch eingeschränkt auf den ›guten‹ Menschen, wie Camus selbst es war. In der Realität hingegen sieht Berkovits nur die vielen »Wahrheiten von Menschen«, die zudem noch auf schreckliche Weise entstellt sein können, etwa wenn Himmler vor der versammelten SS-Führung *seine* Wahrheit kundtut: »Das durchgemacht zu haben und trotzdem ein ehrlicher Mann geblieben zu sein, ... das hat euch hart und stark gemacht. Dies ist ein Ruhmesblatt im Buch unserer Geschichte, wie es nie zuvor geschrieben wurde und auch niemals wieder geschrieben werden wird ...«[13] Berkovits sieht die Heuchelei, die hinter dieser ›Wahrheit‹ steht: Es ist die Wahrheit eines Himmler, die hier neben die Wahrheit eines Camus gestellt wird, der für die Unterdrückten eintrat. In einem Universum, in dem sämtliche Werte von Menschen festgesetzt werden, kann alles und jedes zum Wert werden. Für die Juden aber gilt: Wer sich auf die Seite der religiösen Verweigerung stellt, der akzeptiert das Denken des Nationalsozialismus und leugnet den Holocaust.

Beim Blick in die Vergangenheit stellt Berkovits vor allem die christliche Kirche an den Pranger:

>»Wahr ist, daß neben den Deutschen die christlichen Lehraussagen über die Juden und die jahrhundertelangen Judenverfolgungen durch Christen die schwerste Schuld an dem Geschehenen trifft. Dabei spielt es keine Rolle, ob die Nationalsozialisten sich als Christen betrachteten oder nicht. Das Christentum hat die westliche Welt bis ins Innerste mit Judenhaß vergiftet ...«[14]

An dieser Stelle bleibt Berkovits unversöhnlich. Der Besuch des Papstes in einer Synagoge und seine oft zitierte Bemerkung, daß die Juden »die älteren Brüder« der Christen seien, läßt in Berkovits allenfalls die Erinnerung an Kain und Abel aufsteigen – nur daß es diesmal der jüngere Bruder ist, der das Verbrechen des Brudermordes beging! Dabei rezipiert Berkovits die neuen Ansätze im Christentum nicht; auch ein Bonhoeffer und ein Niemöller können den Christen nicht als Entschuldigung dienen: Ein zweitausend Jahre eingeschlagener Weg kann nicht einfach von der Landkarte getilgt werden; die begangene Schuld muß gesühnt werden.

12. A.a.O., 90-91.
13. *I. Jakobovits*, Oxfort Holocaust Conference, Bd. III (1988), 205.
14. A.a.O., 243.

Auch diejenigen Juden, die für die Bürgerrechte anderer Minderheiten kämpfen und geltend machen, daß andere auch gelitten haben, gehen nach Eliezer Berkovits am Eigentlichen vorbei, denn diese Säkularisten erkennen nicht, daß die Juden ein einzigartiges Volk sind.

Berkovits stimmt in den orthodoxen Tenor ein, was die Ablehnung der Vorstellung betrifft, daß der Holocaust etwas Einmaliges gewesen sei. Auch er ist der Ansicht, daß die Juden dieses Ereignis unbedingt im Kontext der Geschichte, in diesem Fall im Kontext des moralischen Bankrotts des Westens, begreifen müssen. Es gilt nun herauszufinden, welche Rolle den Juden dabei zukommt.

Für Berkovits geht es um die Beziehung zwischen dem jüdischen Volk und Gott. Hat der Holocaust sie zerstört? Historisch gesehen kann die Frage nach der Beziehung der Juden zu Gott in der Zeit nach dem Holocaust nur im Zusammenhang mit der Frage nach ihrer Beziehung zu ihren Mitmenschen gesehen werden. In der Welt waren die Juden stets ohnmächtig und ungefährlich (ein Argument Greenbergs), ihr Leben hing ab von der unvollkommenen Ethik der Gesellschaft, in der sie lebten. Das mußte sie am Ende in die Absonderung von dieser Gesellschaft führen: Wie sollten sie ihre Kinder in einer Gesellschaft aufziehen, die sie ermordete? Die Frage ist nun: Hat diese Gesellschaft sich durch die Leiden der Juden verändert? Müssen wir, wenn wir den Holocaust verstehen wollen, nicht auch danach fragen, was der Begriff ›erwähltes Volk‹ in der heutigen Welt bedeutet?

»Warum ist jemand erwählt? Warum hat Gott den Menschen erschaffen? Warum hat er überhaupt etwas erschaffen? Keiner kann das wissen. Eines aber wissen wir: Kein anderes Volk auf der Welt hätte ertragen können, was wir ertragen haben, und dennoch seiner Berufung zum Mahner und Warner der Menschheit treu bleiben können. Er hat ein jüdisches Volk erwählt für ein Ziel, das er seit der Erschaffung des Menschen anstrebt. Dieses Ziel des Schöpfers aber ist universaler Natur. Deshalb ist auch die Aufgabe der Juden eine universale ... Gott hat uns erwählt, in seinem unergründlichen Heilsplan für die Menschheit seine Partner zu sein ... (Die Heimkehr nach Israel) ... ist ein von Gott gesetztes Zeichen auf dem Weg zur Erneuerung. Manche der grundlegenden Prinzipien des Judentums müssen neu durchdacht werden, damit wir aus ihnen lernen können, wie ein jüdisches Volk in einem jüdischen Land leben soll. Eines aber ist gewiß: Nichts wäre abwegiger, als zu glauben, daß nun endlich auch für die Juden die Zeit gekommen ist, ein Volk wie alle anderen zu werden ...«[15]

Das Rätsel des Staates Israel beschäftigt Berkovits noch immer. Seine Macht ist äußerst begrenzt, ebenso seine nationalen Ressourcen; das Land selbst und seine Bevölkerungszahl sind klein. Ist Israel also nur deshalb in die Welt der Nationen aufgestiegen, um eine schwache und unbedeutende Rolle zu spielen? Nicht ein-

15. A.a.O., 246.

mal die Freunde Israels können ganz ermessen, wie schwach und gefährdet das Land in Wirklichkeit ist. Viele von denen, die heute Israels ›Grausamkeiten‹ verurteilen, würden schon in wesentlich weniger gefahrvollen Situationen sehr viel grausamer vorgehen. Der Staat Israel ist inmitten seiner Nachbarn ebenso heimatlos, wie es je ein Jude im Exil war. Und dies ist für Berkovits denn auch der Stachel im Fleisch des modernen jüdischen Staates: Seine Existenz ist nach wie vor eine Herausforderung für das Gewissen der Menschheit – eine Herausforderung, die allzu leicht übersehen wird.

Berkovits hat demnach wenig Zutrauen zum Säkularismus oder zum humanistischen Menschenbild – und doch lebt er in einer Welt, in der sich die Mehrheit für diesen Weg entschieden hat, und unter Menschen, die ihren Weg zu Gott aus den Augen verloren zu haben scheinen. Die Juden sind ihren Nachbarn inzwischen allzu ähnlich geworden. So zieht sich Berkovits auf seine Glaubensburg zurück und wartet auf den reuigen Juden, der sich zu seiner Position bekehrt.

Irving ›Yitz‹ Greenberg

Rabbiner Greenberg ist ein Original: als Mensch, als Lehrer, als geistliches Oberhaupt, als sokratisches Sandkorn im Getriebe. Fast alle orthodoxen Denker definieren sich von ihm her, reiben sich an ihm, streiten mit ihm – und haben doch irgendwie das Gefühl, daß er auf ihrer Seite ist. Aber auch in konservativen und Reformkreisen ist er gern gesehen als ein Traditionalist, der Nachsicht und Verständnis für die progressive Sache zeigt und der seine ›Gegner‹ durch seine versöhnliche Offenheit zur Auseinandersetzung einlädt. Doch wer – oder was – Greenberg auch sein mag, auch sein Ansatz zu einer Theologie des Holocaust hat sich im geistigen Kontext des westeuropäischen Judentums entwickelt. Greenberg läßt sich nicht auf eine bestimmte Schule festlegen. Deshalb gehe ich hier nur auf einen einzigen seiner Gedanken ein, der allerdings einen weitreichenden Einfluß auf die traditionalistische Richtung wie auch auf das progressive Judentum gehabt hat: sein Bundesverständnis.

Der ›Bund‹ ist der Zentralbegriff eines Judentums, das Gottes Erlösungshandeln in der Geschichte wirken sieht. Das Judentum sieht sich als treibende Kraft in dieser Geschichte, auch wenn es ihrem Verlauf im Rahmen einer ›ungeheuerlichen Glaubenswette‹ – wie Greenberg in Anlehnung an einen christlichen Gedanken formuliert – immer wieder äußersten Erschütterungen und Gefährdungen ausgesetzt ist. Dabei folgt es keineswegs einem Ansatz, wie ihn der Buddhismus vertritt, der die Menschheit aus dem Leben heraus in das Nirwana entrücken will.

Wie alle monotheistischen Religionen hat das Judentum ein ganz bestimmtes Ziel. Wie aber kann es an dieses Ziel gelangen?

»Der Traum von der Vollkommenheit wird durch nichts Geringeres verwirklicht als durch eine Partnerschaft zwischen Gott und den Menschen. Im Verlauf eines Prozesses freiwilliger Selbstbegrenzung beruft Gott die Menschheit zur Teilnahme an der Schaffung einer erlösten Welt. Beide Partner schließen einen Vertrag mit dem Ziel vollkommener Erlösung; und jeder bringt ein Pfand in diesen verpflichtenden Bund ein. Gott gelobt, daß das Streben nach Vollkommenheit kein vergebliches Unterfangen sein wird. Er verspricht, die Menschheit auf Schritt und Tritt auf ihrem Weg zu begleiten. Der menschliche Partner gelobt, sich auf den Weg in diese Erlösung zu machen und so weit auf dem Weg fortzuschreiten, wie es ihm in seinem Leben möglich ist; er verspricht, Leben zu schaffen und die Vision und die Verantwortung an die nächste Generation weiterzugeben – und nicht nachzulassen oder stehenzubleiben, bis das endgültige Ziel erreicht ist.«[16]

Das Vertrauen in die Fähigkeiten des Menschen und die Ehrfurcht vor dem göttlichen Heilsplan, die in dieser Aussage mitschwingen, stellen natürlich viele der orthodoxen Vorannahmen in Frage, mit denen wir uns bisher befaßt haben. Der Prozeß der ›freiwilligen Selbstbegrenzung Gottes‹ ist gerade noch denkbar für einen Traditionalismus, der – wenn auch zögernd – dem Mystizismus und der Kabbala eine Sprache zugesteht, in der das *Zimzum*, das Sich-Kleinmachen Gottes, um der Menschheit Raum zu geben, eine Art mythischer Hyperbel darstellt, mit deren Hilfe das Geheimnis der Schöpfung in menschliche Begriffe gefaßt werden kann. Doch wie Greenberg diese Vorstellung hier entfaltet, wird daraus ein Argument für die menschliche Selbstbestimmung – ein Gedanke, der eher einem Reformtheologen wie Eugene Borowitz entspricht und wohl kaum in einem Gespräch unter Traditionalisten geäußert würde. Der Bibelwissenschaftler wird bemerken, daß hier von den vielen verschiedenen ›Bundesvarianten‹, von denen in der Schrift die Rede ist, nicht der Bund zwischen ›dem Hohen und dem Niedrigen‹ zur Diskussion steht, sondern ein Bund, der offenbar zwischen Gleichgestellten geschlossen wird – das aber läuft auf eine Beschränkung Gottes hinaus, die für die Tradition untragbar ist. Kann Gott sich einem verpflichtenden Bundesschluß unterwerfen? Schon Abraham hatte dies von Gott gefordert: »Sollte sich der Richter über die ganze Erde nicht an das Recht halten?« – eine Haltung, die in den Greenbergschen Ansatz einging. Nicht minder unmittelbar und streng ist umgekehrt die an die Adresse der Menschen gerichtete Forderung, von denen Greenberg eine Erneuerung des Bundes verlangt, weil dieser durch den Holocaust gebrochen wurde!

Nach Greenbergs Auffasung gebraucht Gott den Menschen als Werkzeug – und das führt zu dem Bund zwischen Gott und Israel. Israel wird den Weg gehen,

16. A.a.O., 209.

den Gott ihm weist, und eine Bundespflicht auf sich nehmen, die zum Segen der ganzen Menschheit ausschlagen wird. Gott seinerseits hat sich verpflichtet, das Volk Israel für immer zu schützen. Unter dem Siegel dieses Bundes bildet Israel eine Gemeinschaft, die das Erlösungswerk vollbringt; und so wird der Bund zu einem Vertrag für alle Geschlechter. Sie alle sind dem Bund verpflichtet, und das Handeln jeder Generation ist gleichermaßen auf Vergangenheit und Zukunft ausgerichtet. In jeder Generation wird es aber auch Schicksalsschläge geben, in denen die Menschheit auf die Probe gestellt wird. Leiden und Unterliegen sind Teil des menschlichen Lebens und müssen irgendwie mit dem Bund des Exodus und des Sinai versöhnt werden. Eine natürliche Reaktion auf eine solche Katastrophe kann die Verzweiflung sein, die wiederum zum Konflikt mit dem im Bund verbürgten Glauben führen kann. Nach den Ereignissen des Jahres 70 u.Z. fielen einige ab, andere wurden Christen – doch die meisten Juden blieben ihrem Glauben treu. Sie deuteten die Zerstörung des Tempels als ein Signal, daß sie Gott von jetzt an auf neue, andere Weise dienen sollten. So kam es zu einer Art ›Säkularisation‹, in deren Verlauf Gott zu einem immer ferneren Gott wurde; der Bund aber wurde noch einmal erneuert. Angeregt durch eine neue Auslegung der Purim-Geschichte suchten die Juden nun in sich selbst nach Führung und Heil, und der Bund stand für neue Verantwortungen und Aufgaben.

Dann kam der Nationalsozialismus. Die Nazis versuchten, das Judentum und seine Träger auszulöschen (wobei es keine Rolle spielte, ob diese Träger ›gläubig‹ waren oder nicht). Und der Bund, dessen Schutzschild Gott war, schien sich in sein Gegenteil zu verkehren. Es gab keinen Widerstand gegen Auschwitz. Als die Juden ermordet wurden, stellte sich folgerichtig die Frage: Kann es ohne Juden überhaupt noch einen Bund mit Gott geben? Oder, wie Elie Wiesel es formuliert:

»Das jüdische Volk schloß einen Bund mit Gott. Wir sollten seine Tora schützen, und er übernahm im Gegenzug die Verantwortung für Israels Sein in der Welt ... Nun hat es zum ersten Mal in der Geschichte den Anschein, als sei dieser Bund gebrochen worden.«

Und Jakov Glatstein schrieb:

> »Am Sinai empfingen wir die Tora,
> und in Lublin gaben wir sie zurück.
> Tote loben Gott nicht.
> Die Tora war den Lebenden gegeben.«[17]

Wenn der Bund für eine auf moralischen und ethischen Prinzipien basierende Beziehung stand, meint Greenberg, dann widerspricht es diesem Bund, daß

17. A.a.O., 217.

von einem der beiden Bundespartner der Tod gefordert wird. Konnte tatsächlich der Holocaust der Preis für den Bund sein? Ist der Bund damit nicht am Ende? Und wenn Auschwitz nicht das Ende des Bundes bedeutete, was offenbart es uns dann über den Bund und Gott? An dieser Stelle denken wir wieder an Wyschogrods Aussage. Fur Greenberg steht fest, daß Gott nicht von Propheten oder Auslegern dessen, was in der Welt geschieht, abhängig ist. Er spricht direkt und unmittelbar zu uns, durch die Ereignisse. Der Holocaust ist in diesem Fall »ein um so unerbittlicherer Ruf, ein Insistieren auf die absolute Veranwortung der Juden für den Bund«.[18] »Wenn Israel nach der Zerstörung des Tempels vom Junior-Teilhaber zum echten Bundespartner wurde, dann ist das jüdische Volk nach dem Holocaust zum aktiven Senior-Partner berufen.«[19] Das ist die Botschaft, die nach ›Yitz‹ Greenberg übrigbleibt, wenn man davon ausgeht, daß Gott in Auschwitz gegenwärtig war, daß er litt und verbrannte und doch dem Holocaust nicht Einhalt gebot.

An uns war es, den Holocaust zu stoppen. Und nach Auffassung Greenbergs war die Gründung des Staates Israel ein Präventivakt gegen künftige Holocausts. Zugleich war sie eine jüdische Gemeinschaftsaktion, getragen von gläubigen wie von nicht-religiösen Juden. Wobei wiederum festzuhalten ist: Wir leben im Zeitalter des erneuerten Bundes. Was einst eine gottgegebene Aufgabe für die Juden war, wurde mittlerweile zu einem freiwilligen Akt der Liebe, als Israel sich entschloß, seiner Mission treu zu bleiben und weiter unter dem Bund zu leben.

Die hohen Erwartungen, die Greenberg an den Staat Israel und seine Aufgabe im Rahmen einer solchen Mission knüpft, harren noch der Erfüllung. Er fordert eine Tora für die Menschheit, eine Gesundung, die von Jerusalem ausgeht. Nun, da wir an Macht gewonnen haben, müssen wir diese Aufgabe erfüllen, hoffnungsvoll und realistisch, bis sie schließlich vollendet ist. Das jüdische Volk wird damit zum Inbegriff der Menschheit; in ihm spiegelt sich das ganze Leid und die ganze Herrlichkeit menschlichen Lebens. Auch heute noch kann Israel ein Licht für die Völker sein.

Wo seine Kritiker an Rabbiner Greenbergs Überzeugungen Anstoß nehmen, kann ich nur über seinen ungebrochenen Glauben staunen. Man mag seinen theologischen Ansatz in Frage stellen, doch in seinem unermüdlichen Einsatz, die verschiedenen Parteiungen des jüdischen Lebens an einen Tisch zu bringen, damit sie gemeinsam das Werk, wenn schon nicht das Wort vorantreiben, zeigt sich die versöhnende und heilende Kraft eines großen Lehrers, der schon jetzt das Bewußtsein für etwas geweckt hat, das sich in Wahrheit als ein Bund der Hoffnung erweisen kann.

18. A.a.O., 219.
19. Ebd.

Die Halacha des Holocaust

Im folgenden Kapitel habe ich versucht, die Einsichten (und manchmal auch Vorurteile) traditionalistischer Gelehrter und Rabbiner zusammenzutragen, um zu
zeigen, wie die Herausforderung an das jüdische Denken, das der Holocaust darstellt, ein Häuflein von Beobachtern hervorbrachte, das noch unter entsetzlich-
sten Bedingungen Mut und Menschlichkeit bewies.

Alle Reisenden in die Morgendämmerung und ins Licht müssen von Zeit zu
Zeit Halt machen und zurückblicken in die Finsternis. Wie es schon im Psalm
heißt, ist Licht sogar in der Finsternis ... Gott ist da, und Gott spiegelt sich im
Leben all derer, die von jener Finsternis verschlungen wurden.

2. Aus der Asche
Die Halacha des Holocaust

Für die weitere Fortsetzung unseres rabbinischen Diskurses sollten wir uns bewußt machen, daß Zeitbarrieren für uns nicht existieren. Da sitzt Mose unter Akibas Schülern; da wird das, was jene Frau bei der Durchquerung des Roten Meeres
schaute, für uns alle fühlbar, die wir heute am Sedertisch sitzen und die Worte
sprechen: »Dies hat Gott für *mich* getan, als *ich* aus Ägypten auszog.« Da sprechen die Rabbinen, die vor dem verwüsteten Tempelberg stehen, ganz unmittelbar zu der Generation nach dem Holocaust.

So wird es im Midrasch Tanchuma gelehrt:

> Drei Männer erblickten drei Welten,
> Noach sah die fertige Welt, die Welt, zerstört von der Flut,
> und die Welt, wiedererstanden nach der Flut.
> Daniel sah den ersten Tempel. Er sah den ersten Tempel in
> Trümmern und er sah den zweiten Tempel wiedererbaut.
> Ijob sah sein festgebautes Haus. Er sah sein Haus zerstört
> und er sah sein neues Haus.

Wir fühlen uns heute oft vom Buch Ijob angesprochen, in dem wir ein Spiegelbild
unserer selbst zu erkennen vermeinen. Das ist durchaus berechtigt. Die ganze Welt
hat miterlebt, wie das Judentum groß wurde. Aus den *Jeschiwot* Osteuropas, aus
der tiefen Frömmigkeit seiner Heiligtümer, aus den geistsprühenden Schriften seiner jiddischen Schriftsteller war etwas Einzigartiges hervorgegangen, in dem die
alte Tradition eine neue, glanzvolle Gestalt angenommen hatte. Mit der Symbiose
zwischen den Juden und ihrer Umwelt war in Westeuropa ein Klima entstanden, das

ein Goldenes Zeitalter nie dagewesener schöpferischer Energie und ungeahnten geistigen Fortschritts hätte herauführen können. Doch die, die diese Welt emporsteigen sahen, wurden auch Zeugen ihrer Vernichtung durch einen *Mabul* des Hasses, sahen sie ertrinken in Blut. Wir haben die brennenden Heiligtümer gesehen, wir sahen die Säulen wanken. Wir können wahrlich von uns sagen, daß wir zwei Welten gesehen haben. Aber haben wir auch die dritte Welt gesehen, die neugeschaffene Welt nach der Flut, den neuerbauten Tempel, die zu neuem Leben erwachten Familien? Wie Ijob können wir nur die Hand auf den Mund legen.

Und dennoch gibt es Menschen, die von sich sagen, daß sie alle drei Welten gesehen haben. Ihre Aussage erwächst aus dem tiefen Optimismus, der unseren Glauben prägt, und es ist eine Aussage, über die wir froh sein müssen und mit der wir äußerst behutsam umgehen sollten. Es kann nicht weiter überraschen, daß sie im Klima von *Erez Israel* entstanden ist, jenem Land, das unter einer ständigen Bedrohung lebt und doch an seinen Schwierigkeiten nur wächst.

Man begegnet dem traditionellen Judentum am ehesten in der Ethik und Praxis des jüdischen Lebens, auch und gerade, wo es um die Auseinandersetzung mit dem größten Problem unserer Zeit geht; und wir wollen uns ihm denn auch auf dieser Ebene nähern. Das soll nicht heißen, daß wir die Positionen moderner Traditionalisten übergehen, wie sie sich in den *Schakla wetarja*, den Konflikten, Entscheidungen und Diskussionen des täglichen Lebens, spiegeln. Auch untergeordnete Streitfragen, wie etwa die unterschiedliche Haltung zur Diaspora, die von den progressiven Rabbinern befürwortet, vom traditionalistisch ausgerichteten Rabbiner Amital jedoch abgelehnt wird, müssen zur Kenntnis genommen werden, wenn wir uns durch sie auch nicht von den eigentlichen Fragen ablenken lassen sollten. Manchmal sind die Unterschiede noch nicht einmal so groß, nur die Schwerpunkte sind anders gesetzt. So schließt Rabbiner Amitals Formel von Israel und der Diaspora ihr Gegenteil nicht aus: Wenn der Staat Israel seine Bürger mit der historischen Essenz jüdischen Wesens konfrontiert, so läßt sich doch nicht leugnen, daß es auch in Israel Menschen gibt, die vor diesem Wesen weglaufen und sich in leeren Identitätshülsen verstecken. Und wenn ein Jude in der Diaspora leben kann, ohne sich mit seiner Vergangenheit auseinandersetzen zu müssen, so gibt es doch umgekehrt auch Juden, die ihre jüdische Identität gefunden haben und dennoch für das Leben in der Diaspora plädieren. Wenn wir die unwiderlegbare Behauptung, daß der Holocaust sich wiederholen kann, akzeptieren, so läßt sich daraus nicht im Sinne eines *Kal wechomer* ableiten, daß Israel ein Volk ist, das allein leben muß (*Am lewadad jisch-kon*). Im Gegenteil, man könnte genausogut ins Feld führen, daß die Notwendigkeit, uns mit dem sozialen Umfeld, in dem wir leben, auseinanderzusetzen und die Beziehung zu den ›Gerechten unter den Völkern der Welt‹ zu pflegen, niemals größer gewesen ist. Ja, ein solches gutnachbarschaftliches Verhältnis ist lebenswichtig für unser Verbleiben in der Diaspora und unverzichtbar als ein äußerer Schutzwall für den Staat Israel.

Doch hier prallt das unterschiedliche Geschichtsverständnis der beiden Lager aufeinander, da das traditionalistische rabbinische Denken das Wiedererstehen des Staates Israel als einen Akt im Drama von *Am lewadad jisch-kon* verstanden wissen will.

Die Aussage, daß der Staat Israel auf jeden Fall eine notwendige Vorbedingung für das Heraufziehen des messianischen Zeitalters ist, ist für die Menschen in Israel eine Bestätigung, daß hier wirklich ein neues Leben begonnen hat, mit einer neuen Familie und einem neugeschaffenen Heim. Diese neue Welt verkörpert die optimistische Dimension, die in der Erfahrung von Leiden durchaus ihren Platz hat. Israel kann gleichsam konstruktiv mit dem Leiden umgehen, das zu seiner Entstehung beigetragen hat. Gerade deshalb ist es so wichtig, daß den Überlebenden, die den Geist Israels so entscheidend geprägt haben, die ihnen gebührende Anerkennung zuteil wird. Trotz der unterschiedlichen Ansichten, die unter anderem zur *Schelilat ha-Galut* (Ablehnung der Diaspora) führten, trotz der Spannungen zwischen den Generationen wird hier der Versuch unternommen, das Gute, das aus dem Leiden erwachsen kann, zu sehen – »Gott hatte es zum Guten wenden wollen und das Leben eines mächtigen Volkes bewahrt«.[20] Doch das soll nur ein sehr vorsichtiger Deutungsversuch sein. Rabbiner Amital macht in seinen Aussagen ganz klar, daß Israel auf keinen Fall als positiver Gegenpol zur *Shoa* verstanden werden darf. Nichtsdestoweniger möchte er aufzeigen, daß aus dem Bösen auch Gutes entstanden ist.

Es gibt natürlich berechtigte Kritik an dieser Denkweise – und auch ungerechtfertigte Anwürfe gegen sie. Ich möchte mich an dieser Stelle nicht auf den Boden der dunklen Welt der *Neture Karta* begeben.

Der fanatische Haß gegen unsere jüdischen Brüder ist uns fremd – wir zahlen nicht mit gleicher Münze heim. Wir wissen, daß auch auf seiten jener Fanatiker viele von der tiefen, unauslöschlichen Trauer um eine Welt gezeichnet sind, die ausgelöscht worden ist. Es ist ja gerade das schmerzliche Wissen um das jüdische Leiden, das Reb Shonfeld so blind gegen seine Glaubensbrüder wüten läßt. Hier wird das Thema des *Mipne Chattaenu* wieder angestimmt, wenngleich die *Neture Karta* nicht der Ansicht sind, daß diese Welt des *Chewlej ha-Maschiach* würdig ist. Wir müssen an dieser Stelle zu Rabbiner Amital zurückkehren und tun dies, wie ich offen sagen möchte, mit einer gewissen Erleichterung. Die Frage bleibt: Wie lassen sich das *Mipne Chattaenu* oder der Gedanke des *Chewlei ha-Maschiach* auf den Holocaust anwenden? Zu allen Zeiten rabbinischen Denkens spielte Gottes Liebe und Barmherzigkeit eine zentrale Rolle im rabbinischen Diskurs. Gott erlegt den Menschen nicht unnötig Schmerz auf. Warum muß dann das messianische Zeitalter aus so viel Leid geboren werden? Warum muß die Menschheit – jetzt oder später – auf ihrem Weg in die Zeit der Vollkommenheit leiden? War-

20. Gen 50,20.

um? Weil wir nur unvollkommene Werkzeuge sind. Leiden ist ein Teil des menschlichen Lebens. Die optimistischen Definitionen des frühen Reformjudentums verwarfen den Gedanken, daß dem Menschen auch das Böse innewohne. Bis heute stellen wir kurzschlüssige Vergleiche mit unseren Glaubensnachbarn an und behaupten, sie glaubten an die Erbsünde, wir dagegen glaubten daran, daß der Mensch im Kern gut sei. Die Rabbinen sahen das anders. Sie schätzten die Menschen nach dem ein, was sie sahen, und sie sahen Böses. Das Böse führt zu Leiden, und die Juden waren davon nicht ausgenommen. Als die Rabbinen die Zerstörung Jerusalems analysierten, verloren sie sich nicht darin, die politischen und militärischen Faktoren aufzuzählen, die zu dieser Katastrophe geführt hatten. Sie sahen die Ursachen im moralischen Verfall der Einwohner. Und selbst im Angesicht der römischen Unterdrücker wurde diese *Shoa*, dieser *Churban*, so gedeutet, daß eine Brücke geschlagen wurde zwischen den Leiden, die die Juden gerade durchmachten, und künftigen guten Zeiten. »Füchse spielen in den Tempelruinen? Laßt uns froh darüber sein ... wenn die dunklen Prophezeiungen sich erfüllt haben, werden auch die hellen Gesichte wahrwerden!« Rabbi Akiba, der größte jüdische Lehrer zur Zeit des Aufstandes gegen Rom, übertrug dieses Leidensverständnis auf alle Bereiche des Lebens. Als die Schüler von Rabbi Elieser miterlebten, wie ihr Lehrer von einer schmerzhaften Krankheit aufs Lager gestreckt wurde, trauerten sie. Akiba lachte. Warum? »Immer, wenn ich den Flachs, das Öl und den Honig meines Lehrers sich mehren sah ... fürchtete ich, es könnte ein Vorschuß aus der künftigen Welt sein. Was würde dann noch übrigbleiben? Nun, da ich ihn leiden sehe, bin ich über seine Zukunft in der anderen Welt beruhigt.« Elieser konnte sich nicht enthalten zu fragen:[21]

»Habe ich auch nur ein einziges Gebot übertreten?« Akiba antwortete: »Du selbst, unser Lehrer, hast uns oft auf den Vers verwiesen: ›Es gibt auf der Erde keinen einzigen Menschen, der so gesetzestreu wäre, daß er stets richtig handelt und nie einen Fehler begeht.‹«

Es gibt im Judentum so etwas wie ein leidenschaftliches Bestreben, noch aus der Begegnung mit dem tiefsten Leid etwas Gutes zu machen. Auch Rabbiner Amital ist dieser Tradition zuzurechnen, wenn er die Beziehung zwischen dem neuen Staat Israel und dem Holocaust herausstreicht. Doch wir können ihm darin nicht folgen. Wir können nicht mehr danach streben, aus Bösem Gutes zu machen; diese Tradition ist vom Holocaust *ad absurdum* geführt worden. Es liegt heute kein Trost mehr darin, die *Shoa* in einen göttlichen Plan einzuordnen, wenn uns dieser Plan als solcher ebenso wie sein Erfinder unbegreiflich bleiben muß. Wenn das die einzige Antwort ist, dann können wir in der Tat nur wie Ijob die Hand auf den Mund legen. Doch wir können nicht aufhören, zu trauern und zu klagen.

21. (Koh 7,20) Sanhedrin 101a.

Es gibt jedoch andere rabbinische Traditionen, die uns in der Auseinandersetzung mit dem Holocaust hilfreich sein können; Traditionen, in denen *Gott* trauert, trauert angesichts des Leidens Israels, angesichts des zerstörten Tempels:

»In jener Stunde weinte der Heilige – er sei gepriesen – und sprach: ›Weh mir; was habe ich getan? Um Israels willen habe ich meine Gegenwart drunten wohnen lassen. Nun, da sie Sünder geworden sind, bin ich an meinen ursprünglichen Platz zurückgekehrt. Ich will kein Gegenstand des Gelächters für die Heiden sein, verspottet von meinen Geschöpfen!‹
In derselben Stunde kam Metraton, fiel auf sein Antlitz und sprach zu Gott: ›Herr der Welt, laß mich weinen. Nicht du sollst weinen.‹ Da sprach Er zu ihm: ›Wenn du mich nicht weinen läßt, werde ich an einen Ort gehen, den du nicht betreten kannst, und dort weinen. Wie geschrieben steht:[22]

»Hört ihr dies nicht?
Meine Seele weint im Verborgenen.«‹

Der Heilige, er sei gepriesen, sprach zu den Engeln, die ihm dienten: ›Kommt. Wir wollen gehen, ich und ihr, wir wollen in meinem Haus schauen, was der Feind mit ihm gemacht hat.‹ Dann ging der Heilige, er sei gepriesen, zu dem Haus, und die dienenden Engel und Jeremia gingen vor ihm her. Als er das Haus sah, das Heiligtum, sprach er: ›Ja, dies war mein Haus, dies war der Ort meiner Ruhe, nun sind die Feinde über ihn hergefallen und mit ihm verfahren nach ihrem Belieben.‹
Der Heilige, er sei gepriesen, weinte in jener Stunde, und er sprach: ›Weh ist mir um mein Haus. Meine Kinder, wo seid ihr? Meine Priester, wo seid ihr? Die ihr mich liebtet, wo seid ihr? O, was hätte ich mit euch tun können. Ich habe euch gewarnt, doch ihr seid nicht in Reue zu mir umgekehrt.‹[23]

Hier tritt das Thema des *Mipne Chattaenu* noch stärker hervor. Doch der stärkste Eindruck dieser rabbinischen Textstelle ist das Bild vom weinenden Gott, dem mitfühlenden Gott, dem Gott, der mit den Opfern leidet. Vernichtung und Hoffnungslosigkeit sind nicht Teil eines göttlichen Kriegs-Planes, sondern Folgen menschlichen Tuns. Damit wird an dieser Stelle abermals jene Linie rabbinischen Denkens sichtbar, die unsere Sünden zur Ursache des Holocaust erklärt; allerdings sind hier noch bestimmte feine Nuancen spürbar, die in späteren Zeiten, wenn Israel in seiner Liturgie mit sich selbst zürnt, verblassen:

»Wegen unserer Sünden sind wir zu Gefangenen und zur Beute geworden ...«

heißt es im Gebet. Richard Rubenstein weist zu Recht darauf hin, daß dieses ständige Gefühl der Unwürdigkeit die Position der Juden in der Auseinanderset-

22. Jer 13,17.
23. Petichta Midrasch Rabba zu Echa 24.

zung mit ihren Verfolgern nicht gerade gestärkt hat. Im Text des Midrasch lebt noch das Wissen darum, wer von Gott gehaßt und wer geliebt wird. Die Schuld der Übeltäter wird nicht ignoriert. Der Anklang an eine stellvertretende Versöhnung, wie er in späteren Texten spürbar wird, fehlt hier. Und das Entscheidendste: Die *Schechina* zieht mit den Kindern Israel ins Exil. Darin steckt der Gedanke von dem leidenden Gott, von dem Gott, der auch in den Konzentrationslagern litt. Gott trauert: Sollten wir da nicht trauern?

Wie aber trauert Gott?

»Samuel bar Nachman sagte: Gott rief den Dienstengeln zu und sprach zu ihnen: Was macht ein König von Fleisch und Blut, wenn er in Trauer ist? Sie antworteten: Er zieht schwarze Kleider an und hüllt sein Haupt in einen Sack. Gott sprach: Das will ich auch tun, wie geschrieben steht:[24]

›Ich kleide die Himmel in Dunkel
und mache Sacktuch zu ihrer Hülle.‹

Ferner fragte Gott die Dienstengel: Was tut ein König von Fleisch und Blut, wenn er trauert? Sie antworteten ihm: Er läßt die Laternen auslöschen. Gott sprach: So will auch ich tun, wie geschrieben steht:[25]

›Sonne und Mond verfinstern sich,
und die Sterne ziehen ihren Glanz ein.‹

Ferner fragte er sie: Was tut ein König von Fleisch und Blut, wenn er trauert? Sie antworteten: Er geht barfuß. Und Gott sprach: Das will auch ich tun, wie geschrieben steht:[26]

›Der Ewige, in Sturm und Wetter ist sein Weg,
und Gewölk seiner Füße Staub.‹

Er fragte sie ferner: Was tut ein König von Fleisch und Blut, wenn er trauert? Er sitzt schweigend. Er sprach: Das will auch ich tun, wie hier geschrieben ist:

Einsam sitzt er und schweigt,
wenn es über ihn so verhängt ist.«[27]

Durch die *Shoa* und ihre Staubwolken wandernd, in Schweigen gehüllt, hat unsere Generation den Gott der Rabbinen wiedergefunden. Doch unsere moderne Zeit hat

24. Jes 50,3.
25. Joel 4,15.
26. Nah 1,3.
27. Midrasch Rabba zu Echa III,28. Aus: Aus: *A. Wünsche*, Der Midrasch Echa rabbati. Das ist die Haggadische Auslegung der Klagelieder. Leipzig 1881, 127.

neue Mauern zwischen uns und der rabbinischen Tradition aufgerichtet – wir haben Gott nicht weinen hören. Und nur, weil die Rabbinen jener Zeit Gott weinen hörten, weil die *Schechina* mit ihnen in die Verbannung ging, konnten sie Trost finden.

»Rabbi Jehoschua kam zu denen, die weinten und sich nicht trösten lassen wollten. Er sagte zu ihnen: ›Kommt, meine Kinder, ich will euch nun sagen, was ihr tun müßt. Überhaupt nicht zu trauern ist unmöglich, da längst schon das Verhängnis beschlossen ist. Aber auch übermäßig zu trauern ist unmöglich; denn es darf keine *Takkana* für die ganze Gemeinde eingeführt werden, wenn die meisten sie nicht befolgen können, denn das könnte das Ganze gefährden. Vielmehr so sagten die Weisen: Ein Mensch tünche sein Haus mit Kalk und lasse ein kleines Stück aus zur Erinnerung an Jerusalem. Ein Mensch mache alles Nötige zur Mahlzeit und lasse dabei eine kleine Sache aus als Erinnerung an Jerusalem. Eine Frau mache alles zu ihrem Schmucke und lasse eine kleine Sache aus zur Erinnerung an Jerusalem, wie es heißt:[28]

> ›Vergesse ich deiner, Jerusalem,
> so möge meine Rechte verdorren!
> Die Zunge müsse mir am Gaumen kleben,
> wenn ich dein nicht gedenke,
> wenn ich nicht setzte Jerusalem über meine höchste Freude.‹

Jeder, der über Jerusalem trauert, erwirbt sich Verdienst und wird ihre Freude schauen, wie es heißt:[29]

> ›Freuet euch mit Jerusalem und jubelt über sie
> alle, die ihr sie liebt.
> Jubelt mit ihr in Wonne
> alle, die ihr über sie getrauert habt.‹«[30]

Es ließen sich an dieser Stelle noch zahlreiche andere Midraschim zitieren, Midraschim der Klage und des Trostes, wie Max Dienemann sie bezeichnet hat – Texte, die in der Zeit des nationalsozialistischen Holocaust zu einem Element des geistigen Widerstands der Juden gegen ihre Verfolger wurden. Doch wir haben nun genug aus der Zeit der römischen Verfolgung gehört, um jene Generation von Rabbinen, die den Holocaust des brennenden Tempels durchlebte, ein wenig begreifen zu können. Wir haben den Jubel eines jüdischen Rabbi, der seinen Weg in den *Olam Banui*, in die wiedererrichtete, die dritte Welt von Noach und Ijob, zuende gegangen ist, mit der dunklen Welt der Lehrer der *Neture Karta*, ihrem

28. Ps 137,5-6.
29. Jes 66,10.
30. Tosefta Sota 15,12-15 (Baba Batra 60b); aus: *Hans Bietenhard*, Der Tosefta-Traktat Sota. Hebräischer Text mit kritischem Apparat, Übersetzung, Kommentar. Frankfurt/ Main 1986, 231-32.

Haß und ihren Rachegedanken, verglichen und haben die Einzigartigkeit eines Akiba und seiner Generation schätzen gelernt – Akiba, der lachte. Ein weiterer Text – der rabbinische Kommentar zum folgenden Vers aus den Klageliedern – mag den Unterschied noch einmal verdeutlichen: *Lo alej-chem kol ow-rej derech* – »Bedeutet es euch nichts, ihr alle, die ihr des Weges zieht?«[31]

In eigensinniger Verkennung, im offenen Widerspruch zu dem Geist, in dem der Text verfaßt wurde, und gegen alle späteren Übersetzungen heißt es im Midrasch Rabba zu Echa:

> »Die Gemeinde Israel spricht zu den Völkern der Welt: ›Möge nie über euch kommen, was über mich gekommen ist und möge euch nie zustoßen, was mir zugestoßen ist, ›alle, die ihr des Weges zieht.‹«[32]

Wie konnten Texte von solchem Mitgefühl, solchem Erbarmen für Israel und für die Völker der Welt entstehen? Wie konnten die Rabbinen auf ihre ausweglose Situation mit einer solchen geistigen Weite, solchem Edelmut reagieren? Worte wie diese fallen in unserer Zeit nur noch selten. Wir leben in einem Zeitalter, das den Glauben an den Menschen und an Gott verloren hat. Selbst der Traditionalist verspürt, wenn er die Worte *ha-Zur Tamim po-olo*, »der Fels, sein Werk, ist vollkommen«, spricht, die mangelnde Übereinstimmung zwischen der Welt nach dem Holocaust und der vollkommenen Schöpfung. Unsere Theologie ist ein stolzes, logisches Gebäude, das Elemente aus der griechischen Philosophie und der Scholastik als Bausteine nicht verschmäht hat und sich auch den Ansätzen der linguistischen Analyse nicht verschließt. Allmacht bleibt für uns Allmacht, und die moderne Theologie kann sich deshalb nicht vor dem Problem der Theodizee drücken: ›Wenn Gott Gott ist, dann ist er nicht gut; wenn Gott gut ist, dann ist er nicht Gott.‹

Dieser Gedanke ist durchaus auch schon in der jüdischen Tradition vorhanden. Mit Vergnügen lauschen wir all jenen Streitgesprächen von Abraham bis zum *Berditschewer*, wenn sie ihren *Din Tora* mit Gott ausfechten und ihn vor die Schranken des Gerichts zitieren. Doch die Rabbinen, die die Menschen nach dem zweiten *Churban* trösteten, wählten einen anderen Weg. Sie konnten nicht verstehen, warum Israel so viel leiden, warum der Tempel zerstört werden mußte. Sie suchten nicht nach einer rationalen Ursache, sie schauten auf ihr Leben: Im Grunde genommen hatte die Menschheit und nicht Gott den Holocaust ausgelöst. Israel hatte gesündigt, *mipne chattaenu*. Die Sünde hatte die schützende Barriere niedergerissen – Gott stand nicht länger bewahrend zwischen Israel

---

31. Klgl 1,12.
32. Echa rabbati I,12. Aus: *A. Wünsche*, Der Midrasch Echa rabbati. Das ist die Haggadische Auslegung der Klagelieder. Leipzig 1881, 75-76.

und dem Haß seiner Verfolger. In späteren Deutungen sollten diese Gedanken und Worte abgeschwächt werden, von Generationen, die voller Selbstvertrauen davon sprachen, was Gott dachte, die nicht zögerten, die Sünder in Israel beim Namen zu nennen, und die sich durchaus dazu imstande fühlten, die göttliche Aufgabe des Richters und Vollstreckers zu übernehmen. Unbewältigter Schmerz sucht sich Zielscheiben, an denen er sich abreagieren kann. Die Aufgabe der Rabbinen war eine andere: Sie wollten Kummer lindern, sie sahen, daß eine Generation des Trostes bedurfte.

Was hatte Rabbi Jehoschua gesagt? »Kommt, meine Kinder, es ist uns unmöglich, nicht zu trauern, denn unser dunkles Schicksal ist über uns gekommen. Doch wir dürfen nicht zuviel trauern – denn das würde die ganze Gemeinde gefährden.« Und er gab ihnen Aufgaben, die ihnen halfen, die Erinnerung wachzuhalten: In allem, was künftig neu enstand, sollte eine Lücke gelassen werden zum Gedenken an die erlebte Vernichtung. Welche Überlegungen mögen ihn und seine Amtsbrüder dazu bewogen haben? Er war sich all der Themen, die in unserer zeitgenössischen Diskussion zur Sprache kommen, bereits wohl bewußt: des Gottes, der sich verbirgt, der sich für einen Augenblick abgewandt hat; der dunklen dämonischen Seite der Macht, jenseits allen menschlichen Begreifens; der Unbegreiflichkeit der Gottheit, die weder Anfang noch Ende hat. Aber er sah noch etwas anderes im Holocaust: Er sah Gottes Leiden und Gottes Schmerz. Er sah Gottes liebende Güte. Und Rabbi Jehoschua und seine Amtsbrüder erkannten, daß sie auf diese Güte aufbauen konnten. Sie konnten Jerusalem Trost zusprechen und Mut. Die Unterweisung, wie wir sie im Midrasch finden, beruht auf einem tiefen Verständnis des menschlichen Wesens und ist geprägt von Liebe und Fürsorge. Diese Liebe und Sorge hätten die Rabbinen nicht entwickeln können, wenn sie nicht erkannt hätten, daß auch im Holocaust noch göttliches Leiden und göttliche Liebe gegenwärtig waren. Elie Wiesel sah in unserer Zeit Gott selbst an den Galgen von Auschwitz hängen. Er wollte damit sagen, daß Gott mit uns leidet, daß er sich mit den Opfern und nicht mit den Peinigern identifiziert. Wir könnten eine solche Finsternis wie den Holocaust nicht ertragen, wenn sie gottgewollt wäre. Doch Gott will sie nicht. Er leidet selbst. Er weint um den zerstörten Tempel; er ist trostlos angesichts der Leiden derer, die ihn lieben. Er ist bei uns. Die *Schechina* ist bei uns, auch im Exil. Als die Rabbinen das erkannt hatten, konnten sie darangehen, ihren Zeitgenossen zu helfen. Sie konnten ihrer Aufgabe wieder nachkommen. Die geistige Weite des Midrasch konnte theologische Rätselratereien über Allmacht außen vor lassen und sich um die Bedürfnisse des einzelnen kümmern, der vom Wirbelsturm des Bösen erfaßt worden war.

Die Rabbiner unserer Tage haben diese Tradition weitergeführt.

Vielleicht bringen wir zuviel Zeit damit zu, den Gelehrten zu lauschen, die sich mit dem theologischen Problem einer tragischen und absurden Welt herumschlagen. Ihre Arbeit ist sicherlich notwendig, und der Intellekt und der

Wunsch nach Wahrheit macht sie zu einer unabweisbaren Forderung, doch was wir in den Entscheidungen der Rabbiner in den Gettos und Konzentrationslagern spüren, das ist die Tradition Akibas und der Generation nach dem zweiten *Churban.* An die Dimension von Wahrheit, wie sie uns die Opfer und Überlebenden der Lager zeigen, können ihre Epigonen nicht heranreichen – jene von uns, die ihren Spuren folgen und versuchen, das Wesen der jüdischen Tradition und des jüdischen Volkes, das in die Hölle ging und aus diesen tiefsten Tiefen wieder emporstieg, zu ergründen.

Es gibt eine Verbindung zwischen den halachischen Entscheidungen der Rabbiner in den Todeslagern und dem Midrasch aus den Tagen des zweiten *Churban.* Die Rabbiner machten sich bei vielen ihrer Entscheidungen, die oft über den Buchstaben des traditionellen Gesetzes hinausgingen, psychologische Einsichten zunutze; ganz besonders dann, wenn das Gesetz keine Antwort auf das aus den tiefsten Tiefen der Hölle aufsteigende Problem hatte. Und wenn das anzuwendende Gesetz im Blick auf die einzigartige Situation der Opfer so grausam war, daß es auszusprechen gleichbedeutend damit gewesen wäre, sie zu vernichten, dann schwiegen die Rabbiner oder gaben ausweichende Antworten. Ein klassisches Beispiel dafür ist der Fall jenes Mannes, dessen einziges Kind in die Gaskammern geschickt werden sollte. War es dem Vater erlaubt, sein Kind durch Bestechung zu retten, in dem Wissen, daß damit ein anderes Kind zum Tode verdammt wurde? Dem Gesetz nach muß Rabbiner Hirsch die Frage des Vaters abschlägig bescheiden – eine Antwort, die gleichermaßen vernichtend für den Mann wie für ihn selbst ist. So antwortet er mit Schweigen und läßt dem Vater damit Raum, zu einer tragischen Entscheidung zu kommen, die der Rabbiner ihm nicht abnehmen kann. Ihre theologische Dimension erhält diese Geschichte von *Rosch ha-Schana* her, und wir sehen am Ende den Vater in mystischem Schmerz durch das Lager wandern und rufen: »Ich bin Abraham! Ich bin Abraham!« Rabbiner Meisels hatte in dieser seelsorgerlichen Situation nicht besonderer psychologischer Kenntnisse bedurft, sein Verhalten war ganz einfach Ausdruck der alten rabbinischen Fürsorge.

Rabbiner Oschri erlaubte bei einer Gelegenheit sogar einen Selbstmord. Auch Rabbiner Meisels wurde einmal mit einem ähnlich gelagerten Fall konfrontiert:

»Ein junger Mann von etwa zwanzig Jahren, Mosche Rosenberg aus Salgotarjan in Ungarn, sollte in ein Vernichtungslager geschickt werden. Akiba Mann, ein fünfzehnjähriger Junge, wollte an Mosches Stelle fahren, um an seiner Statt in den Flammen zu sterben. Mosche war ein außergewöhnlich begabter Schüler der *Jeschiwa*, und sein Leben, meinte Akiba, sei wertvoller als das seine. Die einzige Bitte des Jungen war, daß der Rabbiner ihm versprechen sollte, daß er in den Himmel komme, was bei einem Selbstmord sonst eigentlich ausgeschlossen ist.«[33]

33. *H. Meisels*, N'kadshe ha-shem. Teil I, S. 9.

Rabbiner Meisels verweigerte in diesem Fall seine Zustimmung und war nicht bereit, Akiba irgendwelche Zusagen über das Leben in der künftigen Welt zu machen. Für den Jungen, der dieses Opfer bringen wollte, war die Welt zu einem solchen Zerrbild geworden, daß die traditionellen theologischen Inhalte für ihn realer waren als die dunkle Umwelt, in der er lebte; sie verkörperten den Ort, an dem die traditionellen Tugenden und Werte immer noch existierten.

Noch ein letztes Beispiel:

»Auf dem Marsch ins Todeslager sagte ein Mann zu seinem jüngeren Bruder, er solle doch ein bißchen schlafen, er würde ihn dann wecken, wenn es weiter gehe. Doch auch der ältere Bruder schlief ein. Erst bei dem Kommando *Los!* wachte er plötzlich auf und reihte sich im letzten Augenblick ... noch gar nicht richtig wach, erschreckt in den Zug ein. Sie marschierten los. Da fiel ihm sein Bruder ein, den er vergessen hatte zu wecken. Er konnte sich nicht umdrehen, sonst wäre er erschossen worden. Er sah seinen Bruder nie wieder. Seit damals ... fühlt er sich schuldig ... und sucht Versöhnung.«

Rabbiner Breisch kam zu dem Schluß, daß der jüngere Bruder auf jeden Fall eingeschlafen wäre und daß der ältere Bruder noch halb schlief, als der Zug sich weiterbewegte. Schlaf aber gilt im Talmud als ein *Onus*, eine *Force majeure*, und das erstreckt sich nach Breisch auch auf die kurze Zeitspanne unmittelbar nach dem Erwachen.

»Wir folgern also, daß unser Mann keine Gewissensbisse zu haben braucht, da sie zu Traurigkeit führen würden, was eine noch größere Sünde wäre, weil es ihm Schaden zufügt und ihn davon abhält, Gott zu dienen, eine Aufgabe, die freudig erfüllt werden soll.«

Der überlebende Bruder wurde ermutigt, ein normales Leben zu führen, Waisen in sein Haus aufzunehmen und Schüler zu unterstützen. Die rabbinische Entscheidung ist also stärker daraufhin orientiert, Angst zu reduzieren und den einzelnen wieder in die Gemeinschaft zu integrieren. Ihre Sorge gilt in erster Linie den Auswirkungen des Leidens, und das rabbinische Gesetz dient dazu, wiederherzustellen statt zu bestrafen.

Die Rabbiner, die solche Entscheidungen getroffen haben, waren *Benej Rachamim*, Männer des Erbarmens. Sie sind die wahren Erben der rabbinischen Lehren, die im Schatten des brennenden Tempelbergs formuliert wurden. Hier ist die Halacha mehr als eine Richtschnur; sie paßt sich den Umständen an und wird zur Trägerin von Gottes Liebe und Erbarmen, die dem Gläubigen noch in der Zeit des Holocaust erfahrbar werden. Die Rabbiner aller Zeiten wußten, daß Kummer und Schmerz ausgesprochen werden müssen. Sie wußten auch, daß auch die Hoffnung laut werden muß. Und sie wußten, daß, wenn es keine Hoffnung mehr gibt und sich die äußere Finsternis nicht mehr vertreiben läßt, immer noch eine innere Dimension des Mutes und des Glaubens bleibt, die die Juden mit einem liebenden Gott verbindet, der mit ihnen leidet. Akiba lachte am Tempelberg, wo er die Füchse spielen sah. Er lachte auch, als der Henker den Scheiterhaufen in Brand setzte, auf dem er sein Leben ließ. Rabbi Akiba starb, ohne Gott zu verleugnen, mit dem Bekenntnis zu ihm auf den Lippen. Das ist die Quintessenz der rabbinischen Lehre des Holocaust.

3. Die Kartographen der Finsternis
Die Erforschung einer unbekannten Welt

Auf alten Karten von Afrika blieben unbekannte Regionen manchmal einfach als weiße Flecke ausgespart, die allenfalls mit der Bemerkung versehen waren: »An diesem Ort lauern Untiere.« Hinter dieser Formulierung stand die Angst vor dem Unbekannten, und erst ganz allmählich wurden die weißen Flecke auf den Landkarten weniger. Auch in unserer Zeit sind Karten gezeichnet worden, zu denen ähnliche Einträge passen würden – nur daß sich hinter diesen Einträgen sehr viel größere Ängste verbergen und daß es sich bei den weißen Stellen um Gebiete handelt, in denen eine vollkommen unbekannte Dimension der Finsternis herrschte. Der Historiker und Holocaust-Forscher Martin Gilbert hat eine Art Atlas des Holocaust veröffentlicht, in dem er den Holocaust graphisch darzustellen versucht. Da sehen wir die Karte von Europa voller Quadrate, Rechtecke und kleiner Sterne: Symbole für die verschiedenen Arten von Konzentrationslagern und Todeslagern, die die Nazis in dem Versuch errichteten, Juden, Zigeuner, Kommunisten, Homosexuelle, behinderte Kinder und Erwachsene, Regimegegner und all jene, die ganz einfach auf irgendeine Weise mit den Angehörigen der ›Herrenrasse‹ in Konflikt geraten waren, auszurotten. Orte wie diese mit der Inschrift ›an diesem Ort lauern Untiere‹ zu versehen, würde auf eine Beschönigung hinauslaufen. Die Geschichtswissenschaftler, Ausübende einer noblen Wissenschaft, haben die weißen Flecke des Holocaust von verschiedenen Richtungen her erkundet; doch sie bekamen es hier mit einer Welt zu tun, die so finster war, daß es ihnen nicht gelang, ganz in dieses Reich des Bösen vorzudringen.

Man kann diese Kartographen durchaus den ›Reitern in die Morgendämmerung‹ zuordnen, denn sie sind oft hervorragende Führer in die Vergangenheit, die auch Wege in die Zukunft aufgezeigt haben. Keiner von ihnen war oder ist allerdings ein objektiver Forscher, haben wir doch die naive Annahme der Historiker des 19. Jahrhunderts, die glaubten, sie könnten Geschichte schreiben, ›wie sie eigentlich gewesen ist‹, längst hinter uns gelassen. So versuchte der holländische Historiker Pieter Geyl, eine objektive Geschichte Napoleons zu schreiben, während er in einem jener Lager gefangen war; es war sein Fluchtweg aus einer unerträglichen Realität. Doch als er den Text später durchlas, erkannte er die Subjektivität, die sich in seine Worte eingeschlichen hatte. Historiker aus der Zeit von Plutarch haben versucht, Bilder von Königen und Helden zu zeichnen, die spätere Generationen dazu anhalten sollten, sie nachzuahmen. Oder sie wollten als Kriegsteilnehmer – ein Beispiel dafür ist Thukydides – den betreffenden Krieg zeigen, ›wie er eigentlich gewesen ist‹ – und dann schrieben sie die Reden, die hätten gehalten werden sollen, und schilderten die Ereignisse, wie sie sie gern gehabt hätten.

In einer ganz ähnlichen Situation befinden sich auch die Historiker des Holocaust. Zunächst einmal muß man das geistige Prinzip erkennen, das ihren Texten zugrundeliegt. Da war etwa Lucy Dawidowicz, eine unserer großen Historikerinnen. Als junge Frau kam sie kurz vor dem Krieg nach Europa und untersuchte die Strukturen der jüdischen Gemeinschaft und ihre Fehler. Lange Zeit später, als sie ihre brilliante und fundierte Studie veröffentlichte, gab sie ihr den Titel *Der Krieg gegen die Juden: 1933-1945*. In diesem Titel steckt bereits ihre Grundannahme: Der Zweite Weltkrieg war das Werk Adolf Hitlers, der sein geistiges Lieblingskind, den Holocaust, als einen ›Krieg gegen die Juden‹ konzipierte, dem er in seiner Politik absoluten Vorrang einräumte. Es gab genügend Material für Lucy Dawidowicz' Theorie, von den Reden Hitlers bis hin zu der Maßnahme, die Eisenbahn in der Zeit, in der die ›Zweite Front‹ aufgemacht wurde, dazu zu benutzen, in wilder Hast Juden in den Osten zu transportieren mit Zügen, die angeblich den deutschen Truppen, die sich in Frankreich gegen die Alliierten wehrten, Waffen und Verstärkung bringen sollten. Das Wissen um den Einfluß derjenigen, die dieses dunkle Kapitel der Geschichte für uns in eine Form zu bringen suchten, muß zentral sein für eine Darstellung, die uns einen wirklich objektiven Überblick über die Ereignisse geben will.

Doch kann man diese Ereignisse – die sechs Millionen Einzeltragödien, die in dieses Reich des Todes mündeten – überhaupt wirklich begreifen? Kann man überhaupt auf diese Weise Geschichte schreiben? Wir wenden uns einem anderen Historiker, Richard Rubenstein, zu und stellen fest, daß sein Verständnis bei einem anderen Grundgedanken ansetzt, dem der *Triage*. Rubenstein greift dabei den alten Gedanken auf, daß Menschen als ›Ausschuß‹ betrachtet werden können, dem der Wert des Landes gegenübergestellt wird. Die Landbesitz-Gesetze und die Hungersnot in Irland, der Blutzoll, den die Schützengräben des Ersten Weltkrieges forderten, wo über die Toten auf beiden Seiten Buch geführt und Menschen zu Zahlen reduziert wurden – all dies wurde Teil einer Todesmaschinerie, in der das System und gar nicht mehr so sehr die teuflische Ingeniosität eines einzelnen das Zentrum des Holocaust bildete. (So schrieb der Historiker Ellis Rivkin ein brilliantes Buch über den Tod Jesu, also zu einem ganz anderen Thema, das bezeichnenderweise den Titel trägt ›*Was* tötete Jesus?‹, nicht ›*Wer* tötete Jesus?‹.) Einmal ganz abgesehen von der Angst Hitlers vor den Juden könnte man auch ›Nützlichkeitserwägungen‹ als Grund für den Holocaust postulieren, wenn man etwa die Frage stellt: Welche ökonomischen Vorteile brachte die Ermordung der Juden Deutschland? So war die Reichskristallnacht die einzige Möglichkeit, wie Göring die Mittel für das großangelegte Aufrüstungsprogramm Hitlers aufbringen konnte – die Konfiszierung jüdischen Besitzes, zu dem noch die Versicherungssummen für die zerstörten Geschäfte kamen, setzten ihn in die Lage, die von der deutschen Regierung ausgegebenen Wechsel zu bezahlen. Dieselbe Mentalität zeigte sich später in der Führung der Vernichtungslager. Das Buch von Rubenstein und Roth, *Approaches to Auschwitz*, enthält zahlreiche Belege für die Arbeit des Wirtschaftsverwaltungshauptamtes (WVHA):

»Wenn man rechnerisch davon ausging, daß ein Lagerhäftling neun Monate lang arbeiten konnte – eine Zahl, die sich im übrigen als zu hoch gegriffen herausstellte –, so errechneten die SS-Ökonomen einen Reingewinn von 1631 Reichsmark aus der Arbeit eines Häftlings. In dieser Aufstellung war eine genaue Kostenrechnung enthalten: Nahrung, Kleidung und zwei Reichsmark für die Verbrennung der Leiche. Auf der Haben-Seite stand der Nutzen der Effekten des Häftlings, die sinnvoll weiterverwendet werden konnten: Zahngold, Kleidung, Wertgegenstände, Geld. Wenngleich keine exakten Zahlen dazu angegeben sind, enthält der Bericht doch den Vermerk, daß durch die Verwertung der Knochen und der Asche ein zusätzlicher Gewinn erwirtschaftet werden könne.«[34]

Den Historikern, die solches dokumentierten, kam es nicht darauf an, ein Bild von dem absoluten Bösen zu zeichnen, das die Deutschen, die in den Todeslagern arbeiteten oder irgendwie mit ihnen zu tun hatten, beherrschte. Es ging ihnen vielmehr darum, das System, das hinter all dem stand, zu zeigen – Möglichkeiten, die in jeder modernen Gesellschaft vorhanden sind. Sie wiesen nach, daß hier eine moderne Gesellschaft imstande gewesen war, Völkermord zu begehen, daß sie diesen Völkermord tatsächlich beging und schließlich nur noch durch ein Eingreifen von außen, und zwar in Gestalt einer bewaffneten Intervention und nicht mehr durch bloße wirtschaftliche Sanktionen, gestoppt werden konnte.

Richard Rubenstein ist ein so bedeutender Theologe, daß sein Entwicklungsgang an sich schon von höchstem Interesse ist. Sein erster Entwurf, *After Auschwitz*, von 1966 ist soeben in zweiter Auflage mit neuem Untertitel erschienen: ›Geschichte, Theologie und zeitgenössisches Judentum‹.[35] Was die Texte der beiden Auflagen voneinander unterscheidet, ist, wie der Autor selbst anmerkt, »der Unterschied zwischen dem Geist der Opposition und Auflehnung ... und dem Geist der Synthese und Versöhnung«.[36] Er bezieht sich dabei auf die historischen Ereignisse vom Sechs-Tage-Krieg 1967 bis in die jüngste Zeit. Der ursprüngliche

34. *R. Rubenstein und J. Roth*, Approaches to Auschwitz. London 1987, 230.
35. *R. Rubenstein*, After Auschwitz. London 1992.
36. A.a.O., 11.

Text setzt mit dem Holocaust und der Gründung des Staates Israel ein. Beides ist für Professor Rubenstein miteinander verknüpft. Seiner Ansicht nach ist die totale Vernichtung des Staates Israel gegenwärtig das Endziel von Israels arabischen Nachbarn. Aus diesem Grund bleibt die ›Holocaust-Theologie‹ für seine Lehre zentral und hat ihren festen Platz in den Aussagen, die er im Laufe der Jahre entwickelt hat – Aussagen darüber, wie eine Welt und wie die Systeme, die in ihr wirksam waren, beschaffen sein mußten, damit ein staatlich gefördertes Programm zur Massenvernichtung in ihr überhaupt möglich wurde. Vor diesem Hintergrund, in dem sich Geschichte und Theologie vermischen, vollzog er eine theologische Kehrtwende hin zur Betonung der Immanenz Gottes im Gegensatz zu seiner radikalen Transzendenz. Auch der Gedanke des Bundes tritt wieder deutlicher hervor. Dabei scheint es mir, daß schon der Bundesgedanke allein impliziert, daß Gott sich in die Sphäre der Geschichte begibt, in der dann eine Partnerschaft zwischen den Menschen und Gott aufgebaut werden kann. So beginnen die Zehn Gebote mit der Aussage, daß Gott in die Geschichte eingetreten ist, um die Juden aus Ägypten herauszuführen – ein Ereignis, das jeder Passa-Seder wiedererstehen läßt. In diesem Kontext wird es schwierig, die ›Abwesenheit‹ Gottes so herauszustreichen, wie das noch in der ersten Auflage von *After Auschwitz* (1966) geschah. In der Tat impliziert die neue Betonung des immanenten Gottes eine Abkehr von Rubensteins anfänglichem Radikalismus. Auch jene, die Gottes Rolle in der Geschichte leugnen, können das erlösende Moment des Exodus aus Ägypten nicht ignorieren. Im Grunde werden sie ganz einfach zurückgeworfen auf die Frage: »Doch was hast du in letzter Zeit für mich getan?«, die aus Gott so etwas macht wie einen bloßen Leibwächter. Das ist natürlich nicht Professor Rubensteins Position. Er schreibt vielmehr:

»Im Gegensatz zum apokalyptischen jüdischen Messianismus, den ich als eine verkappte Form der ursprünglichen jüdischen Naturreligion betrachte, habe ich eine Form von Naturreligion herausgearbeitet, in der sich *alle Männer und Frauen als Kinder der Erde* begreifen. Die erneuerte Berührung eines wichtigen Teiles des jüdischen Volkes mit dem Land Israel hat sehr zu meiner Hochschätzung der Naturreligion beigetragen.«[37]

Die wichtigste Veränderung in Rubensteins Position, wie sie in der zweiten Auflage von *After Auschwitz* vorgetragen wird, ist dabei weniger die Weiterentwicklung seiner Thesen, bleibt sich doch das Kernstück seiner Lehre nach wie vor gleich. Auffallend ist vielmehr die Tatsache, daß Geschichtsschreibung und Theologie der jüdischen Gemeinschaft Richard Rubenstein ganz offensichtlich nähergerückt sind, wenngleich ich seinen militanten Standpunkt nicht ganz teilen kann.

37. A.a.O., 14.

Schon ein einziger Blick ins Zentrum der Finsternis genügt, um uns deutlich zu machen, daß diese Höllenlandschaft sich zwar vielleicht auf eine Karte übertragen läßt, daß aber, wer nicht tatsächlich in seinem eigenen Leben mit dieser Situation in Berührung gekommen ist, diese Landschaft nie ganz wird erwandern können. Dazu brauchen wir nach wie vor die Historiker, und wir können und sollten uns einen Führer wählen, mit dem wir durch eines der Tore gehen, über denen geschrieben steht ›Ihr, die ihr hier eintretet, laßt alle Hoffnung fahren‹, ›Arbeit macht frei‹ oder ein anderer Slogan des Bösen. Ich würde mich in dieser Situation an H. G. Adler halten, dessen Buch *Der verwaltete Mensch: Studien zur Deportation der Juden aus Deutschland* ein Markstein in der Geschichtsschreibung jener dunklen Zeit ist. Der Titel signalisiert bereits, daß hier Menschen von einer wohlgeölten Bürokratie vernichtet wurden, eine These, die sich gut mit dem zuvor besprochenen Ansatz zur Geschichte des Holocaust vereinbaren läßt. Adler war nicht nur selbst Lagerhäftling und ist gemeinsam mit seiner Frau den Weg von Theresienstadt nach Auschwitz gegangen. Er war auch einer jener seltenen, vielseitigen Menschen, deren Arbeit weit über ein einziges Fachgebiet hinausreicht. Sein Bericht über Theresienstadt ist von schmerzhafter Eindringlichkeit in seiner Wahrheitstreue und entlarvend in seinen Anklagen. *Der verwaltete Mensch* bleibt sein größter und wertvollster Beitrag für unsere Zeit. Er stützt sich auf Berichte, Aktennotizen, Dokumente, den ganzen Kleinkram der Geschichte, um den die meisten einen Bogen machen oder den sie wegwerfen. Mit akribischer Sorgfalt trägt Adler die kleinen, ›unwichtigen‹ Fakten zusammen, die vergessenen Briefe, bis auch das letzte Mosaiksteinchen eingefügt ist und das Gesicht des Bösen uns anblickt. Er verfolgt die Bewegungen des kleinen Bankkontos eines wegen Tapferkeit an der Front ausgezeichneten jüdischen Soldaten, der im ersten Weltkrieg gefallen war und keine Angehörigen hatte. Das Konto ruht und das Guthaben wächst langsam durch die hinzukommenden Zinsen, bis es schließlich nach 1933 die Aufmerksamkeit der Nationalsozialisten auf sich zieht. Zunächst wird dem Namen des toten Soldaten der Zusatz ›Israel‹ angefügt. Ganz allmählich entspinnt sich eine immer regere Korrespondenz, als eine Abteilung nach der anderen Interesse an dem kleinen Guthaben bekundet. Die Akte wird immer dicker, bis wir schließlich ein Bild dieser Bürokratie in ihrer ganzen Bösartigkeit und Scheußlichkeit vor uns haben. All die anonymen Befehlsempfänger, die kleinen Beamten, die sich nach Kräften bemühen, als gute Nazis dazustehen, treten uns aus diesen Aktenseiten entgegen, und wir sehen, wie fast jeder zu einem Rädchen in der Maschinerie des Todes werden kann. Das kleine Bankguthaben wurde Staatseigentum, wobei die entstandenen Verwaltungskosten die konfiszierte Summe bei weitem überstiegen!

Dennoch können uns unsere Kartographen der Hölle nur so weit Wegweiser sein, wie es um die draußen, in unserer Gesellschaft und Zivilisation lauernden Ungeheuer des Bösen geht. Es gibt jedoch noch eine andere Gruppe von Kartographen, deren Führung wir uns anvertrauen sollten: die Gelehrten und Ärzte, die die innere Landschaft unserer Seele ausloten und uns daran erinnern, daß die Bestien, vor denen wir schaudern, ein Teil unseres eigenen Selbst sind. Viele von ihnen haben nicht überlebt. Wie der bedeutendste jüdische Historiker, Simon Dubnow, der neunzigjährig in Osteuropa von den Nationalsozialisten erschossen wurde und der mit der Mahnung an die umstehenden Juden auf den Lippen, »schreibt es auf, schreibt es alles auf«, starb, so wurden auch viele Heiler der Seele, Psychiater und Analytiker in die Lager verschleppt und starben Seite an Seite mit ihren Patienten. Ich habe mit einem Überlebenden gesprochen, einem Analytiker, der gemeinsam mit seinem Patienten verhaftet und dann von ihm getrennt wurde. Nach dem Krieg trafen sie sich wieder und beschlossen, die Analyse wiederaufzunehmen. Dabei stellten sie fest, daß die Analyse genau an dem Punkt wiedereinsetzte, an dem sie durch die Verhaftung unterbrochen worden war! Die dunkle Passage zwischen damals und jetzt war wie ausgelöscht.

Unter diesen Menschen, die aus der Finsternis der Morgendämmerung entgegengewandert sind, sind einige Persönlichkeiten, die unsere höchste Aufmerksamkeit verdienen, weil sie uns unendlich viel zu geben haben. Viktor Frankl, der zur Zeit der Niederschrift dieses Buches noch am Leben ist; Bruno Bettelheim, der im hohen Alter Selbstmord beging; und der viel zu früh verstorbene Eugene Heimler. Sie alle haben uns etwas Besonderes zu sagen, ganz gleich, ob wir nun mit dem, was sie daraus folgern, übereinstimmen oder nicht. Alle drei sind sie durch die Hölle der Konzentrationslager gegangen, und die Erlebnisse jener Zeit sind untrennbar mit ihren späteren Aussagen verbunden. Dabei unterschieden sich ihre Erfahrungen sehr stark. Bruno Bettelheim wurde 1938, als Fünfunddreißigjähriger, von den Nationalsozialisten verhaftet und zunächst nach Dachau, dann nach Buchenwald deportiert. Nach seiner Freilassung 1939 ging er in die Vereinigten Staaten und wurde zu einem der bedeutendsten Psychiater und Heiler unserer Zeit. Er erlebte das Konzentrationslager anders als die, die im innersten Kreis der Hölle, in Auschwitz, waren, wo Viktor Frankl und Eugene Heimler bis zum Ende des Krieges überlebten und von wo aus sie in ihren angestammten Bereich zurückkehrten – als völlig andere, aber mit dem tiefen Bedürfnis, nach dieser Finsternis wieder dem Licht entgegenzugehen und die Welt auf diesem Weg mitzunehmen. Ihre Aussagen und ihr Verständnis des Holocaust unterscheiden sich grundlegend von der Position Bettelheims, der in diesem einen Punkt in gewisser Weise seine Profession als Heiler verriet und historische Urteile fällte, die ihn in die Nähe der oben zitierten Wissenschaftler rücken. In seinen Büchern, zum Beispiel in *Aufstand gegen die Masse*, versucht Bettelheim, die Reaktionen von Juden, die sich im nationalsozialistischen Spinnennetz verfangen hatten, zu analysieren. Sein strenges und oft grausames Urteil läuft darauf hinaus, daß jeder Versuch, sich von aktivem Widerstand fernzuhalten, einem moralischen Versagen gleichkommt, ja, daß die Entscheidung der Familie der Anne Frank, ein Versteck

81

zu wählen, statt zu kämpfen oder zu fliehen, das Schicksal Annes und der Ihren besiegelte. Vielleicht hat Bettelheim die innere Landschaft des menschlichen Geistes, der unter dem unablässigen Beschuß der Kräfte des Bösen steht, sogar richtig gezeichnet; doch er begibt sich damit auf das Gebiet der Historiographie, ohne sich den Grundregeln jener hohen Kunst zu unterwerfen. Nicht umsonst kritisierte Lucy Dawidowicz in ihrem Buch *The Holocaust and the Historians* (1981) scharf all jene, die diese geschichtliche Zeitspanne ohne solide Kenntnis der Situation oder ohne das Wissen darum analysieren, daß Historiker sich an bestimmte Regeln der Beweisführung halten und mit den Mitteln der Logik an eine Situation herangehen müssen. Auf keinen Fall dürfen sie davon ausgehen, daß ihre akademische Disziplin sie von vornherein zu unhinterfragbaren Autoritäten macht.

Wie konnte es dazu kommen, daß man Bruno Bettelheim mangelndes Mitgefühl vorwerfen muß, wo er doch selbst in Dachau und Buchenwald war? Sein erster Fehler besteht, wie auch andere argumentieren, darin, daß er noch viel weniger objektiv war als die meisten Historiker. Er ging einfach davon aus, daß die Beobachtungen über die Passivität der Lagerinsassen, die er während seiner Gefangenschaft aufgezeichnet hatte, für alle Insassen nationalsozialistischer Lager und auch für die Situation außerhalb der Lager galten. Bettelheim konnte nicht einsehen, daß Dachau und Buchenwald im Jahr 1938 nicht mit den Vernichtungslagern der Vierzigerjahre zu vergleichen waren. Er durchschaute die historische Situation nicht; und sein Wissen über den menschlichen Geist unter Streß ließ keinen Raum für veränderte Bedingungen oder für die Möglichkeit einer manchmal durchaus unrealistischen Einschätzung dieser Bedingungen. Das ist denn auch der Vorwurf, den er der Familie Frank macht. Man kann leicht dagegen halten, daß es Bettelheim war, der die Situation in Amsterdam falsch einschätzte, und nicht Otto Frank.

In meinem ersten Buch über den Holocaust, *Out of the Whirlwind* (1968), stellte ich an den Anfang des ersten Teils einen Auszug aus dem *Tagebuch der Anne Frank* – dem ich dann eine Auswahl aus Bettelheims *Aufstand gegen die Masse* folgen ließ. Bettelheim setzt sich darin mit dem Verhalten von Häftlingen in den Vernichtungslagern auseinander, die kaum Anstrengungen machten, sich gegen das, was mit ihnen geschah, zu wehren, obwohl sie zum Teil nur von wenigen Wärtern bewacht wurden. Die Opfer unterdrückten ihre feindseligen Gefühle und steigerten sich selbst in Schreckensbilder von der SS hinein. Der in den Lagern regierende Terror führte zu einer Passivität, die die Gefangenen auf ihrem sicheren Weg in den Tod lähmte. In gewissem Sinn, so Bettelheim, handelte es sich dabei um eine tief im menschlichen Wesen verwurzelte Passivität. Er hatte in Buchenwald mit Hunderten deutscher Juden gesprochen und sie gefragt, warum sie Deutschland und seine Schrecken nicht einfach verlassen hatten. »Wie hätten wir das tun können?« entgegneten sie, »wir hätten doch unsere Geschäfte und unseren ganzen materiellen Besitz nicht zurücklassen können.« (Man darf dabei nicht vergessen, daß selbst diejenigen, die das Land gern verlassen hätten, schon Ende 1936 feststellen mußten, daß sie bereits so etwas wie Gefangene waren.) Bettelheim erwähnt eine Anzahl von Einzelschicksalen, an denen diese Passivität deutlich wurde, und verallgemeinert diese Einzelbeobachtungen dann. Den größten Protest löste seine negative Beurteilung der Familie Frank aus, über die er schreibt:

»Es bestehen wenig Zweifel, daß die Franks, die sich mit so vielem versorgen konnten, sich auch ein oder zwei Gewehre hätten beschaffen können, wenn sie das gewollt hätten. Sie hätten wenigstens einen oder zwei der ›grünen Polizisten‹ niederschießen können, die kamen, um sie zu holen. Man hatte keinen Überschuß an solchen Polizisten. Wenn bei jeder Verhaftung eines Juden ein SS-Mann getötet oder verletzt worden wäre, dann hätte dies das Funktionieren des Polizeistaates behindert. Das Schicksal der Franks wäre kein anderes gewesen, da sie mit Ausnahme des Vaters von Anne ohnehin alle umkamen, und der Vater dachte wohl kaum daran, sein eigenes Überleben mit dem Tod seiner ganzen Familie zu erkaufen. Doch sie hätten ihr Leben teuer verkaufen können, anstatt in den Tod zu gehen.«[38]

Alexander Donat, ein Überlebender, hat eine klare und präzise Analyse zu dem Thema erstellt, wie und wann Widerstand möglich war und inwiefern Bettelheim nicht nur im Blick auf die Familie Frank, sondern auf die gesamte europäische Judenheit irrte, deren Widerstand, *wo immer er möglich war*, sehr viel massiver war als der anderer Völker. Diese Frage wird im Blick auf die von den Nationalsozialisten besetzten Länder, in denen sich nur ein sehr kleiner Prozentsatz der Gesamtbevölkerung am aktiven Widerstand beteiligte, nur sehr selten gestellt.

Für mich spielt das ohnehin keine wichtige Rolle. Zweifellos hat die Vorstellung, einen oder zwei Nazis mit in den Tod zu nehmen, etwas Verlockendes – jedenfalls für den Zuschauer. Der Gedanke kommt unserem Sinn für Gerechtigkeit entgegen, und man setzt sich denn auch sehr viel lieber mit den Bildern aus dem Warschauer Getto auseinander als mit den Lagern, wo, wie es hieß, die Juden ›wie die Lämmer zur Schlachtbank gingen‹. Es existiert ein Bild von einem alten Mann auf dem Weg in die Gaskammer, mit seinem Enkel neben sich. Der alte Mann hat seinen Arm um die Schulter des Jungen gelegt, mit der anderen Hand deutet er in den Himmel. Dieser Mann ›hatte Wichtigeres zu tun, als den diensthabenden SS-Mann anzugreifen oder gegen eine Maschinengewehrgarbe anzurennen. Er mußte seinen Enkel trösten, mußte ihn die Geborgenheit seiner Liebe, die Zuversicht seines Glaubens spüren lassen.‹ Für mich hat diese Antwort Gültigkeit – eine Gültigkeit, deren Bettelheim nicht gewahr wurde, weil er sich nichts unter dem geistigen Widerstand gegen das Böse vorstellen konnte, der sich

---

38. *B. Bettelheim*, Aufstand gegen die Masse. München 1960, 274.

an den Orten des Todes so deutlich manifestierte. Eugene Heimler kam dieser Erkenntnis in Auschwitz sehr viel näher. Und auch Viktor Frankl, ein im Grunde nicht-religiöser Mensch, konnte sich der Größe der menschlichen Seele, wie er sie in Auschwitz erlebte, nicht entziehen und unterstellte den Opfern keineswegs Apathie und Verzweiflung. Warum wird in unserer Zeit geistiger Widerstand so häufig mißverstanden und als Schwachheit und Passivität angeprangert? Da, wo er sich auf den Straßen zeigt, wird er geehrt und in eine Linie mit Gandhis gewaltlosem Kampf gestellt – doch er war sicherlich nicht weniger heroisch in den trostlosen Baracken der Konzentrationslager.

Bettelheims Spezialgebiet war die Kinderpsychologie, was sich in seiner Arbeit als Leiter der Sonia Shankman Orthogenetic School der Universität von Chicago niederschlug. Daneben beschäftigte er sich mit Traumdeutung, seien es Träume, wie sie in den israelischen Kibbuzim geträumt wurden,[39] oder die Träume und Mythen unserer westlichen Zivilisation. Ich bin nicht sicher, was zu seinem Fehlurteil über die Juden unter dem nationalsozialistischen Terrorregime geführt hat, möchte aber unbedingt der Versuchung widerstehen, ihn seinerseits nur im Lichte seiner Erfahrung in Buchenwald zu sehen, die ihn sicherlich geprägt hat. Ich weiß, daß man Buchenwald nicht mit Auschwitz, einem anderen Lager in einer anderen Zeit, vergleichen kann. Und auch in Buchenwald selbst haben andere große jüdische Geister ganz andere Erfahrungen gemacht und sind zu anderen Schlußfolgerungen gelangt. Man denke nur an Emil Fackenheim, der in seiner Analyse der von ihm als zutiefst erniedrigend empfundenen Situation im Konzentrationslager zu einer äußerst positiven Einschätzung seiner Mitgefangenen kam. Vielleicht hängt die unterschiedliche Bewertung der beiden Beobachter zum Teil damit zusammen, daß Fackenheim Rabbiner war und Bettelheim Analytiker, daß beide also zwei miteinander rivalisierenden ›jüdischen Religionen‹ angehörten, wie einmal jemand bemerkt hat.

Bettelheims Name kann in die Liste jener hervorragenden Köpfe aufgenommen werden, die den Holocaust miterlebten, davon im Innersten ihres Seins erschüttert wurden und feststellen mußten, wie das Dunkel des Lagers am Ende ihre Verteidigungswälle durchbrach und den Lebensfunken in ihnen erstickte. Doch Bettelheim war ein Extremfall; am Ende der Straße fand er, daß ihm keine ›lebenswerte Zeit‹ mehr geblieben war. Er wollte in Würde abtreten – sein Vorbild war Sokrates mit dem Schierlingsbecher. Sein Tod war wie der von Arthur Koestler ein Beispiel größten Mutes und nicht etwa ein Zeugnis der Furcht. In einem wichtigen Aufsatz mit dem Titel – *Der Holocaust – eine Generation danach* – schreibt Bettelheim, daß sich in Deutschland keine Widerstandsbewegung herausbildete, sondern die Opfer sich allenfalls verhärteten. Er kritisiert eine überlebende Ungarin, die behauptete, sie habe vor ihrer eigenen Deportation nichts von

39. *B. Bettelheim*, Die Kinder der Zukunft. Wien, München, Zürich 1971.

den Konzentrationslagern gewußt. Hitler und die Nazis hatten ihre Haltung gegenüber den Juden doch wohl deutlich genug gemacht; wie konnten die Juden also vorgeben, nichts zu wissen? Äußerungen wie die der Ungarin leisteten höchstens dem Alibi der deutschen Christen Vorschub, die ebenfalls erklärten, von nichts gewußt zu haben – Lügen oder bewußte Leugnungen, die allmählich von selbst zu unbewußten Leugnungen wurden. Bettelheims Beobachtung mag einem erfahrenen Analytiker Ehre machen, läßt sich jedoch nicht verallgemeinern. Die Tatsache, daß Juden, die dem Schrecken entkamen, in die Gettos gingen und dort erleben mußten, wie ihre Warnungen in den Wind geschlagen wurden, kann mit Recht als einer der tragischsten Augenblicke jüdischer Existenz betrachtet werden; keinesfalls aber darf man daraus eine moralische Verurteilung der europäischen Juden ableiten. Ich stimme allerdings ohne weiteres mit Bettelheims folgender Aussage überein:

»Indem wir die Opfer der Nazis als ›Märtyrer‹ bezeichnen, verfälschen wir ihr Schicksal. Die wahre Bedeutung des Wortes ›Märtyrer‹ ist: ›Eine Person, die sich weigert, ihrem Glauben abzuschwören, und dafür freiwillig den Tod erleidet.‹ (OED) Die Nationalsozialisten ließen keinen Zweifel daran, daß ihre Opfer nicht wegen ihrer religiösen Überzeugung umgebracht wurden. Wenn sie ihrem Glauben abgeschworen hätten, hätte das keinem einzigen von ihnen das Leben gerettet. Diejenigen, die zum Christentum konvertiert waren, wurden genauso vergast wie die Atheisten und die frommen Juden. Sie starben nicht für irgendeine Überzeugung und ganz bestimmt nicht freiwillig.«

Der Gebrauch des Wortes ›Märtyrer‹ an dieser Stelle würde in der Tat das Faktum verdunkeln, daß es sich bei allen diesen Menschen um *Opfer* handelte, die keineswegs sterben wollten. Es gibt unterschiedliche Arten von Heldentum, und man darf die nächste Generation in diesem Punkt nicht im unklaren lassen, eine Generation, die es sicherlich vorzöge, die Juden als Märtyrer zu sehen, statt der Wahrheit ins Auge zu sehen, daß die Juden Opfer waren und sind. Nicht einig bin ich mit Bettelheim, wenn er es diesen Opfern verübelt, daß sie verehrt werden. Es gab damals Helden – und zwar unter denen, die lebten, und unter denen, die starben. Bettelheim schenkt meiner Ansicht nach denen, die geistigen Widerstand leisteten, ob sie nun lebten oder starben, zuwenig Aufmerksamkeit. Doch er hat wiederum recht, wenn er mit Elie Wiesel zu dem Schluß kommt, daß am Ende der Auseinandersetzung mit dem Holocaust nur das Schweigen stehen kann. Bei Wiesel heißt es: »Diejenigen, die es nicht selbst erlebt haben, werden es nie wissen; diejenigen, die es erlebt haben, werden nicht davon erzählen; jedenfalls nicht bis ins einzelne und rückhaltlos.« Dennoch müssen wir Mahner sein, die sich von Mitgefühl leiten lassen, statt streng zu richten.

Auch Viktor Frankl beobachtete seine Mitgefangenen im Konzentrationslager. Diesmal hieß das Lager Auschwitz und man befand sich mittlerweile mitten in jenem Krieg, der etwas so Schreckliches wie die ›Endlösung‹ heraufbeschwören sollte. Frankls Folgerungen unterschieden sich denn auch grundlegend von denen Bettelheims. Auch Frankl war von Wien geprägt und kehrte nach dem Krieg und seiner Befreiung aus Auschwitz dorthin zurück. Er ist der Begründer der sogenannten Dritten Wiener Schule der Psychoanalyse. Seine ›Logotherapie‹, ein existentialistischer Therapieansatz, den er aus seinen Erfahrungen in Auschwitz entwickelte, ist eine Absage an die Freudsche Lehre, die das menschliche Verhalten rein deterministisch als ein Ergebnis des Sexualtriebs und der verdrängten Erfahrungen der Vergangenheit sieht. Ebenso dezidiert distanziert sich Frankl von der Individualpsychologie Alfred Adlers mit ihrer Betonung des menschlichen Bewußtseins und des Machttriebes. Die ›Dritte Schule‹, die ›Logotherapie‹, begreift den Menschen vielmehr als ein Wesen, das ›Herr im eigenen Haus‹ ist, ja sich sogar von sich selbst frei machen kann. Der Mensch ist fähig, selbst die Verantwortung für sich zu übernehmen und auf diese Weise der täglichen Bedrohung seines Lebens durch die Sinnlosigkeit des Daseins entgegenzutreten. Das Bedürfnis nach einem konkreten Ziel, nach Selbsterfüllung, nach einem höheren Sinn des Lebens, steht im Mittelpunkt allen menschlichen Strebens, und Frankls neues System, das aus den Konzentrationslagern kam, versucht, genau diese Bedürfnisse anzusprechen.

In seinem zum Klassiker gewordenen Bestseller *Psychotherapie für den Laien* schreibt Viktor Frankl von der menschlichen Angst vor dem Nichts, *Nihil*, die im zeitgenössischen Nihilismus ihren Ausdruck fand. Gegen das Pawlowsche Reflexmodell und das mechanistische Bild Freuds möchte Frankl die menschliche Freiheit retten:

»Der Mensch leugnet seine Freiheit, wenn er sich immer wieder in eine fatalistische Haltung flüchtet und sich von äußeren oder inneren Kräften treiben oder stoßen läßt. Letztlich leugnet er seine *Verantwortung* mit Hilfe eines Kollektivismus, der es ihm ermöglicht, in einer anonymen Masse unterzutauchen, statt einer wirklichen Gemeinschaft in einem Gefühl bewußt übernommener Verantwortung zu dienen. Unsere hauptsächliche Aufgabe – auch in der Psychotherapie – ist es, dem Menschen Mut zu machen, er selbst zu sein. Erst wenn er Mut zu sich selbst hat, wird er die Angst vor sich selbst überwinden.«[40]

Die Suche des Menschen nach Sinn stand für Frankl im Mittelpunkt seines Forschens, als er aus einem Reich der Hölle, in dem es keinen Sinn gab oder in dem zumindest den Lagerhäftlingen ein Sinn verwehrt wurde, nach Wien zurückkehrte. Im Lager hatte er erkannt, daß Menschen, denen jeder Sinn versagt wird, deswegen nicht unbedingt zu anonymen Zahlen werden – sie können, wie auch jedermann außerhalb des Lagers, wieder einen neuen Sinn in ihrem Leben finden. Gedacht ist hier nicht an den Kampf eines Ijob, der Gott einen Sinn abtrotzt,

---

40. *Viktor Frankl*, Psychotherapie für den Laien. Freiburg 1971, 115.

sondern an die Entdeckung und Entfaltung innerer menschlicher Ressourcen. Liebe und Glaube sind Teil jener tiefsten menschlichen Kraftquellen im innersten, unveräußerlichen Kern des Selbst. Es war nicht Freuds ›Lustprinzip‹ oder Adlers ›Wille zur Macht‹, sondern der menschliche ›Wille zum Sinn‹, der Frankl dazu bewog, seine Therapie ›Logotherapie‹ – vom griechischen *Logos* – zu nennen. Aber auch wenn sie die ›Dritte Methode‹ in Wien war, so entfremdete sie ihn doch nicht seinen Lehrern Freud und Adler, wenngleich deren Schulen sich immer stärker von seinem Ansatz distanzierten.

Viktor Frankl hätte mehrfach Gelegenheit gehabt, Wien zu verlassen, sogar noch nach dem ›Anschluß Österreichs‹, als die Nationalsozialisten bereits die Macht übernommen hatten. Er glaubte jedoch, seine Eltern nicht verlassen zu können, und blieb. So kam es, daß ihn sein Weg nach Theresienstadt und schließlich, drei Lager später, nach Auschwitz führte. Während der unmenschlichen Behandlung, die sie zunächst all ihrer Besitztümer und am Ende sogar ihrer Identität beraubte, beobachtete Frankl sich und seine Mithäftlinge mit dem Auge des Klinikers. Er sah, daß es häufig die Gewissenlosen waren, die überlebten, und daß er und andere sehr viel Glück brauchten, wenn sie überleben wollten. Er sagte oft: »Wir, die wir zurückgekehrt sind, wissen: Die Besten von uns sind nicht zurückgekommen.« Trotz aller Erniedrigungen, die er tagtäglich mitansehen mußte, erlebte Frankl aber auch, wie das unerträgliche Leiden das Beste in Menschen hervorbrachte, und sah, daß es eine innere Freiheit gab, die überdauerte und den Menschen half, das Leiden und selbst den Tod zu ertragen. Er ließ diese Erkenntnisse in seine therapeutische Arbeit einfließen, wobei er sich stets zutiefst bewußt war, daß solche Einsichten aus den verborgensten Winkeln des Innersten seiner Patienten selbst ans Licht gebracht werden mußten und daß er keinem von ihnen seine eigenen Wertmaßstäbe überstülpen durfte.

Die Auffassung, daß jeder Mensch einzigartig ist, ist ein Grundprinzip des Judentums. Aber die Religion hat nicht das Monopol für diese Einsicht, und wenn man Frankl verstehen will, muß man ihn nicht erst als ›jüdischen Denker‹ sehen, dessen Arbeit von der Tradition geprägt ist, sondern man sollte in ihm einfach einen Überlebenden ehren, der diese Wahrheit in den Todeslagern gelernt hat. Jeder einzelne dort war besessen von einer inneren Wahrheit, von einem innersten Sinn, der ihm Schild und Waffe werden konnte und ihn oft bis in den Tod begleitete – da ja nur die wenigsten überlebten. Dabei waren in einem Lager wie Theresienstadt, das auch Frankl durchlief, ganz verschiedene Spielarten geistigen Widerstands zu beobachten. Die tiefreligiöse Gewißheit traditioneller wie progressiver Prägung etwa fand ihren Ausdruck in Gestalten wie Leo Baeck und seinen ›weltlichen‹ Vorträgen oder im privaten oder gemeinschaftlichen Gebet. Andere klammerten sich an eine bestimmte Idee, die ihrem Leben Sinn gab, als Kommunisten, als Zionisten – im Reich des Holocaust mußte man jede kleinste Ecke nach Sinn abklopfen. Man brauchte eine innere Verpflichtung auf ein bestimmtes Ziel, das sinngebend wirkte, etwa die Verpflichtung gegenüber anderen Menschen. In einem im *Observer* abgedruckten Interview[41] betont Viktor Frankl, wie sehr er selbst das Bedürfnis hatte, aus der Verpflichtung zum Helfen heraus zu anderen in Beziehung zu treten:

»Letztlich gibt es nur eine Kraft, und das ist die Kraft zu retten!
Ich habe die Bedeutung des größten Geheimnisses, das die menschliche Dichtung und menschliches Denken und Glauben uns zu geben haben, begriffen: Die Rettung des Menschen geschieht durch Liebe und in Liebe.
Ich habe begriffen, wie ein Mensch, der nichts mehr in der Welt hat, immer noch Segen erfahren kann .... In äußerster Hoffnungslosigkeit, wenn der Mensch sich nicht mehr in positivem Handeln ausdrücken kann, wenn seine einzige Leistung darin besteht, sein Leiden auf die rechte Weise zu ertragen, kann der Mensch zur Erfüllung gelangen. Zum ersten Mal in meinem Leben verstand ich den Sinn der Worte: ›Die Engel sind versunken in ewiger Betrachtung einer unendlichen Herrlichkeit.‹«

Damit ist nicht der Rückzug in eine innere Dimension der Kontemplation gemeint, sondern eine Öffnung des Selbst, in der auf die innersten Kraftquellen, die im Menschen vorhanden sind, zurückgegriffen wird, und in der diese Kraftquellen gegen die Finsternis eingesetzt werden, die es zu durchschreiten gilt. Diese Aussage Frankls ist dem düsteren Urteil Bruno Bettelheims gegenüberzustellen, der eine endgültige und gewaltsame Selbstbestätigung von dem seiner Freiheit Beraubten verlangte, dem es nicht gestattet sein sollte, ›der Nacht sanftmütig entgegenzugehen‹. Bettelheim forderte Widerstand von den Opfern, einen Widerstand, der in der Hölle wachsen und schließlich zum Stolperstein für die Täter werden sollte. Als Außenstehender kann man sich kein Urteil darüber erlauben, was hätte getan oder unterlassen werden müssen. Bettelheim wie Frankl ist es gelungen, die Finsternis hinter sich zu lassen und sich auf den Weg in die Morgendämmerung eines neuen, schöpferischen Lebens zu machen, in dem sie künftigen Generationen, die nicht mehr verstehen konnten, was zur Zeit ihrer Eltern geschehen war, halfen und sie begleiteten. Unsere heutige Zeit hat ihre eigene Last zu tragen, und Frankl bezieht sich in seinem Buch über die Psychotherapie denn auch auf unser »Zeitalter der Angst«. Er befaßt sich darin unter anderem auch mit dem Suizid und verweist dabei auf ein interessantes statistisches Ergebnis, demzufolge die Selbstmordrate in Gebieten mit niedrigerem Lebensstandard niedriger ist. Frankl schreibt:

»Wie ist das zu erklären? Meiner Ansicht nach am besten durch ein Gleichnis: ich habe mir einmal sagen lassen, daß ein Gewölbe, das baufällig geworden ist, dadurch gestützt und gefestigt weden kann – paradoxerweise dadurch –, *daß man es belastet*. Nicht unähnlich ergeht es dem Menschen: mit den äußeren Schwierigkeiten wächst anscheinend seine innere Widerstandskraft.«[42]

41. *The Observer*, 21. Juni 1992.
42. *Viktor Frankl*, Psychotherapie für den Laien. Freiburg 1977, 42.

Was hier formuliert wird, ist eher die Einsicht eines einzelnen als eine verallgemeinerbare Regel. Die Tatsache, daß die *Muselmanen* im Lager in der Überzahl waren – jene, die unter dem unerträglichen Druck resigniert hatten und nur noch die Tage bis zu ihrem Tod zählten, zeigt, daß Leiden keineswegs automatisch veredelt und innere Kräfte weckt. Sehr viel häufiger ist es doch so, daß uns das Leiden zerstört. Dagegen setzt Viktor Frankl seine ermutigende Aussage, daß dies nicht zwangsläufig so sein muß, vor allem nicht in unserer modernen Welt, in der das Leiden begrenzter und häufig ›hausgemacht‹ ist. In den Lagern sah Viktor Frankl die fundamentalen Gewalten überwiegen – aber er erhaschte auch einen Blick auf die Einzigartigkeit des Menschen, auf seine Fähigkeit zu lieben und einen Sinn im Leben zu finden. Frankl ist eine der wichtigsten Persönlichkeiten, der wir im Laufe unserer Suche begegnen, ein Mensch, der durch die Finsternis zum Licht vorstößt, und der heilende Liebe in die Welt trägt.

Der dritte Heiler aus den Lagern war Eugene Heimler – Dichter, Romancier, ›Seelsorger‹ und im wahrsten Sinne des Wortes ein ›Reiter in die Morgendämmerung‹. Er ist der einzige von den dreien, mit dem ich selbst engen persönlichen Kontakt hatte. Vor fast einem Vierteljahrhundert initiierte Eugene (›John‹) Heimler in London eine kleine Therapiegruppe für Rabbiner, in der er einige der Erkenntnisse, die er in den Lagern gewonnen hatte, für diesen Kreis fruchtbar zu machen suchte. Heimler war 1947 von Ungarn nach England gekommen, zwei Jahre, nachdem er den Todeslagern entronnen war. Ich war ihm zunächst in seinen Schriften begegnet; sein bewegender Bericht über den Holocaust, *Night of the Mist*, gehörte zu den ersten Werken, die ich in meine Holocaust-Anthologie aufnahm. Eine Passage daraus, ein Traum Heimlers als junger Mann in Ungarn, berührt sich in gewisser Weise mit Bettelheims Auffassung, daß äußerer Widerstand die einzig richtige Reaktion auf die Nationalsozialisten gewesen wäre:

»Ich war auf dem Weg zur Grube, in der sich der dunkle Hügel toter Leiber erhob. Ich hatte eine Schaufel in der Hand, wie die Totengräber auf dem Friedhof. In mir stieg der Gedanke auf: ›Du mußt sterben, du wirst sterben – aber warum alleine sterben? Die Schaufel in deiner Hand ist eine Waffe. Du hast die Kraft zuzuschlagen. Wenn du schon sterben mußt, dann sorge wenigstens dafür, daß dieser Mörder auch stirbt.‹ Ich wandte mich um, hob meine Schaufel und stürmte mit erhobenem Arm auf ihn zu. Plötzlich erschien alles gestaltlos ... als ich nach meinem atemlosen Lauf bei ihm angekommen war, sah ich, daß es eigentlich nur eine unbewaffnete Tonfigur war, die blicklos in die Welt starrte ... mein Arm sank herab. Ich wachte auf.

Als am folgenden Morgen, am 19. März, meine Schwester uns totenbleich die Nachricht brachte, daß gegen 5.30 desselben Morgens die Deutschen die Grenze überschritten und unser Land besetzt hätten, war ich nicht einmal überrascht.«[43]

43. *E. Heimler*, Night of the Mist. London 1959.

Ebensowenig waren sie überrascht, als sie kurz darauf zusammengetrieben und auf jenen Weg geschickt wurden, der in die Todeslager führte. Heimlers Schwester mit ihrem zweijährigen Sohn Gavriel kam dort um, wie auch sein Vater, seine Onkel, Tanten, Kusinen und seine junge Frau Eva. Auf den Traum folgte die Realität, und sie war schlimmer als jeder Alptraum, der sich aus den Nachrichten formte, die der Wind ihm aus jener in Trümmer sinkenden jüdischen Welt in Ungarn zugetragen hatte. Der Erzähler von *Night of the Mist* läßt seinen Leser das Böse deutlich erkennen, und doch merken wir, wie dieses Böse gleichsam von uns ferngehalten wird durch einen großen Geist, der den Schmerz auf sich selbst konzentriert, damit wir ihn nicht in seiner ganzen Wucht zu spüren bekommen. Jahrzehnte später sagte Eugene Heimler zum Thema ›Gedenken ohne Haß‹:

»Ich bin ein Mensch, der von großen historischen Ereignissen erfaßt wurde, die über mein Begreifen hinausgingen, und weil ich nichts von dem, was mir widerfuhr, freiwillig gewählt hatte, hatte ich nach meiner Befreiung lange Zeit Schwierigkeiten zu akzeptieren, daß ein lebendiger und liebender Gott eine solche globale Tragödie zulassen konnte. Doch kaum acht Jahre nach dem Geschehen hatte ich das dringende Bedürfnis, auf den Trümmern der Zerstörung wieder etwas aufzubauen ... das Gebet, das man mich als Kind gelehrt hatte, kam mir in den Sinn: ›Laß mich schweigen, wenn die Menschen mich verfluchen, laß meine Seele still und demütig und mit allen in Frieden sein.‹ Aber wie konnte meine Seele ruhig sein, wo ich doch von meinen Wurzeln, meiner Familie, meinen Freunden, abgetrennt war: Wie konnte ich mit allen im Frieden sein, wenn meine Tage gezählt schienen und der Tod an jeder Ecke und in jedem Auge lauerte? Und trotzdem wurde dieses Gebet acht Jahre später sehr wichtig und bedeutsam für mich.«[44]

Heimler kam nach London und machte eine Psychoanalyse (1949). Er lernte, sich selbst und seiner Intuition zu trauen, so wie damals im Lager, als diese Intuition ihm das Leben gerettet hatte, als er instinktiv andere Antworten gegeben hatte als seine Mitgefangenen und deshalb nicht in die Gaskammer geschickt wurde; so wie damals, eines Nachts, als er sich geweigert hatte, in seine Baracke zurückzukehren. Am Morgen war sie leer – er hatte als einziger überlebt. Jetzt, in England, begann für ihn ein neues Leben mit seiner neuen Frau und seinen Söhnen.

Seit 1956 arbeitete Eugene Heimler im psychosozialen Bereich und entwickelte im Laufe seiner Arbeit jene besondere Methode, die als Heimler-Methode bekannt werden sollte. Am Anfang steht jeweils die Frage, die er sich selbst gestellt hatte, als er das Lager verließ und ein neues Leben begann: »Wovon hängt es ab, ob das Leben uns besiegt oder ob es uns gelingt?« Seine persönliche Antwort lautete, daß er aus den ganz persönlichen positiven Erfahrungen seiner Vergangenheit und seiner Kindheit Kraft schöpfen konnte. So muß sich jeder Mensch

44. *E. Heimler*, Memories with Hate: the Kaufmann Memorial Lecture. In: European Judaism, Bd. 21, Nr. 2, 7.

die Antwort, die er für sich auf diese Frage findet, immer wieder ins Gedächtnis rufen. Daneben betonte Heimler in Erinnerung an die Sinnlosigkeit des Lagerlebens, das den einzelnen zerstörte, die *Sinnfälligkeit* der eigenen Arbeit als lebenswichtigen Bestandteil für das Gelingen des Lebens. Er hatte viele Häftlinge sterben sehen, nachdem man sie gezwungen hatte, Sand und Schotter von einer Seite des Lagers zur anderen zu befördern – und wieder zurück. Nun, bei seiner Arbeit mit Arbeitslosen, wurde er gewahr, daß auch sie von der Sinnlosigkeit zerstört wurden. Seine Aufgabe sah er darin, Sinn in ihr Leben zu bringen, und zwar durch ein psychosoziales Feed-Back-System, das sich die Selbsterkenntnis seiner Klienten zunutze machte, die sich der verborgenen Ressourcen ihrer selbst nicht bewußt waren.

Heimler schreibt:

»Statt zu versuchen, den Leuten etwas auszureden, das sie für schlecht oder böse oder negativ halten, sollten wir versuchen herauszufinden, wie sie es zu ihrem eigenen Besten nutzen können. Wir analysieren nicht die Wurzeln des Verhaltens, warum und wie es dazu kam, sondern versuchen, damit umzugehen, daß es nun einmal da ist, und zu überlegen, wie wir es anstellen können, dieses Verhalten so mit der Lebenswirklichkeit der betreffenden Person zu verbinden, daß es sie weiterbringt.«[45]

Heimlers Methode ist grundsätzlich handlungsbezogen – ein Resultat seiner Überzeugung, daß Handeln das Ende der Unterdrückung ist. Im Angesicht der Lagermaschinerie, wohlwissend, daß dieser Apparat ihn als Person vernichten würde, noch bevor er in der Gaskammer starb, probte Heimler den Aufstand, versuchte zu fliehen und konzentrierte sich ganz auf sein verborgenstes, innerstes Selbst, in dem er die Kraft fand, die er brauchte, um von einem Tag auf den anderen zu überleben.

In manchen Teilen scheint Heimlers Methode Frankls Logotherapie ähnlich, doch sie setzt an einer sehr viel einfacheren Stufe an und bedarf keines großartigen geistigen Überbaus. Sie funktioniert einfach. Als Laie, der sich nur am Rande mit diesem Fachgebiet befaßt hat, kann ich hier nur meinen persönlichen Eindruck wiedergeben, der mehr mit dem Therapeuten als mit der Therapie zu tun hat. Meiner Ansicht nach leisten die großen Seelenärzte unserer Zeit innerhalb ihres jeweiligen therapeutischen Systems hervorragende Arbeit, ja, sie bewähren sich oft sogar außerhalb dieses Systems. Umgekehrt ist jede der großen Therapierichtungen nur so gut wie ihre Therapeuten.

Jeder der drei hier vorgestellten ›Heiler‹ hatte bemerkenswerte therapeutische Erfolge zu verzeichnen, wenngleich Viktor Frankl, der eine ganze Generation von Analytikern prägte, sicherlich einen ganz besonderen Platz unter ihnen ein-

---

45. *B. Heimler*, E. Heimler: In Memoriam. In: European Judaism, Bd. 24, Nr. 2, 57.

nimmt. Alle drei gerieten in den Bannkreis der Konzentrationslager und haben Unvorstellbares durchlitten. Die Qualen, die sie erlebten, lassen sich nicht messen, schon gar nicht von außen. Und wenn Bruno Bettelheim später einen sicherlich unzureichenden Maßstab an seine Lagererfahrungen anlegte, so tut das seinem Leiden, dem furchtbaren seelischen Druck, dem er ausgesetzt war, und seiner Reaktion auf diesen Druck keinen Abbruch. Seine Beurteilung der historischen Situation und seine Einschätzung anderer, die wie er gelitten haben, ändern nichts an der Wertschätzung, die man einem Mann entgegenbringen muß, der aus der Hölle kam und sein zweites Leben ganz in den Dienst der Menschheit gestellt hat. Das ist es denn auch, was uns diese drei Männer mit eindrucksvoller Klarheit vor Augen führen: Der Holocaust und die Leiden, die er mit sich brachte, konnten die Menschenliebe, die sie im tiefsten Innern in sich trugen, nicht auslöschen. Auch wenn es viele Beispiele dafür gab, daß das Leiden den Altruismus erstickte und oft einen erbitterten Kampf ums Überleben entfachte – ein Überlebender berichtet von einem Vater, der seinen Sohn für ein Stück Brot umbrachte und seinerseits dann von den anderen in der Baracke, die den Mord mitangesehen hatten, getötet wurde –, so haben wir doch auch bemerkenswerte Zeugnisse einer Menschlichkeit, die sich noch in der Hölle behauptete. Eugene Heimler erzählt, daß das Leiden oft erträglicher wurde, wenn die Opfer einander als menschliche Wesen betrachteten:

»In Buchenwald habe ich von Juden, Christen, Moslems und Heiden, von Engländern, Serben, Rumänen, Tschechen, Franzosen, Holländern, Russen, Griechen, Albaniern, Polen und Italienern gelernt, daß ich nur ein leidender, unwichtiger Mensch unter vielen bin; daß die Sprache, die mich meine Mutter gelehrt hatte ... nichts anderes als eine künstliche Barriere zwischen mir und den anderen ist. Denn im Grunde, als Menschheit, sind wir eins. Ein Schlag ins Gesicht tut einem Engländer genauso weh wie einem Deutschen, einem Ungarn oder einem Neger. Der Schmerz ist derselbe. Daß ich in nichts überlegen bin, daß ich nicht anders bin als die anderen, daß ich nur ein Glied in einer großen Kette bin – das gehörte zu den wichtigsten Erkenntnissen meines Lebens.«[46]

Schließlich hatte Eugene Heimler im Lager die Verantwortung für eine Gruppe von Kindern. Er unterrichtete sie, er tröstete sie, er weinte mit ihnen und betete mit ihnen. Wenn er ihnen von seinem Glauben an Gott erzählte, spürte er, wie sie getroster wurden. Heimler schreibt über diese Augenblicke:

»... ich lobte jene Unendliche Macht, die mir Gelegenheit gegeben hatte, in diesem Inferno etwas Positives zu tun. Ich spürte, daß ich nur deshalb Kraft hatte, weil Er in meinem Fleisch und Blut und in meinen Sinnen gegenwärtig war, und daß die Deutschen mir, solange ich diese Kraft in mir spürte, nichts tun konnten.«

46. *Heimler*, Night of the Mist.

Es gibt Entdeckungen ganz besonderer Art, die wir gerade in der dunklen Mitternacht der Seele machen. Gerade hier können Menschen ihre verborgenen Ressourcen aufspüren; manche entdecken vielleicht Gott, andere ihren Nächsten – in dem letztlich ebenfalls Gott ist. Seien sie nun religiöser oder nicht-religiöser Art, Bewältigungsstrategien wie diese verbinden die Menschen miteinander, so daß sie über ihre eigene Person, die unter der Last des Leidens zerbrechen würde, hinauswachsen. Man kann im Blick auf die Lager nicht von einer echten Leidensgemeinschaft sprechen, deren Glieder einander gegenseitig halfen. Der Druck, dem diese Menschen ausgesetzt waren, war einfach zu ungeheuerlich. Nicht selten griff das Böse in den Verfolgern auch auf die über, die sich in ihrem Netz verfangen hatten. Für uns, die wir aus einer großen Entfernung zurückblicken, sind jedoch die vielen Zeugnisse des Guten inmitten all dieses Bösen wichtiger. Wenn der Holocaust wirklich und ausschließlich ein Bild völliger Finsternis wäre, könnten wir es nicht ertragen, zurückzuschauen und uns zu erinnern. Und so gibt es denn auch viele, die aus ebendiesem Grund nichts mehr damit zu tun haben und der nächsten Generation dieses Trauma nicht zumuten wollen. Das kann das Leben einfacher machen. Wir können auf diese Weise die Wunde, die einem Volk und der ganzen Welt geschlagen wurde, zukleistern. Doch damit ignorieren wir die Verletzungen, die unsere Zivilisation, ja die ganze Welt davongetragen hat und unter deren Stigma auch jene großen Seelenärzte, die aus den Lagern entkamen, lebten und arbeiteten. Wir können diese Männer nicht einfach als ein Geschenk unserer Zeit hinnehmen. Die Finsternis lebt in ihnen, wie sie in uns lebt. Wir alle sind gezeichnet von dem, was da geschehen ist, und das, was momentan in Europa und der übrigen Welt an Terrorakten geschieht, steht nicht beziehungslos neben dem Bösen jener Zeit der Finsternis.

Die Historiker haben die äußeren Grenzlinien jenes Reiches der Hölle mit wechselndem Erfolg für uns zu markieren versucht. ›An diesem Ort lauern Untiere‹ ist sicherlich nach wie vor der richtige Titel für Werke, deren Autoren uns jeweils ihren ganz eigenen Erklärungsansatz vorlegen und eine definitive Antwort geben wollen, wo es keine Antwort gibt. Als ich das letzte Mal Buchenwald besuchte, sah ich, daß die alte, schreckliche Inschrift immer noch über dem Tor steht: *Jedem das Seine*. Der abgrundtiefe Zynismus der Nationalsozialisten kann wohl kaum einen perfideren Ausdruck finden; doch angesichts dieser Inschrift wird einem auch bewußt, daß die drei großen Heiler, die durch diese Tore wieder hinausgingen, ihre eigene Antwort auf diesen Zynismus gefunden haben – eine Antwort, die die Theorien der Historiker weit übersteigt. Sie haben erkannt, daß jedes menschliche Wesen ein Gefäß der Liebe ist, ein freier Geist, der nach einem Sinn in dieser Welt sucht. Damit aber ist man auch schon im Zenit der Nacht und geht aus der Finsternis dem Morgen entgegen.

Es ist wahr: Die Gesundung, das Ganzwerden, das Wieder-Heilwerden braucht sehr viel mehr Zeit als das Heraufdämmern des Morgens. Aber der Morgen kommt.

4. Das andere Auschwitz
Die Christen und die Shoa

Es gibt unendlich viele Möglichkeiten, unsere ›Reiter in die Morgendämmerung‹, jene Wegweiser in die Zukunft, die die Finsternis der Vergangenheit hinter sich gelassen haben, aufzuspüren. Manche entdecken wir erst nach ihrem Tod: Sie starben in der Finsternis, doch ihre Lehren sind geblieben. Auf andere stoßen wir in unserer eigenen Tradition. Das rückt sie uns näher, bringt aber gleichzeitig auch Probleme mit sich, etwa, wenn wir selbst mit jener Tradition gebrochen oder sie uns irgendwie zurechtgebogen haben. Mir selbst geht es nicht so sehr darum, ein umfassendes, allgemeingültiges System zu finden, sondern darum, bestimmte Erkenntnisse, besondere Aussagen zu entdecken, die ich dann in mein Leben und vielleicht auch in mein ganz persönliches System integrieren kann.

Doch was geschieht, wenn wir es mit Lehrern aus einer anderen Tradition zu tun bekommen? In dem Wissen, daß wir nicht das ganze Gewicht des Lehrgebäudes, das sie zu tragen haben, auf unsere eigenen Schultern nehmen müssen, können wir das, was sie uns zu geben haben, viel unbefangener akzeptieren. Häufig ist das nicht nur eine Erkenntis, sondern zugleich eine bestimmte Art zu leben, die uns Bewunderung abnötigt und uns nachdenklich macht. Die Tatsache, daß ein Christ freiwillig ins Konzentrationslager geht, um seine Solidarität mit den Juden zu bekunden, ist so ungeheuerlich, daß ich an diese Menschen nur mit tiefster Ehrfurcht denken kann. Manche meiner Freunde kritisieren diese Haltung. »Wie kannst du Maximilian Kolbe verehren«, fragen sie zum Beispiel, »der doch vor dem Krieg noch ein antisemitisches Pamphlet herausgegeben hat?« Oder sie halten mir entgegen: »Bonhoeffer kam aber erst sehr spät zur Einsicht, was die Juden allgemein angeht; am Anfang ging es ihm nur um die getauften Juden!« Oder: »Niemöller? Hat der sich Hitler nicht als U-Boot-Kommandant angeboten, um seinen Patriotismus unter Beweis zu stellen?« usw.

Bevor wir uns um eine Antwort auf diese und ähnliche Fragen bemühen, wollen wir uns zunächst die Fakten ansehen. Dabei soll nicht einfach nur untersucht werden, was an diesen Anschuldigungen wahr oder falsch ist; wir wollen zugleich auch danach fragen, unter welchen Bedingungen aus solchen anfänglichen Irrtümern Heldentaten oder Akte tiefster Frömmigkeit oder Menschenliebe erwachsen konnten. Die Hypothek, mit der das Christentum seit der *Shoa* belastet ist, macht die Auseinandersetzung sicher nicht einfach. Dennoch verdient dieses Thema im Rahmen unserer Suche nach geistiger Führung besondere Aufmerksamkeit. Dabei müssen wir zunächst noch einmal in die Finsternis blicken. Wir müssen Auschwitz nicht nur von uns aus, sondern auch aus Sicht der Christen zu begreifen suchen, deren Leben ebenfalls von jener Finsternis gestreift wurde ...

Auschwitz ist mehr als eine unheilbare Wunde, die die jüdische Seele davongetragen hat. Es ist ein verborgenes oder auch offenliegendes Trauma unserer ganzen Zivilisation. In einer Zeit gewachsenen Bewußtseins für die Besitzlosen, die Ausgebeuteten, die verfolgten und entrechteten Minderheiten dieser Welt sind andere Aspekte des Reiches der Hölle in den Blickpunkt gerückt. So ist die Diskriminierung der Homosexuellen ja noch keineswegs vorüber: AIDS als neue Geißel hat diese Menschen erneut zur Zielscheibe von Repressalien gemacht. Immerhin wissen wir heute, daß sie schon in den Konzentrationslagern gelitten haben. Trotzdem begegnen wir bei bestimmten Gruppierungen wieder der schrecklichen nationalsozialistischen Doktrin, der Ideologie von der rassischen Überlegenheit und vom ›Herrenvolk‹, die sich damals wie heute gegen die Homosexuellen, gegen die Geisteskranken und die Behinderten richtete. Das Wissen um das, was zur Zeit des Holocaust geschah, kann hier vielleicht als ein Korrektiv wirken, auch wenn es natürlich das Vergangene nicht ungeschehen oder in irgendeiner Form wiedergutmachen kann.

Eine andere verfolgte Minderheit sind die Zigeuner, die *Sinti-Roma*. Prozentual gesehen hatten sie am meisten unter dem Holocaust zu leiden. Und nach dem Krieg mußten sie feststellen, daß selbst im neuen, demokratischen Westdeutschland einige der Rassengesetze der Nationalsozialisten in Kraft blieben oder wiedereingeführt wurden.»Soll man etwa Zigeunern, dem ›fahrenden Volk‹, Campingplätze überlassen, für deren Vermietung man von Touristen harte D-Mark kassieren kann?« Also wurden sie wieder einmal weggejagt, ein Vorgang, der sich mit monotoner Regelmäßigkeit nicht nur in Deutschland, sondern in ganz Europa, einschließlich Englands, wiederholte. Auch hier wurde das ›fahrende Volk‹ mit Angst und Abscheu betrachtet von einer Wohlstandsgesellschaft, die allzuoft bestenfalls Lippenbekenntnisse zugunsten der Rechte der Unterdrückten ablegte, während sie gleichzeitig mit großer Ostentation die von René Chassin für die Vereinten Nationen formulierte ›Erklärung der allgemeinen Menschenrechte‹ unterzeichnete.

Über zehn Jahre war ich im Gespräch mit Romani Rosa, einem der Oberhäupter der *Sinti-Roma*. Romani und ich kamen immer wieder zusammen und tauschten unsere Schriften und unsere Sorgen aus. Für ihn war der Kontakt zu den Juden wichtig, denn bei ihnen war zumindest der Anfang zu einer gewissen Entschädigung für die Zeit der *Shoa* gemacht worden. Die Sinti-Roma dagegen hatten keinerlei Wiedergutmachung erhalten und brauchten jede Unterstützung, um ihre Ansprüche geltend zu machen. Heinz Galinski, der Oberrabbiner der jüdischen Gemeinde zunächst von Berlin, dann von ganz Deutschland, stand ihnen in diesem Kampf zur Seite.

Mehr als alles andere aber brauchten sie das Wissen, daß die Welt sie überhaupt wahrnahm; daß die Menschen erfuhren, was ihnen angetan worden war. Sie vergessen nicht; sie haben ihre eigenen Schriften und Denkmäler für Auschwitz und Buchenwald. Ihr Schicksal ist vielleicht in besonderem Maße ein Prüfstein für unsere Zeit: Solange sie noch verfolgt werden, ist Auschwitz mitten unter uns. Die politischen Umwälzungen der letzten Zeit haben die *Sinti-Roma* in ganz besonderer Weise getroffen. Romani Rosa kämpft nun gegen die neuen Verfolgungswellen in Mitteleuropa. Eine große Gruppe von *Sinti-Roma* ist aus Ungarn und Rumänien nach Deutschland geflüchtet; was kann man für sie tun? Die ganze Lebensform der *Sinti-Roma* hat sich verändert; ihre Gemeinschaft bricht auseinander. Das erinnert mich an die Problematik der französischen Juden zur Zeit der Französischen Revolution. Die sephardischen Juden, die seit langem unbehelligt und wohletabliert in der französischen Gesellschaft lebten, verlangten die Einsetzung in ihre vollen Bürgerrechte. Doch da war noch das Problem der elsässischen Juden, der Aschkenasim, die ärmer waren und sich eher als Deutsche denn als Franzosen sahen. Leider versuchten sich einige der führenden Köpfe der sephardischen Judenheit über die Bedürfnisse dieser Minderheit hinwegzusetzen und den assimilierten französischen Juden das Bürgerrecht zu verschaffen, auch wenn das bedeutete, daß die Ansprüche der Elsässer warten mußten. Vor einer ganz ähnlichen Situation stand die kleine, wohlorganisierte Gemeinschaft der *Sinti-Roma* in Deutschland, die sich keineswegs von dieser neuen Welle armer Verwandter schlucken lassen wollte. Die französische Judenheit vereinigte sich am Ende und konsolidierte sich; man kann nur hoffen, daß dasselbe auch bei den *Sinti-Roma* geschieht. Dabei muß natürlich immer wieder betont werden, daß sie selbst völlig unschuldig an ihren Problemen sind. Eine Gesellschaft, die Anspruch darauf erhebt, daß in ihr soziale Gerechtigkeit herrscht, muß auf die Bedürfnisse dieser Minderheit eingehen – sowohl im Blick auf eine Vergangenheit, an die sich die meisten heute nicht gern erinnern lassen, als auch im Blick auf die Gegenwart, vor der sie ebenfalls am liebsten die Augen verschließen.

Auschwitz ist durchaus noch lebendig. Und es ist ganz besonders lebendig in der Kirche, genauer gesagt in den Kirchen. Für den Außenstehenden ist es schwierig, den vielen verschiedenen Ausprägungen des Christentums gerecht zu werden, doch ich spreche hier eher als Freund denn als Gegner. Die Problematik der modernen Christenheit ist teilweise in ihrer Verstrickung in die politischen Strukturen der Welt, in der sie existiert, begründet. Nationalismus und Christentum rückten oft gefährlich nahe zusammen, vor allem in Ländern, in denen beide durch das politische System unterdrückt wurden. Das Wiedererstarken der russisch-orthodoxen Kirche beispielsweise brachte mit der neugewonnenen Macht auch ein Wiederaufleben jenes alten Aberglaubens, der im bäuerlichen russischen Leben ebenso tief verwurzelt ist wie in der offiziellen Lehre der Kirche: des Antisemitismus. Die neue Offenheit westlicher Kirchenleute ist noch nicht bis dorthin vorgedrungen. Die Juden haben Christus ›getötet‹; der Holocaust war (sofern man sich überhaupt an den Holocaust zu erinnern geruht) die gerechte Strafe dafür; die Juden sind nach wie vor die Feinde. Für die Polen ist die

Auseinandersetzung mit dem ›Problem‹ Auschwitz, wie wir sehen werden, nicht zuletzt deshalb so schwierig, weil sie aus diesem Ort des Todes eine nationale *und* christliche Gedenkstätte machen wollen – was den Juden hier wiederfahren ist, soll dabei mit Stillschweigen übergangen werden. Einer Christenheit, die von Golgata und dem Leiden am Kreuz her lebt, fällt es schwer, Auschwitz als den Ort des absoluten Bösen, für das es keine Erklärung gibt, zu akzeptieren. Für Christen verkörpert das Kreuz die äußerste Dimension des Leidens und zugleich die Tilgung aller Schuld und Erlösung aus menschlichem Leid – zumindest für jene Christen, die in ihrem Glauben nach Auschwitz nichts hinzugelernt haben. Wir werden uns später noch mit der neuen christlichen Theologie nach dem Holocaust auseinandersetzen. Im Augenblick befinden wir uns noch in der Auseinandersetzung mit der menschlichen Erfahrung: Wir wollen von jenen hören und lernen, die nach Auschwitz kamen und es nicht wieder verlassen haben, und von jenen, die als Fackeln dem Feuer entrissen wurden und mit der Botschaft der Überlebenden in die Welt gingen.

Es ist immer ein äußerst heikles Unterfangen, bestimmte Personen aus dem Kreis der Überlebenden auszuwählen, da jeder einzelne von ihnen eine persönliche und einzigartige Botschaft an uns hat, sei sie nun tief in seinem Inneren verschlossen oder bereit für das gesprochene Wort. Manchmal trifft man die falsche Wahl. Die Nonne Edith Stein wurde aus dem Kloster heraus verhaftet und im Konzentrationslager ermordet. Die Christen haben ihr Leben und ihren Tod mit einem besonderen Nimbus umgeben und sehen sie gern als eine echte christliche Märtyrerin, die auch von den Juden akzeptiert werden muß, da Edith Stein in eine jüdische Familie hineingeboren und im jüdischen Glauben erzogen worden war, bevor sie zum Katholizismus übertrat. Die Juden konnten darauf nur mit entsetztem Unverständnis reagieren, war doch Edith Stein allein deshalb verhaftet worden, weil sie *jüdischer* Herkunft war; die anderen Nonnen hatte man in Frieden gelassen. Niemand will die Tragik ihres Lebens bestreiten und das leuchtende Beispiel ihres christlichen Glaubens schmälern. Aber sie starb einen jüdischen Tod inmitten ihres Volkes, und es ist zumindest wenig feinfühlig, ausgerechnet sie zum Inbegriff christlichen Leidens zu erklären. Sie bleibt für unsere Zeit ein Symbol *gemeinsam* getragenen Leidens und ein Mahnmal dafür, daß die Dokumentation der Geschichte all der zum Christentum konvertierten Juden, die wegen der Glaubenszugehörigkeit ihrer Familien in die Finsternis der Lager gingen, noch aussteht.

Wer aber sind die wirklich christlichen Boten jener Zeit? In jedem Fall sind da die großen Namen zu nennen, denen wir uns nun zuwenden wollen: Dietrich Bonhoeffer, Martin Niemöller, Maximilian Kolbe und viele andere. Keine dieser Gestalten ist unumstritten, und es ist wichtig, auch ihre Irrtümer und Fehler zu sehen – nicht, weil sie dadurch herabgesetzt würden, sondern weil gerade die Unvollkommenheiten der Person ihre Größe eher noch deutlicher hervortreten lassen. Ein Mann kann in seiner Jugend ein antisemitisches Pamphlet herausgeben und dann, wenn die Zeit es verlangt, Seite an Seite mit den Juden im Lager sterben. Er kann in seiner Solidarität mit den Leidenden selektiv vorgehen und dabei manchmal blind sein. Der eigentliche Schlüssel zum Leben dieser Männer ist jedoch, daß sie in einer Zeit des Bösen standhaft geblieben sind und sich ungeachtet der Gefahr auf die Seite des Guten gestellt haben.

Was ist über all die unbekannten, unbesungenen oder fast unglaublichen Leben zu sagen, auf die wir stoßen, wenn wir uns mit dieser finstersten Periode der Geschichte auseinandersetzen? Als junger Geistlicher an der Columbia University lud ich Rolf Hochhut zu einer Diskussion über sein Schauspiel *Der Stellvertreter* auf den Campus ein. Das Stück baut auf einer unwahrscheinlich wirkenden Vorannahme auf: Ein SS-Mann findet die Wahrheit über die Lager heraus und wendet sich daraufhin an die Kirche und die Welt, um sie zur Intervention zu bewegen. Das Spiel ist ein bitterböser Angriff auf den Papst, doch es kommt darin auch ein ›guter‹ Priester vor, Vater Riccardo, der seine Solidarität mit den leidenden Juden dadurch bekundet, daß er freiwillig ins Lager geht. Doch die Realität ist noch weit merkwürdiger als alle Fiktion: Die wahre Geschichte des Kurt Gerstein ist dafür ein Beispiel, auch wenn sie sicherlich nicht als repräsentativ für die deutsche Christenheit in der Zeit der Krise gelten kann. Gerstein, als junger Mann Mitglied der ›Bekennenden Kirche‹, trat nach dem Studium der Medizin, im Jahr 1941, der SS bei. Er erlangte in dieser kriminellen Organisation eine verantwortungsvolle Position und entdeckte eines Tages die Pläne für die technischen Einzelheiten und das beabsichtigte Ausmaß des Massenmordes an den Juden. Daraufhin versuchte er, die Welt zu informieren – kirchliche Würdenträger, Politiker, jeden, der hätte helfen können, das Verbrechen wenigstens teilweise zu verhüten –, es heißt, daß er über einhundert Leute angesprochen hat. Dann verschwand Gerstein von der Bühne der Geschichte. Einem Gerücht zufolge soll er 1945 in einem französischen Gefängnis Selbstmord begangen haben.

Einzelpersonen, deren Motive zuzeiten durchaus fragwürdig gewesen sein mögen, gebrochene Charaktere, versuchten, dem Bösen entgegenzutreten, wo Männer von höchstem Ansehen und untadeligem Charakter versagten. Oskar Schindler etwa, der seine Fabriken ursprünglich nur um des billigen Profits willen errichtet hatte, machte sie dann zu einer Art ›Arche‹, in der er Hunderten von KZ-Häftlingen das Leben rettete, und erwarb sich damit unendliche Verdienste. Es wäre kleinlich, denen, die Leben gerettet haben, ihre Fehler vorzuhalten. Immerhin können und müssen wir dem Christentum zugestehen, daß es ein System in der Welt zu verankern suchte, das getragen ist von der Sorge für den Nächsten und vom Streben nach Gerechtigkeit, von hohen Idealen und tiefer Gottesliebe. Jede Religion wird aber auch die Fehler der Welt, in die sie gestellt ist, aufweisen. Immer werden auch schlechte, unwürdige Menschen in ihren Institutionen zu finden sein – Institutionen, die ihrerseits zum Schlechten gebraucht werden können. Ich bin besten Willens, der christlichen Kirche gerade auch im Blick auf die unüberwindliche Dummheit moralisch verblendeter Funktionäre manche ihrer Übergriffe nachzusehen. Wenn ich allerdings an die kirchlichen Aktionen im Untergrund denke, in deren Rahmen nach dem Krieg Nazi-Verbrecher nach Südamerika geschmuggelt wurden, bin ich mit meiner Toleranz am Ende. Was da geschah, war böse, eine Perversion der Gerechtigkeit, die nur möglich wurde, weil die Beteiligten das moralische Urteilen wieder einmal ihrer übergeordneten Organisation überlassen hatten und sich zu Robotern in einer amoralischen Transportmaschinerie machen ließen.

Deshalb wenden wir uns auch mit solcher Erleichterung den herausragenden Einzelpersönlichkeiten zu: Solche Einzelpersönlichkeiten rechtfertigen eine Institution eher, als umgekehrt die Institution ihre Mitglieder rechtfertigt. Dietrich Bonhoeffer wäre zu jeder Zeit ein großer Lehrer und Mensch gewesen. Die Bibel sagt von Noach: »Noach war ein gerechter, untadeliger Mann unter seinen Zeitgenossen; er ging seinen Weg mit Gott.« Unter den Rabbinen herrscht große Uneinigkeit über die Wendung: »unter seinen Zeitgenossen«. Manche meinen, daß Noachs charakterliche Qualitäten nur relativ gewesen seien: Wo alle schlecht sind, kann sogar ein schwacher Mensch als gut gelten. Andere sind der Überzeugung – und ihre Auffassung dominiert in der rabbinischen Literatur –, daß eine Rechtschaffenheit, die sich sogar in einer schlechten Gesellschaft behauptet, weit höher zu veranschlagen sei als einfache, bequeme gute Werke in einem dieser Haltung förderlichen Umfeld. Bonhoeffer war auf jeden Fall ein guter Mensch in einer bösen Zeit, auch wenn seine Lehren und Überzeugungen in einer Kirche verhaftet waren, die sich noch nicht von ihrer heftigen Animosität gegen das Judentum und die Juden freigemacht hatte. Uns interessiert jedoch stärker die Person und ihr Verhalten in einem Land, das von einer Woge des Rassenhasses überschwemmt wurde. Im April 1933 bezog Bonhoeffer erstmals öffentlich Stellung gegen den ›Arierparagraphen‹, der den jüdischen Bürgern den Schutz des Gesetzes entzog. Im Laufe der Jahre nahm er immer stärker Anteil am Schicksal der Juden, zunächst vor allem an dem der zum Christentum konvertierten; später dann galt seine Sorge allen Juden. Ende 1939 wurde ihm klar, wo der Gehorsam gegenüber dem Staat aufhören muß – keine leichte Erkenntnis für einen gehorsamen Christen –, und er begann, sich aktiv in der Verschwörung gegen Hitler zu engagieren, was ihn schließlich das Leben kosten sollte.

An der Kristallnacht vom 9. November 1938 wird das Schweigen bzw. das Aktivwerden der Christen besonders deutlich. Als ich, ein Kind, in jener Nacht aus meinem Versteck hervorkam und durch die Straßen ging und die brennende Synagoge und daneben die unangetastete Kirche sah, kam ich zu der Überzeugung, daß wir ganz allein standen, daß wir an jenen Orten, die unsere Nachbarn als ›Gotteshäuser‹ bezeichneten, keine Hilfe finden würden. Wo stand Dietrich Bonhoeffer in dieser Nacht? Sicherlich war er nicht unter den schweigenden, ungerührten Zuschauern. Und sicherlich ging er anders mit dem Geschehenen um als Helmut Gollwitzer, dessen Predigt in Niemöllers Dahlemer Kirche die harte Wirklichkeit hinter versteckten Anspielungen allenfalls ahnen ließ. Er war auch kein Karl Immer, der seine Gemeinde in Wuppertal unverblümt fragte:»Die Frage ist einfach: Wie tief reicht die Wurzel des Bösen?« – eine Formulierung, die seine Gemeinde durchaus richtig zu deuten wußte. In jedem Fall zeigen uns die Anfänge Bonhoeffers und die Ereignisse, die auf jenen Tag im November folgten, diesen suchenden christlichen Geist in einem positiven Licht.

Bonhoeffer hatte bereits 1933 gefordert, daß die Kirche gegen die Verfolgung der Juden intervenieren müsse. Im gleichen Jahr weigerte er sich, das ›Betheler Bekenntnis‹ zu unterzeichnen, da seine vorsichtigeren Kollegen den Absatz über Israel daraus gestrichen hatten. Während eines Aufenthaltes in London hatte sich Bonhoeffer aktiv an den Hilfsmaßnahmen für deutsch-jüdische Emigranten beteiligt. Und 1935 äußerte er:»Nur wer für die Juden eintritt, hat das Recht, gregorianische Gesänge zu singen!« In den beiden kleinen Gemeinden, in denen Bonhoeffer als Pfarrer Dienst tat, hatte es an dem bewußten 9. November keine Ausschreitungen gegeben, ja die Neuigkeiten aus der Hauptstadt waren kaum dorthin gedrungen. Am 10. November reiste Eberhard Bethge mit Bonhoeffer nach Berlin. Als Person, die sich bereits verdächtig gemacht hatte, durfte Bonhoeffer dort nicht predigen. Er hatte jüdische Verwandte in Göttingen und bat Bethge nachzuforschen, ob ihr Haus beschädigt worden war (es war verschont geblieben). Bonhoeffer kehrte nach Köslin zurück, wo er zwei Tage später illegal ein Seminar leitete. Inzwischen hatten seine Studenten erfahren, daß die örtliche Synagoge niedergebrannt worden war, und eine lange Diskussion entspann sich unter ihnen. Einer der damaligen Seminarteilnehmer berichtete später in einem Buch:

»Es kam zu einer heftigen Debatte darüber, wie diese Aktion zu bewerten sei. Manche sprachen von dem Fluch, der seit der Kreuzigung Jesu Christi auf den Juden laste. (Mittlerweile war Bonhoeffer eingetroffen.) Bonhoeffer wandte sich gegen diese Argumentation und verwahrte sich aufs schärfste gegen die Auslegung, die Zerstörung der Synagoge durch die Nationalsozialisten sei die Erfüllung des Fluches über die Juden. ›Wenn heute die Synagogen brennen, dann werden morgen die Kirchen angezündet.‹«

Bonhoeffer wußte, daß die Kirche (ähnlich wie einige seiner Studenten) unsicher war, wie sie sich zur Verfolgung eines Volkes stellen sollte, das nach der gängigen christlichen Theologie ein Ärgernis darstellte. Selbst die ›Bekennende Kirche‹ jener Zeit hatte keinerlei Probleme damit, das Dogma von den Juden als ›verfluchtes Volk‹, als Gottesmörder, zu akzeptieren. Luthers judenfeindliche Auslassungen waren erst 1937 neu aufgelegt worden, und es waren nur sehr wenige, die sich wie Bonhoeffer langsam und zögernd auf den Weg machten zu einer Theologie, die damals in der Kirche noch nicht als ›Israel-Theologie‹ bezeichnet wurde. Bonhoeffer wandte sich in dunklen Zeiten im Gebet der Bibel zu; in dieser Woche strich er sich Psalm 74 an, einen Psalm, in dem vom Angriff der Babylonier gegen Israel die Rede ist: »Sie verbrannten alle Gottesstätten ringsum im Land!« Einem Gemeindebrief, der sofort von Goebbels verboten, aber trotzdem von seinen Studenten kopiert und versandt wurde, fügte Bonhoeffer den Satz an: »In diesen vergangenen Tagen habe ich viel über Psalm 74, Sacharja 2,12 und Römer 9,3f und 11,11-15 nachgedacht. Das führt uns tief ins Gebet.« Uns in unserer heutigen Zeit sagen diese Worte vielleicht nicht viel; damals waren sie mehr, als man erwarten durfte. 1940 schloß sich Bonhoeffer dem Kreis der Verschwörer an. Für mich ist daran besonders bedeutsam, daß sich hier Kirchenleute auf das Gebiet der Politik begeben mußten, weil sie in einer schwach gewordenen Kirche offensichtlich keine Handlungsmöglichkeiten mehr sahen.

Darf ein Rabbiner das Neue Testament gegen die Kirche ins Feld führen? Wenn ich die Ereignisse von 1939 anschaue, dann fällt mir die Geschichte von Petrus ein, der seinen Heiland dreimal verleugnete. Nach der Annexion von Österreich hatte die Amtskirche als ›Geburtstagsgeschenk‹ einen Treueeid für Hitler verlangt – und selbst eine große Mehrheit der Pfarrer, die der ›Bekennenden Kirche‹ angehörten, ließen sich in diesen Verrat an ihrem Glauben hineinziehen (dabei war Hitler von dieser Demonstration noch nicht einmal beeindruckt). Später distanzierten sich viele von ihnen ausdrücklich von der ›Friedensliturgie‹ einiger Synoden – was im übrigen dazu führte, daß letztere prompt von der SS des Hochverrats beschuldigt wurden. Nicht zuletzt lehnten die kirchlichen Gruppierungen ganz entschieden Karl Barths Aussage ab, daß ein Krieg gegen Hitler ein gerechter Krieg sei. Der Hahn krähte öfter als dreimal in jenen Tagen.

In einem Weihnachten 1942 geschriebenen Text mit dem Titel *Nach zehn Jahren*, der zwischen den Dachsparren seines Elternhauses versteckt war, schildert Dietrich Bonhoeffer seine Eindrücke von der inneren Verfassung des Kreises der Verschwörer gegen Hitler. Er hatte damals nur noch eine kurze Zeit in Freiheit vor sich.

Der Text, der, wie Bethge meint, vielleicht auf Bonhoeffer selbst anspielt, setzt sich mit dem Verhältnis der Deutschen zur *Civilcourage* auseinander:

»Wer wollte dem Deutschen bestreiten, daß er im Gehorsam, im Auftrag, im Beruf immer wieder das Äußerste an Tapferkeit und Lebenseinsatz vollbracht hat? Seine Freiheit aber wahrte der Deutsche darin – und wo ist in der Welt leidenschaftlicher von der Freiheit gesprochen worden als in Deutschland von Luther bis zur Philosophie des Idealismus? –, daß er sich vom Eigenwillen zu befreien suchte im Dienst am Ganzen. Beruf und Freiheit galten ihm als zwei Seiten derselben Sache. Aber er hatte damit die Welt verkannt; er hatte nicht damit gerechnet, daß seine Bereitschaft zur Unterordnung, zum Lebenseinsatz für den Auftrag mißbraucht werden könnte zum Bösen. Geschah dies, wurde die Ausübung des Berufes selbst fragwürdig, dann mußten alle sittlichen Grundbegriffe des Deutschen ins Wanken geraten. Es mußte sich herausstellen, daß eine entscheidende Grunderkenntnis dem Deutschen noch fehlte: die von der Notwendigkeit der freien, verantwortlichen Tat auch gegen Beruf und Auftrag. An ihre Stelle trat einerseits verantwortungslose Skrupellosigkeit, andererseits selbstquälerische Skrupelhaftigkeit, die nie zur Tat führte. Civilcourage aber kann nur aus der freien Verantwortlichkeit des freien Mannes erwachsen. Die Deutschen fangen erst heute an zu entdecken, was freie Verantwortung heißt.«[47]

Es ist wichtig, daß man den Inhalt eines solchen Textes nicht losgelöst von der Situation, aus der heraus er entstand, betrachtet. Dieser spezielle Text stammt aus einer Zeit äußerster Anspannung. Es geht hier um die Geschichte eines Volkes, aber darüber hinaus setzt sich Bonhoeffer mit dem Wesen des Menschen an sich auseinander. Ein christlicher Prediger und Prophet züchtigt sein Volk dafür, daß es seine Freiheit verloren hat, weil es sie nicht mehr gelebt und damit zugelassen hat, daß seinen hilflosen Brüdern Unrecht getan wurde.

Können Worte uns helfen, eine historische Situation zu begreifen – damals wie heute? Bonhoeffer erlebte die Verschmelzung von Nationalismus und Kirche in Deutschland, eine Verschmelzung, die er bis zum letzten bekämpfte.

Eine Vorlage für das damalige Dilemma der Kirche sieht Bonhoeffer in dem Streit zwischen Mose und Aaron. Er geht auf den Konflikt zwischen den beiden in seiner Predigt über *Die Moses- und die Aarons-Kirche* ein, die er am 28. Mai 1933, ein paar Tage, nachdem die ›Deutschen Christen‹ Ludwig Müller zu ihrem nationalen oder besser gesagt nationalistischen Bischof gemacht hatten, in der *Kaiser-Wilhelm-Gedächtniskirche* hielt.

»Mose und Aaron, die beiden Brüder, vom selben Stamm, vom selben Blut, aus derselben Geschichte, ein Stück Weges Seite an Seite gehend – dann auseinander gerissen. Mose, der erste Prophet, Aaron, der erste Priester; Mose, der von Gott Herausgerufene, ohne Ansehen der Person Erwählte, der Mann mit der schweren Zunge, der Knecht Gottes, der allein im Hören auf das Wort seines Herrn lebt; Aaron, der Mann mit dem Purpurrock und der heiligen Krone, der geweihte und geheiligte Priester, der dem Volk seinen Gottesdienst erhalten muß.«[48]

In der Konfrontation zwischen den Brüdern erkennt Bonhoeffer den inneren Konflikt der religiösen Institution Kirche. Mose befindet sich auf dem Berg, wo er auf Gottes Wort wartet – das sich nicht erzwingen läßt. Aaron möchte den Bedürfnissen des Augenblicks genügen, der ungeduldigen Gemeinde, die stets dem Partikularen den Vorzug vor dem Universalen gibt. Sie wollen beten. Sie wollen opfern – kann es schlecht sein, ihren schlichten Bedürfnissen nachzugeben? Sollen sie doch die Kirche Aarons haben: die Kirche ohne Gott! Schenkt nicht eine ›Nationalkirche‹ den sehnlich wartenden Frommen ihre Sakramente? Und ist ihr Drängen nicht ernstgemeint? Bonhoeffer sagt in seiner Predigt:

47. *Dietrich Bonhoeffer*, Widerstand und Ergebung. Gütersloh 1985, 12-13.
48. *Dietrich Bonhoeffer*, Gesammelte Schriften. Bd. 4; München 1961, 124.

»Zu jedem Opfer ist das Menschengeschlecht bereit, in dem es sich selbst feiern, sein eigenes Werk anbeten darf. Zu jedem Opfer ist die Weltkirche, die Aaronskirche bereit, wenn sie sich ihren Gott selbst machen darf. Vor dem Gott, den wir machen nach unserem Wohlgefallen, sinkt das Menschengeschlecht und die Weltkirche freudig und lächelnd auf die Knie ... sie ist verschwenderisch an ihren Gott. Da wird in die Glut des Götzenbildes alles hineingeworfen, was ihr kostbar und wertvoll und heilig ist ... da wirft jeder ... seine eigenen Ideale in den Schmelztiegel – und dann beginnt der Rausch.«[49]

Mose ist machtlos gegen diese Flucht in die Welt der Emotionen. Die Kirche Moses, die Vision von Gott, ist weit weg – bis sie vom Heiligen Berg zurückkehrt, bis die Gesetzestafeln zerschmettert sind und das Goldene Kalb in Trümmern liegt, bis die Kirche der Welt gerichtet ist und Gott wieder herrscht. Die Kirche, die sich erdreistet, sich von ihren Priestern einen Gott machen zu lassen, ist in der Welt, wie sie der Predigende sieht, allgegenwärtig. Sie muß zerschmettert werden, damit die Gemeinde wieder als die Kirche Moses zusammenkommen kann. Bonhoeffer fährt fort:

»Aus der ungeduldigen Kirche wird die Kirche des stillen Wartens, aus der Kirche des stürmischen Schauenwollens die Kirche des nüchternen Glaubens, aus der Kirche der Selbstvergötzung die Kirche der Anbetung des alleinigen Gottes. Ob auch diese Kirche solche Hingabe, solche Opfer findet?
    Aber es bleibt nicht bei dem Bruch. Noch einmal steigt Mose auf den Berg. Diesmal um für sein Volk zu bitten. Sich selbst bringt er zum Opfer: verwirf mich nicht mit meinem Volk, wir sind ja doch eines, Herr, ich liebe meine Brüder. Aber dunkel bleibt Gottes Antwort, furchtbar, drohend. Mose konnte die Versöhnung nicht schaffen. Wer schafft hier Versöhnung? Kein anderer als der, der Priester und Prophet in einem ist, der Mann mit ... der Dornenkrone ...«[50]

Wenn wir Dietrich Bonhoeffer, diesen ›Reiter in die Morgendämmerung‹, betrachten, so sehen wir einen Mann, der den leidenden Gott verstanden hatte und allmählich auch die Leiden Israels begriff. Eberhard Bethge berichtet:

»Unmittelbar vor dem mißlungenen Putsch schrieb Bonhoeffer im Brief vom 18. Juli 1944 (WEN, 394f) Sätze, welche das messianische Leidensereignis Christi und das Israels wie auch die Ereignisse der Gegenwart zu voller Inklusivität bringen. Metanoia ist an dieser Stelle ein ›sich in den Weg Jesu Christi mithineinreißen lassen in das messianische Ereignis, daß Jesaja 53 nun erfüllt wird‹ (WEN, 395). ›Jesaja 53‹ als stellvertretendes Leiden Israels für die Völker wird erfüllt nicht in einem ›Damals‹, sondern ›nun‹ in der Gegenwart als ›Leben der Teilnahme an der Ohnmacht Gottes in der Welt‹ (WEN, 396). So halten wirklich die Juden die Christusfrage offen.

49. *Dietrich Bonhoeffer*, Gesammelte Schriften. Bd. 4; München 1961, 127.
50. A.a.O., 128-29.

Zwei Tage zuvor hatte Bonhoeffer die berühmt gewordene Formel geprägt: ›Vor und mit Gott leben wir ohne Gott‹ (WEN, 394). Ich formuliere interpretierend um: ›Vor und mit dem biblischen Gott leben wir ohne den griechischen Gott‹; ›vor und mit dem gekreuzigten Gott leben wir ohne den thronenden Gott‹; ›vor und mit dem leidenden Gott leben wir ohne den mächtigen Gott‹. Dazu gehört auch das Gedicht aus den gleichen Tagen ›Christen und Heiden‹, vor allem die zweite Strophe (WEN 382):

»Menschen gehen zu Gott in seiner Not,
finden ihn arm, geschmäht, ohne Obdach und Brot,
sehen ihn verschlungen von Sünde, Schwachheit und Tod.
Christen stehn bei Gott in seinem Leiden.«

Hier weisen Wegzeichen in die Richtung einer Theologie nach dem Holocaust.«[51]

»Wenn es einen Gott gäbe, wie könnte ich es ertragen, kein Gott zu sein.« Nietzsche.

Dieser Satz Nietzsches steht in einem von Martin Niemöllers Tagebüchern; er ist ein erster Hinweis darauf, daß wir es hier mit einer äußerst komplexen, widersprüchlichen Persönlichkeit zu tun haben, einem Kriegshelden und U-Boot-Kommandanten des Ersten Weltkriegs, der im Zweiten Weltkrieg auf ganz und gar andere Weise zum Helden wurde – als Hitlers ›persönlicher Gefangener‹ im Konzentrationslager. Niemöller war aber auch ein großer Prediger und Seelsorger, das wichtigste Symbol der ›Bekennenden Kirche‹, die während der Hitlerzeit das Gewissen der Christenheit verkörperte. Ein Phänomen, ein Rätsel, das ist der Mensch und Theologe Niemöller für mich.

Nach dem Krieg war er einer der ersten, die öffentlich eingestanden, daß die ›Bekennende Kirche‹ bei allem Verdienst, den sie sich durch ihre standhafte Haltung gegenüber Hitler erworben hatte, viel zu wenig getan hatte, das Böse des Nationalsozialismus da, wo es in der Gesellschaft sichtbar wurde, wirklich zu bekämpfen. Sie hatten für sich selbst gekämpft, für ihre eigene Freiheit, einen ehrlichen Kampf. Eine Note an den ›Führer‹, an der Niemöller beteiligt war, enthielt beispielsweise einen deutlichen Hinweis darauf, daß im ganzen Land die Zehn Gebote mißachtet würden; diese Note stammt aus dem Sommer 1936. Das Memorandum wurde auch von einigen Kanzeln verlesen. Die deutsche Kirche von heute und viele, die Niemöller persönlich kannten und sein Anliegen verstanden, zögern nicht, ihn als den ›moralischen Führer‹ zu bezeichnen, der seine eigene und nachfolgende Generationen inspirierte. Ich möchte das nicht in Abrede stellen – besonders, da meine ganze Untersuchung mich immer mehr zu der Überzeugung gebracht hat, daß wir hier nicht nach Heiligen zu suchen haben, sondern

51. *Ernst Feil und Ilse Tödt (Hg.)*, Konsequenzen. Dietrich Bonhoeffers Kirchenverständnis heute. München 1980, 205-6.

nach Führungspersönlichkeiten und Lehrern, die über ihre eigenen Unzulänglichkeiten und die der religiösen Strukturen, denen sie dienten, hinauswachsen
und zu einer Aussage gelangen konnten, die in ihrer Zeit einzigartig dastand und
die über die Zeiten hinaus Bestand haben wird. In Niemöllers letzter Predigt vor
seiner Verhaftung findet sich eine ganz ähnliche Bemerkung:

>»Und wir wünschten uns als Gemeinde Jesu Christi in den kritischen Tagen, die wir gegen-
wärtig durchleben, wir wünschten wohl, es gäbe auch heute einen einzigen angesehenen,
führenden Mann, der in Achtung steht beim Volk, der als ein kluger Mann – wie Gamaliel –
zur Besonnenheit, der als ein anständiger Mann – wie Gamaliel – zur Wahrhaftigkeit, der
als frommer Mann – wie Gamaliel – zur Ehrfurcht vor dem Willen Gottes rufen möchte.«[52]

Die Qualitäten des ehemaligen U-Boot-Kommandanten und Kirchenmannes leuchten durch das Dunkel jener Zeit; sein mutiger und zorniger Kampf gegen Hitler,
seine Versuche, die Kirche vor den Nationalsozialisten zu bewahren, seine Rolle
als verläßlicher Freund seiner Freunde und Seelsorger seiner Gemeinde, der seine
Herde in einer Zeit des Schreckens tröstete und zusammenhielt, sind allgemein
bekannt. Niemöller erkannte erst allmählich die Absolutheit des Bösen, das Hitler
verkörperte, zum Teil sicherlich, weil er ein deutscher Patriot war und Hitler immerhin deutsches Staatsoberhaupt. Patriotismus kann, bei allen positiven Aspekten, die ihm innewohnen, blind machen oder doch zumindest den Blick trüben.
    Ein leidenschaftlicher, in der Tradition verhafteter Glaube wird vielleicht not-
gedrungen viele Urteile einer früheren Zeit übernehmen, einer Zeit, in der die
Kirche im Kampf gegen das jüdische Volk und das Judentum lag. In manchen von
Niemöllers Predigten klingen solche traditionellen Gefühle noch an, wenn auch
äußerst selten. Die Tatsache, daß seine letzte, oben zitierte Predigt Rabbi Gamaliel als ein Vorbild der Rechtschaffenheit hinstellt, ist ein Zeichen dafür, daß sich
Niemöller von der christlichen ›Theologie der Verachtung‹ distanzierte. Dafür
spricht auch seine Haltung nach dem Krieg, wo er das Schuldbekenntnis, das er
von der Kirche forderte, mit seiner eigenen Person und seinen eigenen Sünden
beginnen läßt. Das Bild des Hohenpriesters in der Bibel, der zunächst für sich
selbst und seine Familie bekennt, bevor er sich dem Sündenbekenntnis für die
Gemeinde zuwendet, unterscheidet sich nicht sehr von diesem Bekenntnis eines
Christen. Dennoch bleibt festzuhalten, daß das Stuttgarter Schuldbekenntnis von
1945 bei aller Demut in keiner Weise dem Holocaust angemessen ist, an dem
beteiligt gewesen zu sein die Kirche nicht ableugnen konnte und kann.
    Thomas Mann hat in einem Aufsatz über Niemöller auf die Wirkung und das
persönliche Charisma eines Mannes hingewiesen, der zu einem früheren Zeitpunkt gar von einem deutschen ›Volksgericht‹ von der Anklage freigesprochen

---

52. *Martin Niemöller*, Dahlemer Predigten 1936/1937. München 1981, 177.

worden war, seine Kanzel zu politischen Zwecken mißbraucht zu haben – obwohl er dieses ›Vergehens‹ durchaus schuldig war. Er hatte die Marionettenkirche, die eine ›Deutsche Kirche‹ zur Unterstützung Hitlers zu schaffen versucht hatte, herausgefordert. In dem alten Konflikt zwischen Cäsar und Gott hatte er erklärt:

»Wir wollen ohne Murren der Welt geben, was ihr gehört. Aber wenn die Welt fordert, was Gottes ist, dann müssen wir mannhaft Widerstand leisten, daß wir ihr nicht geben, was Gottes ist, und um des Wohllebens in der Fremde willen unsere Heimat verlieren.«[53]

Nach den Worten von Thomas Mann hätte jeder deutsche Pfarrer Widerstandskämpfer werden müssen. Niemöller wurde an dieser Stelle wirklich zum politischen Agitator; und die Richter, die es ablehnten, ihn zu überführen, konnten sich der Botschaft, die selbst noch die Geister derer erreichte, die sich bereits dem Staat ausgeliefert hatten, nicht entziehen. In diesem Fall machte das Urteil jedoch letztlich keinen Unterschied: Sobald er das Gerichtsgebäude verlassen hatte, wurde Niemöller von Hitlers Geheimpolizei verhaftet und ins Konzentrationslager gebracht. Als ›persönlicher Gefangener von Adolf Hitler‹ hatte er eine merkwürdige Position in diesem Reich des Todes inne: ein zum Tode Verurteilter, der nicht getötet werden durfte. Einerseits war er eine als Druckmittel gegen die Kirche verwendete Geisel, deren Schicksal den Christen unmißverständlich klarmachen sollte, was sie erwartete, wenn sie sich auflehnten; und andererseits war gerade er es, der sie in ihrem Widerstand gegen das Regime des Bösen bestärkte. In der bereits zitierten vorletzten Predigt von seiner Kanzel sagte Niemöller:

»Freunde, das ist nicht unsere Sache. ›Wer sein Leben erhalten will, der wird's verlieren‹ ... Das heißt doch wohl praktisch: ich muß heute noch mal so reden, vielleicht kann ich es nächsten Sonntag nicht mehr; ich habe euch das heute noch einmal mit aller Deutlichkeit zu sagen – denn wer weiß, was nächsten Sontag ist!?«[54]

Zwei Wochen später blieb die Kanzel leer.

Wenn man das Leben Martin Niemöllers betrachtet, so springt zunächst eine Eigenschaft dieses Mannes ins Auge, die man mit dem Begriff ›Loyalität‹ fassen könnte, wenngleich dieses Wort kürzer greift als das deutsche Wort ›Treue‹. Niemöller war treu: seiner konservativen preußischen Familie, seinem Land, seinen Idealen. 1910 war er Marinesoldat geworden. Am Ende des Ersten Weltkrigs hatte er sich einen Ruf als tollkühner U-Boot-Kommandant geschaffen. Vielleicht war es die Desillusionierung nach der Niederlage, die ihn zum Pfarramt brachte. Es gab allerdings schon zuvor klare Anzeichen für sein starkes Interesse an der

---

53. *Martin Niemöller*, Dahlemer Predigten 1936/1937. München 1981, 185.
54. A.a.O., 173.

Religion. Auf jeden Fall war er 1931 Pastor in Dahlem, einem der vornehmeren Stadtteile von Berlin, und hatte eine große Anhängerschaft unter seinen Gemeindegliedern, die seine Predigten und sein seelsorgerliches Engagement schätzten. Seine Kritik an den Nationalsozialisten wurde nach 1933 prononcierter, und 1934 erhielt er die Aufforderung, vor Hitler zu erscheinen. Göring persönlich las ihm die Abschriften der Gespräche vor, die er von seinem ›angezapften‹ Telefon aus geführt hatte; er erhielt Predigtverbot.

Damit kam seine kirchliche Arbeit jedoch keineswegs zum Erliegen, obwohl er sich in späteren Jahren vorwarf, nicht genug für die anderen, die Menschen außerhalb der Kirche, getan zu haben. Nicht umsonst wird ihm das klassisch gewordene Gedicht zugeschrieben, das ich im folgenden in einer der gebräuchlicheren Versionen zitieren möchte:

»Zuerst holten sie die Juden. Da habe ich geschwiegen, weil ich kein Jude war.
Dann holten sie die Kommunisten. Da habe ich geschwiegen, weil ich kein Kommunist war.
Dann holten sie die Gewerkschaftler. Da habe ich geschwiegen, weil ich kein Gewerkschaftler war.
Zuletzt holten sie mich. Und es war keiner mehr übrig, der für mich hätte die Stimme erheben können.«

Dieser Text ist zu gut, um ihn einfach auf sich beruhen zu lassen. Erst in jüngster Zeit habe ich ihn in einer Version zitiert gefunden, in der auch die Homosexuellen genannt werden, die ebenfalls erbarmungslos von den Nationalsozialisten verfolgt wurden. Und ich kenne eine frühere Version, in der die Juden nicht erwähnt werden. Mir persönlich erscheint die oben zitierte Fassung am authentischsten, da sie Martin Niemöllers Gedanken und seine theologische Position nach seiner Befreiung aus dem Konzentrationslager am Ende des Krieges sicherlich am besten wiedergibt. Im Stuttgarter Schuldbekenntnis haben Niemöller und zehn seiner Kollegen, die im Widerstand gegen Hitler aktiv gewesen waren und für dieses Engagement gelitten hatten, die folgenden Worte formuliert:

»Wir klagen uns an, daß wir nicht mutiger bekannt, nicht treuer gebetet, nicht fröhlicher geglaubt und nicht brennender geliebt haben.«

Die Haltung, die in diesem Satz zum Ausdruck kommt, paßt zu der vorigen Aussage. Zugleich wird aber auch wieder deutlich, daß die Unzulänglichkeit des Stuttgarter Schuldbekenntnisses aus dem Nicht-Begreifen der Ungeheuerlichkeit der Finsternis, die hinter diesen Männern lag, resultiert. Das Stuttgarter Bekenntnis war die letzte Aussage der ›alten‹ Kirche. Das neue Denken, in dem die jüdische Dimension eine wichtige Rolle spielen mußte und das die christliche Theologie in neue Bahnen lenken sollte, lag zu diesem Zeitpunkt noch in weiter Ferne.

Niemöller ist als ›Prophet für unsere Zeit‹ bezeichnet worden. Von seinem Bischofssitz in Wiesbaden aus regierte er das Land Hessen-Nassau als ein fähiger und warmherziger Amtswalter, wenn seine Amtsführung vielleicht auch etwas wenig Raum ließ für ›demokratische Prozesse‹. Seine Pfarrer waren für ihn immer noch so etwas wie Mannschaftsglieder auf dem Schiff, das er kommandierte. Daneben führte er ein zweites Leben auf der internationalen Bühne. Martin Niemöller war der erste Präsident des Kirchlichen Außenamtes. Einst streng konservativ, hatte er sich mittlerweile auf das Feld des ökumenischen Dialogs begeben. Und schließlich, da ihm die evangelikale Tradition immer noch sehr nahestand, wurde Martin Niemöller zum internationalen Evangelisten.

Er reiste durch die ganze Welt. Sein besonderes Augenmerk galt Amerika, aber er war auch der erste prominente Westdeutsche, der die Sowjetunion besuchte. 1961 wurde Niemöller zum Präsidenten des Weltrats der Kirchen gewählt. Die Rolle sagte ihm zu, und auch nach seiner Pensionierung blieb er dem ökumenischen Geschehen verbunden. Und nun erreichte er die dritte Stufe seiner Entwicklung, in der er einen völligen Bruch mit fast allem, was zu seiner Vergangenheit gehört hatte, vollzog: Martin Niemöller wurde zu einem leidenschaftlichen Pazifisten und engagierten Befürworter der Abrüstung. Da genau zu dieser Zeit Westdeutschland aktives NATO-Mitglied wurde, zeichnete sich der Kollisionskurs für diesen streitbaren Pastor, der sich »einfach nicht aus der Politik heraushalten« konnte, deutlich ab. Seiner Zeit weit voraus, plädierte Niemöller für eine Annäherung an den Ostblock und widersetzte sich (zusammen mit seinem Freund Gustav Heinemann, dem späteren Bundespräsidenten) der deutschen Wiederbewaffnung.

Die Kirche zog sich von ihm zurück; man billigte seine pazifistische Haltung nicht. 1959 waren seine öffentlichen Verlautbarungen und Ansprachen dermaßen in Gegensatz zur Tagespolitik geraten, daß der damalige Verteidigungsminister Franz Josef Strauß versuchte, ihn wegen »Diffamierung der Streitkräfte« mit strafrechtlichen Maßnahmen zu belegen - Niemöller hatte sich wahrlich weit von dem ehemaligen U-Boot-Kommandanten entfernt. In seinen letzten Jahren wurde er vielleicht etwas milder. Vielleicht dachte er auch manchmal daran, wie er einst Hitler seine Dienste als U-Boot-Kommandant angeboten und welches Glück er gehabt hatte, daß sein Angebot nicht angenommen worden war.

Ich habe bereits gesagt, daß Martin Niemöller mir ein Rätsel ist. Dahinter steht sicherlich auch mein Unvermögen, mich in die Gedankenwelt eines Christen einzufühlen, auch wenn ich ihn als Person zutiefst respektiere. Dieses Gefühl mischt sich, wie ich zugeben muß, auch mit einer gewissen Trauer darüber, daß Niemöller sich nicht von Anfang an und mit aller Kraft seinen jüdischen Brüdern zugewandt hat. Die meiste Zeit seines Lebens lag er im Kampf mit den Schwächen seiner eigenen Kirche. Er blieb ein engagierter Christ, der mit Überzeugung einer Welt entgegentrat, die sich von der biblischen Vision weit entfernt hatte. Die Gemeinschaft unserer ›Reiter in die Morgendämmerung‹ jedenfalls kann durch die Gegenwart von Pastor Martin Niemöller nur gewinnen.

Christliche und jüdische Gemeinde heute:
Auf der Suche nach einem gemeinsamen Weg in die Morgendämmerung

Jüdische und christliche Lehre berühren sich an der Grenze jener dunklen Erfahrung, die wir als das *Tremendum* oder die *Shoa* bezeichnen. Wir haben hier einige der ›Reiter in die Morgendämmerung‹ aus dem christlichen Lager zu Wort kommen lassen, insbesondere solche, die ebenfalls den Weg in die Konzentrationslager gegangen sind. Wir haben ihnen mit Hochachtung und mit dem Wissen um gemeinsames Leiden zugehört. Weil diese Menschen uns einander nähergebracht haben, können wir uns nun der Gegenwart zuwenden, denn es gibt noch immer Bereiche in der Auseinandersetzung mit dem Holocaust, in denen sich Christen und Juden in der Konfrontation gegenüberstehen. Die jüngste Kontroverse in den Neunzigerjahren, die auf beiden Seiten viel Ärger und Bestürzung ausgelöst hat, hat mit dem Zwischenfall um das geplante Karmeliterkloster in Auschwitz zu tun. Im Frühjahr 1993 gab es neue Gespräche zu diesem Thema in London und in Krakau, und neue Worte der Versöhnung sind gesprochen worden, insbesondere von Sir Sigmund Sternberg in London, dessen enge Kontakte zur katholischen Kirche lebenswichtige Kommunikationskanäle offengehalten haben. Aber es bleibt noch viel zu tun; und der mehrfache Briefwechsel zwischen Sir Sigmund und Kardinal Glemp, der zu dem versöhnlichen Brief des Kardinals führte, ist sicherlich nur ein erster Schritt auf dem Weg zu einer echten Versöhnung, die nach wie vor aussteht. Immerhin sehen wir, wenn wir die Lehren unserer christlichen und jüdischen Wegweiser aus dunkler Zeit zusammentragen, daß es eine Möglichkeit zu gegenseitigem Verständnis gibt.

Eines aber bleibt: Auschwitz kann *niemals* wirklich begriffen werden. Es ist unmöglich, über diesen Ort zu reden, und unmöglich, über ihn zu schweigen; Auschwitz ist ein schwarzes Loch des Bösen in der Welt. Diejenigen, die dort waren und starben, nahmen das Geheimnis dieses Bösen mit sich, um es vor Gott zu bringen. Jene, die überlebten, können bestenfalls ein gestammeltes Zeugnis ablegen, das die Welt respektieren, wenn auch nicht begreifen kann. Es ist das Zeugnis von Juden und Christen, das Zeugnis von Baeck, Bonhoeffer und Niemöller – aber auch von Kommunisten und Sozialdemokraten, von Homosexuellen und *Sinti-Roma*, von Gruppen ebenso wie von Einzelpersonen. Es gehört allen und keinem. Wir können es nicht verstehen, weil unser Verstand die Absolutheit des Dämonischen nicht erfassen kann; aber wir dürfen es dennoch nicht vergessen, denn das hieße, Satan in die Welt zu lassen. Den Blick zurück gerichtet auf Auschwitz, erstarren wir zu Statuen; Auschwitz, Treblinka, Mauthausen, Buchenwald – Stheno, Euryale, Medusa – die Augen der Gorgonen blicken uns durch den Rauch der Kamine an, der noch immer in der Atmosphäre hängt. Es wundert mich nicht, daß die Karmeliternonnen, die in Auschwitz ein Kloster errichten wollten, während sie so Tag und Nacht den Blick auf die Hölle des Lagers hatten, allmählich gar nicht mehr anders konnten, als ihre Augen für die Eindrücke von draußen zu verschließen und jüdisches Denken und Fühlen zu ignorieren. Wie es schon früher geschah, haben sie den Schild ihrer Religion als einen Spiegel benutzt, in dem sie das, was der Blick nicht aushält, betrachteten. Und so überlebten sie. Doch sie gingen diesem Spiegelbild auf den Leim, das mit dem Bösen fertig wurde, indem es es so verkleinerte, daß sie meinten, es kontrollieren zu können. Sie wollten das Böse fortbeten. Das ist eine ehrenhafte Aufgabe. Und aus einer Tradition heraus, die an die ›sechsunddreißig Gerechten‹ glaubt, um derentwillen die Welt bewahrt wird, kann ich solches Beten nur mit Ehrfurcht und Respekt betrachten. Die Gebete der Karmeliterinnen richteten sich an Gott um Erhörung. Ich kann nicht für Gott sprechen. Aber die Gebete kamen nicht zu uns, sie erreichten nicht die Familien der Opfer, nicht die Opfer selbst. Es war nicht der richtige Ort, es war nicht der richtige Zeitpunkt, es waren nicht die richtigen Gebete. Das Böse ist in der Welt und an diesem Ort geblieben. Auschwitz ist nicht der Ort, von dem man die Finsternis fortbeten kann. Es ist vielmehr der Ort, an dem man sich an das Böse erinnert und den man als Gezeichneter wieder verläßt. Aus dieser Begegnung kann Gutes entstehen, nicht aber in Auschwitz. Die Geschichte von der *Akeda*, von der Prüfung Abrahams durch Gott, der von Abraham seinen Sohn Isaak als Opfer verlangte, ist im Judentum und im Christentum unterschiedlich ausgelegt worden. Der Berg Morija aber ist ein heiliger Ort geworden – auf dem Juden, Christen und Moslems Heiligtümer errichtet haben –, eben weil die Tragödie nicht stattfand: Vater und Sohn stiegen den Berg wieder hinunter, Hand in Hand. Auschwitz ist nicht der Berg Morija und auch nicht Golgata. Es ist ein böser Ort und wird ein böser Ort bleiben, leer und verlassen, gesalzen von den Tränen der Trauernden, ein Ort, an dem kein Heiligtum stehen kann. Eine Stätte des Gottesdienstes an diesem Ort muß zu einem Ort der Selbsttäuschung werden. Deshalb geht es hier auch nicht um eine politische Angelegenheit oder um die übereilte Aktion, in Auschwitz eine solche Stätte zu schaffen, ohne Rücksprache mit den Betroffenen zu halten.

Der Kelch menschlichen Leidens ist übervoll. Wenn Juden und Christen miteinander über das Wesen des Leidens, wie es uns in Auschwitz entgegentritt, sprechen wollen, müssen beide zuerst eine neue Sprache lernen.

Wir können das Leiden nicht länger als Strafe Gottes betrachten. Wir können das Leiden der Juden nicht länger als Teil des Heilsplanes für die Menschheit ansehen. Und wir können, ja wir dürfen in Auschwitz nicht eine Wiederholung von Golgata in anderem Gewand sehen.

Die Nonnen – und die Christen überhaupt – haben nicht verstanden, warum die Juden Einwände gegen das Kloster in Auschwitz erhoben. Tief verletzt wiesen die von redlichem guten Willen beseelten Christen darauf hin, daß ihr Handeln von Sorge und Mitgefühl für die jüdischen Opfer getragen gewesen sei, daß ihre Gebete ein lindernder Balsam für die Wunden der leidenden Menschheit sein sollten. Sie sahen in Auschwitz die Wunden Christi und wollten für ihn und zu ihm beten; und sie wollten für die Juden beten. Wie konnten die Juden sich gegen ihre Gebete verwahren? Kam das nicht dem Pochen auf einen alleinseligmachenden jüdischen Glauben gleich?

Dieser Verdacht ist nicht ganz von der Hand zu weisen. Trägt doch jede Religion Züge dieser Haltung und ist bestrebt, sich gegen ihre Nachbarreligionen zu behaupten. Doch wenn es um die Trauer um unsere Toten geht, fordern wir Juden nicht von anderen, das *Kaddisch* mit uns zu sprechen. Wir beten selbst, als eine Familie, und unser Gedenken ist geprägt von dem besonderen Bedürfnis, das *Kaddisch* auch für die Millionen zu sprechen, die keine Nachkommen mehr in der Welt haben, die diese religiöse Pflicht für sie erfüllen können. Auf keinen Fall aber wollen wir, daß jene, die gestorben sind, zum Gegenstand oder gar Symbol für einen anderen Glauben werden, der in mancher Hinsicht ihren Status als *Kedoschim* – als Heilige, die in Reinheit starben – in Frage stellt.

Dorothee Sölle hat bei einem Symposium über den Holocaust vor einigen Jahren das entscheidende Problem angesprochen. In gewisser Weise schien sie die Kontroverse um das Kloster in Auschwitz geradezu vorauszuahnen, wenn sie sagte:

>»Wie ich es sehe, liegt die große Gefahr für das Christentum in seinem offenen oder versteckten Antijudaismus, der sich vom Schmerz Gottes distanziert und sich auf die Seite der Sieger stellt. Das ... geschieht überall, wo das Christentum sich auf eine Weise definiert, die nicht legitim ist, das heißt, die nicht im Einklang steht mit Gottes sozialem, politischen und historischen Willen ... Ein Christentum, das die Interessen der Juden aus seinem Denken ausschließt, zerstört sich selbst: Es schließt Gerechtigkeit aus der Erlösung aus, Politik aus der Theologie, diese Welt aus der erwarteten anderen Welt, Erinnerung oder Befreiung aus individuellem Leiden und jeden Sinn aus kollektivem Leiden.«[55]

Hier kommen die positiven wie negativen Aspekte des christlichen Denkens, wie sie auch in dieser speziellen Kontroverse sichtbar wurden, zur Sprache. Der positive Ansatz christlichen Denkens stellt die Lehre vom leidenden Gott hinein in die Situation der Menschen, wo der Schmerz Gottes gelindert werden kann durch menschliches Tun, das sich müht, das Böse aus der Welt hinauszudrängen.

55. *Dorothee Sölle*, God's pain and our pain. In: Remembering for the Future (Pergamon Press 1989), Bd. III, 241.

Die abschließende Frage ist: »Können Juden und Christen etwas aus dieser jüngsten Kontroverse um die Nonnen in Auschwitz lernen?«

Ich möchte diese Frage gar nicht so unbedingt beantworten. Die Frommen neigen stets allzusehr zum erhobenen Zeigefinger. Ich selbst habe allerdings tatsächlich etwas gelernt – etwas über mich selbst. Ich war überrascht über den Ärger, den die sicherlich unschuldige und gutgemeinte Frömmigkeit der Nonnen bei mir auslöste. Doch ich tröstete mich mit den Schlußworten von Spinozas *Ethik*, daß man um das, was der Mühe wahrhaft wert ist, immer hart ringen muß.

Teil 3

Progressives und radikales jüdisches Denken

Nicht alle radikalen und liberalen Philosophen und Theologen, die versuchen, aus dem Schatten von Auschwitz einen Weg ins 21. Jahrhundert zu finden, sind dem Lager des progressiven Judentums zuzurechnen. Dennoch werden wir immer wieder auf Rabbiner der progressiven Richtung verwiesen, wenn wir begreifen wollen, wie sich die jüdische Gemeinschaft in der Konfrontation mit den Realitäten der Moderne aus der Orthodoxie gelöst hat. Die orthodoxen Denker, mit denen wir uns beschäftigt haben, haben im Blick auf die Tradition, die sie verteidigten und die ihnen umgekehrt in der Zeit geistiger Krise Schutz gab, das Bestmögliche geleistet. Sie haben versucht, die Lehren der Vergangenheit auf die Gegenwart anzuwenden – und sind gescheitert. Damit stellt sich die Frage, ob die Denker des Reformjudentums erfolgreicher darin waren und sind, ihr Erbe für die Probleme unserer Zeit fruchtbar zu machen.

Sie alle sind Erben einer großen jüdischen Vergangenheit. Die Lehrer, mit denen wir uns hier auseinandersetzen wollen – manche von ihnen sind uns bereits begegnet –, sind Eugene Borowitz, Stephen Schwarzschild, Arnold Wolf, Richard Rubenstein, Marc Ellis, Dow Marmur, Emil Fackenheim. Ihre geistigen Väter sind die jüdischen Denker der ersten Hälfte unseres Jahrhunderts: Hermann Cohen, Martin Buber, Franz Rosenzweig und Leo Baeck – Vertreter jener großen Tradition des deutschen Judentums, das so grausam ausgelöscht wurde. Ihre Lehren aber haben überdauert. Andere gesellen sich zu ihnen, die ebenfalls unsere Aufmerksamkeit verdienen – etwa ein Mann wie Ignaz Maybaum, der die Brücke zur deutschen Tradition schlug und so die Vergangenheit für die gegenwärtige Generation lebendig machte. Die Vergangenheit ist nicht untergegangen. Viele zeitgenössische Autoren machen den durchaus verständlichen Fehler, jene früheren Lehrer, die in älteren Kulturen und Denkmustern verhaftet waren, für heute nicht mehr relevant zu halten, ein Argument, das merkwürdigerweise nicht gegen die Texte der Bibel geltend gemacht wird, die doch auch aus der Kultur und den Sitten einer anderen Zeit stammen – wohl, weil diese Texte ›heilig‹ sind. Dabei dürfte das die Gelehrten von heute, ganz besonders jene, die aus der progressiven Ecke kommen oder Sympathien für sie hegen, eigentlich nicht davon abhalten, auch diese Texte zu hinterfragen. Freilich darf die Schlußfolgerung aus einer solchen Beschäftigung niemals lauten, daß die alten Texte bedeutungslos sind, bloß weil sie der eigenen Auffassung widersprechen; das wäre eine sehr gefährliche

Art, mit Vergangenheit umzugehen. Die Vergangenheit sucht uns auch heute noch heim, und Erkenntnisse und Einsichten aus einer anderen Zeit und einem anderen Umfeld müssen nicht zwangsläufig falsch sein. Im Gegenteil, die Lehrer der Vergangenheit mit ihrem tiefen Wissen bleiben meist auch die Lehrer der Gegenwart.

Einer der bestechendsten Denker aus der jüngsten Vergangenheit gehörte jener Gruppe deutscher Juden an, die nicht in die Vereinigten Staaten, sondern nach England emigrierten. Ein Schüler Franz Rosenzweigs, den seine durch und durch eigenständige Denkweise in eine gewisse Distanz zu seinen Zeitgenossen brachte und dessen Leben ein Beweis für die ungebrochene Lebenskraft jüdischer Emigranten aus Deutschland war, gelang es ihm dennoch, in seinem neuen Umfeld Fuß zu fassen und großen Einfluß in seinem Gastland zu erlangen. Die Rede ist von Ignaz Maybaum, der noch heute, Jahrzehnte nach seinem Tod, Gegenstand von Kontroversen und Angriffen ist und doch gleichzeitig einen festen Platz in der sogenannten ›Holocaust-Theologie‹ behauptet.

Ignaz Maybaum

»In Auschwitz, so sage ich in meinen Predigten – und nur in Predigten darf solches gesagt werden – erlitten die Juden stellvertretend den Tod für die Sünden der Menschheit. In der Liturgie der Synagoge heißt es zum ersten und zweiten *Churban*, die freilich Jahrhunderte zurückliegen: ›Wegen unserer Sünden‹. Nach Auschwitz haben die Juden es nicht nötig, das zu sagen. Kann irgendein Märtyrer ein unschuldigeres Sühnopfer sein als jene, die in Auschwitz ermordet wurden? Die Millionen, die in Auschwitz starben, starben ›wegen der Sünden anderer‹. Zwar starben in Auschwitz Juden und Nicht-Juden, doch der Judenhaß, den Hitler von der mittelalterlichen Kirche übernommen hatte, machte Auschwitz zum Golgata des jüdischen Volkes im 20. Jahrhundert.«[1]

Was Rabbiner in ihren Predigten sagen, ist meist noch wichtiger als das, was sie schwarz auf weiß sagen, wenn auch Ignaz Maybaum zu jenen nur allzu selten anzutreffenden Rabbinern gehörte, die ihre Predigten veröffentlichen. Er konnte Äußerungen wie die oben zitierte und noch schlimmere Dinge über den Holocaust in seinen Predigten ansprechen, weil er ein sehr persönliches Verhältnis zu seiner Gemeinde hatte, die genau spürte, welch intensives Mitleiden und welche Einfühlsamkeit hinter seinen provokanten Äußerungen stand. Wie hätte er es sonst wagen können zu sagen:

»Wären Sie schockiert, wenn ich in Anlehnung an die Rede der Propheten formuliere: Hitler, mein Knecht? Im Buch Ijob steht Satan unter den Knechten und Boten Gottes. Hitler war ein Werkzeug, ein unwürdiges und verachtenswertes. Doch Gott gebrauchte

1. *I. Maybaum*, The Face of God after Auschwitz. Amsterdam 1965.

dieses Werkzeug, eine sündhafte Welt zu reinigen und zu strafen. Die sechs Millionen Juden starben einen unschuldigen Tod; sie starben wegen der Sünden anderer. Nun muß die westliche Menschheit Buße tun und von den Juden sagen, was Jesaja vom Gottesknecht sagt: ›Er hat unsere Krankheit getragen und unsere Schmerzen auf sich geladen. ... Er wurde durchbohrt wegen unserer Verbrechen, um unserer Sünden willen zermalmt.‹«[2]

Wir merken, daß diese Texte aus Predigten stammen. Es sind Provokationen und Anklagen, die den Gläubigen ins Gesicht geschleudert werden. Sie rütteln auf und konfrontieren die Gemeinde mit einem Gedanken, der im Grunde vollkommen inakzeptabel ist, in diesem Kontext jedoch nicht ausgeblendet werden darf. Maybaums Theologie manifestiert sich in seiner Wortwahl. Er gebraucht noch nicht die Begriffe *Shoa* oder *Holocaust*, die erst später entwickelt wurden, um mit dem Unbegreiflichen der Vergangenheit irgendwie umzugehen. Das Wort, das er verwendet, ist *Churban*, ein Begriff, den jeder Jude versteht. Dieses Wort hat einen Anhalt in der Geschichte – hat es doch schon zuvor *Churbanot* gegeben und wird wieder zu einem *Churban* kommen, wenn Gott es will. Wir werden hier an das traditionelle Denken erinnert, das durch die bloße Tatsache, daß Maybaum den *Churban* nicht nur als gottgewollt akzeptiert, sondern darin sogar etwas Gutes sieht, eine Zuspitzung zu äußerster Radikalität erfährt.

Wie kann Maybaum so argumentieren? Ist nicht jeder *Churban*, etwa die Zerstörung Jerusalems 586 v.u.Z. oder auch der zweite *Churban*, als die Römer Jerusalem und den zweiten Tempel im Jahre 17 u.Z. aufs neue dem Erdboden gleichmachten, eine Tragödie? Und nun dieser dritte *Churban*, bei dem sechs Millionen Juden – ganz abgesehen von den vielen anderen Opfern – den Greueltaten der Nazis zum Opfer fielen? Für Maybaum ist jeder *Churban* die Zerstörung von etwas Altem, das sich überlebt hat und weichen muß, und zugleich die Ankunft von etwas Neuem, das kommen mußte. Dieser dritte *Churban* – Auschwitz und der Tod von sechs Millionen Juden – war ihm das Todesröcheln des Bösen, das noch aus dem Mittelalter nach der Moderne griff, ein Todesröcheln, aus dem der Staat Israel erstand.

Maybaum kann nicht als Zionist gelten, wenngleich er in seiner Jugend der *Blau-Weiss* Jugendbewegung in Deutschland angehörte. Ohne ein fanatischer Verfechter des Staates Israel zu sein, freute er sich doch an ihm und an der heiligen Stadt Jerusalem. So schließt sein Werk *The Face of God after Auschwitz* mit den Worten:

»Was Israel unwiderlegbar zum Mittelpunkt macht, ist die Tatsache, daß das biblische Land auf wunderbare Weise immer das Heilige Land geblieben ist. ›Wenn ich dich vergesse, o Jerusalem!‹ Wir, die wir unsere Bekannten und Verwandten in Israel manchmal mit den Worten Israel Einsteins gegenüber Ben Gurion mahnen müssen, ›Haltet den israelischen Nationalismus im Zaum‹, wollen das Gebet des Psalmisten für das Heilige Land sprechen:

2. A.a.O., 67.

Erbittet für Jerusalem Frieden!
Wer dich liebt, sei in dir geborgen.
Friede wohne in deinen Mauern,
in deinen Häusern Geborgenheit.
Wegen meiner Brüder und Freunde
will ich sagen: In dir sei Friede.
Wegen des Hauses des Herrn, unseres Gottes,
will ich dir Glück erflehen.«[3]

Dennoch war Jerusalem nach Maybaums Auffassung nicht der Mittelpunkt des jüdischen Lebens. Maybaum war Diaspora-Jude, überzeugt, daß die Juden sich mit dem Eintritt in die Moderne nicht etwa assimiliert, daß sie nicht etwas verloren, sondern im Gegenteil eine höhere Entwicklungsstufe erreicht hatten. Nach seiner Auffassung leben die Juden in und für die Umwelt der Diaspora – auch im Erleiden des Holocaust.

Das traditionelle System von Ritual und Liturgie hat auch in diesem Umfeld eine Funktion, wenngleich Maybaum sich mit diesem Thema nicht sehr intensiv beschäftigte. Im Gegensatz zu Franz Rosenzweig entwickelte sich Maybaum vom Traditionalismus zum Reformjudentum hin, während Rosenzweig allmählich immer stärker der Tradition zuneigte. Ein weiterer, nicht unwesentlicher Unterschied zwischen den beiden besteht darin, daß Rosenzweig sich in erster Linie mit dem dualen Bund, den er auf das Judentum und die Christenheit bezogen sah, auseinandersetzte und den Islam ausklammerte. Maybaum dagegen war tief in das Denken des Islam eingedrungen; allerdings stellte er am Ende die Gesellschaftsstruktur, die aus der moslemischen Lehre hervorging, stark in Frage. Er verglich die Halacha mit der Sunna und kritisierte die jüdische Orthodoxie als ›islamisiertes Judentum‹.

Das Bild der *Akeda*, der Prüfung Abrahams, der Isaak als Opfer auf den Berg führt, wird für Maybaum zu einem Bild des *Churban* und zu einem Prüfstein für die drei Glaubensrichtungen, die vor einer ähnlichen Herausforderung stehen:

»Die Geschichte verschlingt Hekatomben von Opfern. Und immer ist es in erster Linie die Jugend, die geopfert wird. Jede Generation geht wieder wie Isaak zum Altar, und eine Stimme verlangt: ›Gib mir deinen Sohn!‹ Die Geschichte von der ›Bindung Isaaks‹, die *Akeda*, wird in zwei Berichten erzählt: in der Genesis und im Koran. In der Genesis begegnen wir einem Vater, der Gesetz *und* Liebe verkörpert. Im Koran steht der Vater für das Gesetz, doch für das Gesetz ohne Liebe. Im ersten Fall wird der Lauf der Geschichte durch die Liebe durchbrochen, im zweiten mündet die Geschichte ohne die Intervention der Liebe in eine unausweichliche Tragödie. In der Genesis hört Abraham eine Stimme, von der der Koran nichts zu berichten weiß, sagen: ›Streck deine Hand nicht gegen den Knaben aus, und tu ihm nichts zuleide.‹[4]

3. Ps 122, 6-9.
4. Gen 22,12.

116

Mohammed erzählt die Geschichte von Isaak in Sure 37, ohne ein Eingreifen von außen zu erwähnen. Im Koran wird das Schicksal Isaaks von einer unpersönlichen geschichtlichen Macht bestimmt, die sich weit von dem Hort der Liebe entfernt hat. Die Geschichte, wie sie in der Genesis erzählt wird, kommt zur Sprache, wo immer der erlösenden Liebe Gottes gedacht wird. Im Koran haben wir es mit einer verkürzten Fassung zu tun; sie enthält nur die harsche Aufforderung: ›Gib mir deinen Sohn!‹ Abraham gehorcht. Das ist alles, und das ist genug. Die Rettung Isaaks wird nur noch in einer Art Postskriptum erwähnt, das nicht mehr wirklich zur Geschichte dazuzugehören scheint.«

Am härtesten aber ist das Christentum von Maybaums am Bild der *Akeda* festgemachten Kritik betroffen. Die Christen *fordern* das Opfer, weil sie es brauchen, weil sie den für die Sünden der Menschheit geopferten Jesus brauchen. Christliche Theologen deuten den Text deshalb in ihrem Sinne um als eine Vorwegnahme der Kreuzigung Jesu. An dieser Stelle wird Auschwitz für Maybaum in der Tat zu Golgata, und hier werden die Christen denn auch eindeutig schuldig. Die Kreuzigung muß stattfinden, ja sie wird von den Christen sogar verzweifelt ersehnt – aber dafür verantwortlich gemacht und als Gottesmörder gebrandmarkt werden die Juden! Auf diese Weise soll christliche Schuld getilgt werden. Maybaum gewahrte in dieser Denkweise die Mythologie der mittelalterlichen Kirche, von der Europa dermaßen durchdrungen war, daß Auschwitz fast unausweichlich wurde. Mit dem Verschwinden dieser Kirche und dem Heraufziehen eines ersten, schwachen Lichtscheins über der düsteren Szenerie werden die Christen und das Christentum, so Maybaum, zum ersten Mal zu Partnern, mit denen ein Zusammenleben in Freundschaft möglich wird. Doch der Mythos vom Gottesmord lebt weiter. Er prägte die mittelalterliche Gesinnung einer Kirche, die sich mitschuldig macht am Holocaust. Maybaum stellt lapidar fest:

»Ich klage nicht den Christen an sich an, sondern denjenigen Christen, der im mittelalterlichen Denken gefangen ist. Er hat sich schuldig gemacht an Hitlers Endlösung.«[5]

Maybaum war also der Ansicht, daß der dritte *Churban*, wenn er die mittelalterliche Kirche obsolet gemacht hätte, mit all seinen Verheerungen doch auch etwas Positives bewirkt hätte.

Steven Katz, ein zeitgenössischer Theologe, hat die Vorstellung, daß Auschwitz in Gottes Plan eine positive Rolle spielte, empört zurückgewiesen:

»... wenn der Holocaust der Preis für die Freiheit ist, oder in diesem Fall für den Fortschritt und die Sühne, dann ist es besser, auf eine solche Weiterentwicklung und eine solche Ver-

---

5. *I. Maybaum*, The Face of God after Auschwitz, 13.

söhnung zu verzichten – der Preis ist einfach zu hoch. Er ist moralisch und theologisch unannehmbar. Auf ihm zu bestehen hieße, Gott *kiwjachol* (›wenn man so sagen darf‹) zu einem moralischen Monster zu machen.[6]

Und eine wahrhaft ungeheuerliche Ironie tut sich auf, wenn man Maybaums These folgt, daß Gott Hitler für seine Zwecke gebraucht hat. Wenn die *Shoa* wirklich Gottes Wille ist, wenn Hitler ›mein Knecht‹ ist, dann hieße, Hitler Widerstand zu leisten, Gott selbst Widerstand zu leisten, dann hieße, die Nazis zu bekämpfen, gegen Gott zu kämpfen. In diesem Fall wären die Widerstandskämpfer des Warschauer Gettos, die aufständischen Häftlinge in Treblinka, die letzten ›Gerechten unter den Völkern der Welt‹, die ihr Leben aufs Spiel setzten und meist auch verloren, um jüdisches Leben zu retten – in diesem Fall wären sie alle Aufrührer gegen den Allmächtigen.«[7]

Dow Marmur stellt Katz in seinem Werk *Holocaust as Progress*[8] in eine Linie mit all jenen, die in der Gründung des Staates Israel den entscheidenden Augenblick sehen, in dem die Juden ihre Ohnmacht abstreiften (vgl. Irving Greenberg), und für die eine Haltung wie die Haltung Maybaums deshalb nicht in Frage kommt:

»Wir haben genug gelitten, wir sind genug gestorben, wir sind genügend ausgenutzt worden; wir wollen niemals mehr hilflos sein.«[9]

Damit hat Rabbiner Marmur recht; seine Aussage führt uns zurück zur Frage nach dem jüdischem Leben in einer Welt nach Auschwitz – und zu der Frage, ob wir in einer Welt, die der geistlichen Dimension eine so herbe Absage erteilt hat, tatsächlich weltliche Macht ausüben wollen. Setzt Israel in der Ausübung dieser Macht wirklich die Aufgabe fort, die den Juden in der Welt gestellt wurde? Maybaums scharfes Urteil über den israelischen Staat stammt aus früheren Tagen, doch sein Eindruck muß nicht unbedingt überholt sein. Franz Rosenzweigs Vorstellung von den Juden, die ›außerhalb der Geschichte‹ stehen, wurde vor dem Holocaust und vor der Gründung des Staates Israel entwickelt. Maybaum, der beides miterlebt hat, kann in diesem Punkt immer noch mit der Sichtweise seines Lehrers konform gehen.

Ich selbst halte es für gefährlich, eine Verbindung zwischen Golgata und Auschwitz herzustellen und darüber zu einer Definition der Rolle der Juden und Christen zu kommen, wie Maybaum es tut; für mich ist seine Auslegung der *Akeda* ein glänzender Versuch, die innere Identität von Juden, Christen und Moslems zu bestätigen – doch sie bleibt zu weitgefaßt, zu vage und geht zu glatt über die

---

6. *S. Katz*, Post-Holocaust Dialogues. New York 1983, 253.
7. A.a.O., 253-54.
8. *Dow Marmur*, Holocaust as Progress. Oxford Symposium 1988, Bd. II, 955.
9. *S. Katz*, Post-Holocaust Dialogues, 260.

Unterschiede zwischen den Glaubensrichtungen hinweg. Außerdem kann ich bei allem guten Willen die Definition des Holocaust als *Churban* nicht gelten lassen. Nicht, daß andere Begriffe besser wären – vielleicht sind sie sogar eher noch unzulänglicher. Doch gerade die Schwäche der anderen Termini erinnert uns ja ständig daran, daß das Geschehen, um das es hier geht, eigentlich unbeschreibbar ist und unser Verstehen übersteigt. Maybaum verlegt dieses Geschehen in den Plan Gottes, der ja ebenfalls über unser Begreifen hinausgeht; damit bietet er uns eine religiöse Definition, in der das Unbegreifliche in Übereinstimmung mit der alten Tradition doch noch so etwas wie einen Sinn erhält. Das aber kommt für mich nicht in Frage – nicht aus Gründen der Tradition, sondern weil die undurchdringliche Finsternis von Auschwitz alle geläufigen Definitionen *ad absurdum* führt. Die Stärke des progressiven Judentums ist es, daß es sich verweigern kann, ohne deshalb den Glauben aufzugeben. Ich meinerseits verweigere mich dem Gedanken, daß der Tod von über einer Million Kinder eine Strafe oder Prüfung oder gar ein notwendiger Schritt hin zu einer besseren Welt war.

Ignaz Maybaum umgab sich mit Schülern, die in ihm ein Bindeglied zur Vergangenheit, zu jenem Goldenen Zeitalter des deutschen Judentums, sahen. Immerhin konnte er, indem er den *Churban* als einen Aspekt des göttlichen Heilsplanes lehrte, der durchaus auch positive Züge hatte, einer neuen jüdischen Welt, die besser war als die vorhergegangene, Kraft geben – und das hat sicherlich auch sein Gutes.

Mittlerweile unterrichte ich Maybaums Schüler am Leo Baeck College, die alle der zweiten Generation deutscher Emigranten und Flüchtlinge angehören. Dabei werde ich mir immer wieder schmerzlich bewußt, daß mir die tiefere Dimension seiner Gelehrsamkeit und sein heiteres Vertrauen in den Fortschritt fehlen. Ich säe eher Zweifel, als daß ich Gewißheit vermittle. Und immer wieder stelle ich fest, wie sehr doch mein Unterricht von unseren Gesprächen zehrt, von den Büchern und Predigtsammlungen, kurzum von der Saat, die er in fremden Boden gesät hat. Ignaz Maybaum gehörte noch ganz einer anderen Welt an, der Welt vor Auschwitz; und doch gehörte er zugleich auch in die so veränderte Welt von heute.

In dieser modernen Welt ist die Auseinandersetzung mit dem Islam sehr wichtig geworden. Maybaums umfassende Kenntnis des Islam und auch seine Vorbehalte gegen diese Religion sind dabei sehr wertvoll für uns. Auf der einen Seite wird der Dialog mit der moslemischen Glaubensgemeinschaft da, wo Juden sich wie Maybaum die Mühe gemacht haben, die Grundlagen islamischer Lehre kennenzulernen, zur vorstellbaren Möglichkeit. Auf der anderen Seite war sich Maybaum jedoch auch zutiefst bewußt, daß der islamische Glaube in den Strukturen des Gesetzessystems der islamischen Staaten gefangen ist, eines Systems, das großen Einfluß auf die Begegnung des Islam mit dem Judentum hat. Der Streit um den Status von Jerusalem ist dafür nur ein Beispiel von vielen. Politischer

Fanatismus fördert die Diskriminierung der Religion des jeweils anderen und unterdrückt eine geistige Offenheit, wie sie der Islam zumindest in Teilen dem Judentum und dem Christentum entgegengebracht hat. Maybaum sah mit großer Klarheit die negativen Aspekte der Haltung der fanatischen jüdischen Orthodoxie und der offiziellen Haltung Israels gegenüber den Palästinensern. Übertriebene Gesetzlichkeit und Intoleranz müssen nicht von außen kommen, sie können auch Ausdruck eines in die Enge getriebenen Glaubens sein. Maybaums Kritik an der jüdischen Gemeinde in Europa und in Israel gewinnt unter diesem Aspekt eine neue Bedeutung; hier bleibt er unser Lehrer.

Dow Marmur

Marmurs Ideen sind genauso abenteuerlich wie sein Leben. Er hat die Judenverfolgung in Rußland erlebt, Sibirien zu Zeiten der UdSSR, kam als Flüchtling nach dem Krieg nach Schweden und arbeitete schließlich im israelischen Konsulat; zur Zeit Maybaums war er in London am Leo Baeck College und machte schließlich eine brillante Karriere als Rabbiner, die ihn mittlerweile von London nach Kanada geführt hat, wo er einer der größten Reformgemeinden in Toronto vorsteht.

Wir wollen uns hier mit jenen Schriften Marmurs befassen, die ihn schon während seiner Zeit in Großbritannien als einen Denker des Reformjudentums auswiesen, der dem Suchen und Fragen eines neuerstandenen Judentums, das mit dem Leben nach dem Holocaust konfrontiert war, eine Richtung gab. Der wichtigste Beitrag Dow Marmurs ist sicherlich sein Buch *Beyond Survival* (London 1982), in dem er auf Fackenheims Erkenntnis aufbaut, daß Auschwitz uns zumindest eines enthüllt habe: den göttlichen Befehl ›zu überleben‹. Wie schon der Titel seines Buches zeigt, war Rabbiner Marmur der Überzeugung, daß dies allein nicht ausreiche. Das Überleben mußte zudem einen Sinn haben. Fackenheims glänzende philosophische Texte und die leidenschaftliche Liebe zu Israel, die sein ganzes Werk prägt, beeinflußten Rabbiner Marmur ebenso wie die Gedanken Rosenzweigs, die er durch Ignaz Maybaum kennenlernte.

In Übereinstimmung mit Fackenheim hat Marmur die entscheidende Funktion des Staates Israel für die Juden von heute betont. Für Fackenheim garantiert die Existenz dieses Staates das Überleben der Juden nach Auschwitz. Marmur meint dazu:

»Mein Buch unterstreicht die zentrale Bedeutung des Staates Israel – nicht, weil er das Überleben der Juden garantiert, sondern weil er ihre Bestimmung definiert. Diese Bestimmung enthält zwar auch eine Garantie für das Überleben des jüdischen Volkes, geht jedoch weit darüber hinaus.«

Marmur bedient sich des Rosenzweigschen Bildes von den zwei Dreiecken, des ›Davidsterns‹. Die Seiten des einen Dreiecks stehen für ›Glaube, Volk und Land‹ (ein Gedanke, der Rosenzweig oder Maybaum fremd gewesen wäre, für Fackenheim aber zentral ist). Dow Marmur sieht die Notwendigkeit eines dreifachen Fundaments. Der Glaube allein würde uns nur bis zu Mose führen. Doch wir können unsere Ureltern, Abraham und Sara, nicht verleugnen, durch die wir überhaupt erst zu einem Volk geworden sind, einem Volk, das nicht ohne seinen Glauben leben kann. Dieses Volk aber *muß* auf dem Boden des Landes wohnen, das ihm durch den Bund, der diese drei Aspekte jüdischer Existenz in sich vereint, zugesagt worden ist. Das jüdische Volk hat deshalb so hartnäckig an seinem Glauben an dieses Land, das eines Tages wieder ihm gehören sollte, festgehalten, weil es, wie Marmur deutlich macht, jahrhundertelang gelehrt wurde, daß dieses Land der Inhalt der Tradition ist – und sein Glaube wurde belohnt. Die neue Realität leugnet nun den alten klassischen Ansatz des Reformjudentums mit seiner antinationalistischen Haltung. Sie stellt das säkularistische Beharren auf dem Volksgedanken in der Diaspora in Frage; verwahrt sich aber gleichzeitig auch gegen einen israelischen Nationalismus, der ganz dem Land verhaftet ist und die Menschen in der Diaspora oder den Glauben ungezählter Generationen vor ihnen übersieht. In der postmodernen Welt haben sich die Realitäten verschoben; und auch das Judentum hat Veränderungen erfahren. In leidenschaftlicher Steigerung formuliert Marmur:

»Die Aushöhlung von innen – in Gestalt des Glaubensverlusts – und der gleichzeitig erfolgende Angriff von außen – in Form von Verfolgung – waren zu massiv, um ihnen noch etwas entgegenzusetzen. Als Hitler schließlich geschlagen war, war das Judentum so geschwächt, daß es beinahe einem posthumen Sieg Hitlers gleichkam. Man mag sich gar nicht vorstellen, was mit dem Judentum geschehen wäre, hätte es nicht eine zionistische Bewegung gegeben, die den Überlebenden der Lager den Weg in das Land Israel wies.«

Es stimmt natürlich, daß die Gründung des jüdischen Staates und die Schaffung Israels als eine Art rettender Hafen und als Ort physischer und geistiger Erneuerung einen ungeheuerlichen Impuls darstellte – nicht nur für die Überlebenden der Lager, sondern für alle Juden, die im ersten grauen Dämmerlicht nach der Finsternis über die öd gewordene Welt blickten. Doch die These, daß das Judentum ohne das Licht, das im Osten aufging, möglicherweise untergegangen wäre, geht an den Realitäten der Geschichte vorbei, wie sie Maybaum in seiner Schilderung des ersten, zweiten und dritten *Churban* aufzeigt: Das Judentum erneuerte sich nicht nur einfach, es bekam im Laufe der Zeit auch eine ganz neue Tiefendimension. Auf den ersten *Churban* folgte die Zeit talmudischer Größe; nach dem zweiten erlebten die Aschkenasim ihre Blütezeit (und auch die sephardische Judenheit bewahrte sich, trotz aller Unterdrückung, durchaus ihre Lebendigkeit!). Dennoch hält Marmur es für angemessen, den dritten *Churban* als von den vorigen qualitativ und quantitativ verschieden zu behandeln. In ihr wurde das jüdische Leben bis in seine Grundfesten erschüttert. Das heißt nicht, daß ein Wiederaufleben des Judentums in der Diaspora ausgeschlossen wäre. Ja, man muß sogar die traurige Feststellung machen, daß das Judentum in Israel fast größeren Schaden genommen hat als in der Diaspora, nicht zuletzt, weil Religion und Staat ein für beide Seiten gleich schädliches Konkordat eingegangen sind.

Rabbiner Marmurs Vortrag unterstreicht den ›Paradigmenwandel‹, der sich in der Wissenschaft, aber auch in der Religion abzeichnet:

»Der Forscher macht seine neuen Entdeckungen nicht, indem er sich Schritt für Schritt vorantastet, sondern indem er sich seinem Forschungsgegenstand von einem bestimmten, vorgegebenem Rahmenwerk her nähert, dem Paradigma. Zum Fortschritt kommt es, wenn ein Paradigma zugunsten eines anderen aufgegeben wird, das es ermöglicht, das Problem in einem neuen Licht, einem neuen Rahmen zu betrachten ... Am Ende ist das alte Paradigma obsolet geworden, eine Revolution findet statt, und das neue Paradigma wird zur Norm ... Das ist meiner Ansicht nach die Erklärung für die Verschiebung von einem ganz auf das Überleben ausgerichteten Judentum – im Getto – zu einem auf ein bestimmtes Ziel ausgerichteten Judentum – im Land Israel.«

Dieser Gedanke stellt meiner Ansicht nach Marmurs wichtigsten Beitrag zum modernen jüdischen Denken dar. Wir müssen den Schritt von einem Paradigma zum anderen mitvollziehen, wenn wir versuchen wollen, das zeitgenössische jüdische Leben zu begreifen. Eugene Borowitz und andere jüdische Wissenschaftler haben insofern recht, die Auseinandersetzung mit früheren jüdischen Denkern bewußt aus ihrer Arbeit auszuklammern; sie tun damit nichts anderes als der Tatsache Rechnung zu tragen, daß manche theologischen Ansätze zwangsläufig zeitgebunden sind und den Vorstellungsmustern der Welt, in der sie entstanden, verhaftet bleiben. Es gibt allerdings auch bestimmte grundlegende, bleibende Wahrheiten, die über die Zeiten und ihre Lehrer hinweg ihre Gültigkeit behalten und die tragende Säulen des jüdischen Lebens sind. Wir alle leben innerhalb von Staaten, innerhalb gesetzlicher Strukturen, die unsere Gesellschaft aufrechterhalten, selbst wenn sie den einzelnen, der sich unvollkommenen Normen anpassen muß, in eine Zwangsjacke stecken. Eine der tiefsten Einsichten des Judentums war der Befehl des babylonischen Weisen: *Dina d'malchuta dina* : Dem Gesetz des Landes, in dem du lebst, sollst du gehorchen! Dieser Satz gilt jedoch nicht für den geistigen Bereich; und es gibt Zeiten, in denen man dem Gesetz nicht gehorchen darf: Als wir von Selma nach Montgomery marschierten, um für die Bürgerrechte der Schwarzen zu demonstrieren, nahmen wir bewußt das Risiko einer Gefängnisstrafe auf uns, um dringend notwendige Veränderungen in unserer Gesellschaft zu erkämpfen. Und auch die ›Gerechten unter den Völkern der Welt‹, die den Nationalsozialisten den Gehorsam verweigerten und dabei ihr eigenes Leben aufs Spiel setzten, um das Leben von Juden zu retten, stellten sich ganz eindeutig gegen ›das Gesetz‹.

In einem Land, in dem eine Art Konkordat zwischen Religion und Staat herrscht, kann eine dogmatische Verhärtung zu einem letztlich unbeweglichen Glauben führen, der sich selbst zum Gefängnis wird; für den Gläubigen ist es in einer solchen Situation wichtig zu erkennen, daß die religiöse Form, die sich ihm präsentiert – um so mehr, wenn sie vom Staat gestützt wird –, immer eine ›menschliche Form‹ bleibt, die der Suche nach dem Höchsten im Wege steht. Die religiöse Suche nach dem Höchsten aber muß weitergehen, auch wenn wir uns bewußt sind, daß jede Zeit das Ziel ihrer Suche nur näherungsweise und unvollkommen erreicht. Mit dieser Erkenntnis geht die Gewißheit der Offenbarung im Glauben einher, unserer Gebundenheit an einen überdauernden Bund, der am Anfang der Zeiten geschlossen wurde und uns durch Zeit und Raum noch heute in die Pflicht nimmt.

Diese Überlegungen bringen mich auf einige Kritikpunkte an Dow Marmurs Position, derzufolge das neue Zentrum jüdischen Glaubens und jüdischer Religion im Staat Israel zu suchen ist. Sicherlich kann die Bedeutung dieses Staates für das jüdische Volk gar nicht genug betont werden. Ihn aber zum Ziel unserer Existenz schlechthin zu erklären, hieße nichts anderes, als die Offenbarung doch wieder in einer irdischen Gestalt erscheinen zu lassen, der, wie wir gelernt haben, auf keinen Fall absolute Autorität zugestanden werden darf, zumal in unserer Zeit, in der das Konkordat zwischen dem traditionellen Judentum und dem Staat die Orthodoxie einer politischen Kritik preisgibt, die diesen Glauben zersetzen kann, ja vielleicht zersetzen muß.

Wenn wir von der Welt, in der wir leben, reden, dann geben wir damit zugleich unserem Glauben an eine wahrhaft menschliche Welt, in der Liebe und Mitgefühl, Gerechtigkeit und Wahrheit herrschen, Ausdruck. Die beschädigten Glaubensstrukturen unserer Religion können diese Zuversicht nicht mehr in angemessener Weise zur Sprache bringen. Ihre Verfechter können sich nur noch in eine Enklave zurückziehen, umgeben von den hohen Mauern religiöser Praxis und religiöser Gesetzlichkeit – eine Entscheidung der Traditionalisten, die Rabbiner Marmur wegen ihrer Kurzsichtigkeit, aber auch ihrer Wirkungslosigkeit zu Recht scharf kritisiert. Den wahren Gläubigen läßt solche Kritik ungerührt; er lebt in einer geschlossenen Glaubenswelt und kann die Unvollkommenheit der Gesellschaft, die ihn umgibt, einfach ignorieren oder auch Erfüllung in der Vision jener künftigen Welt finden, in der der messianische Traum wahr werden wird. Dann werden die Bösen wie Spreu verweht werden oder doch zumindest die verdiente Strafe erhalten. Der progressive Denker aber, der Radikale, der Ungläubige, der Mensch, der fest mit beiden Beinen in der Welt steht, kann sich mit diesem Trost der Religion nicht bescheiden.

Die Aufklärung hat versucht, die Prinzipien der Moral als einen gesonderten, von der offenbarten Religion unabhängigen geistigen Bereich zu etablieren. David Hume hat dargelegt, daß das empiristische Weltbild nicht zu einem Moralkodex führen kann. Angesichts einer solchen Aussage können wir immer noch unsere Zuflucht zu Kant nehmen und mit ihm glauben, daß der rationale Mensch sich zwischen Gut und Böse entscheiden kann. Wenn wir leugnen, daß diese Unterscheidung zwischen Richtig und Falsch, Gut und Böse, Gültigkeit hat, leugnen wir damit auch die Möglichkeit einer Moral im normativen Wortsinn; leugnen wir aber dies, so können wir auch nicht mehr zwischen Achtung vor dem moralischen Gesetz und bloßer Furcht vor Strafe unterscheiden. Demgegenüber halten wir an der Existenz eines solchen moralischen Gesetzes in dieser Welt fest, leben wir doch in einer Gesellschaft, die von Gesetzen bestimmt wird, auf die wir uns unabhängig von unserer religiösen Überzeugung berufen können. Wenn wir nicht mehr daran glauben würden, daß es in der Welt so etwas wie Gerechtigkeit gibt, dann könnten wir nicht mehr an das Leben glauben.

Simon Wiesenthal

Simon Wiesenthal, auch einer unserer ›Reiter in die Morgendämmerung‹, ist weniger Philosoph, radikaler Denker oder ein Sprecher der Orthodoxie bzw. der Progressiven; er ist vielmehr ein Mann der Tat, auch in seinen Schriften; ein leidenschaftlicher Kämpfer für Gerechtigkeit – was ihm oft falsch ausgelegt wurde. Uns geht es hier darum, wie und wo wir nach dem Holocaust in einer Welt leben können, die die Opfer vergessen und die Schuldigen straflos gelassen hat. Traditonellerweise tröstet die Religion die Leidtragenden und erwartet vom Staat, daß er die Schuldigen noch in dieser Welt bestraft, auch wenn den Sünder in der künftigen Welt die Strafe Gottes erwartet. Manche glauben, daß auch die göttliche Strafe die Bösen schon in dieser Welt ereilt, sei es durch Krankheit, Unglück oder eben durch das Gesetz. Und wenn es den Bösen wohlzuergehen scheint, so sagt man sich, daß Gottes Mühlen ›langsam, aber trefflich fein‹ mahlen, und wartet ab.

Anders Wiesenthal. Er wollte die Mörder des Holocaust aufspüren und bestraft sehen. In dieser Haltung offenbart sich ein Glaube an eine Gesellschaft und eine Welt, die ihn erbarmungslos verfolgt hatte. Und doch glaubte er weiter an Gerechtigkeit, wie Ijob. Er appellierte leidenschaftlich an eine Gesellschaft und ein Gesetzessystem, das er trotz seiner Unzulänglichkeiten noch immer respektierte.

Simon Wiesenthal kam in Lemberg in Galizien zur Welt. Er war ein äußerst erfolgreicher Architekt, bis er in die Wirren des Krieges geriet und das Reich des Holocaust kennenlernte. Wiesenthal war in vielen Konzentrationslagern, und es ist ein Wunder, daß er überlebt hat. 1945 wurde er von der amerikanischen Armee aus Mauthausen, einem der schlimmsten KZs der Nazis, befreit. Fast alle seine Familienangehörigen waren umgebracht worden, manche vor seinen Augen, und Wiesenthals ganzes Sinnen und Trachten richtete sich hinfort darauf, daß ihre Mörder der Strafe nicht entgingen. Sein jüdisches Dokumentationszentrum in Wien, die *Wiesenthal Foundation* in Kalifornien und die vielen Berichte über seine Arbeit bei der Aufspürung von Nazi-Verbrechern, die nach dem Krieg untergetaucht waren, haben sein Lebenswerk in der ganzen Welt berühmt gemacht. Manche sehen in ihm die Verkörperung des Racheengels, andere einen Monomanen, der nicht einmal dann von seinem Vorhaben ablassen konnte, als die meisten Feinde bereits tot oder hoch in den Achtzigern waren und die Welt ihre Untaten schon längst vergessen hatte; mehr noch, wo es keine Zeugen mehr gab, die für eine strafrechtliche Verfolgung unabdingbar sind.

Man kann einfach leidenschaftslos die Ergebnisse seiner Arbeit betrachten und konstatieren, was sein Zentrum in Wien erreicht hat: die Zahl der Verbrecher, die aufgespürt, die Zeugen, die gefunden wurden, und das magere Endresultat. Oder man kann sich mit dem Wirken der *Wiesenthal Foundation* beschäftigen, die weit über ihre ursprünglichen Ziele hinausgewachsen ist und inzwischen vor allem im Dienst des Kampfes gegen den Antisemitismus steht, wo immer er sich zeigt. Beide Male stoßen wir jedoch nicht zu jenen Seiten Wiesenthals durch, die für mich so entscheidend sind: seinem unermüdlichen Streben nach Gerechtigkeit und seinem beharrlichen Fragen, das seit Sokrates vornehmste Aufgabe der Philosphen ist.

Einige von Wiesenthals Freunden wollen ihn als Rächer, als Stimme der Gerechtigkeit sehen. Als Gefangener seines Dokumentationszentrums und vielleicht auch der *Wiesenthal Foundation* hat er längst aufgehört, Privatperson zu sein. Wir können nur staunen über den Mut dieses Mannes, der unzähligen Morddrohungen und Mordanschlägen ausgesetzt war. Man kann sich leicht ausmalen, daß er für die Nazis alter und neuer Prägung eine Zielscheibe ihrer Furcht und ihres Hasses war. Bei seinem Tod werden die Verbrecher, die sich noch im Untergrund aufhalten, sicherlich Freudenfeste veranstalten; doch ihre Freude wird nicht lange währen. Ich glaube, daß sie ihn vermissen werden. Verbrecher brauchen ihre Schuld, und sie brauchen Menschen, die um diese Schuld wissen. Zu den letzten Überlebenden der Verbrecherriege um Hitler zu gehören, bereitet den Betreffenden sicherlich eine Art perversen Vergnügens. Und in der Suche nach Gerechtigkeit, die im Mittelpunkt von Wiesenthals Denken steht, steckt auch das Element des Mitleids für den Verbrecher, der büßen muß, und sei es auch erst ein halbes Jahrhundert nach der Tat.

Die jüdische Tradition verlangt Gerechtigkeit in der Welt; ohne diese Gerechtigkeit ist kein Mitgefühl möglich. Es werden immer Menschen gebraucht werden, die ihre Stimme erheben und rufen: »Bahnt für den Herrn einen Weg durch die Wüste!« Hinter der unvollkommenen Gerechtigkeit der Welt steht immer noch die moralische Vision einer anderen, besseren Welt.

Eugene Borowitz

In den späten Vierzigerjahren dieses Jahrhunderts ging aus dem Hebrew Union College in Cincinnati eine Gruppe junger Rabbiner hervor, die geprägt waren vom Glauben an Rationalismus und soziale Gerechtigkeit, den ihnen ihre amerikanischen Lehrer vermittelt hatten, zugleich aber auch von der Begegnung mit Lehrern, die aus Deutschland emigriert waren und aus dieser Erfahrung eine erhöhte Sensibilität für das Böse und das Bewußtsein, daß sie die letzten Träger der europäischen Tradition waren, mitgebracht hatten. Diese Kombination formte einen neuen Rabbinertypus, der in besonderem Maße dazu prädestiniert war, die nächste Generation amerikanischer Juden zu erreichen.

Einer von ihnen, der zu einer Art geistigem Führer wurde, ist Eugene Borowitz, ein Mann, der gleichsam die Verkörperung des Rabbiners des 21. Jahrhunderts darstellt. Als Herausgeber der kontroversen Zeitschrift *Sh'ma*, eine der wenigen interessanten Erscheinungen auf dem theologischen Markt, die einen Querschnitt durch das gesamte religiöse Spektrum des zeitgenössischen Judentums bietet, hat er im Laufe der Jahre eine begeisterte Anhängerschaft gewonnen. Daneben verfaßte er ein Dutzend wissenschaftliche und populärwissenschaftliche Bücher über das progressive Judentum. Bis heute hat Borowitz mehrere Generationen amerikanischer Rabbiner beeinflußt, wobei er stärker durch seinen Intellekt als durch Charisma überzeugt – ein Einfluß, der ohnehin beständiger ist. In diesem Sinne füllt Eugene Borowitz die Doppelrolle des Rabbiners und Lehrers vollkommen aus. Sein Wirken als Inhaber eines Lehrstuhls am Hebrew Union College und als Wissenschaftler reicht bis nach Europa.

Wie stark Borowitz' Lehre auch persönlich gefärbt ist, wurde anläßlich seines Besuches in London 1967, während des Sechs-Tage-Krieges, deutlich. Vor einer Hörerschaft aus der britischen Reformbewegung erklärte er, daß der Sieg der Israelis zu einer Zeit, in der das Weiterbestehen des israelischen Staates mehr als fraglich war, ihn davon überzeugt habe, daß Gott existiere und daß er in die menschliche Geschichte eingegriffen habe. Wäre der Krieg anders ausgegangen, so wäre sein Glaube auf eine harte Probe gestellt worden.

Borowitz hat eine Gesamtanalyse des Holocaust erstellt, in der er sich unter anderem mit den Auffassungen Wiesels, Rubensteins und Fackenheims auseinandersetzt und deren Ansichten teilweise übernimmt. Die Übereinstimmung endet jedoch bei der von diesen drei Denkern vertretenen Hypothese, daß der Holocaust die Realität schlechthin sei, an der alle übrige menschliche Erfahrung gemessen werden muß. Wir haben, so Borowitz, die Schatten jener Zeit mittlerweile hinter uns gelassen und zumindest das eine gelernt, daß man dem absoluten Bösen uneingeschränkten Widerstand entgegensetzen muß. Im Blick auf die moderne Theologie hält er fest:

»Dieses Mandat hat nur Sinn, wenn wir die Realität des unbedingten Guten weiterhin mit gutem Gewissen bestätigen können.«[10]

Am Ende seiner Ausführungen, in denen Borowitz Feuerbachs Ansicht, daß allem religiösen Wachstum immer menschliches Streben zugrundeliegt, durchaus beipflichtet, kommt er dennoch zu einer rückhaltlosen Bekräftigung des Gedankens der göttlichen Offenbarung. Wo aber finden wir diese Offenbarung? Die neue Spiritualität des jüdischen Lebens stellt sich dar als eine Suche nach innen, ohne daß Gott dabei zu einem Aspekt der menschlichen Natur gemacht werden darf. Die Bewältigung der Erfahrung des Holocaust, das Weiterleben nach Auschwitz, bestätigt unsere Identität und setzt dem Schlechten das Gute entgegen. Diese Bejahung jüdischer Identität und Existenz wird am deutlichsten in Borowitz' Verhältnis zum Staat Israel. Die Gleichgültigkeit der Welt gegen die Gefahren, mit denen Israel zu kämpfen hatte, hatte ihn tief gekränkt, und er hatte vergeblich auf die Unterstützung der Christen gehofft. Sein Glaube an die Menschheit war erschüttert worden; doch dann, im Sieg, erlebte er Gott:

»Da kam die vollkommen überraschende Nachricht des israelischen Sieges. Die Juden auf der ganzen Welt empfanden ein Gefühl der Gehobenheit, das über die Erleichterung nach großer Angst und die Freude über Israels Tapferkeit hinausging; die Bibel nennt dieses Gefühl Erlösung. Allerorten war man bewegt beim Anblick der Soldaten, die vor der Westmauer des Tempelbergs standen; Atheisten, Agnostiker und Gläubige fühlten sich gleichermaßen gedrängt zu beten. Ich habe damals geglaubt und glaube noch heute, daß wir im Holocaust die Abwesenheit Gottes ganz unmittelbar erfahren haben – doch auch diese jüngste Erfahrung war ganz gewiß keine Illusion, sie war real genug, um einen großen Teil unseres Volkes wieder in die jüdische Existenz heimzuholen.«[11]

Seine Begeisterung für Israel verstellt Borowitz jedoch nicht den Blick für die Schwächen des jüdischen Staates. *Sh'ma*, seine Zeitschrift, vertritt eindeutig den Standpunkt der ›Peaceniks‹, und Borowitz ist sich durchaus bewußt, daß die in erster Linie ›säkulare‹ Begegnung mit Gott in einer Zeit der Gefahr keineswegs ein unerschöpfliches Reservoir jüdischer Identität geschaffen und die jüdischen Werte wieder an ihren alten Platz gestellt hat. Es geht um mehr als nur um Volkszugehörigkeit. Borowitz greift an dieser Stelle Greenberg an, wenn er schreibt:

»Wo er (Irving Greenberg) und andere glauben, wir könnten im postmodernen Ethos das Ethnische vom Spirituellen trennen, bin ich überzeugt, daß diese zutiefst humanistische

---

10. *E. Borowitz*, Renewing the Covenant; a Theology for the Postmodern Jew. Philadelphia, JPS 1991, 42.
11. A.a.O., 44.

Sicht des Ethnischen uns auf die fehlgeleitete Prämisse der jüdischen Moderne zurück-
wirft, die den Auftrag der Juden in der Welt im Sinne einer rein menschlichen Verpflichtung deutete.«[12]

Wenn das Judesein einfach zu einer persönlichen Entscheidung wird, so gibt es
laut Borowitz immer weniger Menschen, die sich dafür entscheiden, ganz besonders in Israel. Wenn Judesein aber ein göttlicher Auftrag ist, so muß dieser Auftrag in ein Gefüge klar definierter Pflichten münden, um wirklich zu greifen.
Dieses Thema wird denn auch zentral für Borowitz, und er kommt in seinem
Bemühen, Juden und Judentum, Volk und Glaube wieder zusammenzubringen,
immer wieder darauf zurück. Borowitz führt hier die Erfahrungen von Juden unserer Tage in der Diaspora und in Israel zusammen, Erfahrungen, die nach einem
Glauben verlangen, der den Rückschlägen, die die Juden in der modernen Welt
immer wieder hinnehmen mußten, einen Sinn verleiht. Und er versucht, eine zeit-
gemäße Sprache zu finden, von der sich eine Generation angesprochen fühlt, die
zwar die Verzweiflung hinter sich gelassen hat, in der Welt aber auch nicht genug
Anhalt für einen gesunden Optimismus findet. Eugene Borowitz lebt in der postmodernen Welt und ist sich der politischen und moralischen Probleme des Staates
Israel klar bewußt. Es sind dies Probleme, die nicht zuletzt mit dem komplexen
und verfahrenen Verhältnis Israels zu den Palästinensern und seinen arabischen
Nachbarn zu tun haben, aber auch mit dem israelischen Verhältnis zu den Juden
in der Diaspora, die heute mit einem neu erwachten Antisemitismus und neuen
Selbstzweifeln konfrontiert sind. Dieses ganze Klima schafft aber auch eine ver-
stärkte geistige Sensibilität, die eine Synthese aus der Tradition der Vergangenheit und den Erkenntnissen der Postmoderne, von denen Juden und Christen heute geprägt sind, in den Bereich des Möglichen rückt.

Borowitz spricht als Theologe, der Tradition und zeitgenössische Erfahrung
vereint. Er weiß, daß die Menschen den göttlichen Funken in sich tragen. Ja, auf
jüdischer Seite herrscht, besonders seit Jehuda Halewi, die Überzeugung, daß
dieser göttliche Funke ganz besonders bei den Juden mit dem ihnen eigenen Genius für die Religion zu finden sei. Borowitz bekräftigt die Beziehung zwischen
Mensch und Gott, wie sie in dem Bund zwischen den beiden festgeschrieben ist,
aber er weiß auch, daß diese historische Beziehung sich verändert hat. Als Volk
zögern wir, darin einen exklusiven Anspruch jüdischen Lebens zu sehen; als Einzelpersonen leben wir in einer demokratischen Gesellschaft, in der die Würde des
einzelnen Entscheidungsfreiheit voraussetzt. Aus diesem Grund möchte Borowitz beides nebeneinander stellen: den gemeinschaftlich geschlossenen Bund und
die Selbstbestimmung, auch wenn ihm klar ist, daß diese Dichotomie einen Konflikt in sich trägt, den es zu lösen gilt. Wieder einmal geht es um den alten Kampf
zwischen dem Partikulären und dem Allgemeinen. Polaritäten entwickeln sich

12. A.a.O., 46.

da, wo die dynamische Spannung zwischen den beiden Polen die religiöse Suche zu einer Reise in Neuland macht.

Borowitz entwirft hier ein Glaubenssystem für den ›postmodernen Juden‹, ein System allerdings, das vom Leser verlangt, daß er es Schritt für Schritt nachvollzieht. Es richtet sich an die neue Generation mit der Vision von der Freiheit des einzelnen, die Borowitz so hoch veranschlagt, und es erhebt nicht den Anspruch, ›der einzig mögliche Weg‹ zu sein. Vielmehr sieht es sich als Annäherung an jenen Bereich, in dem jeder einzelne den Bund für sich selbst bestätigen muß. Manche Traditionalisten werden einen solchen Ansatz ablehnen, weil ihnen eine so weitgehende ›Autonomie‹ unheimlich ist. Der Schlüssel zum Verständnis von Borowitz liegt jedoch in seinem Beharren auf der Ansicht, daß sich die Freiheit des einzelnen immer auf Wissen gründet.

In vielfacher Hinsicht ist Borowitz ein typischer Repräsentant des amerikanischen Judentums. Der Holocaust ist ihm fern, aber nicht fremd. Als Marinegeistlicher kämpfte Borowitz auf aktive, nicht-pazifistische Weise gegen die Finsternis in der Welt. Einige seiner Lehrer am Hebrew Union College hatten sich den göttlichen Funken aus dem Feuer der Verheerung gerettet. Und so war es schließlich der Holocaust, der ihn in seinem theologischen Denken herausforderte und zu der Erkenntnis führte, daß die Lehre vom Bund zwischen Gott und Mensch für unsere Zeit neu formuliert werden muß. Borowitz wurde zu einem ›Reiter in die Morgendämmerung‹, einem Zeit-Reisenden, der sich vom Pulk derjenigen löste, die die Finsternis nicht selbst erlebt hatten, und es gelang ihm, die Erfahrungen der europäischen Judenheit in einer Haltung der Empathie und des Mitgefühls nachzuempfinden.

Es ist manchmal nicht leicht, die amerikanischen Juden zu verstehen. Überreaktionen sind bei ihnen nicht selten: »Wir werden niemals vergeben!« »Wir kaufen keine deutschen Waren!« »Alle Deutschen sind Antisemiten!« Auf der anderen Seite stehen da aber auch Denker wie Borowitz, die eine Brücke zwischen den Gedanken und Erfahrungen des amerikanischen Lebens und der Realität des Bösen, das die Welt jenseits des Ozeans vergiftet hat, schlagen. Dabei entfernt sich Borowitz nie weit von seinen amerikanischen Wurzeln und bemüht sich doch gleichzeitig, sie mit seinen jüdischen Wurzeln, mit der Bibel als Grundlage auch des Lebens in Amerika, in Verbindung zu bringen.

Gott ist erfahrbar. Was aber bedeutet das für uns? Borowitz beantwortet diese Frage umfassend:

»Unsere Tradition hat eine höchst aufrüttelnde Metapher für dieses ehrfurchtgebietende Band zwischen dem Transzendenten und dem Menschlichen: *Berit*, Bund. Die Tora sichert uns kühn zu, daß, trotz des Ungleichgewichts zwischen den beiden Bundespartnern, der Gott des ganzen Universums in eine enge Beziehung zur Menschheit tritt. Sie versteht die Bundesschlüsse Gottes mit den Kindern Noachs – der Menschheit – und mit den Kindern Israel als Kontrakte zwischen Partnern, die beide gleichermaßen durch gemeinsam festgelegte Bedingungen gebunden sind. Nicht-orthodoxe Juden der Postmoderne sehen in diesem Terminus einen kongenialen Ausdruck für ihre Mischung aus Transzendenz und Selbst, indem sie den Bund als Beziehung statt als Kontrakt neu interpretieren. Diese Verlagerung betont die Rolle der Menschen stärker, als unsere Tradition zugeben kann, doch sie erkennt nach wie vor Gottes Unabhängigkeit an ... und sie stellt das jüdische Volk wieder in den Mittelpunkt, nicht mehr an den Rand unseres Judentums, denn unser historischer Bund wurde nicht mit einzelnen geschlossen, sondern mit dem ganzen Volk. So holt uns die Teilhabe am Bund unmittelbar in das Gott-gegründete, auf die Gemeinschaft ausgerichtete, vom einzelnen getragene Gefühl der Verantwortung hinein, das ein Leben nach der Tora hervorbringt.«[13]

Der transzendente und der immanente Gott; die Tora als Offenbarung Gottes und das Volk Israel, das als Gemeinschaft, aber auch in seinen einzelnen Gliedern frei ist, den Bundesschluß zu bejahen. Der Bund wird, wie Borowitz aufzeigt, mit dem Volk Israel geschlossen, während ein noachitischer Bund die übrige Menschheit in dieselbe Bundesbeziehung mithineinnimmt. Doch in beiden Fällen kann der einzelne sich vom Volk distanzieren; er bleibt in seiner Entscheidung autonom.

Für Eugene Borowitz ist der Begriff ›Bund‹ in unserer Zeit angemessener als das Wort ›Erwählung‹. Mit dem typischen Pragmatismus der Amerikaner begründet er das damit, daß im Wort ›Bund‹ vom Volk wie vom einzelnen gefordert wird, seinerseits den Schritt in die Beziehung mit Gott zu tun. Borowitz hat sich intensiv mit den großen europäischen Denkern auseinandergesetzt und sich dabei die Hegelsche Auffassung zu eigen gemacht, daß das jüdische Volk sich mit dem Geist, das heißt mit dem Monotheismus, identifizieren muß, wenn es ewig leben will. Und es ist Teil der Pflichten des Bundesvolkes, Gott in der Welt zu verkündigen, und zwar als ein erwählendes und nicht so sehr als ein erwähltes Volk.

Zwar habe ich gegen manche Gedanken von Borowitz Vorbehalte, aber wie könnte ich einem Gelehrten eine Absage erteilen, der unsere zeitgenössische Welt aufmerksam beobachtet hat, dessen Ansatz von persönlichem Engagement getragen ist und der sein Buch mit einem Glaubensbekenntnis schließt, das uns durch seine Wahrhaftigkeit und Frömmigkeit anrührt:

»Weil ich weiß, daß ich als Angehöriger des Volkes Israel, das den historischen Bund mit Gott geschlossen hat, eine Beziehung zu Gott habe, kann ich mir selbst nur treu bleiben, wenn ich als der, der ich bin, Gott, den Juden, der jüdischen Tradition und dem jüdischen Traum vom Messias treu bleibe. Und während diese Wahrheit sich stärker im Tun als im Denken manifestiert, so haben sich doch die Juden in jedem Zeitalter durch das Nachdenken darüber, was wahrhaft jüdisches Verhalten ausmacht, die Wachsamkeit für ihre Verantwortung als Bundespartner bewahrt ...«[14]

13. A.a.O., 107.
14. A.a.O., 229.

Stephen Schwarzschild

Ein ›Bundespartner‹, dessen Leben eng mit dem von Eugene Borowitz verknüpft ist, war Stephen Schwarzschild – sein Kollege am Hebrew Union College.

Schwarzschild wuchs in Berlin auf und besuchte die Theodor-Herzl-Schule, wo seine Lehrer ihn und seine Mitschüler mit dem Gedanken des Zionismus und der *Alija*, der Einwanderung nach Palästina, bekannt machten. Schon damals beeinflußte und faszinierte ihn der Zionismus in hohem Grad. 1939 kam Schwarzschild dann in die Vereinigten Staaten. Die Familie ließ sich in New York nieder, und er studierte am City College und am Jewish Theological Seminary, bevor er nach Cincinnati ging, um seine Studien fortzusetzen und sich zum Reformrabbiner ordinieren zu lassen. Doch schon bald wechselte er zum konservativen Rabbinat, ohne dabei seine Beziehungen zum Reformjudentum abzubrechen. Schließlich kehrte Schwarzschild nach Berlin zurück, wo er zur Zeit des ›Eisernen Vorhangs‹ als Rabbiner wirkte. Sein Dienst in der dortigen jüdischen Gemeinde setzte hohe Maßstäbe und wurde von seinem einstigen Kommilitonen in Cincinnati, Peter Levinson, in seinem Geist fortgeführt. Später leitete Schwarzschild eine konservative Gemeinde in Lynn, Massachusetts.

In einem Buch über die moderne jüdische Philosophie faßt Schwarzschild seinen rationalistischen Ansatz in einem scharfsichtigen Überblick zusammen:

»Die Frommen sind stets versucht, an einen zumindest gleichwertigen, wenn nicht überlegenen Bereich des Numinosen jenseits des Bereichs der Ethik zu glauben. Denker wie Jehuda Halewi in der Vergangenheit und in unserer Zeit Rabbiner Soloveitschik mit seinem Konzept von einem ›höheren Willen‹, aber auch Leo Baeck mit seiner Doppelheit von ›Geheimnis und Gebot‹ sind Beispiele für dieses natürliche religiöse Bedürfnis. Wenn dieser Drang übermächtig wird, dann neigt das Denken dazu, den Bereich, den man noch der Philosophie zurechnen könnte, zu verlassen, und wird zur Theologie oder sogar zum Mystizismus. Der Grad, in dem ›das Heilige‹ mit dem ›Guten‹ gleichgesetzt wird, kann als Maßstab für die Macht des bestimmenden und höchsten Anspruches des Judentums in seinen vielfältigen Ausprägungen angesehen werden.«[15]

Immer wieder beschäftigte Schwarzschild sich mit dem Problem menschlichen Leidens und dem Versuch, angemessene Antworten auf diese besondere Bedingung menschlicher Existenz zu finden. Sein Freund Eugene Borowitz hatte eine einfache Antwort für den fragenden Laien gefunden:

»Rabbi Jannai sagte: ›Wir können nicht erklären, warum manche bösen Menschen sich ihres Lebens freuen dürfen, während manche guten soviel Leid erdulden müssen.‹ Wenn

---

15. *S. Schwarzschild*, Modern Jewish Philosophy. In: Cohen und Mendes-Flohr, Contemporary Jewish Thought, 633.

Sie eine Theorie wollen, die all unsere Fragen danach, warum Gott etwas anderes als das Gute zuläßt, ein für allemal beantwortet, dann ist das mehr, als das Judentum – traditionalistischer oder auch moderner Prägung – leisten kann.«[16]

Schwarzschild dagegen stützt sich in seiner Antwort auf eine Lehre, die ihm besonders wichtig ist: die Lehre, daß Gott sich bewußt von der Menschheit zurückzieht – wie ein Vater, der seinen Sohn in die Schule schickt, damit er erwachsen wird und lernt, auf eigenen Füßen zu stehen. Der Säkularismus ist damit ein Ausdruck des Erwachsenwerdens der Menschheit (vgl. Bonhoeffers Lehre vom ›sich verbergenden Gott‹, der die Welt als einen Ort tiefsten Leidens zurückläßt). Gott zieht sich zurück – aber, so Stephen Schwarzschild:

»... die Lehre vom *El Mistater* enthält sehr viel mehr ernsthaftes Suchen und Fragen und sehr viel mehr Menschlichkeit als die vom ›Tode Gottes‹. Zunächst einmal haben wir in der jüdischen Tradition einen sich verbergenden, nicht einen verborgenen Gott – einen *El Nistar umistater*, keinen *Deus absconditus* –, das heißt, es geht um eine Handlungsweise, nicht um einen Zustand Gottes, um einen lebendigen Prozeß, nicht um einen abgeschlossenen Vorgang. Zweitens ist die Rede von einer Abwesenheit, nicht von einer Leere ... Und drittens: Gegen die Lehre von der Immanenz, die besagt, daß es nichts gibt außer dem, was ist, und deren Ehrfurcht daher einzig und allein diesem Seienden gilt, wissen die, die erleben, daß Gott sich verbirgt, daß es noch etwas anderes gibt, und fühlen sich als Menschen aufgerufen, ihre gegenwärtige Situation zu überwinden. Im Sich-Verbergen manifestiert sich Transzendenz, und aus ihr entsteht der immerwährende Imperativ zum Guten und zur Veränderung zum Guten – das Gebot, ein Licht in der Finsternis anzuzünden.«[17]

Schwarzschild kann die modische Vernarrtheit in die kabbalistische Lehre vom *Zimzum*, derzufolge Gott sich auf Dauer aus der Welt zurückgezogen hat, um der Menschheit Raum zu geben, und uns für immer im Exil zurückließ, nicht nachvollziehen, denn das würde bedeuten, daß Gott die Opfer des Holocaust im Stich gelassen hat. Er geht die ganze Reihe biblischer Gestalten durch, die sich angesichts schrecklichsten Leidens weigerten, Gott zu loben. Jeremia und Daniel sahen sich einer überwältigenden Übermacht des Bösen gegenüber, doch die Rabbinen stellten dem den Gedanken entgegen, daß wir, je größer das Böse ist, um so mehr an Gott glauben können, dessen geduldige und liebevolle Güte im Angesicht dieses Bösen die einzige Grundlage ist, auf der die Welt weiterexistieren kann. Israel muß weiter zu seinem Vater rufen, der schließlich sein Schreien erhören wird.

Es ist nicht weiter überraschend, daß eine solche Vision künftiger Hoffnung Stephen Schwarzschild zu einem der wenigen Lehrer innerhalb der nicht-ortho-

16. *E. Borowitz*, Liberal Judaism. New York 1984, 190.
17. *S. Schwarzschild*, The Lure of Immanence. Collected Essays, 79.

doxen Judenheit machte, der an einen persönlichen Messias glaubt. Er hat eine Botschaft, die sich auf alle ›Reiter in die Morgendämmerung‹ anwenden läßt: Es ist das Sich-auf-den-Weg-Machen in die Morgendämmerung, das zählt, das Dem-Ideal-Nachjagen, auch wenn es uns nicht gelingt, bis ins helle Licht der Sonne vordringen. Auch wenn die Welt im argen liegt, wenn sie trotz all unserer Anstrengungen unverändert bleibt, so ist doch in uns selbst Bewegung. Moralische Realität, würde Stephen Schwarzschild sagen, ist die moralische Haltung einzelner. Die Ethik liegt in uns und ist nicht an Epochen oder Ideen gebunden. Das messianische Zeitalter ist eine Utopie, der Messias eine konkrete, wenn auch in der Zukunft liegende Wirklichkeit.[18]

Stephen Schwarzschild wollte das sein, was Samson Raphael Hirsch den *Jisrael Menschen* nennt – ein Mensch, der ganz von der Wahrheit des Judentums erfüllt ist und dieser Wahrheit in der Welt eine Stimme verleiht. Da die jüdische Lehre für Schwarzschild die Trägerin universaler Wahrheiten ist, die allen Menschen gleichermaßen gehören sollten, kann sein Ansatz als ein universaler Ansatz gelten.

Der Denker Stephen Schwarzschild hat die Wahrheiten der Vergangenheit für die Gegenwart gerettet und fruchtbar gemacht. Er ist ein ›Reiter in die Morgendämmerung‹, der einem so fernen Horizont zustrebt, daß der Weg und nicht so sehr das Ziel für ihn zu dem wird, was zählt. Und doch war es das Ziel, das ihm Kraft gab, und die Vision, die ihn beflügelte: sein Glaube an den persönlichen Messias. Dieser Glaube macht ihn beinahe zum Traditionalisten, der das Bekenntnis des Maimonides nachsprechen kann: »Ich glaube mit vollkommenem Glauben an das Kommen des Messias; und auch wenn er verzieht, werde ich doch auf ihn harren!« Darin steckt das Dem-Ideal-Nachjagen in äußerster Konsequenz, gekoppelt mit dem Wissen, daß der Sonnenaufgang sich vielleicht verzögert, daß am Ende aber allen Menschen die Sonne scheinen wird.

Eugen Täubler

Einer der ungewöhnlichsten jüdischen Wissenschaftler in den Vereinigten Staaten war zweifellos der am Hebrew Union College lehrende Eugen Täubler. Wenn wir nach einem ›Reiter in die Morgendämmerung‹ Ausschau halten wollten, der in seiner Reise zum Licht die strengsten akademischen Maßstäbe erfüllte, würde die Wahl zweifellos auf Täubler fallen. Seine Gelehrtenkarriere fiel aus dem Rahmen: Täubler war eine Koryphäe auf dem Gebiet römischer und griechischer Geschichte und zudem Hebraist. Zugleich beschäftigte er sich intensiv mit der Entwicklung jüdischen akademischen Lebens. Noch 1938 stand Eugen Täubler

---

18. *S. Schwarzschild*, The Pursuit of the Ideal, 11.

in einem Briefwechsel mit Judah Magnes an der Hebräischen Universität von Jerusalem, in der einige von Täublers eigenen Vorstellungen von einer Universität Wirklichkeit wurden. Von Anfang an Mitglied des Lehrkörpers der Hochschule für die Wissenschaft des Judentums in Berlin, opferte Täubler lange vor der Machtergreifung Hitlers eine brilliante akademische Laufbahn und widmete sich ganz der *Wissenschaft des Judentums*.

Täubler hatte viel mit Arnaldo Dante Momigliano gemein. Beide waren führend auf dem Gebiet der Geschichte der Antike und der Erforschung jüdischer Texte, beide waren ›Reiter in die Morgendämmerung‹, dabei jedoch stärker mit der Vergangenheit als mit der Zukunft befaßt. Das ist insofern wichtig, als gerade jene, die die Vergangenheit durchforschen, ein besonderes Licht auf unsere kleine Reisetruppe werfen können. Täubler hatte eine Vision von der Vergangenheit, die gleichzeitig tröstlich und schrecklich war. Er wechselte schließlich von Berlin nach Heidelberg, wo er als erster Jude eine ordentliche Professur an der damals bedeutendsten deutschen Universität innehatte. Nach Hitlers Machtergreifung legte er alle akademischen Ämter nieder und kehrte zur jüdischen Gemeinde zurück. In einer Ansprache unter der Überschrift *Judentum als tragische Existenz* stellte er seinen Studenten die Zukunft und die Vergangenheit vor Augen:

»Als ich ... zum ersten Mal ... (an dieser Stelle stand), vor 26 Jahren ist es gewesen, dürften Sie, liebe Kommilitonen ... das Licht dieser schönsten aller Welten noch nicht erblickt haben. Wir lebten damals alle der Anschauung, die bekannte Sonne der Kultur und der Humanität – zwei Worte für dieselbe Sache – sei verpflichtet, immer höher am Horizont aufzusteigen und die letzten Schattenflecke von der Erde zu tilgen. Ich bringe nicht nur meine eigene Wandlung zum Ausdruck, wenn ich sage, daß ich inzwischen gelernt habe, das Leben unter einem anderen Aspekt anzusehen, unter dem einer *tragischen* Existenz.«[19]

Er erklärt der Fakultät und den Studenten, »warum ich mich ... nach einigen Jahren von der Lehranstalt trennte und wie es kam, daß ich den Weg zu ihr zurückgefunden habe«. Mit großem Freimut bekennt Täubler, daß er sich durch die Bindung an die jüdische Geschichte zu sehr eingeschränkt gefühlt habe. Es drängte ihn zu den geschichtlichen Fragen von allgemeinerer Bedeutung, zu universalgeschichtlichen Aussagen, und dieses Streben führte ihn in jene äußere Welt, in der er sich als einer der bedeutendsten Historiker, ja als der Nachfolger des großen Theodor Mommsen, dessen Assistent er gewesen war, erwies. Zugleich entdeckte er aber auch, daß er den Boden des Judentums nie verlassen hatte: Hier war und blieb der Dreh- und Angelpunkt all seiner Forschungsarbeit. Sein Schicksal war ein jüdisches Schicksal; eine fünftausendjährige Geschichte hatte ihn geformt

---

19. *Eugen Täubler*, Aufsätze zur Problematik jüdischer Geschichtsschreibung 1908-1950. Tübingen 1977, 47.

und ihn darin bestärkt, gerade jene Fragen zu stellen, die im Mittelpunkt des Interesses des Historikers standen. Auf der Suche nach einem Sinn der Geschichte, in die er selbst verwoben war, bewegte er sich auf das Weltbild des Universalismus und Existentialismus zu.

Wie für Momigliano gewann auch für Täubler das hellenistische Zeitalter entscheidende Bedeutung. Der Einfluß dieser Epoche auf das jüdische Leben im Exil führte ihn zunächst zu einer Neu-Überprüfung bereits vorliegender Erkenntnisse und schließlich in Neuland. In einer Zeit der Finsternis gab es doch Hoffnung. Täubler deutete seine Erkenntnisse auf fast messianische Weise, er forderte ein neues Bewußtsein und die Entwicklung einer neuen Sprache, in der die Menschheit die Offenbarung des höchsten Gottes empfangen sollte. Doch hier kam er nach seinen eigenen Worten ins Straucheln:

»Wohin gerate ich? Schon habe ich die Grenze überschritten, die mir die Wissenschaft, die ich hier vertreten soll, gezogen hat. Meine Aufgabe soll es sein, zu lehren, was man geschichtlich erkennen kann und wie man mit wissenschaftlichen Mitteln zu Erkenntnissen kommt, und nichts anderes soll vor Ihren Ohren, liebe Kommilitonen, laut werden. Aber es mag vor dem Beginn dieser Tätigkeit an der Zeit gewesen sein, auf das aufmerksam zu machen, was in meinem Sinne über die Grenzen weist. Ich hoffe, Ihnen nicht nur im Hörsaal zu begegnen; ich hoffe, daß es nicht nur die Wissenschaft sein wird, die uns verbindet. Und wenn ich Ihnen erzählen werde, was einmal gewesen ist, so werden Sie darüber so wenig wie ich vergessen, was es bedeutet, *unter dem Zeichen eines noch nicht vollendeten Schicksals zu stehen.*«[20]

Dieser Mann kam nach Cincinnati, als in Europa die Finsternis herrschte, und versuchte, einem ganz anderen Studententypus zu vermitteln, was er eigentlich seinen deutschen Studenten am Abgrund der Zerstörung hatte vermitteln wollen. Er lebte eine wahrhaft ›tragische Existenz‹, in der seine hohe Gelehrsamkeit nicht die ihr zukommende Wertschätzung erfuhr. Und doch blieb er ein Lehrer, dem es in seltenen Augenblicken gelang, die Welt für seine Studenten in einem neuen Licht erscheinen zu lassen.

Was war Eugen Täubler für Amerika? Wären die Umstände anders gewesen, hätte er ein Boethius des Mittelalters sein können, der einer neuen Welt half, die Schätze der Antike zu heben, die stolze Vergangenheit römischer Gesetzgebung, die reichen Quellen jüdischen Geistes. Er hätte deutlich gemacht, daß die Vergangenheit mehr ist als ein Gegenstand ehrfürchtiger Verehrung, daß sie Gültigkeit hat für die Gegenwart und Fundament sein kann für die Zukunft.

Wird die heutige Generation die Ernte von Täublers Arbeit einbringen können? Diese Frage stellt uns vor schwierige Probleme. Denn die Grundaussage von Eugen Täubler, die beispielhaft in seinem eigenen Leben zum Ausdruck

20. A.a.O., 51.

kommt, ist die Forderung an den Gelehrten, universal zu denken und zu arbeiten. Die heutige akademische Welt aber ist eine Welt der Spezialisierung. Eugen Täubler sah die Vergangenheit – Griechenland, Rom und Palästina – mit dem klaren Auge des Genius, der das Gewesene zusammensieht; und er liebte, was sich ihm darbot, mit nie erlöschender Leidenschaft. Wir können diese Haltung bewundern; und vielleicht können wir von ihm auch lernen, den letzten Rest europäischer Gelehrsamkeit, die den Weg zu uns gefunden hat, zu nutzen und hochzuschätzen. Doch es ist schwierig, ihr nachzueifern – die Gegenwart mit ihrer lärmenden Betriebsamkeit erstickt die Vergangenheit. Und doch, hätte die amerikanische Judenheit diesen ›Reiter in die Morgendämmerung‹ deutlicher vernommen, so wäre sie ihren Ursprüngen treuer geblieben.

Täubler sah die Geschichte von der Ganzheit des Lebens her. Dieser philosophische Ansatz bestimmte auch die Seminare, die er in Cincinnati über die Psalmen und über Bibelkritik hielt, und ganz besonders seine Vorlesungen über Ijob, für Täubler der ›universale Mensch‹ schlechthin. In seinen Vorlesungen und auch in privaten Gesprächen bezeichnete Täubler sich als Existentialisten. Doch wenn seine Philosophie tatsächlich existentialistisch geprägt war, so lehnte sie doch Sartres Hoffnungslosigkeit ebenso ab wie Simone Weils Flucht in den katholischen Mystizismus. Sie erinnerte stärker an Tillich und dessen ›protestantisches Prinzip‹ – das Wissen um die Gegenwart des ›Unbedingten‹ hinter allen menschlichen Begriffen und Idealen. Doch Täubler ging über den konventionellen Existentialismus hinaus, indem er an die Stelle der Verzweiflung die Hoffnung setzte. Wo der Existentialismus als Kind seiner Zeit vor allem den am meisten ins Auge springenden Aspekt alltäglichen Erlebens, das Leiden, betonte und zu einem primären Aspekt des ganzen Universums machte, brachte Täubler die Distanz des Klassizisten mit, der die Harmonie des Universums hinter der Koda des Leidens gewahrt. Er hatte all die Leiden der Gegenwart erlebt, doch er sah über sie hinaus. Mit dem Blick in die Vergangenheit entwickelte er Visionen für die Zukunft. Zwar ist die existentielle Situation des Lebens in der Tat Krisis und Spannung, doch es ist eine kreative Spannung, die Frage nach dem *Ens realissimum*, nach dem Rätsel des Seins. Nach Täublers Auffassung kann man sich dieser Frage aus zwei Richtungen nähern: von der Metaphysik und von der Religion.

Täubler glaubte, daß sich im Judentum Metaphysik und Religion verbinden ließen. »Das existentielle Problem des Judentums ist seine Verbindung zur Metaphysik. Das ist der entscheidende Punkt!« pflegte er seinen Studenten in Cincinnati wieder und wieder zu erklären. Das dunkle Leiden der Gegenwart ist Teil der Begegnung mit dem Leben, aber es faßt nicht seine Ganzheit. Der Gedanke eines lebendigen, dynamischen Judentums, das die ihm zukommende Rolle in einer neuen, westlichen Renaissance spielt, muß im modernen jüdischen Bewußtsein verankert werden. In einer Vorlesung über die »Grundgedanken der abendländischen Metaphysik« zeigte Täubler, wie stark die moderne Philosophie sich von der Realität persönlicher Bedürfnisse entfernt hatte, und wie ein teilweiser Zusammenbruch der Kultur zum Vorläufer einer neuen Renaissance werden konnte. Das Judentum als lebendige Kraft war unabdingbar für diese neue Welt, doch seine Träger mußten die wahren Quellen, aus denen das Judentum seine lebendige Gestalt schöpfte, erst neu entdecken. Die Juden müssen sich selbst kennenlernen; und über bloßes historisches Wissen hinaus müssen sie ein historisches Bewußtsein für ein Schicksal entwickeln, das ihnen den Weg in die Zukunft weist.

> Nein zu sagen zum Unglück, wieder und wieder
> überwinden, was uns schmerzvoll niederdrückt ...

> Ja zu sagen zur Tragödie unserer Existenz,
> unserem Schicksal, Wurzel unseres Seins, Fülle der Kraft ...

> So überwunden, dienen uns, den Siegern, Ja und Nein,
> halten uns, die Überwinder, in ewiger Gefangenschaft.

›Umbra vitae‹[21]

In diesen Zeilen steckt eine Lehre, die wir selten ausgesprochen finden und die doch für die gegenwärtige Generation so wichtig ist: Die Finsternis, die so viele Leben überschattet, die täglichen Angriffe, denen wir in einer Welt, die ihre Werte verloren hat, ausgesetzt sind – sie alle sind Feinde, denen wir ein deutliches ›Nein‹ entgegensetzen, denen wir uns verweigern müssen. Wir können uns nicht vormachen, daß es sie nicht gibt: Gleichgültigkeit gegenüber dem Bösen schafft das Böse nicht aus der Welt. Täubler lehrt uns, ›Ja‹ zu sagen zur Tragödie und unsere Rolle als Leidende, die uns nicht zwangsläufig auch zu Opfern macht, anzunehmen. Täubler war mit den Helden der griechischen und römischen Literatur vertraut, die ihrem Schicksal unterworfen waren und dennoch gegen es ankämpften. Worauf es auf unserem Weg aus der Finsternis in die Morgendämmerung ankommt, ist, *wie* wir diesen Weg gehen – auch wenn die letzte Nacht fällt, bevor wir das Sonnenlicht erblickt haben.

Leo Baeck

Leo Baeck war für mich von Anfang an die zentrale Gestalt, die mein Verständnis vom Judentum entscheidend beeinflußte. Als kleiner Junge durfte ich bei besonderen Gelegenheiten mit in die Synagoge in der Fasanenstraße in Berlin, wo ich Worten lauschte, die ich nicht verstand. Hoch oben auf der Kanzel hielt Rabbiner

21. Übertragung durch die Übersetzerinnen

Leo Baeck eines seiner »Zwiegespräche mit Gott«, wie manche Mitglieder des Gemeinderats seine Predigten zu bezeichnen pflegten. Dem konnte ich nur beipflichten – was nicht heißen soll, daß ich nicht tief beeindruckt war. Viel später, nach dem Krieg, kam Leo Baeck dann als Lehrer ans Hebrew Union College. Und ich stellte fest, daß da ein Mann war, der die tiefste Finsternis, das Konzentrationslager, überlebt und sich dabei einen Glauben und eine Heiterkeit bewahrt hatte, die prägend für mein Leben werden sollten. Damals hatte ich das Bild von den ›Reitern in die Morgendämmerung‹ noch gar nicht bewußt entwickelt, und doch war mir klar, daß ich hier einem Boten begegnet war, einem klassischen Lehrer des Judentums, der uns aus der Finsternis ins Licht führen konnte.

Baeck war schon seit der Zeit vor dem Ersten Weltkrieg der Lehrer und Leiter der deutschen Judenheit gewesen, und er war Zeuge geworden, wie die deutschen Juden in die tiefste Hölle hinabstiegen. Mehr als nur Lehrer und Akademiker wie sein Gefährte und Freund Eugen Täubler, war Baeck in jeder Hinsicht im jüdischen Gemeinschaftsleben aktiv gewesen, Präsident vieler freiwilliger Vereinigungen, ein gewissenhafter und hingebungsvoller Rabbiner, der in verschiedenen jüdischen Gemeinden Dienst tat – in Oppeln, Düsseldorf und Berlin – und dabei noch mehrere mittlerweile zu Klassikern gewordene Werke über jüdische Theologie und Geschichte verfaßte.

Um diesen besonderen ›Reiter in die Morgendämmerung‹ zu verstehen, müssen wir uns selbst in die Finsternis begeben, der er entronnen ist; wir müssen zumindest einen flüchtigen Eindruck vom Getto des Konzentrationslagers Theresienstadt gewinnen, um zu begreifen, was es bedeutete, daß Baeck noch in diesem Inferno den Weg aus der Finsternis ins Licht lehren konnte.

Theresienstadt war, zumindest äußerlich, das ›Vorzeigelager‹ der Nazis; hier war die ›Prominenz‹ interniert. Von Zeit zu Zeit tauchten Delegationen des Roten Kreuzes auf, die dann herumgeführt wurden, wobei man dafür Sorge trug, daß sie die schlimmen Seiten des Lagers nicht zu Gesicht bekamen. Theresienstadt war kein Vernichtungslager. Doch das war auch gar nicht nötig. Der Tod kam ganz von selbst. Der alltägliche Kampf mit dem Tod, das unvorstellbare Leiden, haben Baeck zutiefst geprägt: Er ist dadurch fähig geworden, das, was in einer solchen Situation einzig trägt, die Vision von einer besseren Zukunft und das Ausharren in Geduld, jene geistigen Kräfte, die den Menschen noch das äußerste Leiden ertragen lassen, mit großer Klarheit in Worte zu kleiden.

Wie entrinnt man dem Leiden? Baeck erzählt von dem täglichen Zug der Toten. Er beschreibt den dunklen Korridor der Festung mit seiner langen Reihe von Särgen, die niemals abriß. Übereinandergestapelt, lauschten die Toten den Psalmen – bis zur Abschlußformel ›Sie sollen meine Hilfe sehen‹ – dann wurden sie in die Freiheit entlassen. Der mit der Aussegnung betraute Geistliche durfte fünfzig Schritte aus der Finsternis hinaustun; dann kehrte er um, während die Toten ihren Weg fortsetzten – ins Feuer. Jetzt waren sie frei.

Der andere ›Fluchtweg‹ aus dem Lager waren die Transporte in den Osten. Monat für Monat – oft Tag für Tag. Auch hier fragt man sich wieder, was die Menschen wußten und was sie vermuteten. In einem drei Monate nach seiner Befreiung aus Theresienstadt verfaßten Text betont Baeck noch einmal den beklemmenden Gegensatz zwischen dem furchtbaren Verdacht und der Hoffnung auf einen guten Ausgang, die so dringend nötig war, um die Tage durchzustehen, einen nach dem anderen:

»Keiner wußte mit Sicherheit (wohin die Transporte gehen sollten). Man wußte nur das eine: Sie gingen in den Osten. Eine Wolke der Sorge, der Angst und des Entsetzens hatte sich über das Lager gelegt. Und das war denn auch das Kennwort der Wächter: Haltet die Juden in Ungewißheit. Sorgt dafür, daß sie niemals Ruhe finden.«[22]

Baeck beschreibt, wie diejenigen, die für die Transporte ausgewählt wurden, neue Nummern bekamen und von den anderen isoliert wurden, ›wenn das Los auf sie fiel‹. Er selbst hatte sich jenen Machtstrukturen entzogen, von denen das Los gefällt wurde. Mithäftlinge schildern, wie Baeck inmitten schlimmsten Leidens zum Hirten, Rabbiner und Lehrer der Lagergemeinschaft wurde. Baeck selbst verliert kein Wort über sein Wirken. Im folgenden Text schildert er im Grunde genommen genau seine Arbeit, ohne sie jedoch nur einen Augenblick auf sich zu beziehen. Das Begriffspaar ›Vision‹ und ›Ausharren‹ als Bollwerk gegen das Sich-Ausliefern an die Finsternis gerät dabei zu einer Beschreibung der verschiedenen Möglichkeiten, wie die Finsternis zurückgedämmt wurde. Idee und Seinserfahrung verbinden sich:

»Der Kampf zwischen der ›Masse‹ und der ›Gemeinschaft‹ ging unvermindert weiter. Menschen, die sich nie gesehen hatten, versuchten, einander körperlich und geistig beizustehen. Sie gaben einander Anteil an ihren Gütern, an ihrem Geist. Sie fanden zueinander. In den frühen Morgenstunden und spät nachts versammelten sie sich zum Gottesdienst, wo immer ein Raum zugänglich war. Aus den Fenstern, aus den Fluren der Häuser drangen die Stimmen der Betenden, füllten die Worte der Tora, die verlesen wurde, die Straßen. Oder sie trafen sich in der abendlichen Dunkelheit auf dem Dachboden einer Baracke. Eng zusammengedrängt standen sie und lauschten einer Vorlesung über Plato, Aristoteles, Maimonides, Descartes und Spinoza. Sie hörten Gesprächen über Locke, Hume, über die schönen Künste und die Dichtung zu; manchal auch über Palästina, über die Gebote, die Prophetie und den Traum vom Messias. Das waren Stunden, die allen gehörten, Stunden, in denen sich aus der Menge eine Gemeinschaft bildete, in denen die Enge weit wurde. Es waren Stunden der Freiheit.«[23]

22. *Leo Baeck*, Life in a Concentration Camp. In: The Jewish Forum, London 1946, 29-30.
23. A.a.O., 31-32.

Das war Baecks Rezept gegen das Aufgeben, die Auslieferung an das Leiden, das sie alle erduldeten. Er sah, wie Vorstellungskraft und geduldiges Ausharren einander aufhalfen, wie einzelne, ja eine ganze Gemeinschaft ihre inneren Möglichkeiten entdeckten. Die Tatsache, daß er selbst es war, der diese Vorträge hielt, war in seinen Augen unwichtig und der Erwähnung nicht wert. Für die Gruppe aber, die in diesem Rabbiner und Lehrer ihren Glauben gerechtfertigt sah, bedeutete es unendlich viel. Vielleicht hätten sie sonst immer noch die Gebetszeile gesprochen: ›Für unsere Sünden werden wir bestraft‹, hätten sich immer noch einer Tradition verpflichtet gefühlt, die Leiden mit Strafe für all jene, die Böses getan haben, gleichsetzt.

Wenn wir uns den ›Reiter in die Morgendämmerung‹ als einen Menschen vorstellen, der uns aus der Finsternis ins Licht führt, so tritt er uns hier in der Rolle des Lehrers gegenüber, der diese Aufgabe inmitten einer absoluten Finsternis erfüllt hat, in der kaum jemand hoffen durfte, das Morgenlicht je zu schauen. Baeck weckte Phantasie und Hoffnung in jenen, die wußten, daß sie verloren waren, aber durch ihn das innere Licht, das in ihnen selbst brannte und sie am Leben hielt, sehen konnten. Und die wenigen, die mit ihm überlebten, hatten mit ihm eine Verwandlung durchgemacht. Wie Baeck waren sie nach dieser Erfahrung weniger philosophisch; sie brachten einen anderen, geläuterten Glauben mit, der ihnen die Kraft gab, eine andere, neue Welt zu betreten.

Schon das Denken des ›frühen‹ Baeck hatte sich im Punkt der Begründung menschlichen Leidens und im Blick auf den Umgang mit den Anfechtungen, die dem jüdischen Volk auferlegt wurden, von der Tradition entfernt. Doch fühlte sich Baeck damals noch formal dem Bund mit seinem Auftrag, Zeuge in der Welt zu sein, verpflichtet. Er akzeptierte den Gott, der sein Volk ›prüft‹ und es dazu anleitet, das Gute auch in der schmerzlichen Erfahrung zu sehen. Baeck hatte noch keineswegs mit der Vergangenheit gebrochen, er setzte nur die Betonung anders: Weg von der Frage nach den Gründen hin zur Bewältigung des Menschseins, zu dem das Leiden als fester Bestandteil gehört. Nach dem Holocaust war diese Position für die meisten denkenden Juden unhaltbar geworden. Der Tod von einer Million Kinder in den Lagern konnte keine Strafe für irgendwelche Sünden sein. Er konnte auch keine Prüfung oder Reinigung sein. Er war einfach unfaßbar, ein Ausdruck des nackten Bösen.

Die Zeit kam, sie mußte kommen, wo Leo Baeck nach Deutschland zurückkehrte und den Deutschen gegenübertrat. Es war im Jahr 1953, einem sehr wichtigen Jahr für die deutsch-jüdische Vergangenheitsbewältigung. Martin Buber war nach Frankfurt gekommen, um auf der Frankfurter Buchmesse den Friedenspreis des deutschen Buchhandels entgegenzunehmen. In seiner Rede fand er Worte der Versöhnung. 1978, vierzig Jahre nach der Kristallnacht, sprach der damalige Bundeskanzler Helmut Schmidt bei einer Gedenkfeier über das Thema ›Wahrheit und Toleranz‹. Er gab der Hoffnung auf einen neuen Dialog mit der jüdischen Gemeinschaft Ausdruck, einen Dialog, der auf der Offenheit eines Martin Buber aufbaute:

»Vor fünfundzwanzig Jahren fragte der deutsch-jüdische Philosoph Martin Buber in der Paulskirche: ›Wer bin ich, daß ich es wagen könnte, an dieser Stelle von Vergebung zu sprechen?‹«[24]

1939 hatte Martin Buber vom Ende der deutsch-jüdischen Symbiose gesprochen und damit eine Position eingenommen, wie sie später vor allem Gershom Scholem vertrat, wenn Scholem auch mit seiner Behauptung, daß es eine solche Symbiose in Wirklichkeit nie gegeben habe, sehr viel weiter ging. Buber hatte in der Frankfurter Rede denn auch gar nicht an das frühere Verhältnis anknüpfen wollen. Er sah die deutsche Schuld, er sprach von Auschwitz und Treblinka. Aber – und darin unterschied er sich von vielen jüdischen Stimmen der damaligen Zeit – er verlangte nicht, daß die Deutschen, die gegen Hitler gewesen waren, zu Märtyrern hätten werden sollen. Er sah sie mit allen ihren Fehlern, taub, blind, verantwortungsscheu. Und doch, so unwahrscheinlich es außenstehenden Beobachtern erschien, schloß Buber die Möglichkeit nicht aus, daß es tatsächlich Menschen gegeben hatte, die einfach nicht wußten, was geschah. Neben ihnen sah er aber auch die wenigen nicht-jüdischen Freunde, die *Chasside Umot ha-Olam* (die ›Gerechten unter den Völkern der Welt‹), die Widerstand geleistet und Leben gerettet hatten. Um ihretwillen glaubte er an die Möglichkeit eines Neuanfangs – mit derselben Begründung war einst Abraham für Sodom eingetreten.

Im Oktober 1952, fast zur gleichen Zeit, veröffentlichte Leo Baeck einen Artikel im *Rheinischen Merkur* mit dem Titel *Israel und die Deutschen*. Schon in den Einleitungszeilen dieses wichtigen Textes wird eine Brücke von der Anklage zur Versöhnung geschlagen:

»Nur eine tiefempfundene, man möchte fast sagen eine liebende Sehnsucht nach innerer Offenheit und äußerer Klarheit kann uns in die Lage versetzen, das Wort von einem möglichen Frieden zwischen Israel und dem deutschen Volk überhaupt auszusprechen. Einzig und allein eine solche Wahrhaftigkeit, in der Denken und Reden auf einzigartige Weise zusammengehen, auf eine Weise zusammengehen, die keinen Raum läßt für Hintergedanken und Ausflüchte, wäre eine Rechtfertigung, an dieser Stelle ja oder nein zu sagen, zu hoffen oder zu zweifeln ...

Doch da ist noch eine weitere Vorbedingung. Sie ist gewissermaßen mit der Frage nach dem ›Kairos‹ verknüpft: Wenn diese Grundlage nüchterner Objektivität, verbunden mit der Dimension persönlicher Betroffenheit, eindeutig vorhanden ist, sollte diese dialogi-

24. *Martin Buber*, Rede anläßlich der Verleihung des Friedenspreises des Deutschen Buchhandels, 1952.

sche Konfrontation dann wirklich *jetzt* beginnen? Ein altes jüdisches Sprichwort sagt: ›Wenn man versucht, die Stunde zu beschleunigen, flieht sie.‹

Ist die Zeit wirklich gekommen? Manche sagen ... daß die Juden ihren Frieden mit dieser besonderen Zeitspanne machen sollen, mit dem Guten und der ungeheuerlichen Traurigkeit, die in ihr lag. Mit dem Guten sicherlich. Ob aber auch mit der Traurigkeit? Traurigkeit wird immer mit Traurigkeit einhergehen. Doch war da nicht noch etwas anderes, etwas vollkommen und zutiefst anderes in jener Zeit? Kann und soll man Frieden machen mit dieser Andersheit, damit, wie damals auf tausenderlei Art das Bild Gottes zerstört wurde?«

Baeck spricht hier ganz schlicht von der Ehrlichkeit in Beziehungen, sei es nun in der Begegnung von Mensch zu Mensch oder in der neuen Annäherung zwischen Israel und Deutschland. Der Zeitpunkt war in der Tat sehr früh: 1952 standen Israel und Deutschland allenfalls am Beginn der Grauzone einer auf beiden Seiten von Unbehagen und Unsicherheit gekennzeichneten Beziehung, die auch heute noch nicht frei ist von Vorbehalten. Baecks Ruf nach unbedingter Ehrlichkeit, in der die geistige und moralische Dimension Hand in Hand gehen und gefühlsmäßige Erwägungen ausgeklammert werden, verhallte ungehört. Im Laufe der Jahre wurden hohe Wiedergutmachungszahlungen geleistet und angenommen, beides teilweise aus den falschen Gründen; auf beiden Seiten blieb ein Gefühl der Schuld, und das Herumreden um die eigentlichen Fragen geht weiter. Doch wenn Baecks Appell zur Ehrlichkeit auch auf der politischen Ebene nicht ernst genommen wurde, so kann man doch sagen, daß er im Bereich der Wissenschaft zumindest in manchen Bereichen Gehör gefunden hat. Yad Vashem (das israelische Institut für Holocaust-Forschung) zeigt die Dimensionen des Horrors auf wie jener Spiegel, in dem man es wagen kann, das Haupt der Medusa anzublicken. Und zugleich zollt die *Allee der Gerechten*, die vor ebendiesem Institut angelegt wurde, all jenen Anerkennung, von denen schon Baeck gesagt hatte, daß sie im Schatten des Holocaust stehen: den Rettern, die sich engagierten, die sich weigerten, in der Masse mitzumarschieren und das Böse zu tun.

Baeck hat niemals konkret über seine Erlebnisse im Holocaust geschrieben. Er schuf keine neue Theologie des Leidens und nahm auch keine radikalen Veränderungen in seiner Lehre vor. Die Abweichungen und neuen Akzente waren bereits in dem Text enthalten, den er noch in Theresienstadt so gut wie vollendet hatte: *Dieses Volk. Jüdische Existenz* – eine Verschiebung vom Wesen zum Sein hatte stattgefunden (Baecks erstes größeres Werk trug den Titel *Das Wesen des Judentums*). Dennoch sind die beiden Werke eins; sie stellen die logische Weiterentwicklung eines klaren und rationalen ethischen und von wahrer Frömmigkeit getragenen Entwurfs zum Gesamt der jüdischen Tradition dar. Alle Schriften Baecks bilden ein zusammenhängendes, ineinander verflochtenes Gewebe, das tief im Herzen des Judentums verankert ist.

Warum richtete sich Baecks Blick doch wieder nach Deutschland, warum sprach er sich, wenn auch zögernd, für einen Dialog aus? Man muß sich hier Baecks Forderung nach Wahrhaftigkeit ins Gedächtnis rufen – die einzige geistige Haltung, aus der heraus es schließlich von deutscher Seite zu einem Ausdruck der Reue kommen konnte. Nun gibt es aber, wie Baeck lehrte, keine Reue ohne versöhnendes Handeln. Damals sah er allerdings noch keine Ansätze zu solchem Handeln, und er warnte denn auch zu Recht vor aller Übereilung. Ein einfaches ›Vergeben und Vergessen‹ würde nicht nur auf eine unehrliche Verschleierung der Vergangenheit hinauslaufen, es würde auch Deutschland die notwendigen Taten der Sühne unmöglich machen.

Später hat Ernst Akiba Simon, Baecks Freund und Kollege, diesen Standpunkt in einer Aussage über Deutschland, auf dessen versöhnendes Handeln die Juden noch immer warteten, zum Ausdruck gebracht:

»Das neue Deutschland kann seine jüngste Vergangenheit nur ›aufarbeiten‹ oder ›bewältigen‹, wie immer der Ausdruck laute, wenn es zu einem Werk echter Umkehr bereit ist. Umkehr bedeutet, die Folgen der bösen Tat soweit wie möglich ungeschehen zu machen. Kein Toter wird durch Umkehr erweckt, aber sie kann dazu beitragen, neue Morde und Kriege zu verhindern. Eine energische Friedenspolitik, die alles fördert, was Israel und seine Nachbarn zu einer Verständigung bringen könnte, wäre ein Akt solcher Umkehr. Dann wird das neue Israel sein Aufbauwerk in Frieden und Menschlichkeit fortsetzen können. Wenn Sie wirklich wollen, daß wir Juden Gottes Zeugen vor der Welt bleiben und immer mehr werden, so tun Sie alles, was in Ihrer Macht steht, damit alle Völker dieser Erde zu Gottes Frieden kommen, nicht zuletzt aber Juden und Araber im Heiligen Lande. Wir Juden haben als Gottes Zeugen in schwerstem Leid und unter äußerstem Druck bestanden: in unserem eigenen Staat hoffen wir als Gottes Zeugen auch in der Freiheit zu bestehen.«[25]

Ob diese Zeit nun gekommen ist, ob Ernst Simons Hoffnungen für Israel wie für Deutschland ihrer Erfüllung näher gerückt sind, bleibt eine wichtige Frage für uns. Doch die Balance aus Hoffnung und Zweifel, wie Leo Baeck sie vertrat, bestimmt sicher in hohem Maße auch noch unsere heutige Situation.

Baeck war ein Mensch von unbeugsamer innerer Integrität, ein Vorbild für seine Kollegen wie für seine Schüler. Ihnen allen hat er beigebracht: »Der Tag ist kurz, und die Arbeit ruft ...«

Das gegenwärtige Interesse an Leo Baeck ist ein Zeichen dafür, daß seine Lehren überlebt haben und unsere zeitgenössische Suche nach der Wahrheit befruchten können. Er hat mit seinem Leben bewiesen, daß das Böse das Gute nicht erstarren lassen muß und daß geistiger Widerstand möglich ist, wo wir keine an-

---

25. *Ernst Simon*, Das Zeugnis des Judentums. In: Entscheidung zum Judentum. Essays und Vorträge. Frankfurt am Main 1979, 121.

deren Waffen mehr haben. Er war im Konzentrationslager ein Licht in der Finsternis, weil er dem Intellekt und dem religiösen Empfinden der Menschen Nahrung gab. So waren jene nächtlichen Vorlesungen in Theresienstadt, in denen er seine Zuhörer in die Welt der griechischen Philosophie einführte, für ihn ein Weg geistigen Widerstands.

Wir haben Weggefährten auf unserer Reise aus der Finsternis in die Morgendämmerung. Gefährten aber helfen und tragen einander. Man hat Baeck vorgeworfen, daß er in Theresienstadt den christlichen Häftlingen ebenso seelsorgerlichen Rat und Beistand leistete wie den Juden. Vielleicht ist gerade das die Lehre, die unsere Zeit am dringendsten braucht: Je treuer wir unserem eigenen Glauben sind, desto bereitwilliger können wir unserem Nächsten die Hand entgegenstrekken – das ist der Weg, der ins Licht führt.

Teil 4

1. Amerika
Aus goldener Vergangenheit in eine ungewisse Zukunft

Give me your tired, your poor,
Your huddled masses yearning to breathe free
The wretched refuse of your teeming shore;
Send these, the homeless, tempest-tossed to me.
I lift my lamp beside the golden door.

Emma Lazarus[1]

Heutzutage wird lieber vom ›*golden door*‹ geredet als vom ›*wretched refuse*‹, und doch stehen beide Zeilen auf dem Sockel der Freiheitsstatue im New Yorker Hafen. Das Mitgefühl für Flüchtlinge war im ›Einwanderungsland USA‹ immer besonders ausgeprägt; doch dieses Mitgefühl hatte in den Dreißigerjahren, als die Juden aus Europa zu fliehen versuchten, auch eine dunkle Seite. Vor dem Zweiten Weltkrieg war die Haltung Amerikas gegenüber Europa von einer gewissen Naivität geprägt. Im Prinzip wollte das Land der Freiheit offen sein für alle Unterdrückten; in der Realität waren der Antisemitismus und die Angst vor einem wirtschaftlichen Einbruch stark genug, das ›*golden door*‹ vielen zu verschließen, die Hitler zu entrinnen suchten.

Franklin Delano Roosevelt galt vielen Amerikanern als der gütige und liberale Präsident, auf dessen Hilfe und Unterstützung man sich unbedingt verlassen konnte; und all jene Emigranten, denen die Einwanderung in die Vereinigten Staaten gelang, halten ihn denn auch nach wie vor hoch in Ehren (ich schließe mich selbst da nicht aus). Aber auch Roosevelt war nicht gefeit gegen äußeren Druck. Sicherlich lagen ihm die Juden wirklich am Herzen, und ganz bestimmt haßte er die Nationalsozialisten; dennoch hätte er am liebsten jedes öffentliche Aufsehen vermieden, um seinen politischen Gegnern, die seinen ›New Deal‹ gern als ›Jew Deal‹ persiflierten, keine Angriffsfläche zu bieten. Überhaupt waren innenpolitische Probleme damals von weit größerem Interesse für die amerikanische Öffent-

---
1. *E. Lazarus*, The New Colossus.

lichkeit als die Geschehnisse im fernen Europa. Ganz allgemein herrschte eine Haltung der Apathie, was das Schicksal der europäischen Juden anging, eine Apathie, die im übrigen keineswegs auf die nicht-jüdische Bevölkerung beschränkt war. Die amerikanischen Juden selbst waren beunruhigt über den Zustrom neuer Immigranten, und es fiel ihnen schwer, sich über ihre amerikanische Staatsbürgerschaft hinaus auf ihre jüdische Volkszugehörigkeit zu besinnen. Erst als sie sahen, daß die Ihren schwersten Angriffen ausgesetzt waren, erinnerten sie sich wieder an ihre jüdischen Wurzeln, waren sie wieder stolz darauf, Juden zu sein.

Noch später gesellten sich zu den ›Black Studies‹ immer mehr ›Holocaust Studies‹, die schließlich sogar ihren Platz an den Universitäten fanden. Nach dem Ende des Zweiten Weltkriegs sollten die amerikanisch-jüdischen Aktivisten allerdings schon recht bald wieder nur noch Amerikaner sein und sich erneut in die bequeme Sicherheit des amerikanischen Lebensgefühls zurückziehen, geborgen, wohlhabend (oder zumindest voller Hoffnung, es eines Tages zu Wohlstand zu bringen), Glieder einer anpassungsfähigen Gesellschaft, deren sich wandelnder Lebensstil der jüdischen Identität entgegenkam. Die Verlagerung der Wohngebiete aus den Innenstädten in die Vorstädte erwies sich als positiv für die neuen Synagogen und Tempel, in denen zwar der Glaube keine so große Rolle mehr spielte, wo aber dafür ein um so stärkeres Zusammengehörigkeitsgefühl herrschte, das durch die zahlreichen sozialen Funktionen noch zusätzliche Nahrung erhielt, denen das Gotteshaus, nun eher Versammlungshaus und Ort für fröhliches und geselliges Beisammensein, diente.

Die Wahrheit über den Holocaust, die allmählich ans Licht kam, und die Gründung des Staates Israel haben sich in den Lehren, Predigten und Unterweisungen der amerikanischen Rabbiner, Theologen und Dichter-Propheten der damaligen Zeit niedergeschlagen. Ihren eigentlichen Ausdruck fanden diese Erfahrungen jedoch nicht so sehr in der Literatur, sondern in den Reaktionen der Menschen. Unendliche Gelehrsamkeit ist aufgeboten worden, um das Verhältnis der Amerikaner zum Holocaust zu untersuchen, doch ein solcher, ausschließlich wissenschaftlicher Ansatz bleibt immer problematisch. Die Vergangenheit wird dabei über einen wissenschaftlichen Konsens definiert und abgesegnet und unter den Rubriken eines allgemein anerkannten Systems abgelegt, so daß abweichende Auffassungen kaum noch eine Chance haben. Man sagt uns, was mit uns passiert ist; an die Stelle der Erinnerung tritt die Standard-Interpretation. Das Heisenberg-Prinzip der Unschärfe macht uns klar, daß die kleinste Einheit, der einzelne, jederzeit von der gemessenen Bahn abweichen kann. Doch am Ende spielt das keine Rolle mehr: Das Ganze hat eine bestimmte Richtung eingeschlagen. Dennoch bleibt der Weg jedes einzelnen innerhalb eines solchen Kontinuums einzigartig, wie die zahllosen Bände aufgezeichneter mündlicher Berichte zeigen, auch wenn all diese Zeugnisse schließlich eingeebnet und in ein bestimmtes Raster eingepaßt werden, in dem das Einzigartige nur zu einem weiteren

Rädchen innerhalb der großen Maschinerie wird. Für den Zeitzeugen steht fest, daß er selbst die einzig verläßliche Autorität für ein bestimmtes Weltereignis ist – ein Anspruch, der sehr leicht widerlegt werden kann: Wußte denn irgendein Infanterist bei Waterloo wirklich, was es mit der Schlacht auf sich hatte und welche taktischen Probleme sich dabei stellten? Aber dann ist da die Sklavin, die inmitten der Israeliten trockenen Fußes durch das Rote Meer schreitet. Ihr unmittelbares Erleben des Geschehens und der damit verknüpften Offenbarung kann neben den Bericht der Propheten und ihre Offenbarungserfahrung gestellt werden, auch wenn das Mädchen dadurch natürlich nicht zur Prophetin wurde, genausowenig wie der Infanterist zum Historiker. Dennoch kann die Tatsache, einen Augenblick von historischer Bedeutung miterlebt zu haben, zum Wendepunkt im eigenen Leben werden:

Ich saß mit meinen Eltern im Hafen von Havanna in einem Ruderboot. Wir fuhren längsseits der *St. Louis*, jenes berüchtigten Flüchtlingsschiffs, das nirgendwo in Nordamerika Anlegeerlaubnis erhielt und seine Ladung von Verzweifelten zurück nach Europa brachte, wo viele von ihnen den Tod fanden. Ich hörte die Verzweiflung in den Stimmen unserer Freunde, die zu uns herunterriefen, und in den Stimmen meiner Eltern, die durch ein Megaphon mit den Passagieren sprachen. Ich sah die dünne Scheidelinie zwischen Leben und Tod, und ich dachte daran, wie ich als Elfjähriger in Berlin verhaftet und auf eine Polizeiwache gebracht worden war. Wenn ich später an dieses Ereignis zurückdachte, dann war mir eines klar: daß ich anders war. Ich war nicht in die Vorurteile meiner Klassenkameraden in Vicksburg, Mississippi, hineingeboren, die blind waren für die Minderheiten in ihrer unmittelbaren Umgebung, etwa für die Schwarzen. Als Flüchtlinge lebten wir am Rande der schwarzen Bevölkerungsschicht. Der große, der grundlegende Unterschied zwischen uns war mein Wissen darüber, wer die Nazis waren und was sie taten. Zwar rückte Europa mit dem Kriegseintritt der USA stärker ins Bewußtsein der amerikanischen Öffentlichkeit, doch das bedeutete nicht, daß es damit bereits zu einer Auseinandersetzung mit dem Holocaust kam. Die Vereinigten Staaten lebten noch ganz in ihrer ruhmreichen Vergangenheit, in ihrer ›Manifest Destiny‹; der gute Scheriff mit dem weißen Hut würde nach Dodge City reiten und die Banditen ausräuchern. Der Schock kam mit Pearl Harbor. Doch auch danach waren die Japaner nicht mehr als die ›gelbe Gefahr‹, die Amerika allenfalls in die Ferse beißen konnte. Und die Deutschen? Waren das nicht diese Leute, die man schon im Ersten Weltkrieg zur Räson gebracht hatte, die aber ihre Lektion offensichtlich immer noch nicht gelernt hatten? Natürlich waren sie schlimm; sie waren die ›bösen Buben‹ aus dem Bilderbuch: Im Kino erlebte unter Erich von Stroheim der preußische Rüpel, der brutale, machtgierige General, den die sauberen amerikanischen Filmidole selbstverständlich mit Leichtigkeit besiegten, sein Comeback. – Die Amerikaner hatten das radikale Böse, das mit den Nazis in die Welt gekommen war, nicht einmal annähernd begriffen.

In New York, in den Metropolen, wo sich mehr Flüchtlinge aufhielten, wußte man zwar – zumindest in der jüdischen Gemeinschaft – um das absolute Böse, doch auch hier kannte man nicht das ganze Ausmaß des Grauens. Die Neuankömmlinge neigten dazu, sich fast sofort die Meinungen des Gastlandes zu eigen zu machen, in das sie sich möglichst rasch integrieren wollten. Selbst wenn sie um das Gemetzel in Osteuropa, das Ausbluten des jüdischen Lebens dort, wußten, so gingen sie doch keineswegs mit diesem Wissen auf die Straße. So etwas tat man nicht in Amerika. Die Juden glaubten an die *Statlanut*, an ihre ›Vertretung‹ durch die einflußreichen Juden in der amerikanischen Gesellschaft, die diskret hinter der Bühne für sie tätig werden würden. Sie wurden in dieser Hoffnung bestätigt, als Rabbiner Stephen Wise ihnen mitteilen konnte, daß er persönlich mit Roosevelt gesprochen hatte. Beide Männer waren so etwas wie Volkshelden für die Juden: Stephen Wise, ein aufrechter Streiter für soziale Gerechtigkeit, der sich für die Unterprivilegierten eingesetzt und seine Ziele erreicht hatte; und der Präsident, der sie gelehrt hatte, daß das einzige, wovor sie Angst haben müßten, die Angst selbst sei. Sie konnten sich nicht vorstellen, daß ihr verehrter Rabbiner sich etwas vormachen ließ oder daß Roosevelt aus politischen und nicht aus ethischen Motiven handelte, ja, daß er Rabbiner Wise täuschen würde, wie es tatsächlich der Fall war. Noch heute, als ein ›Kind‹ des demokratischen Südens, fällt es mir schwer, Präsident Roosevelt aus meinem Heldenpantheon zu verbannen. Lieber glaube ich, daß er sich die Todeslager nicht richtig vorstellen konnte, daß er aus guter Absicht heraus handelte und daß seine Krankheit seine Urteilsfähigkeit bereits beeinträchtigt hatte. Schwerer fällt es mir schon zu begreifen, wie er sich später in Jalta mit Stalin an einen Tisch setzen konnte und den Tiger nicht sah, der hinter dem Gesicht von ›Väterchen Stalin‹ lauerte.

Man kann den Wissenschaftlern, die behaupten, daß sechs Millionen Juden sterben mußten, weil die Westmächte mit Hitler kooperierten, weil englische und amerikanische Politiker schwiegen, wenig entgegensetzen. Ihr Erklärungsansatz hat jedoch nichts mit der Realität des ›anständigen, freundlichen Amerika‹ zu tun, dessen Denken und dessen ethische Vorstellungen noch im grausamen 20. Jahrhundert geprägt waren von Bildern aus dem vorigen Jahrhundert. Nichts gegen das oft beschworene Ethos der Kleinstadt, ja nicht einmal an Ben Hechts skrupellosem Chikago aus *The Front Page* läßt sich etwas aussetzen – nur war dieses Ethos schon damals längst überholt. Es gehörte zu einem Amerika, das von Hollywood definiert und damit teilweise auch geformt war, ein Amerika, das über die Dächer einer Welt schlafwandelte, in der Gott, der Zauberer von Oz, letztlich überflüssig war. Die kleine Judy Garland brauchte nur die Hacken zusammenzuschlagen, und schon war die böse Hexe besiegt. Bevor Amerika das absolute Böse des Holocaust begriffen hatte, sah es keinen weiteren Handlungsbedarf, als einigen – bei weitem zu wenigen – Flüchtlingen Asyl zu gewähren. Die Vereinigten Staaten konnten nicht ungeschehen machen, was geschehen war. Noch in dem naiven Versuch, die Bürger des besiegten Deutschland mittels Fragebogen ›umzuerziehen‹, und auch in der Verblendung, mit der ehemalige Nazis wieder in hohe Positionen eingesetzt wurden, spiegelte sich der Anachronismus des amerikanischen Denkens. Amerika hat nie begriffen, was eigentlich geschehen war. Das Studium und die Identifizierung des *Tremendum*, des absoluten Bösen des Holocaust, spielte sich im wissenschaftlichen Dialog von Gelehrten ab, deren Erkenntnisse nie in das Heim des Durchschnittsamerikaners drangen.

Nach meinem Abschluß an der Universität von Chicago kam ich mit neunzehn Jahren ans Hebrew Union College von Cincinnati. Man schrieb das Jahr 1945, und einige der Rabbinatsstudenten am College waren aus Europa, aus dem Zentrum des Holocaust, nach Cincinnati gekommen: Gunther und Walter Plaut aus Berlin (wo Gunther seine Studien an der Hochschule für die Wissenschaft des Judentums abgeschlossen hatte), Stephen Schwarzschild, ebenfalls aus Berlin, Eugene Weingarten (später ›Vineyard‹), der in Südamerika eine erfolgreiche Karriere als Geschäftsmann machen sollte, und Hugo Gryn. Hugo Gryn war mit seinem Vater in Auschwitz gewesen und hatte in jenem Leben und Sterben viel von ihm gelernt. Auf seine stille Weise, eher durch seine Gegenwart als dadurch, daß er die Fakten jener Realität des Todes vor uns ausgebreitet hätte, wurde er zum Lehrer und Vorbild für uns alle. Ich selbst hatte das Glück, von dem Triumvirat älterer Studenten, die die Lehrer der nächsten Rabbinergeneration werden sollten – Eugene Borowitz, Arnold Wolf und Stephen Schwarzschild – ›adoptiert‹ zu werden. Man könnte sagen, daß der Holocaust allmählich einen festen Platz im Denken der Studenten einnahm – obwohl er im Unterricht nicht direkt angesprochen wurde. Es kam einfach durch die Begegnung mit den Lehrern, von denen viele aus Deutschland geflohen waren. Hildegard und Julius Levy lehrten Assyrologie und Bibelwissenschaften (im nationalsozialistischen Deutschland hatten sie sich Briefe in Keilschrift, ihrer persönlichen Geheimschrift, geschrieben). Der große Philosoph Samuel Atlas, der Solomon Maimon und Schelling erklären konnte wie kein zweiter, lehrte in Cincinnati den Talmud. Franz Landsberger, Experte für europäische Kunst, war der Kurator des Museums. Alexander Guttman aus Berlin arbeitete ebenfalls als Talmudlehrer; ein paar Jahre später erschien seine fundierte Untersuchung über das Verhalten von Juden in den Todeslagern. Eric Werner lehrte Musik; Selma Stern-Täubler, Historikerin und Schriftstellerin, arbeitete als Bibliothekarin am Hebrew Union College; ihr Mann, Eugen Täubler, war unbestreitbar der bedeutendste unter den Gelehrten, die sich in Cincinnati unter dem Präsidenten Julian Morgenstern, der den Emigranten eine akademische Heimat bot, zusammengefunden hatten. Täubler, der in Heidelberg Geschichte der Antike, des Mittelalters und der Neuzeit gelehrt hatte, war der einzige Jude, der in Deutschland eine ordentliche Professur innegehabt hatte und als Mitarbeiter und schließlich Nachfolger des großen Theodor Mommsen Mitglied der Akademie der Wissenschaften war. Auch der große Denker Abraham Heschel lehrte am College, bevor er an das konservativere Jewish Theological Seminary wechselte. Eine entscheidende Veränderung erfuhr unser Bewußtsein jedoch erst mit dem Eintreffen von Leo Baeck, dem ersten, der selbst im Konzentrationslager gewesen war (Werner Weinberg kam erst später) und nun sein Wissen über den Holocaust in die akademische Gemeinschaft am Union College einbrachte.

Wenn wir versuchen wollen, das amerikanische (und das jüdisch-amerikanische) Leben vor und nach dem Holocaust zu begreifen, so wird uns sehr rasch klar, daß Verallgemeinerungen hier zwangsläufig in die Irre führen. Die Größe des Landes, das Zusammenprallen verschiedener Kulturen und in das Land importierter Traditionen haben Gegebenheiten geschaffen, die nicht zentralistisch gesteuert werden können. Es läßt sich kein normatives Muster entdecken, auch wenn der sogenannte WASP (*white anglo-saxon protestant*) gern als Inbegriff des Durchschnittsamerikaners betrachtet wird – den es gar nicht gibt. Die Amish in Pennsylvania, die Katholiken in Maryland, die Abkommen französischer Adliger in Louisiana, die spanischen Caballeros in der ›Stadt der Engel‹ – sie alle schufen sich einen individuellen Freiraum, der in der Tat als ein wesentlicher Faktor amerikanischer Kultur gelten mag, von dem auch Minderheiten profitieren können. In Europa waren die Juden eine Minderheit gewesen, die nur überleben konnte, wenn sie sich zu einem Gefüge mit undurchlässigen Grenzen und einer zentralen Autorität zusammenschloß. In Amerika mußten sie erst lernen, als freie Individuen in einer freien Gesellschaft zu leben.

Selma Stern-Täubler schreibt in ihrer Geschichte der amerikanischen und deutschen Juden:

»Während es den deutschen Juden problemlos gelang, ihre ökonomischen Erfahrungen, die sie übernommen oder selbst erarbeitet hatten, auf die veränderten Bedingungen der Kolonien zu übertragen, scheiterten sie in ihrem Bemühen, die alten Gemeinschaftsformen in den neuen Boden zu verpflanzen. Es lag nicht nur daran, daß die jahrhundertealte Tradition fehlte ... sondern auch daran, daß die Rechtsformen sich völlig von denen unterschieden, die sie gewohnt waren. Die jüdische Gemeinschaft war wie die christliche Sekte keine vom Staat anerkannte Körperschaft. Kein Jude war gezwungen, sich einer Gemeinde anzuschließen. Kein Ältester hatte die Macht, die Mitglieder dazu zu zwingen, Abgaben zu bezahlen, ihren Zuzug oder Wegzug zu kontrollieren, Einfluß auf ihr Verhältnis zu den Behörden zu nehmen oder ihr moralisches Verhalten zu überwachen. Jeder war auf sich gestellt und mußte alleine sein neues Leben in einem neuen Land gestalten, einen Platz finden, an dem er sich niederlassen konnte, einen Beruf wählen, mit dem er seinen Lebensunterhalt verdienen konnte, und einen Ort finden, an dem er zu seinem Gott beten konnte.«[2]

2. *Selma Stern-Täubler*, Jews from Germany in the United States. Hrsgg. von E. Hirsch, New York 1955, 51.

150

Über ein Jahrhundert später, im 20. Jahrhundert, waren die Juden noch immer unabhängig. Isaac Mayer Wise war der Initiator jener Institutionen, die zu Organen des amerikanischen Reformjudentums wurden: Die *Union of American Hebrew Congregations*, die *Central Conference of American Rabbis* und das Hebrew Union College. Bewußt oder unbewußt hatten die Juden in Amerika versucht, so zu werden, wie sie glaubten, daß ihre amerikanischen Mitbürger es von ihnen erwarteten. Sie hatten einen starken Patriotismus für das neue Land entwickelt, der sogar dazu führte, daß ihre Führungsspitze sich gegen die Anfänge des Zionismus stellte. Daneben stand ihre im Positivismus und der Kantschen Ethik des 19. Jahrhunderts wurzelnde große Hochachtung vor wissenschaftlicher Bildung. Und schließlich waren sie alle von der Überzeugung beseelt – in der ihre Umwelt sie bestärkte –, daß sie Amerikaner und nicht Europäer seien (auch wenn sie manchmal noch eine schwache Verbindung zu den Wurzeln, aus denen sie hervorgegangen waren, spürten). Noch immer stellten sie eine Laienschaft dar, die ihre Rabbiner grundsätzlich respektierte, auch wenn sie das, was diese sagten, häufig nicht mehr so ernst nahmen. Die Lehrer am Hebrew Union College der Dreißigerjahre, die oft noch in Deutschland studiert hatten, fühlten sich im allgemeinen stärker den radikalen Erkenntnissen der ›Wissenschaft des Judentums‹ verpflichtet als der Tradition und versuchten dementsprechend, aus den Rabbinatsstudenten moderne Gelehrte zu machen. Ein *Mathmid*, ein traditionalistisch ausgerichteter Jude, der das Studium des Talmud anstrebte und sich an diese Ausbildungsstätte verirrte, wurde denn auch rasch bekehrt – oder er verließ das College wieder. Trotz dieser ›avantgardistischen‹ Ausbildung wurden aus den meisten Rabbinatsanwärtern, die in den Dreißigern und frühen Vierzigern ordiniert wurden, engagierte und fähige Rabbiner. Vielleicht lag es an ihrer besonderen Offenheit für die Nöte der Gemeindeglieder – das Unterrichtsfach ›Seelsorge‹ hatte allmählich einen immer wichtigeren Stellenwert bekommen. Während des Krieges und nach dem Krieg, als die Wahrheit über den Holocaust bekannt wurde, in einer sich wandelnden Gesellschaft, in der Konformität nicht mehr das höchste Ziel war, sehnten sich die amerikanischen Juden nach der Wärme und Geborgenheit ihrer traditionellen Bräuche. Sie verstanden auf einmal das Bedürfnis der europäischen Judenheit, die ihre angestammte Heimat wieder aufbauen wollte, und sie hatten gelernt, der Göttin der Vernunft zu mißtrauen. Im amerikanischen Judentum zeichnete sich eine Tendenz zu existentialistischem Denken ab, eine Hinwendung vom Wesen zum Sein.

Nur wenige der immigrierten Gelehrten am Hebrew Union College fühlten sich in einer Atmosphäre jüdischen akademischen Arbeitens zu Hause, die sich so grundlegend von ihren Erfahrungen an europäischen Bildungseinrichtungen unterschied. Doch es war ein Zufluchtsort, und dafür waren sie dankbar. Die College-Bibliothek war ein ruhiger Platz, an dem man Bücher schreiben konnte. Man war in Amerika. Als die jungen Geistlichen aus dem Krieg zurückkehrten und

Freiwillige unter den Studenten suchten, die ihnen helfen sollten, Flüchtlinge nach Palästina zu schmuggeln, fanden sie offene Ohren. Die Amerikaner begriffen zwar immer noch nicht, was im Holocaust geschehen war, doch sie hatten großes Verständnis für die Not der Menschen und für die Leiden des Volkes Israel, das durch ganz Europa gehetzt wurde. Leo Baeck selbst versuchte als Zeuge und Prophet, dem College und seinen Studenten das Schicksal des jüdischen Volkes, das eine Offenbarung für die Welt sein sollte, nahezubringen. Doch Baeck hatte es nicht leicht in Cincinnati. Die Studenten waren zu ungeduldig. Sie verstanden seinen deutschen Akzent nicht und hatten keine Lust, sich mit seinen Gedanken auseinanderzusetzen. Sie liebten und verehrten den Menschen Baeck, doch nur wenige von ihnen würden sich heute als seine Schüler bezeichnen. Die herausragendsten Begabungen unter den Studenten – man kommt dabei automatisch wieder zurück auf Borowitz, Schwarzschild und Wolf – fühlten sich stärker von der Lehre eines Martin Buber oder Franz Rosenzweig angezogen. Und keiner von ihnen sah zu dieser Zeit den Holocaust als ein *Tremendum*, das alles Begreifen überstieg und doch zugleich als Realität des Bösen begriffen werden mußte, die viele ihrer alten Denkkategorien *ad absurdum* führte.

Ich selbst lehrte in dieser Zeit an einem indianischen College in Oklahoma; einmal eröffnete ich sogar ein Rodeo mit einem Gebet. Man schrieb mittlerweile das Jahr 1952 – und immer noch herrschte Schweigen über den Holocaust in diesem Teil der Welt. Man interessierte sich einfach nicht dafür. In den Gebetbüchern kam der Holocaust nicht vor. Allenfalls die Klagegebete über den zerstörten Tempel (586 v.u.Z. und 70 u.Z.) gestatteten es hin und wieder, der sechs Millionen zu gedenken, die in den Lagern und Gettos umgekommen waren.

Nur dort, wo es in einer größeren Gemeinschaft Überlebende des Holocaust gab, bahnte sich ganz allmählich ein Umdenken an. Leo Baeck hatte seinen Hoffnungen für die lebendige, zumindest nach europäischen Maßstäben junge amerikanische Judenheit Ausdruck gegeben, von der man annahm, daß sie die Führungsrolle in der jüdischen Welt übernehmen werde. Er erwartete immer noch viel von Amerika, auch wenn sich die Auseinandersetzung mit der Realität der Hitler-Zeit sehr langsam anließ.

Das wachsende Bewußtsein der Öffentlichkeit spiegelte sich sehr viel stärker in der Populärliteratur (das Fernsehen war damals noch nicht der universale geistige Gleichmacher, der es heute ist) als im akademischen Diskurs. Man hätte annehmen sollen, daß Hollywood, wo sich viele Juden in einer neuen, für alles offenen Welt etabliert hatten, die jüdischen Erfahrungen aufgreifen würde. Doch das geschah nicht. Zwar kam es gelegentlich vor, daß ein ›mutiger‹ Film wie *Tabu der Gerechten* von 1947 in äußerst vorsichtiger Form das heiße Eisen ›Antisemitismus‹ anpackte; doch den Filmemachern ging es nicht darum, die Öffentlichkeit zu belehren. Sie wollten ihrem Publikum geben, was das Publikum sich wünschte; und nicht umsonst ging in Hollywood das geflügelte Wort: »Es ist noch keiner bankrott gegangen, weil er den Publikumsgeschmack unterschätzt hat.« Immerhin erschienen nun aber die ersten Bücher über den Holocaust.

Im Jahr 1964 bat mich die *Union of American Hebrew Congregations*, ein Buch mit Texten über den Holocaust zusammenzustellen, das als Geschichtsbuch für Sechzehnjährige verwendet werden konnte. Zuerst lehnte ich ab. Wie sollte man einen Lehrbuchtext für Schulkinder erstellen, in dem es um Hitler, Auschwitz, die Nürnberger Gesetze und anderes ging? Schließlich machte ich den Vorschlag, ein Buch herauszubringen, das Auszüge aus der Holocaust-Literatur enthielt, die junge Menschen ansprechen konnten. Heraus kam *Out of the Whirlwind: The Literature of the Holocaust* (1968). Die Intention des Buches war klar: Der Holocaust sollte von Menschen geschildert werden, die ihn selbst erlebt hatten. Dahinter stand die Überzeugung, daß auch fiktive Texte die Wahrheit von Erlebtem vermitteln können. Einwände gegen das Buch kamen von den Eltern, die nicht wollten, daß ein so ›schreckliches Thema‹ an amerikanischen Schulen behandelt wurde. Noch in den Sechzigerjahren verschloß sich die jüdische Gemeinschaft in Amerika dem Wissen um Auschwitz und verhielt sich damit gleich indifferent wie ihr Umfeld. So bekam ich anfangs ein Telegramm von meinem Verleger, daß ein Buchclub *Out of the Whirlwind* in sein Programm aufnehmen wolle. Kurz darauf traf ein Entschuldigungsbrief ein. Irgend jemand in der Vorstandsetage des Buchclubs hatte sein Veto eingelegt: »Die Öffentlichkeit will nichts über Konzentrationslager lesen.« – ein Urteil, das zum damaligen Zeitpunkt traurigerweise höchstwahrscheinlich richtig war.

Wie wichtig gerade dieses Buch als Gradmesser für die amerikanische Auseinandersetzung mit Auschwitz ist, zeigt sich in der Tatsache, daß das Werk später zu einem Standardtext nicht nur in der Reformbewegung wurde. Auch konservative Gemeinden nahmen es in ihren Lehrplan auf, und schließlich gelangte es sogar als Grundlagentext für viele Holocaust-Seminare an die Universitäten. Das Interessante daran ist, daß das Buch ja gezielt für die nächste Generation konzipiert war und weniger für die Eltern-Generation. Sicherlich trug auch die wachsende Bekanntheit von Elie Wiesel mit dazu bei, daß das Werk mehr und mehr Beachtung fand. Einer der Einleitungsabschnitte stammt aus dem *Tagebuch der Anne Frank* – ein Text, für den insofern großes Interesse bestand, als das *Tagebuch* damals gerade auch in einem Broadwaystück und in einem Film verarbeitet wurde. Bemerkenswerterweise wurde nicht der ›theologische‹ Teil, in dem nach der Beziehung von Gott und Mensch nach Auschwitz gefragt wird, als Herzstück des Buches angesehen. Vielmehr fühlten sich die jungen Amerikaner angesprochen von den Kindern von *Terezin*, vom Tagebuch eines jungen Mädchens und von den Fragen und der Verzweiflung ganz normaler Frauen und Männer, die sich plötzlich mitten aus ihrer wohlgeordneten Welt in einen Wirbel des Bösen hineingerissen fanden. Sehr viel länger als alle theologischen Antwortversuche hafteten die Bilder der verfolgten Kinder im Gedächtnis und rüttelten die Gewissen wach; sie waren es, die eine Brücke schlugen zwischen Amerika und den Opfern des Holocaust. Das heißt nicht, daß wir die ernsthaften Denker und ihr Bemühen beiseite setzen können, die Professoren und Rabbiner in Amerika, die versuchten, ihrem Glauben und ihren Zweifeln Ausdruck zu geben, die das amerikanische Judentum mit in die Realität des Holocaust hineinnahmen. Doch das Entscheidende waren die Emotionen: Die Wahrheit des Holocaust berührte vor allem die Herzen und Gemüter der Amerikaner.

Professor Mordecai Kaplan, dem brillianten, innovativen Spiritus Rector des Jewish Theological Seminary, dessen *Jewish Center* die Stellung der Laien nicht wenig stärkte, wird der Satz zugeschrieben: »Es gibt eine einheitliche jüdische Gemeinde in Amerika. Und dann schicken die Seminare ihre Studenten in die einzelnen Gemeinden, und die erzählen ihnen: ›Ihr seid orthodox‹. ›Ihr seid konservativ‹. ›Ihr seid Reformjuden.‹« In dieser Aussage steckt sicherlich eine gewisse Wahrheit. In der Praxis traditionalistisch, in der Theologie radikal – diese Ausrichtung war in mancher Hinsicht typisch amerikanisch in ihrem Pragmatismus und ihrer soziologischen Orientierung, ihrer Ablehnung des Supranaturalismus und der Vorstellung vom ›erwählten Volk‹. Doch das sagt wenig über die amerikanische Auseinandersetzung mit dem Holocaust aus. In ihrer wissenschaftlichen Orientierung und ihrer Abhängigkeit von Emile Durkheim hatte die amerikanische Judenheit sich ein Denkraster geschaffen, dessen Begriffskategorien das *Tremendum* von Auschwitz nicht zu fassen vermochten.

Vielleicht ist es auch unfair, von den Seminaren, die die Rabbiner Amerikas stellen, zu erwarten, daß sie eine bestimmte Position zum Holocaust einnehmen: vom konservativen Jewish Theological Seminary, vom reformistischen Hebrew Union College oder von den vielen orthodoxen Lehrstätten, wie z.B. der Yeshiva University und ihren Tochterschulen, dem Skokie Hebrew Theological College und den *Jeschiwot*, die sich immer stärker traditionalistisch orientieren. Das Jewish Theological Seminary, das in gewisser Weise als Gegenpol zum Hebrew Union College angetreten war, wurde in besonderer Weise zur neuen akademischen Heimat der Emigranten, die in New York und an der Ostküste an Land gingen. Sein traditionalistischer Ansatz wurde, mit einigen Abstrichen, die man der amerikanischen Kultur zollte, gleichsam zu einem Bollwerk des amerikanischen Judentums.

Manchmal kam es auch vor, daß Studenten das Hebrew Union College verließen und ans Jewish Theological Seminary wechselten, wie etwa Richard Rubenstein oder Abraham Heschel. Rubenstein, der am Hebrew Union College, in Harvard und am Jewish Theological Seminary studiert hatte, wurde zu einem Denker, der amerikanischen Juden und Nicht-Juden den Holocaust mit einer erbarmungslosen Klarheit zeigte, die auch vor der letzten Schlußfolgerung nicht zurückschreckte: Wenn die Juden, ganz gleich, welchen Lehrern und Praktiken sie folgten, noch an einen Vertrag, einen Bund zwischen Gott und dem jüdischen Volk glaubten, so mußten sie diese Überzeugung jetzt einer Überprüfung unterziehen. Für die

Orthodoxen, die noch immer ganz im Bann einer Theologie des Leidens um Gottes willen standen, war diese Ansicht weniger schockierend, gab es doch, wie wir gesehen haben, Antworten in der Tradition, die den Holocaust in seiner ganzen Schrecklichkeit stehenließen, ihm aber den alten, nicht zu hinterfragenden Glauben an den göttlichen Heilsplan entgegenstellten. Rubenstein richtete sich denn auch vor allem an die anderen Juden, besonders an jene, die mit den vertrauten Synagogengottesdiensten und den Standardantworten nichts mehr anfangen konnten. Die uralte Frage der Theodizee, Warum läßt Gott ein solches Unheil zu?, wurde erneut mit aller Schärfe gestellt. ›Ist Gott nicht allmächtig? Ist er nicht allgütig? Wenn die Ermordung von sechs Millionen Menschen seines Bundesvolkes zu seinem Heilsplan gehört, dann ist Gott nicht der gute und barmherzige Gott, den wir kennen. Und wenn er das Unheil verhüten wollte, es aber nicht vermochte, ist er nicht der allmächtige Herrscher der Welt.‹ Die Tradition hat das ganze Ausmaß des Traumas nicht erkannt, sie hat keine Antwort, die uns heute zufriedenstellen könnte. Man kann sich natürlich um das Problem herumdrücken, indem man sich auf die Unerforschlichkeit göttlichen Handelns beruft. Doch auch wenn ich selbst nicht mit Rabbiner Richard Rubenstein übereinstimme, so spricht mich doch die Art, wie er sich der Problematik stellt, stärker an als der traditionalistische Versuch, Gott ein Alibi zu verschaffen. Rubensteins kontroverse Position ist aus dem amerikanischen Ethos erwachsen, demzufolge man auch die unmöglichsten Fragen stellen und eine Art Antwort erwarten darf.

Rubenstein wurde zu einem der wichtigsten Vertreter der ›Gott ist tot‹-Theologie. Er sprach nicht als ein konservativer Rabbiner, er war, trotz seiner Zeit am Hebrew Union College, kein Reformdenker, und er war auch kein Anhänger des Rekonstruktionismus[3], obwohl er an vielen Veröffentlichungen und Aktivitäten dieser Richtung beteiligt war. Rubenstein sprach nur für sich selbst. Die meisten seiner Kollegen lehnten seine Auffassung ab, und eine Zeitlang war er – zu Recht – darüber verbittert. Doch als Universitätsprofessor in Florida und Initiator und Direktor einer konservativen Gedankenfabrik in Washington ging er seinen Weg unbeirrt weiter. Stärker als jeder andere Rabbiner entwickelte er ein Bewußtsein für das absolute Böse der Todeslager. Dieses Bewußtsein verband sich bei ihm mit einer umfassenden Geschichtskenntnis und einem profunden Wissen über den Gebrauch der neuen Technologien, den Abgöttern der modernen Welt, die zu Technologien des Todes geworden waren. Zwar gab es dafür schon frühere Beispiele, doch von einem gewissen Punkt an hinderte endgültig nichts mehr die moderne Gesellschaft daran, sich überflüssigen menschlichen Lebens ›zu entledigen‹ – und zwar durch Mord. Die ›Technologie des Todes‹ bedient sich der Bürokratie;

3. Der Rekonstruktionismus war der von Mordecai Kaplan und anderen Gelehrten initiierte Versuch, radikales theologisches Denken mit traditioneller religiöser Praxis zu verbinden

sie tötet die Menschen aus der Ferne, ohne Gewissensbisse, Mitleid oder Schuldgefühle. Das war die Basis des nationalsozialistischen Systems, wie Rubenstein ganz richtig erkannt hat. Von hier aus konnte er aufzeigen, was im Holocaust geschehen war, nämlich, daß es sich damals nicht einfach nur um ein paar Sadisten handelte, die in den Lagern mordeten, sondern um eine ganze Gesellschaft, die dieses systematische Morden akzeptierte. Damit übte Rubenstein zugleich auch Kritik an der Denkweise Amerikas und am militärischen Establishment der USA, das den Abwurf der Atombombe über Hiroshima und Nagasaki befahl.

›Was folgt daraus für die Religion?‹ fragte Rubenstein; und seine Frage richtete sich an die säkulare Religion in Amerika ebenso wie an die alten religiösen Bekenntnisse. Die jüdische Gemeinschaft hat in der Auseinandersetzung mit Rubenstein verschiedene Antworten auf diese Frage gefunden. Ging man von der ›Gott ist tot‹-Theologie aus, so hatte man sich an den großen ›Gott des Nichts‹ zu halten, ein Gedanke, der aus der frühen rabbinischen Mystik stammt. Die Kabbala und ihr ›Heiliges Nichts‹ konnte zwar den alten Mythos nicht durch einen neuen ersetzen, aber die Juden konnten immer noch die meisten ihrer alten Bräuche praktizieren und in die Synagogen gehen, die als eine Art Therapiegruppe wirkten, selbst wenn der Inhalt der Gebete, die man dort sprach, nicht mehr außer Frage stand. Die Riten, die *Sancta*, besitzen in sich selbst heilende Kraft.

Rubensteins Gedanken haben auch viele positive Aspekte. So ist aus ihnen eine leidenschaftliche Anhänglichkeit an den Staat Israel erwachsen und die Überzeugung, daß die Juden das Recht haben, ihre Ohnmacht ein für alle Mal abzulegen und selbst Macht auszuüben. Wenn auch die Lehre von der Unsterblichkeit bei Rubenstein auf der Strecke bleibt, so bleibt doch immerhin das Recht, für ein menschenwürdiges Leben in dieser Welt einzutreten. Eines seiner größten Geschenke an Amerika aber sind die Schüler, die er an seiner Universität und durch seine Bücher geprägt hat, und die ihrerseits wieder zu eifrigen Holocaust-Forschern wurden. Es ist das Verdienst Richard Rubensteins, daß er die Rationalisierungen und Unsicherheiten des modernen Menschen bloßstellt, der Tod und Mord als Strategie zur Erreichung seiner Ziele akzeptiert.

Die konservative Bewegung und mit ihr das Jewish Theological Seminary stellten sich gegen Rubensteins Ansatz. Jahrzehntelang hat sich das Jewish Theological Seminary als Bewahrerin der Tradition, als Bollwerk gegen den Radikalismus des Reformjudentums und Verteidigerin traditioneller religiöser Praxis begriffen. Der Talmud und die Bibel (versetzt mit einer Prise historisch-kritischer Methode, jenem aus der christlichen Theologie entlehnten ›modernen‹ Ansatz der Bibelforschung) waren der Schwerpunkt an der Schule an Broadway und 123. Straße in New York. In den vergangenen dreißig Jahren ist man allerdings sehr viel offener für den Dialog geworden. Professor Ismar Schorsch, der gegenwärtige Direktor, ist ein hervorragender Gelehrter und ausgezeichneter Kenner der deutschen Geschichte, des Holocaust und der gedanklichen Strömungen der Neuzeit. Früher beherrschte das Seminar alle Aspekte des konservativen Lebens. Heute hat auch die Laienschaft eine Stimme, wenn das auch zu einer oft unüberbrückbar scheinenden Kluft zwischen den jungen Rabbinern und ihren Gemeinden geführt hat, die über die Medien oder die zeitgenössische amerikanische Literatur, in der sehr viele jüdische Autoren vertreten sind, mit anderen Lehrern und anderen Gedanken bekannt wurden. Die Romanciers und Dichter Amerikas pflegen das Gedenken an Auschwitz, auch wenn sie nicht selbst dort waren – einfach dadurch, daß sie verstanden haben, was die Überlebenden und die Historiker sagen. Die New Yorker Juden sprechen dabei sicherlich eine ganz besondere, eigene Sprache, wenngleich Chicago und Los Angeles nicht ignoriert werden dürfen. Doch es war New York, wo die Flüchtlinge das *goldene Medina* fanden, die Stadt aus Gold, in der alles möglich ist: sogar, sich selber zu sein. Dennoch stirbt das Jiddische aus, obwohl die Columbia University Jiddisch als Lehrfach anbietet, das nach wie vor Studenten anzieht. Doch die große Literatur, die Sprache der Straße, ist Vergangenheit. Isaac Bashevis Singer gewann den Nobelpreis für Literatur, weil seine Texte ins Englische übersetzt wurden und dadurch für die amerikanische Gesellschaft ebenso bedeutsam wurden wie für die amerikanische Judenheit. Dies ist ein Aspekt amerikanischer Kultur, den wir sehen müssen, wenn wir nach dem Ethos, nach der Ausrichtung des zeitgenössischen amerikanisch-jüdischen Denkens, nach der Unterweisung der Dichter-Propheten fragen. Singer kannte das Böse und schlug damit die amerikanische Leserschaft in seinen Bann. Er ließ sie einen Blick auf jene Alte Welt erhaschen, die die Nationalsozialisten zerstört hatten, ohne sich dabei in nostalgischen Bildern zu verlieren, wenngleich natürlich vor allem die Nostalgie-Fans seine Texte lasen. Singer schrieb über Dämonen und böse Geister, über böse Menschen und das Leiden, das sie verursachten, aber daneben stellte er immer den menschlichen Geist, der sich über die Szenerie alltäglichen und allgemeinen jüdischen Leidens erhob.

Singers Darstellung des Holocaust wich von allen theologischen Positionen der organisierten amerikanischen Judenheit ab. In dem Buch *Enemies: A Love Story* zeigte er, daß er genauso imstande war, die Welt nach dem Holocaust zu schildern, wie er und sein älterer Bruder I.J. Singer, vielleicht der größere Schriftsteller von beiden, die Geschehnisse früherer Zeiten aufgezeichnet hatten. Der Protagonist des Romans, Hermann Broder, heiratet, als er vom Tod seiner Frau und seiner Kinder erfährt, Jadwiga, die Polin, die ihn während des Holocaust beschützt hat. Das Paar kommt nach Amerika und lebt in Brooklyn, wo Hermann seiner Geliebten und späteren Frau Mascha begegnet. Es ist nicht nötig, hier den verschlungenen Wegen zu folgen, die Tamara, seine erste und den Berichten nach umgekommene Frau, ebenfalls nach New York führen. All diese Überlebenden werden vor dem Hintergrund Amerikas gezeigt, wo niemand die Realität des Holocaust begreift und wo die religiösen Anfechtungen der Protagonisten und ihr Ringen mit Gott um einen Sinn allenfalls auf Unverständnis stoßen. Das alte Leben in Europa mit seinen religiösen Gepflogenheiten und seinem Aberglauben ist das wahre, authentische Leben; Amerika ist daneben bestenfalls ein blasser Abklatsch. Und die Juden Amerikas wollten denn auch, aus einem Gemisch von Wehmut und Schuld heraus, nichts anderes hören, als daß sie im Grunde nicht ›echt‹ waren, daß sie besser nach Israel gehen sollten, wo Juden unter ihresgleichen lebten und wo auch jene Überlebenden waren, die wenigstens noch die Erinnerung an ihre *Jiddischkeit* hatten.

Alan Berger konzentriert sich in seiner Untersuchung über den Bundesschluß – der für ihn gleichbedeutend ist mit der Erkenntnis der Juden, daß ihr Schicksal mit Gott verknüpft ist, gleichbedeutend also mit dem Bewußtsein ihrer religiösen Identität – auf die Auseinandersetzung mit dem Holocaust in der amerikanischen Literatur. Im Werk von Isaac Bashevis Singer findet er dabei das ganze Spektrum – traditionellen Glauben, völlige Abwendung vom Glauben, die Annahme des jüdischen Schicksals.

Viele amerikanische Schriftsteller der Nach-Flüchtlings-Generation schreiben zwar aus einem amerikanischen Umfeld heraus, zeichnen dabei aber doch eher dem alten Europa verhaftete Bilder. An erster Stelle ist hier Cynthia Ozyck zu nennen. In ihrem 1976 erschienen Werk *Bloodshed* geht sie der Geschichte von Bleilip nach, einem assimilierten Juden, der sich in seiner Weltlichkeit sehr wohl fühlt. Er besucht eine größtenteils von Holocaust-Überlebenden frequentierte Synagoge und hört den Rabbiner vom biblischen Bild des Ziegenbocks sprechen, der in die Wüste geschickt wird als Sühnopfer für die Sünden der Gemeinschaft:

»Er hört den *Rebbe* sagen, daß die Juden nach Auschwitz *anstelle des* Ziegenbocks stehen, dessen Hörner mit einer karmesinroten Schärpe geschmückt waren. Das moderne Judentum steht unter dem Fluch, ohne die Gegenwart des Messias leben zu müssen. Der *Rebbe* klagt: ›Ohne den Messias ... haben wir keine Freiheit, haben wir immer nur das *anstelle von* ... anstelle der Wahl haben wir das Joch, anstelle des losen Zügels haben wir die Kandare, die uns in eine bestimmte Richtung zwingt, anstelle der Freiheit haben wir die rote Schnur um den Hals – wir lebten in Dörfern, sie haben uns in Lager getrieben, wir fuhren in Zügen, sie jagten uns unter Duschen, die Gift sprühten.‹

Der *Rebbe* unterbricht seine Ausführungen und deutet anklagend auf Bleilip als die verkörperte Treulosigkeit ... und fordert ihn auf, seine Taschen zu leeren. Als er dem Geheiß nachkommt, zeigt sich, daß er zwei Schußwaffen besitzt, die eine ein Spielzeug, die andere echt. Der *Rebbe* sagt, eingedenk seiner Erfahrung mit den Euphemismen und Lügen, mit denen die Nazis in Auschwitz so leicht bei der Hand waren (›Seifen‹stücke und ›Dusch‹köpfe): ›Vor dem Spielzeug müssen wir uns fürchten.‹«[4]

Schriftsteller können der Unsicherheit assimilierter Amerikaner die Gewißheit des Glaubens entgegensetzen, ganz gleich, ob dieser Glaube nun aus europäi-

4. *C. Ozyck*, Bloodshed. 1976, 49-50.

schen Erfahrungen erwachsen ist oder sich in den Enklaven traditionalistischen Denkens entwickelt hat. Das soll nicht heißen, daß die nicht-orthodoxen Juden so etwas wie Glaubensgewißheit und Annahme des jüdischen Schicksals nicht kennen. Doch das Reformjudentum galt in der amerikanisch-jüdischen Literatur jener Zeit nun einmal nicht gerade als Bastion des Glaubens. Die Reformjuden, die sich mit einer ungesühnten Schuld herumschlugen, sehnten sich nach einem Rabbiner, in dem gleichsam Mose wiederkam. Erich Segals Buch *Acts of Faith*, das von den Zwängen handelt, die ein junges Mädchen aus seiner traditionell geprägten Familie herauskatapultieren auf eine Reise, an deren Ende sie die Ordination als Rabbinerin empfängt, stellt nicht nur den Konflikt zwischen fanatischer Orthodoxie und zeitgenössischem Judentum dar. Hier kommen Themen zur Sprache, wie sie schon Chaim Potok in *The Chosen* und *The Promise* entwickelt hat: Im Mittelpunkt des Romanzyklus steht die Problematik des Nachfahren einer orthodoxen rabbinischen Linie, von dem erwartet wird, daß er die Nachfolge seines Vaters antritt und zum geistlichen Oberhaupt seiner Gemeinde wird, und der gegen diese Erwartung rebelliert. Die Details aus dem Handel und Wandel des Synaogenlebens, die Harry Kemelmanns Krimis *Am Freitag schlief der Rabbi lang* und *Am Samstag aß der Rabbi nichts* zu Bestsellern machten, fehlen hier. Kemelmanns Rabbiner David Small verkörpert glaubwürdig den konservativen, kleinkarierten Rabbiner, der ein gewisses Talent zur Detektivarbeit hat. Auch theologische Fragen klingen dabei an; doch Small, der als Rabbiner einer durchschnittlichen, konservativen Kleinstadtsynagoge gezeigt wird, befindet sich in diesen Auseinandersetzungen im allgemeinen im Einklang mit dem traditionellen Denken. Bei Segals rebellischem Sohn dagegen erleben wir die Einflüsse eines Traditionalismus, der mit seiner Umgebung im Kampf liegt, und werden schließlich Zeuge des entscheidenden Augenblicks in seiner Ausbildung: Die Schüler der *Jeschiwa* haben sich am Weihnachtstag versammelt, und ihr Lehrer, ein Überlebender des Holocaust, spricht zu ihnen:

»Im Rückblick glaube ich, daß die Strenge, mit der er uns behandelte, seine Art war, seinen Schmerz und die Schuldgefühle zu verbergen, die er vielleicht empfand, weil er den Holocaust überlebt hatte und so viele andere nicht.

Die Bibelpassagen, die er für diesen Tag ausgewählt hatte, hoben alle die Andersartigkeit unserer Religion hervor, und während der Morgen verstrich, wurde Rabbiner Schumann immer unruhiger. Schließlich klappte er das Buch zu, stieß einen tiefen Seufzer aus, stand auf und sah uns mit seinen tiefliegenden, dunkel umränderten Augen an.

›An diesem Tag, an diesem schlimmen, schlimmen Tag haben sie den Brennstoff für die Fackeln entdeckt, die uns verbrennen sollten, wohin wir uns auch wandten. Gab es in den Jahrhunderten seit unserer Vertreibung aus dem Heiligen Land jemals ein Land, das uns nicht in Seinem Namen verfolgt hat? Und unsere eigene Zeit nun ist Zeuge des letzten, schrecklichsten Entsetzens geworden – der Nazis mit ihrer rücksichtslosen Effizienz – sechs Millionen von uns.‹

Er zog sein Taschentuch heraus und versuchte, seine Tränen zu trocknen. ›Frauen, kleine Kinder‹, fuhr er gequält fort. ›Alle sind sie zu Rauchfetzen geworden, die aus den Öfen kamen.‹ Seine Stimme wurde heiser. ›Ich habe es gesehen, ihr Jungen. Ich habe gesehen, wie sie meine Frau und meine Kinder umgebracht haben. Und sie hatten nicht einmal die Gnade, mich ebenfalls zu töten. Sie ließen mich weiterleben auf der Folterbank meiner Erinnerungen.‹

Keiner im ganzen Klassenzimmer wagte noch zu atmen. Wir waren zutiefst erschüttert, nicht nur von dem, was er gesagt hatte, sondern darüber, daß Rabbiner Schumann, gewöhnlich ein strenger Zuchtmeister, weinte, hilflos wie ein kleines Kind.

Noch immer weinend fuhr er fort: ›Hört mir zu – wir sitzen heute hier, um den Christen zu zeigen, daß wir noch am Leben sind. Wir waren vor ihnen da, und wir werden da sein, wenn der Messias kommt.‹

Er hielt inne, atmete tief ein und versuchte, seine Haltung wiederzugewinnen.

›Wir wollen uns erheben.‹

Ich fürchtete stets diesen Augenblick, wo wir die armseligen Verse singen mußten, die so viele unserer Brüder sangen, als sie in die Gaskammern gingen:

> ›Ich glaube von ganzem Herzen
> an das Kommen des Messias.
> Und wenn er auch verzieht,
> glaube ich dennoch. Ich glaube noch immer.‹

Der Nachmittagshimmel war ein graues Leichentuch, als ich nach Hause ging, völlig aufgewühlt. Wieder kam ich an den Lichtern der Christen vorbei. Doch diesmal sah ich in ihnen die leuchtenden, unzerstörbaren Atome von sechs Millionen Seelen.«[5]

Für den Traditionalisten gehören der Holocaust und die Christen zusammen, und Daniel, dem Sohn, prägt sich diese Verbindung tief ein.

Im Bruch zwischen Daniel und seinem Vater steht der Holocaust unausgesprochen im Hintergrund. Dabei ist der Vater überzeugt, daß hier dasselbe noch einmal geschieht: Eine feindliche Umwelt versucht, die Juden zu vernichten und die kostbare Kette der Tradition zu zerstören:

»Einen Augenblick lang schwieg er (der Vater). Vielleicht gab es auf einen solchen Satz nichts zu sagen.

›Du *willst* nicht? Du willst nicht in die Fußstapfen deines Vaters und seines Vaters vor ihm treten?‹

Er hielt abermals inne und fragte mich in beinahe bittendem Ton: ›*Warum*, Danny, sag mir, warum?‹

Ich war schon so weit gegangen – nun mußte ich alles sagen.

›Weil ich meinen Glauben verloren habe.‹

5. *E. Segal*, Acts of Faith, 35-36.

Apokalytisches Schweigen.

›Das ist unmöglich‹, murmelte er, zutiefst erschüttert und fassungslos. ›Was den Römern nicht gelang, den Griechen, Hitler ...‹ Er vollendete den Satz nicht. Wir beide wußten, daß er mich des Mordes anklagte, des Mordes an dem Geschlecht der Silczer Rebben.«[6]

Was mir an Segals Buch Probleme macht, ist, daß in diesem Kampf, dem Kampf der Tradition gegen die Rebellion, keine der beiden Seiten der anderen wirklich zuhört. Sie gehen in einer fast automatisch anmutenden Weise ihren Weg, und nur bei der Schilderung einiger weniger Szenen bekommen wir einen schwachen Eindruck von ihrem leidenschaftlichen inneren Konflikt, etwa bei der Verwirrung, die entsteht, als das Mädchen an der Westmauer seine Gebete singt und damit die frommen Männer stört, die von diesen Gebeten abgelenkt werden könnten; oder beim Exorzismus eines *Dybbuk*, des Geistes eines Toten, der sich des Körpers einer lebenden Person bemächtigt, um sich Gehör zu verschaffen. Doch vielleicht hat Segal ja recht. In den ›Glaubensakten‹ von heute ist wenig von Selbstaufopferung zu spüren, und man begreift die amerikanische Judenheit auf jeden Fall besser, wenn man die Romane liest, in denen die Frustration und Unsicherheit des amerikanisch-jüdischen Lebens beim Namen genannt wird. Die Gruppe amerikanisch-jüdischer Schriftsteller – zu denen auch Saul Bellow, Malamud, Irwin Shaw und die anderen Kriegsschriftsteller, Hugh Nissenson und Robert Kotlowitz gehören –, die sich mit dem Holocaust und dem von Zweifeln erschütterten Glauben amerikanischer Juden auseinandersetzen, öffnet uns die Augen für den inneren Kampf, der das amerikanische jüdische Leben bestimmt, auch wenn wir bei diesen Schriftstellern nicht unbedingt Antworten finden, die uns aus der Finsternis ins Licht führen. Moralisten wie Arthur Miller in Amerika und Harold Pinter in England machen das Theater zum Gotteshaus; doch Männer wie sie sind in gewisser Weise über die jüdische Tradition hinausgegangen, auch wenn sie meiner Ansicht nach wichtige Lehrer und Propheten unserer Zeit sind.

Natürlich gibt es Unterschiede zwischen jüdischen und nicht-jüdischen Schriftstellern. Die jüdischen Schriftsteller setzen sich, wenn sie über den Holocaust schreiben, mit ihrer eigenen Identität auseinander, ja, diese Auseinandersetzung steht in ihren Texten im Mittelpunkt. Irving Greenberg und Eugene Borowitz als Vertreter der neueren Theologie sahen in diesem Problem, der Auseinandersetzung mit der jüdischen Identität, ein Abbild der Beziehung zwischen den Juden und Gott – der Bundesbeziehung. Doch auch die früheren Autoren, die häufig eine agnostische oder antireligiöse Haltung vertraten, beschäftigte das Problem jüdischer Identität. Neben ›religiösen‹ Schriftstellern wie Elie Wiesel, Cynthia Ozyck, Nissenson, Zvi Kolitz und vielen anderen stehen die erklärten

6. A.a.O., 235.

Kritiker des Judentums oder der Juden, die häufig nicht weniger eindrucksvolle Bilder für ihre jüdische Identität fanden als jene und die diese Identität auf eine Weise bejahen konnten, die den ›Synagogenjuden‹ ein Ärgernis war. Hier seien, stellvertretend für andere, Philip Roth, Edward Lewis Wallant und Bernard Malamud genannt.

Zeitgenössische jüdische Kritiker tun sich oft schwer mit Texten von nicht-jüdischen Autoren: Wie sollen diese Außenstehenden die ganze Identitätsproblematik erspüren, die Zweifel und Fragen, die sich gegen den Gott richten, der seinen Bund vergessen hat? Dennoch kamen gerade auch aus den Reihen nicht-jüdischer Schriftsteller hervorragende Werke über den Holocaust, angefangen mit John Hersey und seinem Roman *Der Wall*, der im Warschauer Getto spielt – Hersey hat außerdem einige sehr gute Kurzgeschichten zu diesem Thema verfaßt –, bis hin zu William Styrons *Sophies Entscheidung*. Autoren wie diese stehen für ein nicht-jüdisches Amerika, das sich dem universalen Problem des Leidens zugewandt hat und darin mehr sieht als nur den Stoff für eine gute Geschichte. Sie können nachempfinden, was die Juden durchgemacht haben, und nehmen wahrhaft brüderlich an ihrem Leiden Anteil. Wenn man im Vergleich dazu an das Stereotyp des Juden als Bösewicht und Verbrecher in der englischen Literatur von Marlowe und Shakespeare bis heute denkt, so muß man zugeben, daß Autoren wie Hersey oder Styron Wichtiges geleistet haben. In Deutschland hat sich mittlerweile eine ›Literatur der Reue‹ entwickelt, in der die Deutschen ihre Sünden eingestehen – als Beispiel sei hier Albrecht Goes genannt. Doch die amerikanische Literatur ist anders, sie ist eher eine ›Literatur des Mitleidens‹.

Es ist unmöglich, die besondere Lage der amerikanischen Juden und des amerikanischen Judentums erschöpfend zu analysieren. Dennoch muß wenigstens der Versuch unternommen werden, da die Vereinigten Staaten auch in Zukunft ein wichtiger Pol jüdischer Existenz sein werden – neben der jüdischen Gemeinschaft in Israel, die sich bereits relativ weit vom dominanten amerikanischen Einfluß entfernt hat, andererseits aber nicht ohne Amerika überleben kann. Was aber lehrt uns Amerika heute? Es ist ein Land, dessen einst unverrückbare Überzeugungen heute von Zweifeln erschüttert sind; ein Land, in dem die extremen religiösen Gruppierungen an Einfluß gewinnen und in dem die Hälfte des Nachwuchses den elterlichen Religionen durch Mischehen entzogen wird. Trotzdem gibt es Anzeichen für eine religiöse Erneuerung, in deren Gefolge die altgedienten religiösen Institutionen wieder an Bedeutung gewinnen. Das Jewish Theological Seminary und das Hebrew Union College haben trotz aller sicherlich zum Teil berechtigten Kritik, die man gegen sie vorbringen kann, eine Generation neuer Denker und Sprecher des Judentums geprägt, die der Theologie zu so etwas wie einem neuen Ansehen verhelfen können.

Der Name Arthur Cohen gehört eigentlich in das Kapitel über die progressiven und radikalen jüdischen Denker; doch sollten die einzelnen Abschnitte nicht so streng voneinander getrennt betrachtet werden. Ein Mann wie ›Yitz‹ Greenberg etwa ist zugleich Radikaler und Traditionalist, und der Kreis um das Jewish Theological Seminary zeichnete sich stets durch eine strenge religiöse Observanz aus. Arthur Cohen aber entzieht sich solchen Kategorisierungen, auch wenn er am Jewish Theological Seminary ordiniert wurde und an der University of Chicago seinen Doktor machte. Seine Vorstellung vom *Tremendum* wurde zum wissenschaftlichen Handwerkszeug für alle, die auf jenem düsteren Feld, das wir den ›Holocaust‹ nennen, nach einem Sinn gruben. Zugleich gehört er mit seinen Schlüsselromanen über Sabbatai Zewi und über Hannah Arendt auch in die Reihe der Schriftsteller. An dieser Stelle wird etwas von dem ganz besonderen amerikanischen Ambiente spürbar, das aus den Grenzen europäischer Ideologien und Erfahrungen ausbricht und es möglich macht, mit einer ungeheuren Offenheit und geistigen Weite die Probleme zu diskutieren, vor die sich die amerikanischen Juden gestellt sahen.

Dann ist da, nicht zu vergessen, die Welt des Films – ein Spiegel amerikanischen Denkens, manchmal ein zum Lachen reizender Zerrspiegel, manchmal ein wenig an den Spiegel der Medusa erinnernd, durch den wir das absolute Entsetzen auf indirekte und deshalb unbedrohliche Weise betrachten können (man denke nur an den Film *Der Pfandleiher*). Dieser ganze Bereich ist sicherlich nicht zu vernachlässigen, auch wenn wir uns hier nicht ausführlicher damit beschäftigen wollen. Das ist ein allzu weites Feld, mit vielen öden, dürren Landstrichen – was übrigens genauso für das Fernsehen gilt. Schließlich bleibt noch die Kunst: Malerei, Radierung, Bildhauerei und Graphik waren und sind besondere Ausdrucksmittel da, wo das äußerste Entsetzen nicht mehr in Worte gekleidet werden kann. In gewisser Weise haben Auschwitz und Theresienstadt vieles hervorgebracht, das überdauern wird – wenn auch vielleicht mehr als Zeugnis denn als zeitlose Kunst.

Auf diesem Hintergrund erscheint es vielleicht fast paradox, wenn ich jetzt auf eine populäre Kunstform zu sprechen komme, die bisher noch als nicht ganz ›stubenrein‹ gilt: Ich meine die Comic-Hefte, häufig die grellste Form, die häßlichsten Aspekte des menschlichsten Geistes darzustellen, in dem Fall, an den ich denke, aber ein Durchbruch in der Darstellung menschlicher Gefühle und Ereignisse.

Als Kind in Mississippi kam ich zum ersten Mal mit Cartoons in Berührung, in Gestalt jener schwarz-weiß gezeichneten, ultimativen Verkörperung des amerikanischen Ethos, wie sie *Dick Tracy* und *Orphan Annie* repräsentierten. Und in den letzten zwei Jahren entdeckte ich Art Spiegelmann.

Spiegelmanns 1991 erschienene Litographie *Mickey Mouse, Maus, Mouse* verbindet die Chronik *Maus* mit einer Kunstform, die allgemein wenig anerkannt ist, sich dafür aber millionenfach an Kinder und natürlich auch an Erwachsene verkauft: Dem Comic-Heft. *Maus* ist ein Comic-Heft über den Holocaust.

Spiegelmanns *Maus*[7] ist etwas vollkommen Neues, und es ist durch und durch amerikanisch. Es ist sozusagen das ›alternative‹ Comic-Buch und erschien zunächst in dem experimentellen ›Comix-Magazin‹ *Raw*. *Maus* ist ein äußerst komplexes Kunstwerk, in dem der Künstler seine eigene gespannte Beziehung zu seinem Vater mit der Erzählung des Vaters über den Holocaust und das Schicksal seiner Familie verwebt. Es ist die Geschichte eines Überlebenden, in der nichts beschönigt wird: Die Überlebenden selbst werden in ihrer ganzen Unvollkommenheit, ihrer Kleinlichkeit und mit all ihren menschlichen Schwächen gezeigt. Spiegelmann zeichnet die Juden als Mäuse, die aus ihrer osteuropäischen Heimat – *Mauschwitz* – an den Ort ihrer Vernichtung, Auschwitz, verschleppt werden. Sämtliche Figuren sind Tiere – Mäuse, Katzen, Ratten –, doch es ist überraschend, wie schnell man sich an diese Darstellungsweise gewöhnt und ganz von der Geschichte gefesselt wird, die sechs Millionen Mal erzählt wurde und doch in dieser Form ganz neu erscheint. Die Darstellungsweise selbst ist brilliant und innovativ; so quellen die dargestellten Ereignisse zum Teil über die Bildreihen hinaus und breiten sich über die Buchseiten aus, wodurch Vergangenheit und Gegenwart einander so angenähert werden, daß der Holocaust gleichsam zu einem Bestandteil des Lebens der nächsten Generation wird.

Dieses Comic-Buch erzählt seinen Lesern eine Geschichte auf eine Weise, die manchen Historiker schamrot werden lassen sollte über die oberflächliche Darstellung und die nichtssagenden Verallgemeinerungen seiner eigenen Machwerke. Bei aller zum Teil brutalen Darstellung der Opfer und ihrer Unvollkommenheiten ist *Maus* im Grunde eine Hymne auf den menschlichen Geist und für die amerikanisch-jüdische Szene ebenso bahnbrechend wie für die Holocaust-Forschung. Die öffentlichen und persönlichen Reaktionen, die die Opfer erlebten, die Versuche der Nachgeborenen, mit dem *Tremendum* fertigzuwerden, und der tiefe Respekt, der den Umgang der Generationen miteinander bestimmt, all das ist hier erfaßt, und es ist ein Comic-Buch daraus geworden, das seinesgleichen sucht.

Die amerikanischen Juden sind kein Paradigma für die modernen Juden überhaupt, auch wenn sie ein wichtiger Faktor im jüdischen Leben von heute sind. Die Frage, wie man als Jude nach der Finsternis weiterleben kann oder soll, wird ganz unterschiedlich beantwortet, und doch lassen sich Konstanten ausmachen, die in Amerika, Europa und Israel gleichermaßen zu finden sind. Eine solche Konstante ist der Glaube, auch wenn er eher ein ungewisser und beunruhigender Aspekt unserer Identität ist. Das Judentum war von jeher auf die Gemeinschaftserfahrung ausgerichtet, und seine grundlegenden Lehren zielen denn auch stärker auf die Gemeinschaft ab als auf den einzelnen. Für die jüdischen Denker in den Vereinigten Staaten spielt deshalb die Bundestheologie eine zentrale Rolle; sie ist

---

7. A. *Spiegelmann*, Maus. 1986, 1991.

164

eine weitere Konstante in der jüdischen Suche nach einer lebbaren Zukunft, sichert sie uns doch zu, daß wir Juden unseren Weg nicht als einzelne gehen. Unsere Identität ist eine Gruppenidentität. Mit Leo Baeck können wir die Judenheit noch immer als eine Offenbarung in der Welt ansehen – und damit sind alle Juden gemeint, die Säkularisten und die Rebellen, die fanatisch Orthodoxen, die schwankend und die entschieden Liberal-Progressiven.

Gibt es noch eine Polarität zwischen den amerikanischen und israelischen Juden? Gerade in diesen Tagen politischer Spannungen ist kaum zu übersehen, daß die amerikanische Judenheit eben amerikanisch ist. Israel begreift das einfach nicht, und die Israelis wie ihre Freunde in der Diaspora können daran nur verzweifeln. Für Eugene Borowitz, den führenden Theologen des progressiven Judentums, war der Sechs-Tage-Krieg eine göttliche Offenbarung, die ihn in seinem Glauben an die Diaspora wie an Israel bestärkte. Doch wieder zieht Gefahr am Horizont auf, und man kann sich nicht darauf verlassen, daß es eine weitere solche Offenbarung geben wird. Für Richard Rubenstein erfüllt sich darin, daß die Juden nun selbst Macht haben, die Identität eines Volkes, das in Zukunft nicht mehr die Opfer stellen wird; doch Macht ist etwas Relatives in einer Welt, die seit dem Zusammenbruch der Sowjetunion in wachsendem Maße instabil geworden ist. Israel, nach dem ruhmreichen Sieg im Sechs-Tage-Krieg ernüchtert durch den Schock des Jom-Kippur-Krieges, ist in Gefahr, in eine Holocaust-Mentalität zurückzuverfallen, in der es die Welt außerhalb seiner Grenzen als finstere Bedrohung für das Überleben des Staates betrachtet und meint, sich nur noch auf sich selbst verlassen zu können.

Das blieb natürlich nicht ohne Auswirkung auf das amerikanische Denken. Konnte man einst auf Israel als ›Bollwerk der Demokratie‹ verweisen und konnten die Juden Israel als ein Abbild des jungen David, der alle seine Gegner besiegte, als einen Galahad ohne Fehl und Tadel sehen, so fällt es nun schwerer, sich mit einem bestenfalls angeschlagenen Recken zu identifizieren. Die amerikanische Judenheit braucht Israel noch immer; sie möchte sich mit dem Land und dem Volk identifizieren und ihm Stütze und Stab sein. Die zwiespältigen Segnungen, die eine Existenz in der Diaspora mit sich bringt, sind in Amerika nach wie vor spürbar; doch das enge Verhältnis hat in dem Augenblick einen Riß bekommen, in dem die liberalen Träume der amerikanischen Juden von Israel als unrealistisch abgetan wurden.

Die meisten amerikanischen Juden sehen sich heute nicht mehr als Förderer eines jüdischen Exodus ins Verheißene Land, sondern als Repräsentanten einer amerikanischen Demokratie, in der der Antisemitismus kein vordringliches Problem mehr darstellt. Das heißt nicht, daß er ganz verschwunden wäre: Das messianische Reich ist immer noch nicht angebrochen. Doch die Juden sind inzwischen mit großem Selbstvertrauen auf der politischen Bühne Amerikas aktiv geworden, und die amerikanische Judenheit sieht sich kaum noch als eine Minderheit, die Schutz braucht. Die amerikanischen Juden leben in Frieden in einem demokratischen Land, in dem die Diaspora-Existenz als positiv und zuträglich für ein Leben als Jude erfahren wird und in dem kein Raum mehr ist für die Angst vor dem Nachbarn. Sie können mit der Vergangenheit umgehen und ihren Mitbürgern, die ihnen nicht länger als Feinde gelten, von der Finsternis, die ihr Volk durchwandert hat, erzählen. Diese Entwicklung wird freilich erst deutlich, wenn wir über die oft allzu abgeschirmten Elfenbeintürme des jüdischen akademischen Lebens und die traditionalistischen Enklaven der Religion hinausblicken. Die schönen Künste, die Literatur und die neuen Liturgien, die die Klage über die *Shoa* und die Freude über ein jahrtausendealtes jüdisches Leben miteinander verbinden, ja selbst die frechen Comics, deren Protagonisten ihr Jüdischsein zu ›ihrem Ding‹ machen – sie alle sind der lebendige Beweis für ein dynamisches jüdisches Leben nach dem Holocaust. Viele der nicht-orthodoxen Rabbiner sind mittlerweile ›weltlicher‹ geworden; eine erkleckliche Zahl von ihnen ist von der Kanzel herabgestiegen, um als Psychiater oder Therapeuten aller nur denkbaren Richtungen sozial tätig zu werden. Zugleich wächst aber auch die Zahl derer, die die wissenschaftliche Laufbahn wählen, um vom Katheder aus Einfluß auf die nächste Generation amerikanischer Juden zu nehmen. Die negativen Aspekte jüdisch-amerikanischen Lebens haben sich also nicht auf Dauer verderblich ausgewirkt.

Statt dessen hat sich eine Symbiose entwickelt: Die Juden sind Amerikaner geworden, nicht zuletzt, weil die amerikanische Realität ihnen soviel Freiraum bot. In einer Welt der ›Menschenrechtserklärung‹, wo man sich nicht einmal vorstellen kann, was eine Grenzüberquerung, wie sie in Europa üblich ist, bedeutet, besteht immer auch die Gefahr der Heimatlosigkeit. Doch die amerikanische Judenheit hat ihre festen, tiefen Wurzeln in der Neuen Welt, die genährt werden von einem tiefen Gefühl der Dankbarkeit und Halt haben in den Urenkeln all jener, die einst geholfen haben, die Vereinigten Staaten aufzubauen. Das ist ein Bonus für die jüdische Weltgemeinschaft, ein Segen, der uns helfen wird, den Übergang ins nächste Jahrhundert zu vollziehen, in dem wir vielleicht Frieden finden.

2. Deutschland
Wiedervereinigung und neue alte Schuld

»Denk ich an Deutschland in der Nacht, dann bin ich um den Schlaf gebracht«, schrieb Heinrich Heine.

Auch mir fällt es schwer, an Deutschland zu denken. Es ist nicht einfach, ein Land objektiv zu beurteilen, dessen Denken gespalten ist, das von rasch aufeinanderfolgenden Veränderungen innerlich zerrissen ist und das immer noch versucht, sich von einer Vergangenheit freizumachen, die scheinbar vor einem halben Jahrhundert zu Ende ging, sich aber einfach nicht abschütteln läßt. Die unerledigte Schuld der Nazizeit lastet nach wie vor auf Deutschland, ganz gleich, wie oft seine Menschen ›die Gnade des Nachgeborenseins‹ beschwören, um Kanzler Kohls oft zitierte Worte aufzugreifen. Der Staat hat seine Traumata keineswegs verarbeitet; die Kinder löffeln noch immer an der Suppe, die ihre Väter ihnen eingebrockt haben. Dann kam die sogenannte Wiedergeburt Deutschlands. Das DDR-Regime stürzte, und fünf neue Bundesländer schlossen sich nach dem Fall der Berliner Mauer der alten Bundesrepublik an. Die Mitgift, die Ostdeutschland in diese Ehe einbrachte, bestand in einer neuen Schuld. Über 200 000 DDR-Bürger hatten für die Stasi gearbeitet, hatten aus Angst oder Gier ihre Freunde und ihre Familie verraten. Sie waren nicht die Nazis der Vergangenheit, sie hatten nicht gemordet (jedenfalls waren nicht viele so weit gegangen). Doch die Stasis – die Informanten des Staatssicherheitsdienstes – hatten dazu beigetragen, daß eine korrupte Regierung an der Macht blieb, und hatten sich ihrerseits korrumpieren lassen. In einer Zeit, in der sich immer noch Verfahren gegen Nazi-Verbrecher an den Gerichten dahinschleppen, stand man auf einmal vor der Aufgabe, nun auch Verfahren gegen Stasi-Spitzel einzuleiten, gegen die Anführer, die sie zum Teil unter falschen Vorspiegelungen rekrutiert hatten, aber auch gegen die ›kleinen Fische‹, die bewiesen hatten, daß sie weder Mut noch Anstand kannten.

Kann man ein ganzes Land vor Gericht stellen? Die Anklage trifft Intellektuelle und Pfarrer genauso, ja sie trifft selbst jene, die als Anführer des gemäßigten Widerstands gegen das kommunistische Regime aufgetreten waren. Wer bleibt da noch übrig, zu richten? Und wer ist wirklich frei von Schuld? Damit führt uns die Hinterlassenschaft der ehemaligen DDR zurück in die Vergangenheit, in jene Finsternis, die von einer anderen Diktatur ausgebrütet wurde, einer Diktatur, in der das Böse sicherlich brutalere Gestalt annahm, der es aber ebenso geschickt gelang, die Masse der Bevölkerung in ein dunkles Tal zu locken, in dem die Menschen aufhörten, Menschen zu sein.

Eines der positivsten Bilder im deutschen Leben ist immer noch der treue deutsche Schäferhund. In der FAZ stieß ich auf Peter Schneiders hübsche Satire *Die Mauer im Kopf*, die mir so gefiel, daß ich an dieser Stelle eine Variation zum selben Thema einfügen möchte. Spielt doch der Schäferhund in der deutschen Literatur von Thomas Mann bis Günther Grass eine wichtige Rolle als Sinnbild für eine bestimmte bürgerliche Geisteshaltung.

Die Hunde der Berliner Mauer

Die Berliner Mauer war gefallen. Ganz Deutschland war im Festtagstaumel. Checkpoint Charlie wurde zum Tor für einen jubelnden, nicht endenwollenden Strom von Ostdeutschen, die endlich das verbotene westliche Paradies betraten.

Die jungen Leute tanzten auf der Mauer, und die Häuser in Berlin öffneten ihre Türen weit.

Es war die erste Begegnung zwischen Ost und West. Die Ostdeutschen sahen sich einem warmen Empfang gegenüber. »Wenn ihr zurückgeht, sagt ihnen, daß wir euch lieben!« Die ›Ossis‹ (es gab schon eine Bezeichnung für sie, die sie von den ›Wessis‹ unterschied) schauten ihre Gastgeber überrascht an: »Wer geht zurück?« fragten sie, woraufhin der Willkommensjubel schon etwas gedämpfter wurde. Immerhin waren es ja so viele, und alle wollten Arbeit! Was sollte da aus dem westdeutschen Wirtschaftswunder werden?

In dieser ganzen Geschichte gab es jedoch einen ›Ossi‹-Flüchtling, der sehr rasch die Phantasie der Öffentlichkeit beschäftigte. Über 5 000 plötzlich arbeitslos gewordene Hunde suchten einen Job! Sie waren die Wächter der Berliner Mauer gewesen, waren getreulich neben den Soldaten hergetrottet, die die DDR-Bürger vor dem verderblichen Westen schützten – und nun war diese Aufgabe plötzlich weggefallen, sie waren überflüssig geworden. Dabei gehörten viele dieser Hunde der Rasse an, die der besondere Stolz deutscher Hundezüchter ist: dem edlen deutschen Schäferhund. Neben ihnen hatte man allenfalls noch Wolfshunde und Rottweiler in diese Elitetruppe aufgenommen, und einige wenige Dobermänner. Manche der ehemaligen Wächter, die sich in westdeutschen Tierhandlungen zum Verkauf anboten, wurden rasch als Schwindler entlarvt, auch wenn sie darauf hinwiesen, daß sie in der guten alten bösen Zeit als Bernhardiner gearbeitet hätten.

Zunächst bestand eine große Nachfrage nach diesen Hunden. Vornehme Damen von der Park Avenue flogen aus New York ein, um einen garantiert echten Wachhund zum Schutz für ihren kostbaren Besitz zu erwerben. Zwielichtige Händler, die im Hundekampf-Geschäft mitmischten, tauchten auf, um Kämpen mit einer besonders langen Liste von Siegen zu kaufen. Doch schließlich kam die ganze schäbige Wahrheit ans Licht: *Alle* diese Hunde waren Schwindler. Keiner von ihnen hatte während der ganzen Geschichte der Mauer auch nur einen einzigen Flüchtling getötet. Sie hatten sich einfach auf ihren Ruf verlassen und gemeint, daß sie damit den Menschen genügend Angst einjagten. Ihre eigentliche Aufgabe war es gewesen, den einsamen Soldaten, die auf der Mauer patrouillierten, Gesellschaft zu leisten. Nun waren sie selbst einsam und verlassen. Wenn Diebe in die Häuser einbrachen, die sie bewachten, wurden sie mit freudigem Bellen und heftigem Schwanzwedeln begrüßt (es kursiert sogar das Gerücht, daß Hunde die Diebe zu Juwelenverstecken hinführten!). Deutschland hat eine freie Marktwirtschaft. Als nun Tausende von ostdeutschen Schäferhunden den Markt überschwemmten, fiel der Preis für Schäferhunde drastisch, und diese ökonomische Sünde stempelte die ›Ossi-Hunde‹ in Deutschland als ›böse‹ ab. Ihr Beliebtheitsgrad bei den Käufern sank auf den Nullpunkt.

Allmählich schlug die öffentliche Meinung wieder um. Schließlich hat der Schäferhund ein Recht auf Liebe, das ihm denn auch nur wenige Deutsche absprechen würden. Die Hunde mußten einfach neu trainiert werden, abgesehen davon, daß die luxuriöse Küche, mit der sie auf einmal traktiert wurden, ihnen zunächst schwere Verdauungsprobleme bescherte. Mittlerweile haben sie sich jedoch akklimatisiert und sitzen nun vor den Feinkostläden und warten auf ihre Herrchen. Andere Deutsche, die durch die Tür gehen, bleiben kurz stehen, schauen sie an und fragen sich:»Ossi oder Wessi?« Dann betreten sie eilig den Laden und rufen sich ins Gedächtnis, daß in Deutschland niemand Fragen über die Vergangenheit des anderen stellt. Wer will schon den ersten Stein werfen? Wir alle haben etwas in unserer Vergangenheit, das wir lieber verstecken möchten, und der deutsche Schäferhund ist wieder einmal der Wächter des Gewissens in einem wiedervereinigten Land.

Das Verschwinden der Berliner Mauer hat Erstaunliches bewirkt. Viele Berliner wissen jetzt schon nicht mehr, wo bestimmte Abschnitte der mittlerweile eingerissenen Mauer standen. Die Deutschen selbst möchten diese Vergangenheit so rasch wie möglich vergessen und verkaufen Stücke aus der Mauer als Souvenirs an Touristen. Ich meinesteils nähere mich dem Geheimnis deutscher Geschichte lieber an, indem ich des Menschen besten Freund betrachte; hat sich doch Günter Grass in seinem Roman *Hundejahre* derselben Methode bedient, um die deutsche Psyche auszuleuchten.

Wenn wir nach Führung, Wegweisung, Ansätzen für eine Auseinandersetzung mit den Problemen der deutschen Gegenwart Ausschau halten, so müssen wir uns zunächst die deutsche Theologie und die neuere Geschichte jüdischen Lebens in Deutschland nach dem Zweiten Weltkrieg näher ansehen. Dabei stoßen wir sofort auf die Zweiteilung des Landes in Ost und West. Der Osten war bis vor kurzem schwerer zu durchschauen, weil Außenstehenden der Zugang grundsätzlich verwehrt war. Bei meinen Besuchen bei der jüdischen Gemeinde in der DDR fand ich eine kleine Minderheit – weniger als tausend Menschen –, die fast so etwas wie eine ›geschützte Art‹ darstellten. Das Oberhaupt der jüdischen Gemeinde in Magdeburg berichtete mir denn auch: »Wenn ich den Bürgermeister anrufe und ihm sage, daß ein Stein aus unserer Friedhofsmauer gefallen ist, kommt schon am nächsten Tag ein ganzer Trupp Arbeiter, und die ganze Mauer wird sorgsam repariert und neu getüncht!« Und doch hatte derselbe Mann große Probleme, die für die Zelebrierung der Riten notwendigen Gegenstände für seine Gemeinde zusammenzubekommen, und nahm dankbar meinen *Tallit* (die Gebetsstola) und mein Gebetbuch als Geschenk an. Der kommunistische Staat war strikt gegen jede Form der Religion. Doch die wenigen verbliebenen Juden waren eine Art Vorzeigeobjekte, an denen sich die Freizügigkeit und Menschlichkeit des Staates demonstrieren ließ.

Es ist noch zu früh für eine abschließende Einschätzung jüdischen Lebens in der DDR vor und nach dem Fall der Mauer, doch einige Tatsachen sprechen für

sich. So brach 1953 die jüdische Gemeinde (erfaßt nach registrierten Synago-
genmitgliedern) offiziell alle Verbindungen zu ihren Glaubensbrüdern im Westen
ab. Man befand sich auf dem Höhepunkt der antijüdischen und antizionistischen
Entwicklung in Osteuropa, die unter anderem zur Ermordung von antifaschistischen jüdischen Gemeindeleitern in der UdSSR, zum Slansky-Prozeß in Prag
(1952) und zu Stalins Attacke gegen die ›Verschwörung jüdischer Ärzte‹ in Mos-
kau (Herbst 1952) geführt hatte. Der Schritt der Juden in der DDR war zugleich
auch eine Antwort auf den Appell, nach Westdeutschland zu kommen, den Rabbiner Peter Levinson und der Vorsitzende der jüdischen Gemeinde in Westberlin,
Heinz Galinski, im Januar 1953 an die ostdeutschen Juden gerichtet hatten. Der
westdeutsche Vorstoß wurde zurückgewiesen. Zwar verließen einige Juden tatsächlich die DDR, doch die Mehrzahl blieb. Meinen eigenen Beobachtungen aus
der damaligen Zeit nach waren viele der Juden, die aus dem Ausland in die DDR
zurückgekehrt waren, aus dem Glauben an eine sozialistische Zukunft heraus
gekommen. Im Westen wäre es ihnen in materieller Hinsicht vielleicht besser
gegangen, doch sie glaubten an eine Ideologie, die ihnen oft den Eindruck vermittelte, daß sie von einem Westen, der große Angst vor den ›Kommunisten unter
uns‹ hatte, um ihre Arbeitsplätze gebracht würden. Die DDR wußte es zu schätzen, daß die Künstler und Schriftsteller (die Brüder Eisler, Arnold Zweig und
andere) aus politischer Überzeugung zurückgekehrt waren, und schlug aus ihnen
politisches Kapital. Doch wir dürfen nicht übersehen, daß es in der DDR auch so
etwas wie einen echten Kooperationsgeist gab – den Wunsch, gemeinsam für eine
bessere, sozialistische Gesellschaft zu arbeiten. Heute, wo wir die eigennützigen
Motive der DDR-Führung kennen, fällt es schwer, sich daran zu erinnern, daß es
in dieser Gesellschaft tatsächlich einmal ein echtes Engagement für die Benachteiligten gegeben hat. Als noch der Begriff des ›Miteinander-Teilens‹ die Gesellschaft beherrschte, glaubte man an die ethischen Werte der eigenen Ideologie.
Die Menschen kümmerten sich wirklich umeinander. Erst nach dem Sturz der
Regierung, als sie erkannten, wieviel die Mächtigen den Ohnmächtigen gestoh-
len hatten, setzte die Empörung ein. Auch die Vorsteher der jüdischen Gemeinden, die aufgrund ihrer Funktion zum Staatsapparat gehörten, wurden auf einmal
mit tiefstem Mißtrauen betrachtet, als ›Kollaborateure‹ behandelt, zu Stasi-Spit-
zeln erklärt und in die Wüste geschickt. Viele der Besten und Integersten fanden
sich plötzlich ohne Amt, ohne Arbeit, als Personae non gratae.
   An dieser Stelle mischen sich Vergangenheit und Gegenwart. Die Schuldgefühle im Zusammenhang mit den Übergriffen der kommunistischen Herrschaft
und die Enttarnung der vielen Stasi-Mitläufer führte zu einer totalen Ablehnung
und Verdrängung der Vergangenheit und zur Verfolgung der ehemaligen Macht-
haber, wie sich in dem versuchten Schau-Prozeß gegen Honecker zeigt. Doch
man vergißt leicht, wie schwierig es ist, unter einer Diktatur zu leben, und welche
Zugeständnisse die Minderheiten in einem Polizeistaat machen müssen. Die Ver-

bindung zwischen der jüdischen Gemeinde und den kommunistischen Führern ging teilweise auf gemeinsames Leiden in nationalsozialistischen KZs zurück. Als exponierte Minderheit waren die Juden auf den Schutz des Staates angewiesen. Wenn man heute nach Osteuropa blickt, wo die strikte Kontrolle der Zentralregierungen abgelöst wurde, so gewahrt man einen erschreckenden Ausbruch des Antisemitismus in der Bevölkerung, eben weil die einstigen Gesetze gegen einen fremdenfeindlichen Nationalismus nicht mehr in Kraft sind. Doch selbst in der DDR kam es immer wieder vor, daß die Juden nicht nur auf die wirtschaftliche Hilfe der Regierung angewiesen waren, sondern auch auf die Macht ebendieser Regierung, antisemitische Auswüchse zu unterbinden. Es war der Staat, der den Juden gegen den offen Antisemitismus, der nach dem israelischen Sechs-Tage-Krieg aufbrach, zur Seite stand. Die kleinen jüdischen Gemeinden (Ostberlin, Dresden, Leipzig, Chemnitz, Erfurt, Magdeburg, Halle und Schwerin) hatten wenig rabbinischen Beistand, auch wenn es eine Dachorganisation gab, in der sie alle zusammengefaßt waren. Ihr Organ, das *Nachrichtenblatt des Verbandes der Jüdischen Gemeinden*, las sich, wenngleich die Inhalte größtenteils mit den inneren Angelegenheiten der Juden in der DDR befaßt waren, wie ein Parteiblatt; ihre ›antifaschistischen‹ Texte boten der kommunistischen Regierung bestimmt keine Angriffsfläche. Selbst der Artikel zur Erinnerung an den fünfzigsten Jahrestag der Reichspogromnacht (der ›Kristallnacht‹) geriet, wobei er durchaus den tiefsten Gefühlen der jüdischen Gemeinde Ausdruck verlieh, in erster Linie zu einer Attacke auf die Nationalsozialisten, ›die nach wie vor in der westdeutschen Gesellschaft aktiv sind‹.

Man sieht daran, welche Rolle das Umfeld spielt, und daß die Haltung der Juden in der DDR sich zwangsläufig stark von der der bundesrepublikanischen Juden unterschied. Erstere identifizierten sich wirklich mit den Werten des Landes, in dem sie lebten. Die Staatspropaganda verändert das geistige Klima in einem Land, und so tendierten die Juden in der DDR denn auch dazu, faschistische Züge an der Bonner Regierung zu entdecken, die ehemaligen Nazis in ihrem eigenen Land aber zu übersehen.

1986 entspannte sich die politische Situation etwas. Eine Delegation der Juden aus der DDR besuchte den jüdischen Weltkongreß in Jerusalem, und Theologen aus der DDR nahmen an einer Tagung über das Alte Testament, ebenfalls in Jerusalem, teil. 1988 konferierte Erich Honecker mit Edgar Bronfman vom Jüdischen Weltkongreß über Wiedergutmachungsleistungen und mit Sir Sigmund Sternberg über einen möglichen Dialog zwischen den Juden in der DDR und anderen Gruppierungen.

Brandenburg, Sachsen, Sachsen-Anhalt, Mecklenburg-Vorpommern und Thüringen

Nach dem Fall der Mauer schlossen sich die jüdischen Gemeinden Ostberlins und der übrigen fünf neuen Bundesländer rasch den westdeutschen Juden an, ja, man könnte fast von einer Art Übernahme sprechen. Wichtige Leute aus der jüdischen Gemeinde der ehemaligen DDR, wie Peter Kirchner aus Ostberlin, wurden im Zuge der Reaktionen auf die Rolle, die sie innerhalb der alten Machtstrukturen hatten, auf einmal zu ›Unpersonen‹. Die dynamische Führungsspitze des Westens fegte die ganze alte Ordnung des Ostens hinweg, und der *Zentralrat der Juden in Deutschland* unter seinem damaligen Vorsitzenden Heinz Galinski übernahm schon im Oktober 1990 sämtliche Leitungsfunktionen. Während der allmählich sich anbahnenden politischen Veränderungen mußten die Juden aus dem Osten äußerst vorsichtig taktieren und die neuen politischen Bestrebungen in Ostdeutschland häufig widerspruchslos hinnehmen, um wenigstens einen Anschein der ehemaligen Autorität zu wahren. Die frühere DDR-Regierung hatte für die finanzielle Lage der jüdischen Gemeinden garantiert, doch seit dieser Zeit sind die inneren Strukturen der Gemeinden einer starken Aufweichung ausgesetzt – eine Entwicklung, die man merkwürdigerweise so auch bei den christlichen Kirchen der fünf neuen Bundesländer beobachten kann. Einst waren sie die Bastionen des Widerstands gewesen, der einzige Ort, an dem man frei seine Meinung sagen konnte. Nun, da Männer und Frauen auf den Straßen sagen dürfen, was sie früher in den Kirchen nur zu flüstern wagten, sind die Kirchen auf einmal überflüssig geworden. Angesichts des Bombardements mit materialistischem Gedankengut muß ein neuer religiöser Geist erst wachsen; und das ist bekanntermaßen sehr viel schwieriger, als diesen Geist im Widerstand gegen eine unterdrückerische kommunistische Diktatur zu entwickeln.

Welche Gestalt könnte eine solche neue Religiosität annehmen? Die Führungsspitze der christlichen Kirche der ehemaligen DDR ist weitgehend unglaubwürdig geworden, wenn auch sicherlich nicht immer zu Recht. Eine ganze Reihe wichtiger kirchlicher Persönlichkeiten, die sich in der Öffentlichkeit bedeckt hielten und ihren Widerstand auf den privaten Bereich beschränkten, werden als inakzeptabel abgelehnt, und die Kirche selbst – von Hause aus eine eher konservative Institution – zieht kaum Menschen mit liberalen Überzeugungen an. Außerdem sind die neuen Bundesländer sämtlich in den Kampf ums wirtschaftliche Überleben verstrickt, und die Tatsache, daß die Löhne im Osten allgemein niedriger sind als die Bezahlung für dieselbe Arbeit im Westen, hat dafür gesorgt, daß das Denken der Menschen ganz auf die Jagd nach einem gewissen Wohlstand ausgerichtet ist. Ostdeutschland hatte sich von der Verschmelzung mit Westdeutschland in materieller Hinsicht den Himmel versprochen, und Bundeskanzler Kohls Wahlversprechen waren nicht dazu angetan, den Menschen dort die Augen zu öffnen.

Doch die Realität der modernen Armut hat mittlerweile auch eine Welt erreicht, die mit der sozialistischen Betonung des Diesseits aufgewachsen ist, und die Erfüllung allzu hochfliegender materialistischer Träume ist angesichts des gegenwärtigen Niedergangs der Wirtschaft in weite Ferne gerückt. Vielleicht wird das dazu führen, daß die Menschen sich wieder religiösen Werten zuwenden, wie es so oft in schweren Zeiten geschieht. Neue Führungspersönlichkeiten werden sich profilieren, neue Denkformen und vielleicht sogar ein ganz neuer Glaube werden entstehen.

In Berlin kam es 1992 zu einer Art Kulturkampf. Die Kampflinie verlief zwischen der orthodoxen Adath-Jisroel-Gemeinde und den anderen Juden. Die Auseinandersetzung endete schließlich mit einem Triumph der Adath-Jisroel-Gemeinde, der die Eigentumsrechte, die sie vor langem in Ostberlin verloren hatte, wieder zugesprochen wurden, was zu einem beträchtlichen Autoritätszuwachs dieser Gruppierung führte. Am 22. Januar 1990 war zudem der *Jüdische Kulturverein* gegründet worden, in dem sich nun eine Vielzahl von Dissidenten, die sich gegen die frühere Berliner Führung aussprachen, zusammenfand.

Die grundlegenden Probleme des neuen Zusammenlebens in einem Berlin – bzw. einem Deutschland –, das in viele verschiedene Splittergruppen zerfallen ist, sind noch lange nicht gelöst. Hier stehen religiöse Juden gegen weltliche Juden, Neuankömmlinge aus Rußland, die schon fast eine Mehrheit darstellen, gegen die Alteingessenen. Und natürlich macht auch die Tatsache, daß es, wo immer vier Juden zusammenkommen, fünf Meinungen gibt, den gemeinschaftlich unternommenen Versuch, in einer Gegenwart zu leben, auf der noch die Schatten der Vergangenheit lasten, nicht gerade einfacher. Gibt es für die Juden in Deutschland so etwas wie eine nationale Identität? Oder eine religiöse, die die erstere ausschließt? Die sogar schon im Ausland gestellte Frage, ob die Juden als Deutsche zu betrachten seien, wird um so aktueller angesichts des Wiedererstarkens nationalistischer Strömungen.

Dieses Wiedererstarken des Nationalismus gehört zweifellos zu den irritierendsten Faktoren, die man in eine Zukunftsprognose für Deutschland miteinbeziehen muß. Man kann den wachsenden Zulauf des rechten Flügels, eine bestimmte Form nationalistischen Denkens in Deutschland, besonders unter der Jugend, die noch nicht in der Gesellschaft Fuß gefaßt hat, nicht einfach ausklammern. Ich persönlich glaube nicht, daß die Geschichte sich wiederholen wird, doch es wäre töricht, die Gefahrenzeichen, die im Deutschland von heute allenthalben erkennbar werden, zu ignorieren.

Die Hauptprobleme für die in Deutschland lebenden Juden liegen in ihrem Verhältnis zu Israel und natürlich im Aufkommen eines neuen Antisemitismus, sei er nun offen oder versteckt. In den fünf neuen Bundesländern hat sich die Beziehung zu Israel stark verändert; es kam zu einem Dialog, der noch vertieft wurde durch Gruppenreisen aus der ehemaligen DDR nach Israel wie auch durch ein neues Verhältnis zu den ›Gerechten unter den Völkern der Welt‹ – jenen, die den Juden im Nationalsozialismus unter großen persönlichen Risiken, ja unter Opferung ihres eigenen Lebens, halfen. So wurden sechs ehemalige DDR-Bürger am 22. Januar 1990 als ›Gerechte‹ anerkannt, und ihre Namen werden in Jerusalem, in Yad Vashem, bewahrt. Und noch während der letzten Phase der Regierung der DDR legte die Volkskammer ein Schuldbekenntnis für Deutschland ab und erklärte die volle Anerkennung des Staates Israel seitens der DDR.

Dennoch bleibt die beunruhigende Auswirkung ostdeutscher Strömungen auf das wiedervereinigte Deutschland, denn gerade von diesem Teil des Landes geht eine wahre Welle des Antisemitismus aus. Obwohl die ehemalige DDR den Antisemitismus offiziell zu einem Verbrechen erklärte, lastet auf den neuen Bundesländern doch noch immer die ganze unverarbeitete Vergangenheit. Hatte die DDR doch eine recht einfache Lösung gefunden, mit ihrer nationalsozialistischen Vergangenheit umzugehen: ›Wir waren die kommunistische Opposition gegen Hitler, die Guten. Schaut euch nur Erich Honecker an: zehn Jahre in einem nationalsozialistischen Konzentrationslager! Die Nazis sind alle in Westdeutschland geblieben und dort in hohe Ämter aufgestiegen. Sollen die doch Wiedergutmachungszahlungen leisten – wir hatten nichts mit der ganzen Sache zu tun!‹ Daß aus so manchem strammen Nationalsozialisten ein strammer Kommunist geworden war, wurde dabei gern übersehen.

Genauso ignorierte man, daß Westdeutschland sich nicht nur zur Schuld der Vergangenheit bekannt, sondern auch riesige Wiedergutmachungssummen an Einzelpersonen wie an den Staat Israel gezahlt hatte. Die DDR verschanzte sich hinter der Behauptung, daß die Verbrechen sämtlich von Westdeutschen begangen worden seien, und schlug die berechtigten Ansprüche überlebender Opfer in den Wind.

Doch es gab noch weitere Gründe für den versteckten Antisemitismus in der DDR. Die wenigen Juden boten zwar keine ausreichende Angriffsfläche für Anfeindungen, auch wenn Israel sogleich zum Lieblingsfeind erklärt wurde. Doch es gab ja noch andere Minderheiten, Polen, Rumänen – und wer hätte jemals Juden gebraucht, um antisemitische Gefühle zu entwickeln? Die Westdeutschen hatten wenigstens versucht, sich mit den Problemen der Vergangenheit auseinanderzusetzen, und es war ihnen in vielfacher Hinsicht sogar gelungen. Nun aber ist die Last jener alten Schuld auf einmal wieder da, gepaart mit einem starken Nationalismus, der stets die Grundlage allen Fremdenhasses ist. Dazu kommt, daß die neue Schuld, das Problem der Stasi-Vergangenheit vieler DDR-Bürger, die Deutschen erneut vor fast die gleichen Fragen stellt: ›Soll man Gerechtigkeit walten lassen, oder ist es besser, den Mantel des Schweigens über das alles zu decken, zu vergeben und zu vergessen? So viele DDR-Bürger haben mit der Regierung kollaboriert und ihre eigenen Familien bespitzelt – und doch war es nicht wie in den alten Nazi-Zeiten. Warum dem Recht bis zum äußersten Genüge tun? Jener schwarze Ossi-Hund vor dem Supermarkt – war er einer der Hunde auf der Mauer? Aber er hat doch einfach nur seine Pflicht getan; wie wir alle – wie wir alle.‹

Zweifellos gab es in der Finsternis, die über der DDR lag, viele, die offen in Opposition zum System gingen und die deshalb jener Schar zuzurechnen sind, die aus den Dunkelheiten der ganzen Welt dem Morgen entgegenreitet. Da ist die Romanschriftstellerin Christa Wolf, eine der begabtesten Autorinnen der deutschen Gegenwartsliteratur. Auch gegen Christa Wolf sind mittlerweile Anschuldigungen erhoben worden. Sie sagte ihre Meinung, sie zeigte Anzeichen von Widerstand, aber hat sie genug getan? Der Wust der Stasi-Akten ist unübersehbar, und eigentlich gibt es niemanden mehr, dessen Name nicht irgendwo in diesem riesigen Papierberg erscheint. Doch nicht alles, was in diesen Akten steht, entspricht der Wahrheit. In einer Welt aus Papier können auch Fälle auf dem Papier konstruiert werden. Selbst DDR-Bürger, die schon früh geflohen sind und von draußen gegen das kommunstische Regime kämpften, werden heute zum Teil als Stasi-Maulwürfe verdächtigt – in dieser unberechenbar gewordenen Welt, in der die Angst vor dem Nachbarn durch die Tatsache, daß jeder jeden verraten zu haben scheint, plötzlich ins Uferlose gewachsen ist!

Als einer, der Christa Wolf persönlich begegnet ist und mit ihr gesprochen hat, kann ich nur meiner Überzeugung Ausdruck gegen, daß sie nicht zu den Verrätern gehörte, sondern daß sie ein Opfer der neuen Welle der Intoleranz wurde, in deren Folge von öffentlichen Personen sehr viel mehr gefordert wird, als sich Privatpersonen selbst zumuten. Christa Wolf ist ein Opfer der neuen Zeit.

Was eigentlich drängt, während des kommunistischen Regimes und auch danach aber nicht geleistet wurde, ist die kritische Auseinandersetzung mit dem Verhältnis von Kommunismus und Faschismus. Im Deutschland unserer Tage, in dem sich rechter und linker Flügel abermals Straßenschlachten liefern, wird die Virulenz des politischen Extremismus um so deutlicher. Wenn wir diesen Extremismus begreifen wollen, müssen wir zurückgehen zu den Wurzeln, den Grundlagen einer extremistischen Bewegung. Wir werden dabei feststellen, daß es allen letztlich darum geht, die Rechtsordnung eines Landes zu untergraben (so kämpften Kommunisten wie Nationalsozialisten gegen die Weimarer Republik und gegen die Demokratie). Dieser Kampf gegen Gesetz und Moral hat auch etwas zu tun mit der *Shoa*. Natürlich darf man die nationalisozialistische *Shoa* nicht dadurch relativieren, daß man sie mit Stalins Völkermord und Mord vergleicht; doch die Menschenverachtung, die Verachtung und Abwehr allem gegenüber, was nicht in das autoritäre System hineinpaßt, zeigt uns, daß es bei allen Abweichungen doch Ähnlichkeiten gibt. Das wird auf verschiedenen Ebenen deutlich: Der massive Einsatz von Propaganda, Einschüchterung und Lügen im Umgang mit der eigenen Bevölkerung und mit anderen Nationen.

Etwas von diesem Denken lebte in der DDR weiter. Es war keineswegs die Regierung allein, die jene unterdrückte, die gegen das System kämpften. Die

Menschen selbst beargwöhnten sich gegenseitig, und sogar die religiösen Führer waren untereinander zerfallen.

Die führenden Leute, mit denen ich zu jener Zeit sprach, schrieben nicht, sie handelten; und oft wurden ebendiese Handlungen mißverstanden. Ich denke dabei an Pater Heinrich Pera, einen katholischen Priester, der versuchte, in der DDR eine Hospizbewegung ins Leben zu rufen, dabei jedoch am kommunistischen Regime scheiterte. Als er nach dem Fall der Mauer seine Gemeinde wegen ihrer laxen Haltung tadelte, warfen ihm seine Gemeindeglieder vor: »Warum haben Sie uns denn nicht früher zurechtgewiesen?« Und Pera fühlte sich in der Tat schuldig, weil er nicht mutiger gewesen war. Erst kürzlich wurde ihm eine einflußreiche Stellung in Rom angeboten, doch er lehnte ab, weil seine Bemühungen, in den fünf neuen Bundesländern die ersten Hospize zu schaffen, allmählich doch Früchte zu tragen scheinen. Es gab noch viele andere wie ihn, Leute in leitenden kirchlichen Ämtern, etwa die Pfarrer der Sophien- und der Marienkirche, die sich der Predigt und weniger des geschriebenen Wortes bedienten und eine Politik der kleinen Schritte betrieben, die schließlich aus dem Miasma eines despotischen Herrschaftssystems und einer bürokratischen Knechtschaft herausführte.

Inzwischen sehen sich die neuen Bundesländer neuen Formen der Ausbeutung ausgesetzt. Politische Abenteurer fallen in das Land ein, um sich das größte Stück vom Kuchen des erwarteten Wirtschaftswachstums zu sichern. Die Entwicklung dieser Region steht aber auch im Mittelpunkt von allen möglichen Förderprojekten von jüdischer und nicht-jüdischer Seite, ganz gleich, ob es sich nun um Kunst, Religion oder andere förderungswürdige Vorhaben handelt. Mittlerweile ist selbst die gigantische Profitmaschine der deutschen Wirtschaft bei der Bewältigung der Aufgaben, die die Wiedervereinigung mit sich gebracht hat, ins Stocken geraten. Wenn und falls die deutsche Wirtschaft dieser Probleme Herr wird, wird sich wahrscheinlich die ganze europäische Wirtschaft erholen. Uns bleibt dabei nur, aufmerksam zu verfolgen, was mit den Juden in Ostdeutschland und in Europa geschieht. Heute wie schon seit jeher sind sie ein Barometer für das politische Klima. Wachsender Antisemitismus war schon immer ein Zeichen für ein innerlich marodes System, das die Rechte von Minderheiten nicht ernst nimmt. In diesem Sinn bleiben die Juden, wie George Steiner ausgeführt hat, tatsächlich das Gewissen der Welt.

Auch die Juden in Westdeutschland haben seit dem Zweiten Weltkrieg eine stille und unauffällige Existenz geführt. Sie lebten ihr problematisches Leben in einem Land, das noch vor kurzer Zeit versucht hatte, sie vom Erdboden zu vertilgen. Bis vor kurzem gab es in Westdeutschland noch etwa 30 000 Juden, die einen *Modus vivendi* fernab jeden Publicityrummels für sich gefunden hatten. Nur neun Rabbiner versahen den Dienst in den Gemeinden, und die Schule für jüdische Studien, die der Universität Heidelberg angegliedert wurde, erfüllt im Grunde die Aufgabe eines Institutum Judaicum an der Universität und bildet keine Rabbiner aus.

Irgendwann einmal muß die Geschichte dieser kleinen, importierten jüdischen Gemeinde noch aufgeschrieben werden. Nach 1945 gab es nur noch sehr wenige deutsche Juden; den größten Teil der jüdischen Gemeinschaft in den Jahren zwischen 1945 und 1990 stellten Juden aus Osteuropa, Überlebende der Konzentrationslager und der Vertriebenenlager. Diese Menschen verdienen unsere Sympathie und unser Mitgefühl, auch wenn manche Juden, die Deutschland in der jüngeren Vergangenheit besucht haben, nur wenig davon an den Tag legen. »Wie könnt ihr nur nach Deutschland zurückgehen oder in Deutschland bleiben? Das ist geradezu unanständig!« So oder so ähnlich reagierten viele Touristen oder Geschäftsleute, die zwar nichts dabei fanden, selbst nach Deutschland zu reisen, dafür aber ihrer Entrüstung über die dort Ansässigen um so lautstarker Ausdruck gaben, um das eigene Gewissen zu beruhigen.

Durch den Zustrom jüdischer Familien aus Rußland in jüngster Zeit, deren Kinder die Religionsschulen füllen und in den Synagogen zur Barmizwa-Feier erscheinen, haben auch kleine Gemeinden, deren Gemeindeleben fast eingeschlafen war, einen neuen Impuls erhalten. Ein neues, hoffnungsvolleres Bild zeichnet sich ab.

Uns interessieren vor allem jene, die dem jüdischen Gemeinschaftsleben in Deutschland nach dem Holocaust ihren Stempel aufdrückten, unter ihnen die Rabbiner, die zurückkehrten und mit großer Hingabe ihren Gemeinden dienten: ›Abba‹ Geis, Stephen Schwarzschild, Peter Levinson, Ernst Stein. Neben ihnen stehen die orthodoxen Geistlichen, die oft nach ihrer Pensionierung noch in kleinen Gemeinden Dienst taten, Männer wie Rabbiner Posen, Rabbiner Weiss und andere. Doch es waren nicht nur die Rabbiner, sondern häufiger noch die Laienschaft, und aus ihr vor allem eine bestimmte Person, die die jüdische Gemeinschaft in Deutschland dominierte: Heinz Galinski, Vorsitzender der Berliner Gemeinde nach 1945 bis zu seinem Tod im Jahr 1991, in den letzten Jahren zudem Vorsitzender des Zentralrats der Juden in Deutschland. Heinz Galinski war ein Überlebender von Auschwitz und wurde von der deutschen Judenheit unangefochten als Führungspersönlichkeit akzeptiert und verehrt. Er erhielt allwöchentlich Todesdrohungen von alten und neuen Antisemiten. Neben seinen Verdiensten war aber auch die Arbeit einer engagierten Gruppe christlicher und jüdischer Theologen, die alle zwei Jahre auf den Kirchentagen der evangelischen Kirche ein Programm gestalteten, äußerst wichtig.

Als diese Kirchentage – eine Art Vollversammlungen der Protestanten – ins Leben gerufen wurden, kam man zunächst gar nicht auf den Gedanken, Juden dazu einzuladen. Was sollten Juden zu einem Treffen von Christen beitragen? Mit der Zeit jedoch erkannte die christliche Kirche, die sich allmählich als Kirche nach dem Holocaust begriff, daß Auschwitz einer der wichtigsten Punkte auf der Tagesordnung war.

Die alten Standardantworten hatten sich als unzureichend erwiesen. Konnte man wirklich behaupten, wie es einige ewig Gestrige immer noch taten, daß Gott das Volk Israel für seine Sünden gestraft hatte? Konnte man die Juden zu Gottesmördern stempeln, die die gerechte Strafe ereilt hatte? Konnte man wirklich glauben, sie auf diese Weise zu Christus führen zu können? Und war es überhaupt möglich, all diese Fragen zu diskutieren, ohne sie dazu zu hören?

Die im Zweijahresrhythmus stattfindenden Begegnungen beim evangelischen Kirchentag setzen sich mit dem jüdisch-christlichen Dialog und mit den Veränderungen, die sich nach dem Holocaust in der deutschen Theologie abzeichneten, auseinander. Daß es dazu kam, hing zum Teil mit der Anwesenheit von Vertretern der Bekennenden Kirche zusammen, die sich zur Zeit des Nationalsozialismus noch so viel Achtung vor dem Christentum und der christlichen Gemeinde bewahrt hatten, daß sie wenigstens versuchten, den Nationalsozialisten Widerstand entgegenzusetzen. Aber auch große Bibelwissenschaftler stellten sich ein, Trutz Rendtorff und viele bedeutende Pfarrer der protestantischen Kirche. Ihre jüdischen Gesprächspartner waren weniger zahlreich, aber nicht weniger hochkarätig. Nach wie vor ist es von immenser Bedeutung, daß solche Begegnungen gerade auf deutschem Boden stattfinden. Es ist nicht so, daß ›die da wandelten im Finstern, ein großes Licht gesehen hätten‹ – vielmehr macht das gemeinsame Erleben der Finsternis sensibel für die Probleme des jeweils anderen, auch wenn das manchmal nicht einfach ist.

Die Bibel lehrt uns Juden, daß wir all jenen, die leiden und in Knechtschaft leben, mit Barmherzigkeit und Güte begegnen sollen:»Denn ihr wart Knechte im Lande Ägypten.« Wir haben eine lange Strecke zurückgelegt, seit diese Worte gesprochen wurden. Clarence Darrow, der große amerikanische Strafverteidiger, pflegte seine Mitarbeiter daran zu erinnern, daß es eine Pflichtvergessenheit gegenüber dem Klienten wäre, bei einem Kapitalverbrechen einen Juden als Mitglied der Geschworenenjury abzulehnen – denn die Juden waren geradezu berüchtigt für ihr Mitgefühl. Auch in den Anfangstagen des schwarzen Bürgerrechtskampfs taten sich die Juden ganz besonders hervor. Wie sieht es heute aus? Wenn in Deutschland Leiden gegen Leiden steht, gehen wir oft in die *Quidproquo*-Falle. Trotzdem sollten sich die Juden ihr Mitgefühl bewahren, auch wenn es oft schwerfällt. Ich habe gekränkte Deutsche getroffen, die sich des langen und breiten über die Schrecken auslassen, die sie beim Einmarsch der Russen erlebten: Die Plünderung ihres Eigentums, die Vergewaltigung ihrer Frauen und Töchter und andere Akte der Grausamkeit. »Warum bekommen die Juden und die Zigeuner Wiedergutmachungsleistungen für das, was sie durchgemacht haben? Wir haben doch auch nichts bekommen!« Es gibt kein Patentrezept, wie man den relativen und den absoluten Unterschied zwischen den Konzentrationslagern und den Leiden während des Krieges errechnen könnte.

Wir geraten hier auf das schwierige Terrain ungesühnter Schuld und bewußt totgeschwiegener Geschichte. Manchmal begegnet uns in der ehemaligen DDR noch echte Unwissenheit, meist ist es jedoch nur Unaufrichtigkeit. Wo mit Emphase die Größe der deutschen Geschichte beschworen wird, wenn Leipzig, Halle und die Wartburg für Touristen hergerichtet werden, um sie an diese deutsche Größe zu erinnern, wie sie in Gestalten wie Martin Luther und Johann Sebastian Bach verkörpert ist, so sehen wir Juden hier auch die Finsternis neben dem Licht. Wenn er ›Weimar‹ hört, so denkt jedermann an Goethe und Schiller und vielleicht noch an die Weimarer Republik. Doch vor den Toren Weimars liegt Buchenwald, das Konzentrationslager, an das die meisten nicht gern erinnert werden wollen. Damit will ich kein Schuldurteil über jene Kinder fällen, die noch immer an der Suppe löffeln, die ihnen letztlich ihre Väter eingebrockt haben. Wenn ich Deutschland besuche, bin ich mir des Schmerzes und des Leides der Unschuldigen, der passiven Zuschauer und selbst des Leidens der Schuldigen wohl bewußt. Doch es kommt mir nicht zu, die Absolution zu erteilen. Mir geht es vielmehr darum, immer wieder an die menschliche Fähigkeit, sich zu erinnern, zu appellieren, denn nur im Wissen um das Geschehene kann es zu einer Weiterentwicklung kommen.

Wir haben von der ›doppelten Schuld‹ gesprochen, die auf dem Deutschland unserer Tage lastet – das Erbe der Stasi-Mitarbeiter und der ehemaligen Nazis. Jede intellektuelle, moralische und philosophische Auseinandersetzung nach der Finsternis muß sich auch mit dieser Situation beschäftigen, wird doch erst auf diesem Hintergrund der Dialog zwischen Juden und Christen und zwischen Juden und Deutschen verstehbar. Doch nicht nur hier wird versucht, sich dem endemischen Bösen der Geschichte zu stellen. Mit dem Zusammenbruch der Sowjetunion und dem erbitterten Kampf der dortigen Nationalisten, die sich in den Gebieten, die sie sich angeeignet haben, gegen Minderheiten und selbst gegen die Mehrheiten behaupten, wird deutlich, daß Stalin und seine Genossen Drachenzähne gesät haben, deren Ernte nun reif ist. Und auch im Blick auf die Balkanländer, auf Kroaten und Serben, können wir nur verzweifeln: Wieder werden wir von einer Woge des Leidens überrollt, weit schrecklicher als alles, was wir heutzutage in Deutschland sehen. Als die Serben nach Kroatien vordrangen, war es selbstverständlich, sich gegen diese eklatante Verletzung internationalen Rechts zu verwahren. Doch dann hörten wir von den Massakern auf beiden Seiten. Es gibt Krankheiten der Seele, die ebensosehr der Heilung bedürfen wie die des Leibes. Und wo diese Heilung nicht möglich ist, müssen wir wenigstens versuchen, uns nicht von diesem Wahnsinn anstecken zu lassen; wir müssen versuchen, unser Urteil mit, wie die jüdische Tradition es nennt, *Midat ha-Rachamim*, mit dem notwendigen Erbarmen, zu fällen, und wir müssen trotzdem den von den Serben verübten Völkermord verdammen und den Leidenden Hilfe bringen.

Wir wissen so wenig! Dürfen wir uns auf die Experten verlassen? Sollten uns nicht wenigstens hier, in den Ereignissen unserer eigenen Zeit, die Historiker die Richtung weisen können? Als einer, der sich selbst gelegentlich als Historiker betätigt, kann ich nur warnend darauf hinweisen, daß Historiker uns immer die

Bilder liefern, die der gegenwärtigen Stimmung entsprechen. Geschichtsschreibung ist wie die Mode, sie ändert sich ständig. Der holländische Historiker Johan Huizinga stellte fest:»Geschichtschreibung ist die geistige Form, durch die eine Kultur vor sich selbst Rechenschaft über ihre Vergangenheit ablegt.« Ein Bild von der Vergangenheit zu entwerfen, wie sie wirklich war, ist jedoch unmöglich. Der Historiker wählt immer bestimmte Fakten aus den tausenden möglichen aus; welche er dabei auswählt, hängt von seiner persönlichen Befindlichkeit und von den Einflüssen des Umfelds ab, in dem er arbeitet.

Das Geschichtsbild, das Westdeutschland nach dem Zweiten Weltkrieg für sich selbst schuf, war ein äußerst effizientes Modell. Es hieß ›Antikommunismus‹ und versprach Sicherheit und Kontinuität und Integration nach einer Zeit der Unruhe. Die ehemaligen Nazis konnten sich selbst durchaus in diesem Bild unterbringen. Sie waren gute Antikommunisten gewesen, und wenn sie auch sonst vielleicht in allem geirrt hatten, so hatten sie doch zumindest darin Recht. Diejenigen, die passiv geblieben waren und sich nicht gegen die Nationalsozialisten aufgelehnt hatten, konnten diesen Rückstand nun aufholen, indem sie gegen den Kommunismus kämpften. In den Fünfzigerjahren wurde dieses historische Konstrukt zu einer Art Glaubenssache, für die auch die Intellektuellen eintraten.

In den Sechzigerjahren, als diese Perspektive eindeutig einer Korrektur bedurfte, tauchte dann das nächste historische Paradigma, ein neues Geschichtsbild, auf: Vielleicht war der Kommunismus ja doch nicht so schlimm – man denke nur an all die Sozialreformen und die offenbare Fürsorge der DDR-Diktatur für ihre Bürger. Dann war auch dieses Paradigma überholt, und die Verbrechen des Holocaust traten deutlicher hervor. Es wurde klar, daß man Nationalsozialisten und Kommunisten auf keinen Fall in einen Topf werfen durfte. Und so kam es zu den Frankfurter Auschwitz-Prozessen und dem Versuch, jene dunkelste Periode deutschen Lebens offenzulegen. Es war eine unbequeme Zeit, und doch war es ein echter Versuch, das Geschehene zu begreifen, zu dem auch die Medien ihren Beitrag leisteten.

In den Achtzigerjahren veränderte sich das Geschichtsbild erneut. »Es ist Zeit, einen Strich unter die Vergangenheit zu ziehen«, sagte Helmut Kohl und gab damit der Stimmung in der deutschen Bevölkerung Ausdruck. Bruchstücke der früheren, endlich totgeglaubten Denkweise wurden wieder an die Oberfläche gespült, als Helmut Kohl Gorbatschow als ›einen zweiten Goebbels‹ bezeichnete, und in Bitburg gefallene SS-Soldaten geehrt wurden! Doch die eigentliche Schlacht der revisionistischen Historiker fand 1986 statt. Unter der Führung des angesehenen Geschichtswissenschaftlers Erich Nolte versuchte man, die nationalsozialistischen Verbrechen des Dämonischen zu entkleiden, indem man sie mit den Taten der Sowjets verglich und sie unter die in Kriegszeiten ›üblichen‹ Exzesse einordnete. Zwar verloren die Revisionisten den Kampf am Ende, doch ihr Ansatz lebt fort.

Dann schließlich kam der Zusammenbruch der DDR, und das Bild mußte erneut revidiert werden. Aus Westdeutschland wurde das große, wiedervereinigte Deutschland, und die Vergehen der Kommunisten standen auf einmal im Mittelpunkt des Interesses:

»Das gesamte öffentliche Interesse konzentrierte sich mit einem Mal auf die Verbrechen der DDR; der Gedanke an ein öffentliches Tribunal, ein zweites Nürnberg, kam auf. Noch einmal, wie zur Zeit der Entnazifizierung, hatte man die eigene Vergangenheit zu rechtfertigen ... Dokumente mußten her ... ob man nun genauso vorgehen wird wie in der Vergangenheit oder gerade wegen dieser Vergangenheit auf andere Weise, das Grundmuster bleibt sich gleich. Die Deutschen verhalten sich wie die Alliierten nach 1945. Es ist fast so, als ob sie es genießen, am Ende doch noch die Sieger zu sein.«

Das Porträt der DDR stellt sich heute düsterer dar als je zuvor. Erich Honecker, einst bewundert als Widerstandskämpfer, der zehn Jahre im Konzentrationslager überlebt hatte, ist zu einem zweiten Eichmann geworden, der durch ganz Osteuropa gejagt und vor Gericht gezerrt wurde. Seine Flucht nach Südamerika, sein Krebstod scheinen das bittere Ende der Ära Honecker zu markieren. Fürs erste ist ihr Protagonist in einem dunklen Hinterzimmer der Geschichte verschwunden, doch den langjährigen Beobachter wird es kaum verwundern, sollte sein Gedächtnis nach einiger Zeit wieder den Weg in die Gute Stube der deutschen Bürger zurückfinden!

In Stuttgart nähert sich der letzte Prozeß gegen die SS seinem Ende; das Gericht erklärte seine Unfähigkeit, Nationalsozialisten weiter zu verfolgen. In der gleichen Zeit häufen sich die Prozesse gegen die Wachen an der Berliner Mauer. Historiker wie Allgemeinbevölkerung verfallen wieder einmal dem Irrtum zu versuchen, zwei Vergangenheiten miteinander zu vergleichen, und verharmlosen dabei in gewissem Sinne das größere Vergehen. Wenn man die Stasi-Verbrecher mit den Nazis gleichsetzt und die DDR mit Hitler-Deutschland, wird die Ungeheuerlichkeit der nationalsozialistischen Vergehen abermals zu einem ganz normalen Zwischenfall in einer Zeit der Wirren und des Krieges herabgewürdigt. Nur in einer solchen Zeit konnte es zu Auschwitz kommen. Doch Auschwitz war schlimmer als alles, was jemals in einem Krieg geschah, und es gibt keine Garantie dafür, daß es auf einem anderen Hintergrund nicht erneut Realität werden kann. Die Welt kann so brutalisiert werden, daß Völkermord schließlich zu einer Art Kontrollinstanz für das Bevölkerungswachstum und die Lösung wirtschaftlicher Probleme wird. Es ist legitim, wenn sich neue Staatstheorien herausbilden, doch das heißt nicht, daß man die alten Theorien in einer Art und Weise miteinander vergleichen darf, die die Realität der Vergangenheit enstellt oder gar auslöscht. Nationalsozialismus und Kommunismus sind nicht dasselbe, auch wenn der Zuwachs der extremen Rechten uns dazu verführen mag, die jüngsten Ereignisse in diesem Sinne zu deuten.

Stasi-Kollaborateure dürfen nicht behandelt werden wie Naziverbrecher. Natürlich darf man nicht einfach über ihre Verbrechen hinweggehen, und ich weiß, daß der Gerechtigkeit Genüge getan werden muß. Doch nicht alles ist einfach nur schwarz oder weiß, und man muß unterscheiden zwischen jenen, die nur mit der Flut mitgespült wurden, und den anderen, die aktiv an dem Bösen mitwirkten. Wir dürfen uns nicht zu Richtern aufwerfen, doch wir müssen sorgsam beobachten, welches neue Geschichtsparadigma sich entwickelt, und was weiter geschehen wird, wobei wir die angeschlagene Wirtschaft und den Werteverfall in Rechnung stellen müssen, die das Deutschland von heute zu einem Land machen, das nur sehr schwer einzuschätzen ist.

Wo es ein Verbrechen gibt, gibt es auch Schuld. Christliche Theologen sprechen häufig vom ›vergebenden‹ Gott. Dennoch sind sich die besten unter ihnen Bonhoeffers Lehre von der ›leichten Gnade‹ durchaus bewußt – und jene, die den Boden des Gebots verlassen und sündigen (der hebräische Gedanke des *Chet*, der Sünde, beinhaltet ein Abirren vom rechten Weg), müssen die Chance bekommen zu sühnen, statt aus der Nachsicht ihrer Religion Kapital zu schlagen. Ich selbst stehe jeder Form von Systemen, jeder vollständig durchgeformten Theologie, die Antworten auf alle Lebenslagen parat hat, mißtrauisch gegenüber; meiner Ansicht nach müssen wir die allgemein gehaltenen Vorschriften der Zehn Gebote auf die jeweilige individuelle Situation anwenden. Unsere theologischen und philosophischen Lehrer sprechen etwas in uns an und entlassen uns dann in ein eigenständiges, von unserer eigenen Intuition und unserem eigenen Intellekt bestimmtes Handeln.

Ein solches Handeln ist mehr als nur die Reaktion auf theologische Lehren. Wir leben in einer Welt, die sich ständig verändert, und wir reagieren auf diese Veränderungen mit jeder Faser unseres Seins. Im Deutschland von heute manifestieren sich ein neuer Antisemitismus, eine neue Ausländerfeindlichkeit. Wie schon früher kann man auch heute wieder wirtschaftliche Gründe für diese Ausfälle gegen ›das Fremde‹ ausmachen. Das Schwinden des deutschen Wohlstands steht ganz eindeutig in direktem Zusammenhang mit dem übereilten Versuch der Politiker, das, was einst die DDR war, allzu hastig der Bundesrepublik einzuverleiben. Die hohen Arbeitslosenzahlen in den neuen Bundesländern wirken sich negativ auf das ganze Land aus. Und die deutsche Verfassung, die Flüchtlingen Asyl garantiert, wird zunehmend von allen politischen Parteien in Frage gestellt, die die Grenzen des Landes vor den neuen Einwanderungswellen aus dem Balkan und Osteuropa schließen wollen. Franz Schönhubers rechtsradikale republikanische Partei konnte allerorten einen Stimmenzuwachs verzeichnen, was die Christdemokraten wiederum zu einem Rechtsruck, einer ›patriotischeren‹ Haltung und damit zur Abgrenzung gegen ›Außenstehende‹ zwang. Nach den letzten Wahlen scheinen die Republikaner wieder an den Rand der politischen Landschaft gedrängt, doch der Kampf ist noch nicht entschieden. Ich selbst führte einmal im

Londoner Fernsehen eine zweistündige Diskussion mit Schönhuber. In dieser Situation zeigte er sich natürlich von einer ganz anderen Seite als in den Münchner Biergärten. Am Ende der Sendung gab er mir sogar seine private Telefonnummer. In meinen Augen war das eine Falle. Ein einziger Anruf von mir, und er hätte argumentieren können:»Was wollt ihr eigentlich von mir? Ich soll Antisemit sein? Ich stehe in regem Telefonkontakt mit meinem Freund Rabbiner Friedlander in London!« Für mich ist die Gefahr Franz Schönhuber noch keineswegs gebannt, ja, er scheint mir umso bedrohlicher, je gutmütiger und leutseliger er sich gibt.

Die positiven Aussagen und Aktionen, die es im heutigen Deutschland auch gibt, können die jüdische Gemeinschaft in ihren neuerwachten Ängsten keineswegs beruhigen. Auch im Ausland wächst die Angst, ist doch kaum zu übersehen, daß die Finsternis, die ihren Ursprung in der ehemaligen DDR hat, täglich weiter von dem Land Besitz ergreift. Gleichzeitig wirken die Aktionen der vielen anderen in Deutschland, die sich gegen ausländerfeindliche Übergriffe wehren und immer noch die Mehrheit stellen, ermutigend. Immerhin standen den neo-nazistischen Gewalttaten der jüngsten Zeit große Gegendemonstrationen gegenüber. Doch leider scheint die Gefahr noch nicht gebannt.

Die neue Wirklichkeit einer erschreckten jüdischen Gemeinschaft und einer noch stärker verunsicherten deutschen Bevölkerung, die ihr Wirtschaftswunder zusammenbrechen sieht, hat zu großen Veränderungen im Dialog mit denjenigen Deutschen und Christen geführt, die bereit sind, sich ihrer Vergangenheit zu stellen und mit den Juden in Deutschland ins Gespräch zu kommen. Andererseits war es vielleicht unausweichlich, daß sich die Diskussion zwischen Deutschen und Juden im Laufe der Zeit wandelte. Wahrscheinlich wird es keine weiteren Nazi-Prozesse geben: Die letzten Zeugen sind tot oder nicht mehr in der Lage, die Schrecken der *Shoa* zu bezeugen, und die wenigen übriggebliebenen Nationalsozialisten – damit sind jene gemeint, die identifiziert und der Verbrechen in den Lagern, Städten und Gettos überführt sind – sind, nach über einem halben Jahrhundert, ebenfalls sehr alt. In Großbritannien werden immer noch Kriegsverbrecherprozesse von der Regierung vorangetrieben, und auch in Deutschland gibt es noch genügend Material für solche Prozesse. Aber sollen sie wirklich stattfinden?

Ich glaube fest daran, daß der Gerechtigkeit Genüge getan werden muß. In einem späteren Abschnitt möchte ich versuchen, das Problem von Schuld und Sühne zu behandeln. An dieser Stelle, mit Blick auf die Lage in Deutschland, kann ich nur betonen, wie wichtig es ist, die Öffentlichkeit nach wie vor mit diesem Thema zu konfrontieren und den Menschen in Deutschland klarzumachen, daß es sich hier nicht um die rachsüchtige Verfolgung von ein paar alten Männern handelt, die sich nach fünfzig Jahren zudem möglicherweise geändert haben. Es geht hier um Massenmord, für den in keinem Gesetzessystem der Welt eine Verjährung vorgesehen ist. Und es geht um ein Land, das den ehrlichen Versuch unternommen hat, die Vergangenheit so zu sehen, wie sie wirklich war, und die Verbrechen, die geschehen sind, einzugestehen. Vielleicht wird sich manches klären, wenn die letzten Nationalsozialisten tot sind, denn dann werden sich alle Fragen an die Zuschauer und an die nächste Generation richten. Dann wird nicht mehr die Rede von Schuld sein, sondern von Verantwortung. Es wird keine Möglichkeit mehr geben, sich vor dieser Verantwortung zu drücken – die alten Nazis werden tot sein. Warum aber gibt es in einem Land, in dem nur noch wenige Juden leben, immer noch eine starke antisemitische Strömung? Warum werden die *Sinti-Roma* noch immer von rassistischen Gesetzen verfolgt? Warum werden Flüchtlingsheime niedergebrannt? Dafür können wir nicht eine deutsche Regierung verantworlich machen, die sich auf ein demokratisches System stützt und in der es sicherlich viele liberale und ethisch engagierte Politiker gibt (andere natürlich auch). Noch kann ich – auch wenn ich glaube, daß die gesuchte Antwort zu einem gewissen Teil in dem Erbe der Intoleranz, das die DDR mitgebracht hat, liegt – die wachsende Intoleranz ganz den fünf neuen Bundesländern zur Last legen; immerhin wurde die republikanische Partei in Westdeutschland gegründet. Andererseits lehne ich es ab, alle Deutschen als ausländerfeindliche Barbaren abzustempeln. Doch was bleibt dann?

Zunächst und vor allem die unbewältigte Vergangenheit. Wie wir gesehen haben, hat die DDR es abgelehnt, sich mit ihrer vergangenen, ja sogar mit ihrer gegenwärtigen Schuld auseinanderzusetzen. Ein politisches und privates Leben aber, das auf Täuschung und Selbsttäuschung beruht, ist eine Brutstätte für alle möglichen Schwächen. Der Krankheitsherd, das verkapselte Trauma, wird schließlich aufbrechen und die innere und äußere Welt des betreffenden Gemeinwesens verseuchen. Da Deutschland auf dem Weg ist, eine Führungsrolle in der europäischen Gemeinschaft zu übernehmen, ist die Gesundheit und Stabilität dieser Nation für uns alle von größter Bedeutung. In einer Zeit, in der die Grenzen zu fallen beginnen, können auch andere Völker und Einzelpersonen in den Selbstfindungsprozeß Deutschlands eingreifen. Doch wie bei der Krankheit eines einzelnen Menschen muß auch hier die eigentliche Heilung von innen kommen.

Zweitens ist Dialog nicht einfach ein rationaler Gedankenaustausch. Man öffnet sich dabei dem anderen, man enthüllt Einstellungen und Gefühle ebenso wie die eigenen Argumente. Und Dialog ist immer unvollkommen. Man spürt seine eigenen Gefühle und hört den Ausführungen des anderen zu, ohne die Empfindungen ganz fassen zu können, die hinter seiner Position stehen. Ganz besonders in Deutschland lastet auf jeder jüdisch-christlichen Begegnung eine schwere Hypothek. Da ist nicht nur das Israel von heute, sondern auch der Holocaust von gestern, doch über das Gestern hinaus sind da noch Hunderte von Jahren des Mißverstehens, der gesetzlich legitimierten Unterdrückung, der religiösen Verfolgung. Das alles führt zwangsläufig zu Mißverständnissen.

Die Juden sprechen der neuen Generation gegenüber nicht von Schuld, sondern von Verantwortung für die Vergangenheit. Doch wie dem auch sei, die Deutschen fühlen sich schuldig. Und manchmal versuchen sie, die Rollen zu vertauschen: Waren ihre Eltern etwa die einzigen, die etwas falsch gemacht haben? Kann man den Juden nicht genauso vorwerfen, daß sie sich an den Palästinensern schuldig machen? In dieser Anschuldigung steckt genügend Wahrheit (und Irrtum), um das jüdische Gegenüber zu einer emotionalen Reaktion zu treiben, die die Hoffnung auf ein wirkliches Gespräch für immer zu erschüttern droht.

Der Dialog zwischen Juden und Christen spielt sich im allgemeinen zwischen Angehörigen des Klerus oder der Universität ab. Das hat zu einer stark intellektuellen Ausrichtung des Gesprächs geführt, doch auch hier gibt es noch eine andere Dimension: die alte Konfrontation zwischen christlichem Glauben und Judentum. Dennoch bin ich persönlich überzeugt, daß die Gefahren bei einem weltlichen Dialog, insbesondere auf politischer Ebene, durch die ideologischen Konflikte noch weit größer sind. Deshalb ist der interreligiöse Dialog für mich noch immer der fruchtbarste, zumal in einer Welt, in der sich die Christen ihres jüdischen Erbes zunehmend bewußt werden. Und doch kehren wir, wenn wir nach Deutschland kommen, in ein Umfeld zurück, das noch immer mit Angst assoziiert ist. Auch ich habe Angst.

Als ich vor kurzem im Londoner Hyde Park spazierenging, kam mir ein älteres Paar, begleitet von einem riesigen deutschen Schäferhund, entgegen. Ich blieb stehen und beobachtete sie, und der Hund drehte den Kopf nach mir um. Als Hundeliebhaber hielt ich ihm meine Hand hin, damit er sie beschnüffeln und prüfen konnte. Das Paar unterbrach seine auf deutsch geführte Unterhaltung nicht, doch der Mann zog hart an der Leine, und die drei gingen ohne jeden Kontakt, ohne ein Wort an mir vorüber. Vielleicht habe ich die Situation mißverstanden. Da der Hund an der Leine ging, in einem Bereich, in dem die meisten Hunde frei laufen, mag sein Besitzer lediglich versucht haben, mich vor einem möglichen Angriff zu schützen. Doch ich blickte dem schönen Tier sehnsüchtig nach. War die Finsternis in dem Besitzer des Hundes oder in dem Hund? War das eine Ossi- oder eine Wessi-Situation? War dieser Hund vielleicht ein Pensionär der Berliner Mauer? Und dann dachte ich darüber nach, daß ich mir, wo ich mich bei meinen früheren Besuchen in Deutschland fragte, was die Menschen, denen ich begegnete, in der Nazizeit getan hatten (vor nicht einmal fünfzig Jahren), nun, wenn ich in den neuen Bundesländern bin, die Frage stelle: Sind es ehemalige Stasi-Kollaborateure? Doch so kann man nicht leben. Man muß mit Vertrauen in erste Begegnungen gehen können, selbst wenn dieses Vertrauen am Ende vielleicht wieder entzogen wird. Wenn ich Hunden begegne, möchte ich sie alle streicheln, auch diejenigen, die ›ihre Pflicht getan haben‹.

185

3. Frankreich
Kollaboration und Résistance

Wir existieren nicht im leeren Raum. Die Lehrer, die uns, die wir an der Schwelle des 21. Jahrhunderts stehen, die Hand reichen, sprechen alle aus dem Kontext eines bestimmten Landes und seiner Sprache heraus. Auch dann, wenn sie ihrer Umwelt weit voraus sind, auf dem Weg in die Morgendämmerung und ihre Verheißung, reagieren sie doch immer auch auf die Vorbehalte und das Mißtrauen gegenüber den überkommenen religiösen Werten, die charakteristisch sind für unsere Zeit. Allein in England sind heute über 5 000 neue Religionen erfaßt. Manche von ihnen, die der New-Age-Bewegung zuzuordnen sind, haben Themen aus der Ökologie, den Randgebieten der Psychologie und dem Mystizismus aufgegriffen, die besonders junge Menschen ansprechen, die das Vertrauen in die etablierten religiösen Institutionen der großen Religionen verloren haben. Will man einen Einblick in die spirituelle Sehnsucht und Suche unserer Zeit gewinnen, so sollte man sein Augenmerk vor allem auf diese Bereiche richten. Ich bin mir der Subjektivität und der oberflächlichen Generalisierung in meinem Urteil bewußt, doch meinem Eindruck nach streben die meisten dieser neuen Gruppierungen eher der Finsternis entgegen als dem Licht. Damit will ich nicht ausschließen, daß irgendein Anhänger einer Sekte oder eines Kultes diese meine Auffassung vielleicht irgendwann einmal widerlegen wird – und das wäre zweifellos ein Gewinn für uns alle. Doch für den Augenblick spricht nichts dagegen, daß wir uns ganz im konventionellen Sinn auf die theologischen Hauptströmungen in England und Frankreich konzentrieren, obgleich auch sie, in ihrem jeweiligen kulturellen Kontext verwurzelt, sicherlich keine Garanten dafür sind, daß die Finsternis, die sich gegenwärtig wieder über Europa legt, wieder weicht.

Frankreich ist England mittlerweile auf ›Chunnel‹-Länge nahegerückt, was nicht heißen muß, daß der Kanaltunnel die beiden Länder einander wirklich näherbringen wird. Sie haben im vergangenen Jahrhundert allzu unterschiedliche Entwicklungen durchgemacht, und die Mentalitäten und Temperamente sind doch zu verschieden. Frankreich hat in den beiden Weltkriegen zwei Niederlagen erlebt und wurde zweimal durch eine feindliche Armee besetzt; im letzten Weltkrieg war die Demütigung perfekt. England, geschützt durch den Kanal, konnte seinen Inselstatus wahren, was wiederum zu einer ganz eigenen Art von Ausländerfeindlichkeit führte: eher kühl als leidenschaftlich, äußerte sie sich stärker in Ablehnung als in aktiver Verfolgung. In Frankreich dagegen schlugen die Leidenschaften hoch – und das Leiden ebenfalls. Das hatte seine ganz eigenen Auswirkungen auf die Religion – man denke etwa an Erzbischof Lefèvre, der zur Galionsfigur der reaktionären katholischen Bewegung gegen Rom und gegen alle nicht-katholischen Demoninationen wurde. Doch wieviel Einfluß hat die Kirche in Frankreich heute überhaupt noch? – in einem Land, in dem es immerhin über viertausend registrierte Astrologen gibt! Wenn schon Nancy Reagans Konsultationen ihres Hausastrologen Einfluß auf die Regierungsgeschäfte in den Vereinigten Staaten hatte, dann läßt sich das für Frankreich ganz gewiß nicht ausschließen. Sicherlich ist es eher die Geschäftswelt, die diesen selbsternannten Weisen einen guten Lebensstandard sichert, und weniger die Politiker, doch andererseits läßt sich nicht leugnen, daß die Wirtschaft großen Einfluß auf die Politik hat. Letztlich herrschen in Frankreich jedoch nach wie vor die alten Religionen und die alten Vorurteile. Die Dreyfus-Affäre, die über hundert Jahre zurückliegt, endete damit, daß ein Jude als Spion auf die Teufelsinsel verfrachtet wurde – nicht, weil er schuldig war, sondern weil er Jude war. Dennoch sind noch heute, wo seine Unschuld längst erwiesen ist, viele Franzosen der Überzeugung, daß Alfred Dreyfus schuldig war, ein Hochverräter an Frankreich! Die Intrige, die damals zwischen der Kirche, dem rechten politischen Flügel und der Armee gesponnen wurde, hat den Sieg davongetragen und wirkt noch immer nach. Immerhin waren es Mitglieder der katholischen Kirche, die nach dem Krieg dafür sorgten, daß Nationalsozialisten (unter anderem auch Beamte der Vichy-Regierung und Kollaborateure) sich der Gerichtsbarkeit entziehen konnten. Sie richteten einen regen ›Touristenverkehr‹ nach Südamerika ein und unterstützten aktiv Leute, die an Aktionen gegen die Résistance beteiligt gewesen waren und Juden in den Tod geschickt hatten.

Dabei gibt es genügend Filme, Dramen, Bücher und laufende Gerichtsverfahren, die der Welt zeigen, daß es auch in Frankreich ein öffentliches und privates Gewissen gibt, das sich nicht zum Schweigen bringen läßt. Die Tatsache, daß Klaus Barbie, der ›Schlächter von Lyon‹, tatsächlich schuldig gesprochen wurde, ist ein Zeichen dafür, daß die Mühlen der Gerechtigkeit in Frankreich durchaus funktionieren. Diese Gewißheit wurde allerdings im März 1992 schwer erschüttert, als die Gerichte im Fall von Paul Touvier, dem sogenannten ›zweiten Schlächter von Lyon‹, zu einer Entscheidung kamen. Drei Richter verfügten, daß Paul Touvier »sich nicht wegen Verletzungen der Menschenrechte zu verantworten habe«.

Man muß diesen Fall vor dem Hintergrund der wachsenden Anhängerschaft für Jean Marie Le Pens *Front National* (FN) sehen, die bei mehreren Wahlen in Frankreich im selben Jahr bedeutende Gewinne verzeichnen konnte. In Marseille konnte Le Pen einen entscheidenden Vorsprung gegen den millionenschweren Bernard Tapier, Flaggschiff der sozialistischen Partei und eine äußerst schillernde Figur, erzielen. Die große Zahl ausländischer Arbeitnehmer in dieser Region lieferte dem Chauvinismus der FN eine willkommene Angriffsfläche. Die Stimmenverluste der Sozialisten in ganz Frankreich boten Le Pen die Möglichkeit, sich immer stärker zu profilieren. Es sind nicht so sehr die Veränderungen des politischen Klimas in Frankreich und Europa allgemein, die uns düster in die Zukunft blicken lassen (immerhin ist die rechtsgerichtete Ausländerfeindlichkeit in Deutschland, trotz der Stimmenverluste der republikanischen Partei in den jüngsten Wahlen nach wie vor auf dem Vormarsch), als vielmehr der Stimmungsumschung in der Bevölkerung eines Landes, das ja doch als erste Nation ›Freiheit, Gleichheit und Brüderlichkeit‹ auf seine Fahnen geschrieben hatte.

Paul Touvier kann zu Recht als ein Sinnbild der Politik des Vichy-Regimes gelten, jenes unrühmlichen Abschnitts in der französischen Geschichte. Nach wie vor tun sich die Franzosen schwer mit diesem nach der französischen Niederlage eingerichteten Regime, das den Deutschen in die Hände arbeitete. Die Wahl von Marschall Pétain, dem Helden Frankreichs aus früheren Tagen, konnte die völlige Auslieferung des Landes an die Nationalsozialisten kaum bemänteln, und dazu gehörte auch die rücksichtslose Verfolgung der Juden. Aus diesem Grund brauchten die Franzosen ebensosehr wie die Deutschen ein historisches Paradigma, das es ihnen ermöglichte, mit ihrer Vergangenheit zu leben. Das deutsche Paradigma hat sich, wie wir gesehen haben, etwa alle zwanzig Jahre gewandelt, entsprechend der veränderten Situation. Das französische Paradigma dagegen blieb sich gleich, wohl weil die Vergangenheit als allzu schmählich empfunden wird. Die Franzosen waren auf allen Gebieten geschlagen, auch auf dem Gebiet der Moral und des Anstands. Aber sie konnten sich immer noch an eine Realität klammern, die schließlich geradezu mythische Ausmaße annahm: die Résistance. Nach dem Krieg gewann man den Eindruck, daß einfach jeder in der Résistance gewesen war. Natürlich konnten die Franzosen mit sehr viel mehr Recht auf ihre Widerstandsbewegung stolz sein als die Deutschen, die allenfalls auf die wenigen Aktiven und Sympathisanten der Gruppe des 20. Juli, auf den kommunistischen Widerstand und auf einige herausragende ›Gerechte unter den Völkern der Welt‹ verweisen können. Zwar erschöpfte sich der deutsche Widerstand nicht in der Aktion des 20. Juli – nicht umsonst habe ich in meinem Vortrag in Berlin anläßlich des 40. Jahrestags dieses Ereignisses auf die vielen Facetten des Widerstands in Deutschland hingewiesen. Dennoch bleibt die Tatsache bestehen, daß die meisten Deutschen hitlertreu waren oder zumindest die Augen vor dem Bösen, das geschah, verschlossen. Daß heute der Antisemitismus in Frankreich stärker ist als in Deutschland, ist zweifellos eine Ironie der Geschichte.

In jedem Fall war die französische Résistance im Gegensatz zu den deutschen Einzelaktionen eine breit angelegte Bewegung, die einen echten Widerstandskampf führte. Das half den Juden im besetzten Frankreich oder im Vichy-Frankreich jedoch wenig: Sie saßen in einer Falle, aus der viele am Ende den Weg nach Drancy und schließlich nach Auschwitz gingen. Allerdings gab es auch in Frankreich rühmliche Ausnahmen der Hilfsbereitschaft und Menschlichkeit gegenüber den Juden, meist Einzelpersonen, ja einmal sogar ein ganzes Dorf, von dem wir später noch hören werden.

Das Paradigma eines Frankreich, das unter der deutschen Besatzung heroisch Widerstand leistete, war einfach zu bestechend, auch wenn das bedeutete, daß man die Geschichte von Vichy-Frankreich umschreiben mußte. Frankreich mußte *la belle France* bleiben, mit seinem pariserischen Chic, jenem gewissen *je ne sais quoi*, das den Besucher bezaubert und ihm das Gefühl gibt, inmitten all dieses kosmopolitischen Flairs ein Provinzler zu sein; *la belle France* mit seiner herrlichen Natur, wo *Toujours Provence* ist und jeder Ausländer sich glücklich preist, der dort ein Häuschen ergattert. Welcher Franzose darf es überhaupt wagen, dieses Bild vor sich selbst oder vor dem Besucher in Frage zu stellen, indem er einräumt, daß unter dieser schönen Oberfläche im Krieg eine andere Realität lauerte, eine Realität der Anpassung und der Unterwerfung? Deshalb hatten die Richter, als sie über den Fall Paul Touvier zu entscheiden hatten, wohl das Gefühl, daß sie Frankreich in ihrem Urteilsspruch verteidigen müßten. Doch möglicherweise haben sie sich darin geirrt, und Frankreich ist sehr wohl bereit und fähig, sich mit einem realistischeren Paradigma seiner Geschichte auseinanderzusetzen. Der Aufschrei der Empörung, der auf den Urteilsspruch folgte, scheint jedenfalls darauf hinzudeuten. Die Urteilsbegründung war ein zweihundertfünfzigseitiges Dokument, in dem die Behauptung aufgestellt wurde, daß Marschall Pétains Vichy-Regime »niemals eine konsequente antisemitische Ideologie vertreten oder praktiziert habe« – und daß sich deshalb auch keiner seiner Beamten einer Menschenrechtsverletzung schuldig gemacht haben könne!

Eine der bedeutendsten Sprecherinnen jüdischen Lebens in Europa ist Simone Weil, Ministerin der französischen Regierung, die im Alter von 16 Jahren nach Auschwitz deportiert worden war. Nach dem Freispruch von Touvier sagte sie:

»Viele Leute in Frankreich wollen der Vergangenheit ihres Landes nicht ins Gesicht sehen. Doch wir wissen noch gut, wie das Vichy-Regime die Nazis unterstützte und ihnen Vorschub leistete. Die französische Polizei trieb uns im Namen französischer Rassengesetze zusammen ... Was hier geschieht, ist ein Versuch, die Geschichte umzuschreiben.«

Tatsächlich gab es von allen Seiten öffentliche Proteste – ausgenommen Le Pens Fraktion.

Die Richter wiesen fünf der sechs Anklagepunkte gegen Touvier wegen ›Mangels an Beweisen‹ zurück. Diese Entscheidung war insofern bemerkenswert, als es in diesem Fall Zeugen gab, die weder zu krank noch zu alt waren und die vor Gericht auftraten und bezeugten, daß dies wirklich der Mann war, der sie verhaftet, tagelang gequält und schließlich nach Deutschland in die Todeslager geschickt hatte. Dennoch weigerten sich die Richter, dieses Zeugnis als einen klaren Schuldbeweis anzuerkennen. Statt dessen konstruierten sie eine mehr als bemühte Verteidigung für das Vichy-Regime, mit der sie sich eine Plattform für den Freispruch Touviers schufen, eines Beamten, der einem Vichy gewissenhaft gedient hatte, das, so der Schluß der Richter, ›eine Konstellation guter Absichten‹ gewesen sei. In Wirklichkeit befand sich Pétains Unterschrift auf allen Rassengesetzen, die von Vichy erlassen wurden, noch bevor die Deutschen es angeordnet hatten.

Der Freispruch Touviers wäscht Vichy nicht weiß, und er trägt auch nicht dazu bei, den Mythos der Franzosen zu bewahren, die wie ein Mann gegen die bösen Besatzer des Landes antraten und in der Résistance kämpften. Ganz im Gegenteil, er verdunkelt die wirklichen Schlachten gegen die Nazis, die in Frankreich auch außerhalb der Résistance stattfanden. Auch auf die Gefahr hin, ein allzu verallgemeinerndes Bild zu zeichnen, kann man sagen, daß die Franzosen in hohem Maße Individualisten sind und daß sie sich den Denk- und Verhaltensvorschriften, die ihnen die Hierarchie auferlegt, häufig verweigern. Sicherlich hängt es auch damit zusammen, daß viele französische Katholiken eine Haltung des geistigen Widerstands einnahmen und zahlreichen Juden das Leben retteten. Selbst Kirchenfunktionäre waren in diese Aktionen verwickelt, und in Yad Vashem sind die Namen Hunderter von Franzosen aufgezeichnet, die unter Einsatz ihres eigenen Lebens Juden geholfen haben.

Eines der beeindruckendsten Beispiele für geistige Größe in einer Zeit der Finsternis findet sich jedoch bei den französischen Protestanten. Vielleicht ließ sie die Erinnerung an ihre eigenen Leiden so handeln (die Hugenotten etwa wurden in Frankreich seit Jahrhunderten verfolgt). Frankreich im Zweiten Weltkrieg, das heißt immer auch Chambon-sur-Lignon, ein kleines Dorf, das über 5 000 Juden, davon über die Hälfte Kinder, das Leben gerettet hat. Der Initiator dieser Aktion war André Trocme, der Dorfpfarrer, der mit seinen Gemeindegliedern eine Organisation aufbaute, die schließlich zu einem Zentrum der Résistance in dieser Region wurde. Immer wieder gelang es ihnen, den Nazis die Kinder bereits inhaftierter Juden abzujagen und sie mit falschen Papieren an diesen ganz besonderen Zufluchtsort zu holen. Natürlich waren sie dabei auch auf Hilfe von außen angewiesen, die von der CIMADE, der Secours Suisse, den Quäkern, dem Service Social des Étrangers und der DSE kam. Im allgemeinen wurden die Kinder in Vierergruppen auf den Weg geschickt, in Züge nach Chambon gesetzt und dort dann Familien zugewiesen. Das Bemerkenswerteste an dieser Geschichte ist, daß so viele Leute um das Geheimnis wußten und Retter wie Kinder leicht hätten verraten können; und doch wurde das Geheimnis bewahrt. Diese Geschichte beweist mehr als jede andere, daß im Zweiten Weltkrieg auch in Frankreich ein Geist der Nächstenliebe und des moralischen Anstandes zu finden war – der in diesem Fall aus einer religiösen Verpflichtung, zugleich aber auch aus einem Grundbestand säkularer Werte erwuchs, die auch die Deutschen und Vichy nicht zerstören konnten. Wenn wir unserem Bild von Frankreich diese Dimension hinzufügen, klären sich die Fronten. Widerstand gegen einen Besatzer ist etwas Natürliches; ein Wir-Gefühl bei jenen, die unterdrückt sind, ebenfalls. Doch daneben gibt es immer jene, deren Vorurteile und politische Einstellungen sie in die Nähe des Feindes rücken, und hier setzt die Kollaboration ein.

Möglicherweise hatte das Vichy-Regime am Anfang tatsächlich die Rettung Frankreichs im Sinn. Zugleich war Vichy aber auch ein Sammelbecken für Opportunisten, und das Regime verkam rasch. Allzu bereitwillig kooperierte man mit den Nationalsozialisten, deren Strategie des Völkermords und Ideen von der Weltherrschaft sie so stark von allen vorigen Besatzern unterschieden. Auch die katholische Kirche erwies sich als anfällig für den Vichy-Bazillus, ließ sich doch das katholische Establishment mit Konzessionen bestechen, die im Vorkriegsfrankreich undenkbar gewesen waren. Die offiziellen Vertreter der katholischen Kirche in Frankreich, die Versammlung der Kardinäle und Bischöfe, durchlief dabei in ihrer Beziehung zu Vichy verschiedene Phasen. In der Behandlung der Juden in Frankreich läßt sich eine ganz bestimmte Entwicklung vom Anfang des Vichy-Regimes im Juni 1940 bis zum Sommer und Herbst 1942 feststellen.

Zunächst, von 1940 bis Sommer 1942, herrschte ein langes Schweigen. In dieser Zeit wurde der Verwaltungsapparat zur Deportation der Juden geschaffen: Im Oktober 1940 und Juni 1941 wurden das erste und zweite ›Judenstatut‹ erlassen, und im März 1942 wurde ein Generalkommissariat für jüdische Angelegenheiten unter Xavier Vallat errichtet. Die Kirche intervenierte nicht, möglicherweise aus der Hoffnung heraus, das Vichy-Regime werde den Franzosen trotz allem ein gewisses Maß an Freiheit sichern. In einer Zeit, in der Moral und Anstand in ihren Grundfesten erschüttert waren, ließ man sich leicht von solchen Hoffnungen blenden.

Hinzu kam, daß Pétain den Katholiken gegenüber von Umkehr sprach, von der Notwendigkeit, daß Frankreich seine Sünden büßte und zu den traditionellen moralischen Werten zurückkehrte. Damit fühlte sich die Kirche in ihrer Position gestärkt.

Erst im Sommer und Herbst 1942, als die Deportationen allmählich in Gang kamen, bezog die Kirche endlich Stellung. Professor Fleischner zählt immerhin eine ganze Anzahl von kirchlichen Würdenträgern auf, beginnend mit dem Erzbischof von Toulouse, Jules Gerard Saliège, der in einem Hirtenbrief gegen die unmenschliche Behandlung der Juden protestierte. Andere schlossen sich seinem Protest an, der, wäre er früher erfolgt, vielleicht das Schicksal der Juden in Frankreich hätte wenden können. Das Bild Frankreichs bleibt gespalten: Wir haben Aussagen von Geretteten und von Verratenen, von Klöstern, die Flüchtenden zur Zuflucht wurden, und von Klöstern, die erwiesenermaßen nach dem Krieg als ›Untergrund-Bahnhöfe‹ für Naziverbrecher fungierten.

Beruhte diese Haltung der Kirche vielleicht darauf, daß die Juden im Christentum so schlecht wegkommen? Da, wo wenige einzelne gegen den nationalsozialistischen wie den französischen Antisemitismus aufstanden, sah man die Juden und das Judentum in positivem Licht, als ein Abbild der ganzen Menschheit oder auch einfach als Mitmenschen. Diese Lektion hat die Kirche bis heute noch nicht gelernt, und wir stehen wieder einmal vor dem Phänomen des einzelnen, der über die Gruppe hinauswächst.

Die rätselhafte Vielgestaltigkeit der französischen Reaktion auf die Finsternis zeigt sich auch bei den Intellektuellen, unter denen durchaus einige mit den Nazis liebäugelten. Eine eingehende Untersuchung der Haltung der französischen Intelligenz von Sartre bis Camus würde zu weit von unserem Thema wegführen, auch wenn sie sicherlich interessant wäre. Lediglich Claude Lanzmann sei hier erwähnt, dessen Film *Shoah* die ganze Angst und den verborgenen Haß deutlich macht, die hinter der immer noch nicht vollständig aufgearbeiteten französischen Geschichte des Holocaust stehen. Lanzmann trat mit seinem Film in die Fußstapfen von Alan Resnais und anderen französischen Filmemachern auf einem Gebiet, auf dem die französische Kunst und Literatur sich einen besonderen Platz errungen hat.

Manche der Autoren, von denen wir uns bereits Unterweisung geholt haben, sind an dieser Stelle erneut zu erwähnen. Das geistige Klima Frankreichs wird uns erst durch sie verständlich, und umgekehrt begreifen wir sie erst richtig, wenn wir ihren französischen Hintergrund mitsehen.

Elie Wiesel etwa schreibt französisch; seine Frau Marion ist seine Übersetzerin. Wiesel war 1946, als halbwüchsiger Junge, der bereits Auschwitz erlebt hatte, nach Frankreich gekommen. Hier, in Frankreich, genoß er seine eigentliche Erziehung, fand er seine Sprache und sein literarisches Umfeld. Sein erstes Buch (*Un de welt hot geschwign*) schrieb er zehn Jahre später in Jiddisch; veröffentlicht wurde es 1958 unter dem Titel *La Nuit*, deutsch *Die Nacht*. Für Wiesel war dieses Buch weit mehr als nur die Schilderung der Situation der Juden: Was hier beschrieben wurde, war die Menschheit selbst in ihrer ganzen Angst und Qual. Daß Wiesel gerade das ›Schweigen‹ thematisierte, hatte sicherlich auch etwas mit seiner spezifisch ›französischen‹ Weltsicht zu tun. So setzte sich etwa der jüdisch-französische Gelehrte André Neher später eingehend mit dem Schweigen in der Bibel auseinander. Aber Elie Wiesel war auch ein Zeuge in einer Welt, die sich nicht gern erinnern lassen wollte. In allen seinen Büchern prangert er die Verstocktheit dieser Welt an, den Zynismus der Intellektuellen, die Engstirnigkeit der Gläubigen und die Vertuschungsmanöver, die man vornahm, um zu vergessen.

Das für beide Seiten fruchtbare Verhältnis zwischen Elie Wiesel und den Franzosen beginnt schon mit diesem ersten Buch, *Die Nacht*, dessen Einführung Francois Mauriac schrieb. Mauriacs Hilfe war für Wiesel äußerst wichtig, doch zugleich prallen schon in diesem Vorwort die Vorurteile des frommen Katholiken und die Sichtweise des Juden, der für seinen Glauben gelitten hat, aufeinander.

Wiesels ›französische Dimension‹ vertiefte sich mit jedem neuen Werk, aber auch mit der Anerkennung, die ihm die französische Öffentlichkeit entgegenbrachte und die ihm verschiedene wichtige literarische Auszeichnungen eintrug: *Ein Bettler in Jerusalem* erhielt den Prix Medici (1969); *Testament* den Prix Inter (1980); es folgten weitere Literaturpreise, darunter der Preis der Stadt Paris, der Friedensnobelpreis und zahllose internationale Preise. Die französische Regierung nahm Wiesel wegen seiner Verdienste um die französische Kultur in die Ehrenlegion auf; und seine Freundschaft mit Präsident Mitterrand und anderen französischen Politikern verschaffte ihm eine äußerst einflußreiche Position, die er geschickt für seinen Kampf für den Frieden zu nutzen wußte.

Das letzte Wort in dieser Würdigung des französischen Elements bei Elie Wiesel soll ein Kirchenfürst haben: Jean-Marie Kardinal Lustiger, der selbst aus einer jüdischen Familie stammt.

Der Kardinal sieht Elie Wiesel als einen der großen Theologen unserer Zeit und begründet das wie folgt:

»Theologe sein heißt sehen, wie unbegreiflich Gottes Wege sind, und dennoch niemals aufhören, sie zu gehen. Ist Elie Wiesel Theologe? Ja, und mit ihm jeder Jude, der erkennt, daß er in der Hand Gottes ruht, auch dann, wenn er über die Geschichte seines Volkes nachdenkt. Wahre Theologie ist ein Leben in der Treue zu Gott. Wir werden ihrer gewahr in den Werken von Schriftstellern wie Charles Peguy und in den Tagebüchern der Heiligen Thérèse von Lisieux, die ihr Leben im Gebet verbrachte – den großen Schätzen der katholischen Theologie in diesem Jahrhundert.«[8]

Kardinal Lustiger stellt die Gedanken und Lehren Wiesels in den Kontext der französischen Theologie; er ist an dem, was Wiesel gesagt hat, ebenso interessiert wie an seinen Erfahrungen in der *Shoa*. Natürlich hängt beides zusammen. Das erlittene Leid wird paradigmatisch für die Menschheit; die Mission, die Last, diese Erfahrung in die Welt zu tragen, ist Teil eines letzten Mysteriums. Elie Wiesel gebraucht dabei Worte, die der christlichen Tradition vertraut sind: ›Leiden‹ und ›Geheimnis‹. Und seine Ansicht, daß ein totalitäres Heidentum dadurch, daß es das Gottesvolk auslöschen will, Gott selbst angreift, könnte auch die defensive Aussage eines Christen sein, eines Christen allerdings, der sich mit der jüdischen Gemeinschaft solidarisiert. Katholiken und Juden stehen Seite an Seite in einer Welt, die sich gegen Gott verschworen hat. Mit diesem Modell erklärt Lustiger auch die Rolle der Nationalsozialisten in der Geschichte:

»Das nationalsozialistische Heidentum wollte die arische Rasse zur einzigen menschlichen Rasse und zur Herrenrasse über alle anderen erklären. Doch Israel, das erwählte Gottesvolk, ist ein irritierendes Zeugnis für die Wahrheit, daß Gott allein Gott ist und daß er alle Menschen nach seinem Bild geschaffen hat. Die nationalsozialistische Ideologie fand deshalb keinen besseren Weg, dem jüdischen Volk seine göttliche Erwählung und seinen messianischen Auftrag zu entreißen, als die Juden ihrer Würde zu entkleiden und sie ihres Menschseins zu berauben.«

---

8. *J.M. Lustiger*, Night: The Absence of God? The Presence of God?, 190.

Für Lustiger ist Elie Wiesel der Lehrer, der in der tiefsten Finsternis war und das Infernalische an diesem Augenblick in der Geschichte der Juden und der Welt gesehen hat. Und doch, so Lustiger, verlor Wiesel nicht seinen Glauben und das Gefühl für den Auftrag, das er von den alten jüdischen Heiligen, den *Zaddikim*, den Chassidim, ererbt hatte. Der Kardinal stellt eine Verbindung her zwischen Wiesels Schriften, seinem, Lustigers, eigenen jüdischen Erbe und der christlichen Vorstellung von Ostern:

»Deshalb ist Auschwitz zu einem symbolischen Namen für die Hölle geworden. Es ist ein Ort des Schweigens. Ein Ort des Schweigens, in dem der dunkle Schrecken oder das Böse manifest werden können. Ein Ort des Schweigens, der zum Himmel schreit wie Abels vergossenes Blut. Ein Ort des Schweigens, wo das wilde Tier an der Schwelle lauert, begierig darauf wartend, den Menschen in einen Mörder wie Kain zu verwandeln (Gen 4,7). Aufgrund ihrer Berufung sollten die Christen begreifen, wofür ein solches Schweigen steht. Die Liturgie der Kirche läßt die Jünger des Gekreuzigten der völligen Leere ins Angesicht blicken. Wenn an Karfreitag alles vollbracht ist, müssen wir bis zum Ende von Karsamstag in Gottes dunklem Schweigen ausharren. Wie können wir da nicht einsehen oder gar bestreiten, daß das jüdische Volk seinen heiligen Auftrag erfüllt, der darin besteht, daß es der Menschheit jenes Scheigen hörbar machen soll, zu dem sie Gottes gesegnetes Volk verurteilt hat?«[9]

Man zögert immer, christliches Geheimnis und jüdisches Schicksal so miteinander zu verbinden, daß sie fast in eins verschmelzen. Doch wird hier, anders als bei anderen Ansätzen, die wir kennengelernt haben, das Judentum nicht vom Christentum her bewertet. Vielmehr begegnen wir bei Lustiger einem Eingeständnis, bei dem am Ende das Christentum seinen Wert vom jüdischen Glauben und der jüdischen Erfahrung her erhält – jedenfalls so weit, wie Lustiger als Katholik gehen kann.

Der andere französische Autor, der sich mit einem einzigen Text einen solchen Namen gemacht hat, daß er noch immer in ganz besonderer Weise der Welt der *Galut* und der Welt Israels zugerechnet wird, ist André Schwarz-Bart, Sohn polnischer Einwanderer, in Metz geboren und äußerst aktiv in der literarischen und politischen Szene Frankreichs. *Le Dernier des Justes* wurde 1959 mit dem Prix Goncourt und 1966 mit dem Preis von Jerusalem ausgezeichnet. Von der ersten Seite an zieht dieses mit äußerster Eindringlichkeit geschilderte Märtyrerschicksal den Leser in seinen Bann und nimmt ihn mit hinein ins Innerste jüdischer Erfahrung, so daß das Buch zu einer Enthüllung des Holocaust gerät, die sich radikal von den Schriften etwa eines Elie Wiesel unterscheidet. Schwarz-Bart nimmt uns mit auf eine Reise durch die Vergangenheit jüdischen Lebens in Europa, die Verfolgungen und das Leiden, den Schmerz und die Kraft des jüdischen Geistes in der *Galut*. Im Mittelpunkt des Romans steht die Geschichte der Fami-

9. A.a.O., 195-196.

lie Lévy. Jeweils ein Mitglied dieser Familie ist ein *Lamed-wawnik*, einer jener 36 Menschen in der Welt, denen eine ganz besondere Aufgabe in der Geschichte zufällt. Der Roman baut auf dem in der jüdischen Tradition wurzelnden Gedanken auf, daß Gott eine Stadt oder die Welt nicht vernichten kann, wenn darin eine ausreichende Zahl Gerechter, *Zaddikim*, leben. Urbild dieses Gedankens ist die Geschichte von Abraham, der um das verderbte Sodom kämpft. Diese Gerechten wissen selbst nicht, daß sie zur auserwählten Schar gehören. Sie leben in völliger Anonymität – und erhalten doch die Welt. Schwarz-Bart hat im Rückgriff auf diese Tradition die fiktive Familie Lévy geschaffen, die in jeder Generation einen solchen Gerechten hervorbringt. Ernie Lévy, der Protagonist der Geschichte, ist *Der Letzte der Gerechten*; wenn er stirbt, wird keine ausreichende Zahl von *Lamed-wawniks* mehr übrig sein, um die Welt vor dem Untergang zu bewahren. Der einfühlsame und glänzend geschriebene Roman entwirft so das Bild der Welt, die ihrer Vernichtung entgegengeht, und spiegelt damit zugleich in eindrücklichster Weise das jüdische Leben zur Zeit des Holocaust.

Der letzte *Lamed-wawnik* stirbt in der Geschichte. André Schwarz-Bart aber lebt, und er kämpft in Frankreich und Europa gegen Ungerechtigkeit und Fremdenfeindlichkeit. *Der Letzte der Gerechten* macht ihn zu einem Lehrer, für uns heute, aber auch für künftige Generationen.

Wenn es jemanden gibt, der die Mischung aus französischer Kultur und authentischem jüdischem Leben am reinsten verkörpert, so ist das zweifellos Emmanuel Levinas. Der existentialistische Philosoph, der bei Husserl und Heidegger in die Schule gegangen ist, greift, ähnlich wie Buber, auf seine eigene jüdische Tradition zurück, wenn er nach einem ›Seienden‹ sucht, das aus dem neutralen und unpersönlichen ›Sein‹ erwächst und von anderen Menschen getrennt, für sich existiert, auch wenn es von ihnen ansprechbar, ja für sie verantwortlich ist. Levinas weiß, daß es menschliche Probleme gibt, die sich nicht durch fromme religiöse Unterweisung lösen lassen.

Die Sorge um die Menschen und um das Seiende verbinden sich bei ihm zu einer Religion des Glaubens an Gott. Der traditionalistische Ansatz von Levinas stellt die Juden unter ein Gesetz, das am Ende auf den Dienst am Nächsten hinausläuft. Dieses Gesetz, das muß dabei gesagt werden, ist hier eher so etwas wie die ontologische Struktur, das Wesen des Seins selbst, das uns mit anderen in Beziehung setzt. Innerhalb dieser Struktur hat der Mensch eine besondere Bedeutung, die ihn auf dem Weg der Philosophie oder auch der Religion dem Schöpfer, Gott, näherbringt. Ist das bedeutsame Seiende erst einmal der Schöpfung entwachsen, hört der Mensch auf, nur Wirkung zu sein, und erhält ›die Würde der Ursache‹ in dem Maß, in dem er die Handlungen der Ursache, des Externen *par excellence*, und damit des Göttlichen, erduldet.

Levinas stellt diese Erkenntnis hinein in seine Erinnerung an die Kriegsjahre, den Holocaust, als die Rassenverfolgung in ihrer absoluten Form die Unschuld des Seins berührte, das auf seine letzte Identität zugeworfen wurde. Von seinen eigenen Erfahrungen her – er begegnete in einem deutschen Gefangenenlager einem absolut integren christlichen Geistlichen – kommt er zu dem Schluß, daß es eine gemeinsame Sprache für Juden, Christen und Moslems gibt. Dabei erliegt er keinen unbestimmten Verallgemeinerungen, sondern bekräftigt im Gegenteil den einzigartigen Charakter des jüdischen Monotheismus, der keine Zugeständnisse macht und doch am Ende in den Universalismus führt.

Der Philosoph Levinas, der große Lehrer, der eine Schar von Schülern um sich sammelte, und der Mensch Levinas trat in ein ganz besonderes Zwiegespräch mit anderen Menschen, in einen Dialog, in dem die Begegnung zwischen Frankreich und dem Judentum ihren Höhepunkt erreicht. Das ganz eigene Wesen des französischen Denkens läßt uns den Ansatz von Husserl und Heidegger gleichsam wie einen Weg durch eisige Kristallgewölbe erscheinen. Neben ihnen ist das französische Denken sehr viel wärmer und leidenschaftlicher: Sartre und Camus sind Lichtjahre von den deutschen Philosophen entfernt. Doch noch mehr hat Levinas, der fromme Jude, denen zu sagen, die von denselben Prämissen ausgehen wie er und aus der Bibel leben.

Levinas erkennt die Unsicherheit und die Selbstzweifel, von denen viele Juden in einer Welt beschlichen werden, in der sie nach wie vor suspekt sind. Er sieht ihren schwankend gewordenen Glauben, der sie denken läßt, die Beziehung zwischen ihnen und ihrem Gott sei nur noch liturgischer Art, beschränkt auf den Raum der Synagoge. Diese Menschen haben aus den Augen verloren, daß das Judentum das ganze Leben umfaßt. In Frankreich, ja im ganzen post-emanzipatorischen Europa erleben sie sich noch immer als Außenseiter in einer säkularisierten Welt, die nach wie vor von christlichen Maßstäben bestimmt ist.

Drei neue Faktoren haben nach Levinas das jüdische Leben in Frankreich verändert: die Gründung des Staates Israel und die Folgen, die dieser Schritt für das jüdische Bewußtsein hatte; das Aufkommen jüdischer Jugendbewegungen; und schließlich die Wiederaufnahme der wissenschaftlichen Beschäftigung mit dem Judentum. Alle drei stehen für die Suche nach neuen Räumen zum Leben und Denken. Levinas fordert die französische Judenheit auf, sich in diese schwierige neue Freiheit hineinzuwagen.

Diese Zukunftsvision für die französischen Juden muß auch die progressiven jüdischen Gemeinschaften miteinschließen, die ja denselben Weg gehen, wenn auch auf andere Art: Die *Union Liberal Israélite De France* und das *Mouvement Juif Liberal De France*. Die Rabbiner dieser Gemeinden sind die Erben einer progressiven Tradition, die zwar nicht die Sprache von Levinas spricht, sich aber mit seinen Zielen eins weiß. Nicht nur die ›Reiter in die Morgendämmerung‹ sind es, die Hoffnung für die Zukunft machen, sondern auch die Umwälzungen innerhalb der *Kehilla*, der Gemeinschaft.

Das Paradigma religiösen Denkens, das die französische Szene hervorgebracht hat, hat das politische, philosophische und gesellschaftliche Bewußtsein seiner Zeit in sich aufgenommen. Bei Levinas erleben wir ein so intensives Streben nach Gott und dem Guten, daß es fast jene dunkle Linie zudeckt, die sich von Vichy bis zu Le Pen zieht.

Die Worte eines rumänisch-französischen Dichters, dessen Familie das Schicksal so vieler französisch-jüdischer Familien, auch der von Levinas, teilte, können als *Envoi* für unseren Überblick über die geistige Landschaft Frankreichs gelten, in der die Dichter und Romanciers, aber auch die Lehrer und Theologen so große Visionen und so große Wahrheiten ausgesprochen haben:

> Zu euch spreche ich, ihr Menschen ferner Länder,
> Ich spreche als ein Mensch zu anderen Menschen,
> Mit dem wenigen Menschsein, das noch in mir ist,
> Mit der leisen Stimme, die noch aus meiner Kehle dringt.
> Mein Blut ergießt sich in die Straßen. Ach schriee es doch,
> Schriee es doch nicht nach Rache!
> Die Hörner erklingen. Die wilden Tiere werden zusammengetrieben.
> Laßt mich zu euch sprechen mit denselben Worten,
> Die wir seit alters gemein hatten:
> Es sind wenige, die ihr versteht.
>
> Der Tag wird kommen, an dem all unser Durst
> Gestillt ist und das Land der Erinnerung hinter uns liegt.
> Der Tod wird die Arbeit des Hasses vollendet haben.
> Ich werde ein Büschel Nesseln unter euren Füßen sein.
> Dann ... wißt ... daß ich ein Gesicht hatte wie ihr;
> Einen Mund, der betete wie eurer ...
>
> Wie ihr habe ich alle Zeitungen und Bücher gelesen,
> Und ich wußte nichts über die Welt.[10]

Wird man diese Worte vernehmen? Frankreich bleibt ein dunkles Land, und ich habe Angst. Wieder machen sich in den Wahlkämpfen antisemtische Stimmen bemerkbar. Alain Finkielkraut definiert den Antisemitismus als »eine Art Paranoia«.[11] Doch das Land eines Emanuel Levinas, André Neher und Albert Memmi hat in sich auch die Kraft, gegen diese Krankheit anzukämpfen, und zwar, indem es sich einem ganz besonderen Gut zuwendet: dem Erbe des französischen Judentums.

---

10. Reform Synagogues of Great Britain Prayerbook (London 1987), übertragen von den Übersetzerinnen.
11. *Alain Finkielkraut*, Der eingebildete Jude, Frankfurt 1984, 158.

4. England

Am Strand von Dover

Einst brandete das Meer des Glaubens
Auch ans Gestade dieser Erde,
Lag ausgebreitet wie die Falten einer leuchtend blauen Schärpe.
Doch heute hör von fern ich nur
Sein melancholisch langgezognes Brausen
Entschwinden mit dem Nachtwind,
Hinunter an die öden Küstenstriche unsrer Welt,
Wo nur noch nackte Steine starren.

Matthew Arnold[12]

Matthew Arnolds *Dover Beach* entstand in einer anderen Zeit und an einem anderen Ort, als Ebbe und Flut des Glaubens jene, die dem Licht entgegenwandern, in einem düsteren Landstrich voller Gewalt und Ignoranz zurückgelassen hatten. England hatte damals noch nicht jenen Bankrott liebgewordener Überzeugungen erlebt, wie ihn die Glaubenserschütterungen und die notwendig daraus resultierenden Selbsttäuschungen in Frankreich mit sich brachten. Dennoch hatte auch hier der Glaube Schaden genommen. Manche sehen die Anfänge dieser Beschädigung in den Tagen und Nächten des Ersten Weltkriegs, als Haig und von Falkenheym sich gegenseitig mit ihren Abschußzahlen übertrumpften: »Ihr habt letzte Nacht nur 20 000 umgebracht, wir 25 000; also haben wir gewonnen, auch wenn wir diesmal kein Gebiet erobert haben!« Paul Tillich hatte recht: »Gott starb in den Schützengräben des Ersten Weltkriegs.«

Wie aber steht es mit den Geistlichen von heute? Sind sie noch Verteidiger des Glaubens, verkünden sie noch die Botschaft vom Morgen und von der zurückkehrenden Flut, die die trockenen Kiesel am Strand benetzt? Nach wie vor ist die englische Königin das Oberhaupt der anglikanischen Kirche, und die Kirche von England ist vom Gesetz zur Bewahrerin des christlichen Glaubens berufen. Doch es gibt auch Spaltungen. Sinnigerweise nennt sich eine der Splittergruppen in Anlehnung an Matthew Arnolds Gedicht ›The Sea of Faith‹. Unmittelbarer Anlaß dafür war ein Buch mit demselben Titel, in dem Don Cupitt, ein Wissenschaftler aus Cambridge, die christlichen Dogmen in Frage stellt. Die ›Sea of Faith‹-Grup-

---

12. Übertragung durch die Übersetzerinnen.

pe besteht aus Geistlichen, die viele Lehren der Kirche nicht mehr hinnehmen können und wollen. Sie hegen Zweifel an der Auferstehung und an der Jungfrauengeburt und betrachten das Christentum nicht als einzig gültige Offenbarung. Dennoch würden nach wie vor viele von ihnen mit dem Erzbischof von Canterbury übereinstimmen, wenn er sagt: »Der Auferstehungsglaube ist kein Anhängsel des christlichen Glaubens, er *ist* der christliche Glaube!« Auch unter den führenden Köpfen des christlichen Lagers gibt es enge und weite Geister. Beide sind auf ihre Art repräsentativ für die Kirche von England.

Viele verantwortungsbewußte und engagierte Kleriker in England haben mit den Problemen der Finsternis der Vergangenheit und der Ungewißheit der Zukunft gerungen. Das bahnbrechende Werk von Ulrich Simon, *A Theology of Auschwitz* (1978), und Alan Ecclestones *The Night Sky of the Lord* (1980) stellen verschiedene Ansätze im Rahmen des christlichen Denkens dar. Ulrich Simon vom Kings College in London hat durch die Leiden seiner Familie persönliche Bekanntschaft mit der Finsternis gemacht, blieb jedoch ganz der traditionellen christlichen Lehre vom Auferstandenen verhaftet. Alan Ecclestone ist stärker von Elie Wiesel und George Steiner beeinflußt und nahm seine Zuflucht zur Metapher von der ›Abwesenheit Gottes‹, um damit unter den Christen ein neues Bewußtsein für das Böse, das sich Europas bemächtigt hatte, zu wecken. Auf der Suche nach der Bedeutung hinter dieser Metapher erkennt Ecclestone, daß das Christentum nur ein äußerst schwaches Licht auf den Holocaust wirft und die eigentliche Realität dieser Zeit mit jenem Romantizismus verklärt und verdunkelt, den schon Leo Baeck in seiner Kritik des Christentums als einer ›romantischen Religion‹ diagnostiziert hatte. Auch die besten unter den Klerikern, so Ecclestone, haben den Kontakt zur Realität verloren. Das europäische Christentum hatte dem ›Messianismus eines Hitler‹, der Millionen unter sein Banner lockte, wenig entgegenzusetzen.

Die jüdische Frage steht für Ecclestone im Mittelpunkt des christlichen Scheiterns. Der Antisemitismus war nichts anderes als die Leugnung der religiösen Rolle, die Israel zu allen Zeiten gespielt hatte und noch weiter spielen mußte: nicht als Sündenbock, sondern als Zeuge Gottes und als Lehrer der Gerechtigkeit. Christen wie Juden hatten nun die unmittelbare Bekanntschaft der dunklen Seite Gottes gemacht, und Ecclestone stimmt mit Bonhoeffer in die Klage darüber ein, daß die Christen so sehr den Boden unter den Füßen verlieren konnten. Er hält fest, daß auch Bonhoeffer sich schließlich dem grundlegend hebräischen Verständnis Gottes, von dem ja auch Jesus selbst herkam, zuwenden mußte, das auf drei tragenden Säulen ruht: Israels Erwählung und Begegnung mit Gott; seine fundamentale Erfahrung des Fremdseins in der Welt und zugleich der Nähe zu Gott, dessen *Schechina* mit dem Volk in die Verbannung zog; und schließlich die prophetische Unterweisung, die zu einem System von Regeln für das tägliche Leben wurde. Ecclestone stimmt mit Bonhoeffer in seiner Kritik am Christentum überein, das sein Stehvermögen verlor und sich aus der Bindung an das Haus seiner (jüdischen) Vorfahren löste. Eine wirkliche Erneuerung des Glaubens muß deshalb eine erneuerte Ausrichtung auf das Ziel hin, eine ganz konkrete Erwartung für die Zukunft beinhalten.

In einer Zeit, in der sich das ›Meer des Glaubens‹ vom Ufer zurückgezogen hat, versucht die Christenheit, Gott weniger in kalten kirchlichen Dogmen als in warmen zwischenmenschlichen Beziehungen wiederzufinden. Bei einigen christlichen Denkern ist denn auch eine Wandlung zu beobachten, in deren Verlauf sie nicht nur der hebräischen Bibel, sondern auch ihren jüdischen Brüdern wieder näherrücken. Es hat den Christen von jeher an der Weltlichkeit der Juden gefehlt – auch damals, als beide in die ›finstere Nacht der Seele‹ hineingingen.

Auch in England müssen Christen mit dem Holocaust fertigwerden, wenngleich ihnen das volle Ausmaß des Entsetzens über das, was jenseits des Kanals geschah, erspart blieb. Als das Schicksal der Juden sich erfüllte, sahen manche diese Finsternis lediglich als eine Nebenwirkung des Krieges, als einen Schrecken unter vielen. Bis heute akzeptieren manche Engländer den Holocaust als einen notwendigen Aspekt dieses Krieges, der ihrer Ansicht nach nur der Auswuchs einer gescheiterten Diplomatie war. Wie sonst läßt sich die Aktion der Freunde des Luftwaffenstrategen ›Bomber‹ Harris, des Erfinders der ›Bombenteppiche‹ über zivilen Zielen, erklären, die ihm ausgerechnet am Jahrestag der völligen Zerstörung Kölns ein Denkmal weihten?

Die christlichen Theologen, die sich mit dem Holocaust auseinandersetzen und den Aussagen Bonhoeffers und mancher jüdischer Theologen folgen, sind in Großbritannien immer noch sehr in der Minderheit. Bischof Richard Harries aus Oxford, ehemaliger Dekan des Kings College in London, Buchautor und eine bekannte Gestalt aus den Medien, bildet eine Ausnahme. Ein kurzes Eingehen auf seine Überlegungen zum Holocaust kann uns bei unserer Suche nach Menschen hilfreich sein, die sich in dunklen Zeiten ihren Klarblick bewahrten und das Licht, das vor ihnen lag, nicht aus den Augen verloren.

»Wir tendieren dazu, in unserem Erinnern selektiv vorzugehen, und das gilt ganz besonders für den Bereich der Religion ... wir rechtfertigen uns gern mit dem Guten, das geschehen ist, mit dem Hinweis auf die Heiligen, die gelebt haben ... doch es gibt auch tragische Erinnerungen ... aus all diesen Gründen ist es wichtig, daß die Christen des Holocaust gedenken, wenn möglich im Rahmen des Gottesdienstes.«[13]

Zu Recht führt Harries aus, daß die überwiegende Mehrheit der heutigen Christen die Zeit des Holocaust nicht selbst erlebt hat und daß in Kürze niemand mehr

13. *E. Wiesel und A. Friedlander*, The Six Days of Destruction. Oxford 1988, 9.

übrig sein wird, der Zeuge dieses abgrundtiefen Bösen geworden ist. Hier fällt dem Christentum eine Verpflichtung zu: die Erinnerung wachzuhalten. Auch wenn der Nazismus eine erklärtermaßen heidnische Bewegung war, die letztlich auf die Zerschlagung des Christentums hinarbeitete, so baute er doch auf einem jahrhundertealten Antisemitismus auf, der seinerseits in kirchlichen Lehrsätzen und christlichen Vorurteilen verwurzelt war. Diese Vorurteile und das Christentum selbst müssen sich ändern. Harries schreibt denn auch:

» ... ein religiöser Neuanfang ist nötig. Das heißt nicht, daß wir unser religiöses Erbe aufgeben oder verleugnen sollen. Aber es heißt, daß wir uns in einem neuen Geist mit diesem Erbe und dem Erbe anderer Religionen auseinandersetzen müssen. Was wir brauchen, ist nicht nur eine Bestätigung und Stärkung unserer religiösen Tradition, sondern auch eine angemessen kritische Haltung dieser Tradition gegenüber, das heißt, ein Bewußtsein dafür, wann unsere Religion einen Irrweg gegangen ist, und das Nachdenken über die Frage, warum sie geirrt hat.«[14]

Selbsterforschung ist kein Schuldbekenntnis. Sie ist eine Möglichkeit, reifer zu werden, sich religiös weiterzuentwickeln.

Eine Haltung wie diese trifft man in den christlichen Gemeinden in England immer häufiger an. Doch sie ist nicht auf die Kirche von England beschränkt. Auch in der katholischen Kirche haben sich zumindest einige Stimmen erhoben, die für ähnliche Vorstellungen plädieren. Kardinal Basil Hume räumt ein, daß die alten Dogmen der Kirche zumindest einer Überprüfung bedürfen, ganz besonders nach dem Zweiten Vatikanum. In einem Vorwort zu *The Six Days of Destruction*, einer Schrift, in der dem Holocaust ein Platz im christlichen Gebet eingeräumt wird, schrieb Hume:

»Wir müssen gemeinsam das Geheimnis des Bösen und des Leidens ergründen und was es heißt, Gottes Erwählte zu sein. Das Zweite Vatikanische Konzil hat 1965 erklärt: ›Im Bewußtsein des Erbes, das sie mit den Juden gemeinsam hat, beklagt die Kirche, die alle Verfolgungen gegen irgendwelche Menschen verwirft, nicht aus politischen Gründen, sondern auf Antrieb der religiösen Liebe des Evangeliums alle Haßausbrüche, Verfolgungen und Manifestationen des Antisemitismus, die sich zu irgendwelcher Zeit und von irgendjemand gegen die Juden gerichtet haben.‹«[15]

Der Kardinal ist der festen Überzeugung, daß man nicht zulassen darf, daß die Welt vergißt, was geschehen ist; daß dieses Zeichen der Zeit unablässig studiert

---

14. A.a.O., 10.
15. Nostra Aetate 4, a.a.O., 8. Dt. Übersetzung aus: *J. Derck, A. Nocent*, Konkordanz der Konzilstexte. Graz, Wien, Köln 1968, 23.

und erforscht werden muß, damit das Geheimnis des Bösen erkannt wird und die britische katholische Gemeinschaft ihm gerüstet entgegentreten kann. Er schließt seine Einführung mit den Worten:

»Wir müssen die Pfade der Spaltung und der Feindseligkeit, die andere einst getreten haben, verlassen. Damals wanderten Christen und Juden weit voneinander getrennt und vergaßen, auf ihre Familienähnlichkeiten zu achten. In der Zukunft müssen jene, die Abraham als ihren Vater im Glauben anerkennen, gemeinsam Gottes Liebe und seinen Heilsplan für die Menschheit bezeugen.«

In den Worten des Kardinals schwingt etwas vom Geist des Zweiten Vatikanischen Konzils und von der Güte Papst Johannes XXIII mit, der der jüdischen Gemeinde seine Arme entgegenstreckte und erklärte: »Ich bin euer Bruder Josef.« Die Verwandtschaft von Juden und Christen wird hier anerkannt, der gemeinsame Weg zu Gott wird möglich.

Haben wir es an dieser Stelle möglicherweise wieder mit einem Paradigma zeitgenössischen Denkens zu tun, bei dem England zu den Anhängern einer toleranteren Auslegung der kirchlichen Lehrsätze zu zählen ist, die in Ländern wie Polen oder im neu erstarkten christlichen Rußland ganz anders gelesen werden? Es wäre immerhin denkbar. Der Kardinal ist sich seiner Verpflichtung gegenüber Rom als der Beschützerin des Glaubens durchaus bewußt. Dabei sieht er in der Eingebundenheit in die eigene Tradition einen positiven Aspekt: Der Traditionalist schöpft aus der kirchlichen Lehre Kraft für seine offene und mitfühlende Haltung und wird dadurch fähig, die ihm zugefallene Aufgabe innerhalb der vorgegebenen Struktur zu erfüllen. In England werden Veränderungen in der Regel von oben eingeführt, was ein Vor- aber auch ein Nachteil sein kann. In jedem Fall müssen sie von der Hierarchie abgesegnet werden, was wiederum dazu führt, daß den meisten geistigen Umwälzungen auf theologischem Gebiet sehr rasch der Wind aus den Segeln genommen wird.

Zwischen dem (orthodoxen) Oberrabbiner und dem progressiven Flügel der Juden in Großbritannien existiert so etwas wie eine vorsichtig wohlwollende Beziehung. Die eigentliche Macht des Oberrabbiners speist sich jedoch aus der traditionalistischen Gemeinde, und jede echte Liaison mit den Reformjuden oder Liberalen könnte ihm dort nur schaden. So finden lediglich informelle Treffen mit den Progressiven statt, bei denen beiderseitige Probleme auf der kommunalen Ebene diskutiert, aber keine öffentlichen Kommuniqués abgegeben werden. In Großbritannien ist man in dieser Hinsicht noch sehr viel strenger geschieden als etwa in den Vereinigten Staaten, wo im *Synagogue Council of America* und im *New York Board of Rabbis* orthodoxe, konservative und Reformrabbiner zusammenarbeiten. Das britische Büro des Oberrabbiners ist dagegen in erster Linie dafür zuständig, die Orthodoxie zu schützen und gegen jegliches Eindringen von radikalem Gedankengut abzuschirmen.

Mit der Ernennung des neuen Oberrabbiners Jonathan Sacks hat sich an dieser Situation nichts Nennenswertes geändert, wenngleich ein jüngerer, dynamischerer Stil und bestimmte persönliche Verbindungen zu einigen der führenden progressiven Rabbiner für die Zukunft hoffen lassen. Gleichzeitig haben jedoch die extremen Orthodoxen ihre Angriffe auf die Reformjuden und die liberalen Gruppen intensiviert. Und auch aus dem Lager der liberalen Rabbiner waren jüngst schärfere Töne zu hören. Die Liberalen wollen in der Öffentlichkeit klargestellt wissen, daß der Oberrabbiner keineswegs für alle Juden spricht, sondern nur für die Gruppierung, die ihn gewählt hat. Die nicht-jüdische britische Öffentlichkeit kann mit dieser Abgrenzung jedoch wohl herzlich wenig anfangen. Das alte Bild vom Oberrabbiner als dem Äquivalent zum Erzbischof von Canterbury sitzt immer noch fest in den Köpfen, und man geht allgemein davon aus, daß die öffentlichen Äußerungen des Oberrabbiners die Auffassung der gesamten britischen Judenheit wiedergeben.

Oberrabbiner Jonathan Sacks hat sich bereits als einer der führenden Köpfe der theologischen Szene in Großbritannien profiliert. 1990 wurde er für die stark beachteten *Reith Lectures* der BBC ausgewählt, eine Vortragsreihe, die in der traditionalistischen britischen Judenheit eingehend diskutiert wurde, wo Sacks' vehemente Verteidigung des Glaubens ein äußerst positives Echo fand. Bei der Vortragsreihe ging es um eine Erkundung des gegenwärtigen britischen Denkparadigmas, zu der verschiedene Disziplinen eingeladen wurden. Dabei stand weniger die Theologie als vielmehr die Soziologie im Mittelpunkt des wissenschaftlichen Interesses: Wie können das religiöse Establishment und der religiöse Mensch in einer säkularen Welt überleben? Jonathan Sacks bekräftigte in seinen Ausführungen die moralischen Imperative, auf denen eine demokratische Gesellschaft gründet, vertrat allerdings die Ansicht, daß diese Imperative letztlich aus der Bibel abgeleitet seien. Diese moralische Grundlage aber, so Sacks, eint die verschiedenen Religionen auf eine Weise, die ihnen das Überleben in einer säkularen Welt möglich macht. Sacks ist der Überzeugung, daß die Gesellschaft den standhaften Glauben, der in den Nischen der modernen Welt bis heute überlebte, unterschätzt hat, auch wenn die Mehrheit derer, die sich als Christen bezeichnen, in Großbritannien nicht zur Kirche geht.

Sacks' Vorträge richteten sich an den modernen Menschen, und es gelang ihm tatsächlich, eine breite Öffentlichkeit anzusprechen. Dabei ging es ihm gar nicht um den Anspruch der Religion, als einzige im Besitz der göttlichen Offenbarung zu sein. Dennoch kritisierte der Oberrabbiner von seinem jüdischen Glauben her zwei Aspekte der modernen Gesellschaft, die in seinen Augen eher einen moralischen Rückschritt als einen medizinischen Fortschritt darstellen: Abtreibung und Euthanasie. Er bezog sich dabei auf die traditionelle Auffassung, die bereits Lord Jakobovits vorgetragen hatte und die innerhalb der jüdischen Gemeinschaft auf einigen Widerstand gestoßen war. Auch Sacks erteilte an dieser Stelle dem selbständigen Denken eine Absage und plädierte statt dessen für eine Rückkehr zu den alten, überindividuellen Werten.

Damit stellte sich der Oberrabbiner auf die Seite derer, die in der nachaufklärerischen Gedankenfreiheit und im Beharren auf einer individuellen und weltimmanenten Wahrheitsfindung eine Gabe sehen, nach der man nicht allzu gierig greifen sollte, weil sie die menschlichen Möglichkeiten eher einschränkt als erweitert. Je mehr wir als Kollektiv wissen, desto weniger wissen wir als einzelne. Nur wenige Menschen begreifen ihre Welt, und doch treffen wir in unserem Leben die Entscheidungen, Entscheidungen, die nach Sacks weitgehend von materialistischen Gesichtspunkten bestimmt sind.

Doch auch in einer materialistischen Welt, so Jonathan Sacks, definieren sich die Menschen noch immer von ihrer Religion her. Die biblische Vision mag vielleicht an den Rand unserer Gesellschaft gedrängt worden sein, doch sie ist noch nicht ganz daraus verschwunden; auch heute noch orientieren wir unser Handeln in der Geschichte an moralischen Prinzipien.

Die *Reith Lectures*, in denen Sacks den Wert und Sinn der Familie verteidigte, für eine breiteren Gesellschaftsschichten zugängliche, hochwertigere Ausbildung plädierte und die religiösen Werte herausstellte, stießen in der breiten Öffentlichkeit auf viel Zustimmung. Klugerweise hatte der Oberrabbiner das Gebiet der kontroversen innerreligiösen Auseinandersetzung, etwa sein Verhältnis zu den nicht-orthodoxen Juden, ausgespart, auch wenn diese sich durch manche seiner Äußerungen angesprochen fühlen konnten:

»Liberale Theologien haben dadurch, daß sie vergänglichen moralischen Moden allzu viele Zugeständnisse machen, jene Zeitlosigkeit und Transzendenz verloren, die meiner Ansicht nach das Herzstück religiöser Erfahrung ist.«

Dem ist entgegenzuhalten, daß Transzendenz-Erfahrungen, aber auch die verzweifelte Suche nach Sinn, sehr wohl ihren Platz in der liberalen Theologie haben, während der Orthodoxie vorzuwerfen ist, daß sie leider dazu neigt, Bündnisse mit dem politischen Konservatismus der jeweiligen Zeit einzugehen. Das konnte man im Berlin des ausgehenden 18. Jahrhunderts ebenso beobachten wie im London der Achtzigerjahre. Sacks selbst gibt denn auch die unglückliche Allianz der extremen Orthodoxen mit der israelischen Regierung des rechten Flügels zu, ein Punkt, zu dem Lord Jakobovits sich allerdings noch sehr viel unverblümter äußerte. Trotzdem, wenn Sacks konstatiert, daß er nicht an den religiösen Wert gesetzlichen Zwanges glauben könne, spricht er damit eindeutig die Situation im heutigen Israel an. Der Oberrabbiner weist zugleich aber auch auf die Notwendigkeit revolutionärer Veränderungen im Christentum hin, wenn es zu einem Gespräch mit anderen Religionen kommen soll – eine Erkenntnis, die der orthodoxen jüdischen Gemeinschaft selbst noch vielerorts fehlt. Doch Sacks ist hoffnungsvoll: Der Glaube ist noch nicht am Ende, ja, seine Geschichte hat kaum begonnen.

Nun mußte sich Rabbiner Sacks, da er sich als Sprecher des gesamten jüdischen Lebens in Großbritannien verstanden wissen will, in seinen Rundfunkvorträgen aber auch an jenen Teil der jüdischen Gemeinschaft wenden, die nicht zu seiner Anhängerschaft gehört. Zwischen der Orthodoxie und dem Reformjudentum gibt es in vielen Punkten Meinungsverschiedenheiten. Da ist zum einen die unterschiedliche Auffassung von der Halacha, dem jüdischen Gesetz, und der rituellen Praxis; doch es gibt auch Unterschiede im Verständnis des Holocaust. Hier empfinden alle Juden die gleiche Beklemmung. Wir alle wissen, daß wir dem Geschehenen zu fern und doch gleichzeitig zu nah sind, so daß wir nur reagieren können wie Aaron auf den Tod seiner Söhne: *Wa-jidom Aharon* – und Aaron war still. Doch das genügt nicht. Die Juden, und zwar alle Juden – ja, wenn man ehrlich ist, die ganze Menschheit – müssen sich erinnern. Mehr noch, wenn wir heute noch glaubwürdig sein wollen, müssen wir zu neuen theologischen Aussagen kommen, die die traditionellen Antworten – Ergebung in den göttlichen Plan, Schuldeingeständnis, freiwillige Kasteiung als Sühne – hinter sich lassen.

Im Grunde genommen folgt Jonathan Sacks dem Ansatz von Michael Wyschogrod und damit der Denkweise einer aufgeklärten, intellektuellen Orthodoxie, die bei aller Fortschrittlichkeit immer noch meint, daß die Antworten der Vergangenheit im Angesicht des Bösen unserer Zeit ausreichend sind. In seinem Buch *The Holocaust in Jewish Theology*[16] läßt Sacks die Entwürfe verschiedener jüdischer Theologen Revue passieren. Gegen Fackenheims Betonung der Einzigartigkeit des Holocaust argumentiert er, daß diese Perspektive für den Glauben nicht relevant ist. Gott greift nun einmal nicht in Akte menschlicher Freiheit ein: Wir können Böses tun, oder wir können Gutes tun. Gottes Macht zeigt sich gerade in dieser Selbstzurücknahme. Ist es doch das entscheidende Paradoxon der Religion, daß Gott den Menschen die Arena der Geschichte überläßt – gerade darin liegt seine Größe.[17] Die Nationalsozialisten haben versucht, den wahren Zeugen Gottes in der Welt zu vernichten, und das Wunder unserer Zeit ist deshalb die Existenz des Staates Israel, die den Juden eine völlig neue Hoffnung gibt. Das ist zwar keine Erklärung für den Holocaust, doch es schenkt uns Glauben trotz des Holocaust. Aus diesem Grund hält es der Oberrabbiner für überflüssig, der *Shoa* einen eigenen Gedenktag, den *Jom ha-Shoa*, zu widmen, an dem besondere Gebete gesprochen werden; in seinen Augen reichen die alten Gedenktage aus. Er schreibt:

---

16. *J. Sacks*, The Holocaust in Jewish Theoloy: Tradition in an Untraditional Age. London 1990.
17. A.a.O., 152.

»Ein Autor, der über den Holocaust geschrieben hat, berichtet von der Begegnung mit einem Rabbiner, der in mehreren KZs gewesen war und wunderbarerweise dennoch ungebrochen schien. Noch immer konnte er herzhaft lachen. ›Wie haben Sie nur mitansehen können‹, fragte er ihn, ›was Sie gesehen haben, und bei all dem Ihren Glauben behalten? Kamen Ihnen denn keine Zweifel und Fragen?‹ Der Rabbiner entgegnete: ›Natürlich hatte ich Fragen. Aber ich sagte zu mir: Wenn du diese Fragen jemals stellst, wirst du die Feststellung machen, daß es so gute Fragen sind, daß der Allmächtige dir eine persönliche Einladung in den Himmel schickt, um sie dir dort zu beantworten. Und ich wollte doch lieber mit meinen Fragen hier auf der Erde sein als mit den Antworten droben im Himmel.‹ Auch das ist Theologie.«[18]

Vielleicht verstehe ich diese Geschichte ein wenig anders als Jonathan Sacks: Für mich ist das einer der bittersten Kommentare zum Holocaust, den ich je gehört habe. Möglicherweise stimmt Sacks aber auch mit mir überein – und ist trotzdem der Überzeugung, daß die Tradition ihre Fragen auf eine Art und Weise stellt, die trotz allem Sicherheit gibt. Ich halte es immer noch lieber mit der Kompromißlosigkeit eines Richard Rubenstein, wenn er in die Schuhe von Elischa Abuja schlüpft, oder mit Emil Fackenheim, dessen Glaube aus dem selbständigen Denken lebt, aus der Erfahrung mit Israel und dem Bewußtsein, daß die Theologie heute in noch unbekannte Territorien vorgestoßen ist.

In einem vor kurzem veröffentlichten Buch für die *Littmann Library*, an dem ich als Herausgeber beteiligt war, versucht Sacks, eine Formel zu finden, mit der sich auch die progressiven seiner Schäfchen identifizieren können. Dieses ganz und gar selbstlose Bemühen erwuchs aus dem Wunsch, die Prophezeiung von Jeschajahu Leibowitz, ›Vielleicht werden wir allmählich ein in zwei Völker gespaltenes Volk haben, von denen jedes voll Haß auf das andere seinen historischen Weg geht‹,[19] nicht wahrwerden zu lassen. Professor Leibowitz' Worte waren auf Israel und den dortigen Konflikt zwischen Frommen und Säkularisten gemünzt, doch sie lassen sich ohne weiteres auch auf den Konflikt zwischen Orthodoxen und Reformern übertragen. Letzterer besteht nach Rabbiner Sacks hauptsächlich in der Diaspora, wo Orthodoxie und Reform aufeinanderprallen. Doch auch zwischen Israel und der Diaspora gibt es eine Kluft. Verschiedene Aspekte des israelischen Lebens münden in die *Schelilat had-Gola*, die Ablehnung der Diaspora, derzufolge ein Jude, der außerhalb Israels lebt, bestenfalls als ein halber Jude anzusehen ist. Umgekehrt betrachten manche Juden in der Diaspora, auch wenn sie zahlenmäßig nicht viele sind, Israel als eine Bedrohung ihrer eigenen nationalen Identität als Amerikaner, Franzosen oder Engländer. Ungeachtet dieser unterschiedlichen Auffassung rücken in diesen schweren Zeiten die Diaspora

18. A.a.O., 153.
19. Zitat in: *U. Huppert*, Back to the Ghetto. New York 1988, 40.

und Israel enger zusammen. Und auch Rabbiner Sacks geht es im Grunde um die Einheit aller Juden:

»... wenn die jüdische Einheit für viele Juden ein Wert ist, was für ein Wert ist sie dann? Sicherlich ist dabei nicht an eine kulturelle Einheit gedacht ... und auch nicht an eine politische ... die jüdische Einheit ist vielmehr, wie schon seit jeher, ein religiöser Wert: Eine Sache des Bundes, eine wechselseitige Verpflichtung, die auf Glauben basiert.«[20]

Ein solches Ziel aber ist nicht durch eine ablehnende Haltung gegenüber dem Partner zu erreichen; und der Oberrabbiner zeichnet denn auch sorgsam den Gedanken der ›Ablehnung der Ablehnung‹ von der Zeit der Bibel bis hin zu den großen Philosophen nach. Dabei ist als erstes festzuhalten, daß Gottes Erwählung einer Person oder eines Volkes nirgendwo die Ablehnung anderer Personen oder Völker impliziert, wie Sacks überzeugend darlegt. Ebensowenig sind dem Bund durch einen Akt der Ablehnung Grenzen gesetzt. Selbst im Exil sind Gott und Israel miteinander verbunden wie durch ein eheliches Band, das nicht gelöst werden kann. Die Juden werden immer überleben, als ein zufälliges Überbleibsel oder als ein erwählter Rest (beide Ansichten haben sich als Lehrmeinungen im jüdischen Denken niedergeschlagen). In Maimonides' *Brief an die Jemeniter* von 1172 wird der Gedanke des ›erwählten Restes‹ betont: »Wie es unmöglich ist, daß Gott aufhört zu existieren, so ist unsere Vernichtung und unser Verschwinden aus der Welt undenkbar.« Die Heiligen und die Frommen, die der Zwangsbekehrung widerstehen, werden in der Herde bleiben. Rabbiner Sacks bezeichnet diesen Gedanken als ›theologischen Darwinismus‹: Die religiös Starken werden überleben. Umgekehrt ist ein anderer Brief von Maimonides, der *Brief über das Märtyrertum*, ein eindringliches Plädoyer für die Einbeziehung aller. Maimonides erklärt darin ausdrücklich, daß auch die *Conversos* (diejenigen, die gezwungen wurden, Christen zu werden, und oft auch als *Marranos* bezeichnet wurden), nach wie vor echte Juden sind: »Die frommen Taten, die sie im geheimen getan haben, werden doppelt belohnt werden.« In einem Fall spricht er also diejenigen an, die nicht konvertiert waren, im anderen jene, die konvertiert waren, ohne deswegen aus Israel ausgestoßen zu sein.

Unsere heutige Zeit ist eine Zeit der Glaubenskrise. Martin Buber stellte im Blick auf die jüdische Gemeinde, die sich in den Fallstricken der Moderne verfangen hatte, die Ganzheit des jüdischen Volkes in Frage. Auch Rabbiner Sacks räumt ein, daß die Vorstellung von einem jüdischen Volk, das als einheitliche Wesenheit vor Gott steht, problematisch ist.

Er betrachtet die Konflikte innerhalb der Judenheit als eine Krankheit, die aus mindestens vier Gründen zu bekämpfen ist: 1. Nach dem Holocaust und nach den

20. *J. Sacks*, The Holocaust in Jewish Theoloy: Tradition in an Untraditional Age. London 1990, 212-13.

Angriffen auf Israel ist ein jüdischer Antisemitismus genauso verwerflich wie der christliche Antisemitismus. 2. Ein jüdischer Darwinismus ist soziologisch unrealistisch, da auf keinen Fall eine größere jüdische Gruppierung von der Bildfläche verschwinden wird. 3. Der gegenseitige Vernichtungskrieg zeugt für historische Blindheit, weil er die Kämpfe der Vergangenheit ignoriert, die das jüdische Leben auseinandergerissen haben. 4. Vor allem aber bildet ›der Gedanke von dem »einen Volk« das Herzstück des jüdischen Glaubens an den Bund zwischen Gott und diesem erwählten Volk‹. Dieser Gedanke jedoch läßt sich nur unter dem Aspekt der religiösen Verpflichtung verstehen, und das wiederum zeigt den Oberrabbiner in einer Position, die zwar weniger tolerant ist, als er meint, aber andererseits auch wieder wesentlich toleranter, als man es von einem unbeugsamen ›Verteidiger des Glaubens‹ erwarten würde.

Sacks greift die Grundhaltung einer nicht zu Kompromissen bereiten Orthodoxie auf. Der jüdische Pluralismus, wie er ihn im progressiven Judentum verwirklicht sieht, ist inakzeptabel: Eine *de jure* Anerkennung verschiedener ›Denominationen‹ verbietet sich aus der klassischen Definition des (seines) Judentums heraus. Die Halacha, das Gesetz, steht im Zentrum. Sie verwandelt das Chaos ethischer Einzelentscheidungen in einen von allen getragenen ethischen Kodex:

»Ein Pluralismus, der das Veraltetsein der Halacha formal anerkennt (jüdischer Säkularismus) oder die Halacha dem autonomen Selbst (Reformjudentum) oder der jeweils zeitgenössischen Ethik (konservative Juden) unterstellt, wäre kein Modell für ein Einswerden der Judenheit, sondern vielmehr das Eingeständnis seiner Auflösung.«[21]

Diese Argumentation läuft natürlich darauf hinaus, daß nur die orthodoxe Auffassung vom Judentum Gültigkeit hat. Trotzdem würde Rabbiner Sacks sich immer noch gegen den Ausschluß anderer jüdischer Gruppierungen aus dem *Kellal Jisrael* aussprechen – ihre Vorstellungen allerdings würde er als unzulässig ablehnen. Seiner Überzeugung nach dürfen auch nicht-orthodoxe Juden, die ja ebenfalls unter dem Bund am Sinai stehen, nicht einfach aus der Gemeinschaft ausgeschlossen werden. Es ist wie in einem Ehevertrag, bei dem ›Gott sein Antlitz verhüllt‹.[22] Meiner Ansicht nach liegt das Problem darin, daß viele Traditionalisten hier einen Ursache-Wirkungs-Zusammenhang sehen, der ihnen dann wiederum eine Entschuldigung für ihren Exklusivitätsanspruch liefert. Ich verstehe und schätze die Aussage des Oberrabbiners, daß ›der Inklusivismus die Überzeugung ist, daß der Bund mit einem Volk und nicht nur mit gerechten Einzelpersonen geschlossen wurde‹ und auch angesichts von Konversion und Abfall gültig bleibt. Traditionellerweise wurde das Judentum durch die Familie zusammenge-

21. A.a.O., 228.
22. A.a.O., 229.

208

halten, durch die *Kehilla*, die Gemeinschaft, und durch einen Erziehungsprozeß, der im Elternhaus begann, seine Fortsetzung in der Synagoge fand und auch das jüdische Schulsystem prägte. In der modernen Gesellschaft mit ihrer Betonung des einzelnen und des Staates war dieses System gezwungen, sich anzupassen. Das aber war nach Rabbiner Sacks im Grunde unmöglich, da das Judentum in der neuen Struktur nicht überleben kann. Mag das Reformjudentum sich für den einzelnen entscheiden und der Zionismus für den Staat – keiner von beiden kann nach Ansicht von Sacks die Formel für das ›eine Volk‹ verkörpern. Der Oberrabbiner beklagt denn auch die Flucht in die Weltlichkeit. Die Reform- und zionistischen Juden verdienen seiner Ansicht nach eher Mitleid, als daß man ihnen ihre Bestrebungen verbieten sollte, und ganz sicher wird er sie nicht verurteilen. Sie sind irregeleitet, ja – doch sie können immer noch erlöst werden. Nach Sacks' Lehre vom Inklusivismus kann man zwar lernen, sie zu lieben, aber man darf nicht einer Meinung mit ihnen sein.

Es ist für Sacks nicht weiter überraschend, daß sein Konzept des Inklusivismus für die moderne Orthodoxie, die letztlich nichts anderes ist als eine Ideologie, nicht annehmbar ist. Er selbst sieht seinen Ansatz als eine Erklärung jüdischer Koexistenz schlechthin. Das jüdische Leben vereint in sich eine ganze Welt verschiedener Ansätze, wobei Sacks nur die Orthodoxie gelten lassen kann; und noch in ihr gibt es viele Varianten. Doch letztlich lieben die Juden die Ganzheit und Vielfalt des jüdischen Lebens und wollen es auf keinen Fall zersplittert sehen.

Sacks' Inklusivismus bedient sich in der Begegnung mit andersdenkenden Juden einer äußerst vorsichtigen Sprache; sie sollen keineswegs gezwungen werden, ›zur Herde‹ zurückzukehren. Im Vordergrund steht vielmehr der erzieherische Einfluß: Die Halacha soll so vielen Juden wie möglich wieder zugänglich gemacht werden, wobei jedoch korrektive Eingriffe, wie etwa Eliezer Berkovits sie vorschlägt, abgelehnt werden. Der Inklusivismus sucht, wie Oberrabbiner Sacks es formuliert, ›ein nuanciertes Verständnis für die säkularen und liberalen Juden (und) lehnt einen Dualismus ab, der die Juden in die Schwarz-Weiß-Kategorien von Gut und Böse steckt‹.[23] Der Inklusivist erkennt an, daß auch die säkularen Zionisten und Israelis auf ihre Art das Gebot, das Land in Besitz zu nehmen (das für Nachmanides soviel bedeutet wie alle andere Gebote zusammen), erfüllen.[24] Er räumt ein, daß das liberale Judentum mit dazu beigetragen hat, die Werte jüdischer Identität für viele Juden lebendig zu halten. Und er ist bestrebt, die positiven Konsequenzen des jüdischen Liberalismus und Säkularismus zu sehen, auch wenn er ihnen abspricht, im Besitz der Wahrheit zu sein und ihre Ziele realisieren zu können. Von den Führern des säkularen und liberalen jüdischen Lagers fordert

23. A.a.O., 234.
24. A.a.O., 235.

er, daß sie im Kontext der Ganzheit des Judentums und des jüdischen Volkes verantwortlich handeln. Oberrabbiner Sacks' Inklusivismus respektiert viel von dem, was er im Reformjudentum und in den säkularistischen israelischen Aussagen wahrnimmt. Doch er beharrt darauf, daß die Laxheit, mit der bei den Reformern Konversionen gehandhabt werden, ihre Entscheidung für eine patrilineale Abstammungslinie, die Billigung von Homosexualität, vorehelichem Geschlechtsverkehr und Schwangerschaftsabbruch auf Verlangen verhängnisvolle Abweichungen vom Buchstaben und vom Geist des jüdischen Gesetzes darstellen. Rabbiner Sacks weiß, daß er sich in diesen Punkten auf einen sehr hohen Standpunkt stellt, appelliert jedoch an die Reformer, ihm zuzugestehen, daß er aus Liebe und aus der Logik seiner theoretischen Position heraus handelt, die ihm keine andere Möglichkeit läßt. Seine Gegner sollen ihn nicht nur verstehen, sondern auch eine gewisse Sympathie für die exklusivistische Orthodoxie aufbringen. Schließlich glaubt er, was auch sie glauben, auch wenn sie seinen Inklusivismus ablehnen. Doch vielleicht können irgendwann einmal alle Juden die Heiligkeit des jüdischen Volkes anerkennen, als Kollektiv und als Einzelpersönlichkeiten. Jeder Jude, der sich nicht aus dem jüdischen Leben ausgrenzt und nach dem Holocaust Kinder in die Welt setzt, trifft eine Entscheidung von großer Tragweite und darf nicht diskreditiert werden. Umgekehrt aber gilt: So wie alle Juden sich gegenseitig respektieren sollen, sollen auch alle den göttlichen Ruf in der Geschichte vernehmen und ihm folgen. Denn selbst wenn wir getrennt bleiben, sind wir doch alle unterwegs zum selben Ziel – der verheißenen Einheit der Tora, dem jüdischen Volk, dem Land Israel, Gott.

Sacks' Ansatz ist ein leidenschaftlicher, aufrichtiger, ethischer Appell, der Respekt verdient. Dennoch kann ich nicht umhin festzustellen, daß ich nicht seiner Meinung bin. Natürlich kann ich nicht von Oberrabbiner Sacks verlangen, daß er seine persönliche Überzeugung, daß nur die Orthodoxie im Besitz der absoluten Wahrheit ist, aufgibt oder daß er seine Aufgabe vernachlässigt, die traditionalistische jüdische Gemeinschaft in ihrer Position zu stärken und sie gegen das, was in seinen Augen wie Häresie erscheinen muß, zu verteidigen. Wie Beruria (die Frau des Rabbi Meir, selbst eine bedeutende Lehrerin) haßt er die Sünde, aber nicht die Sünder. Jonathan Sacks sieht im liberalen Juden eine Person, die er liebt und in vieler Hinsicht respektiert. Nun bin ich selbst aber keine amorphe ›Person‹, sondern ein Rabbiner, der die progressive jüdische Gemeinschaft im Rahmen einer Vielzahl offizieller Verantwortlichkeiten repräsentiert, die mir von meinen Glaubensbrüdern – liberalen, Reform-, konservativen und rekonstruktionistischen Rabbinern – übertragen wurden. Wir geben der Orthodoxie meiner Ansicht nach mehr, als sie uns gibt. Manchmal glaube ich fast, daß die traditionalistischen Juden sich uns gegenüber irgendwie schuldig fühlen und uns deshalb für erbittertere Gegner halten, als wir es tatsächlich sind. Es ist die ewige Schwäche der liberalen Juden, daß sie immer bereit sind, auch der anderen Seite zuzugestehen, daß sie im Besitz der Wahrheit ist. Doch ist meine Haltung, die beiden Seiten *ihre* Wahrheit, nicht aber den Besitz der absoluten Wahrheit zubilligt, unannehmbar für eine theologische Richtung, die nur eine einzige, überlegene Wahrheit gelten lassen kann. Der Oberrabbiner plädiert für den Dialog mit den Christen, lehnt jedoch gemeinsame Gebete ab. Die gleiche Distanz zeigt er auch gegenüber den nicht-orthodoxen Juden: Sie dürfen mit ihm beten, er seinerseits kann jedoch in ihren Synagogen nicht beten. Sacks möchte, daß die Christen »die Gültigkeit nicht-christlicher Wege zu religiösen Wahrheiten« akzeptieren, doch wir tun gut daran, nicht von ihm zu fordern, seinerseits ebenso offen gegenüber dem progressiven Judentum zu sein. Das ist die Weise des Rigoristen, die zur Bildung von Sekten außerhalb der Orthodoxie beiträgt. Das eine Volk, das Sacks sich wünscht, soll zusammen leben und zusammen beten, und seine Angehörigen sollen sich untereinander ernstnehmen und gelten lassen. Doch ich fürchte, daß dieser Zustand noch in weiter Ferne liegt. In der Zwischenzeit werden sich die liberalen Juden als Inklusivisten betätigen und die Orthodoxie als auf dem rechten Weg befindlich ansehen, als einen Teil von *Kellal Jisrael.* Diese skeptische Haltung tut meiner persönlichen Wertschätzung für Rabbiner Sacks als Lehrer und Freund, der aufrichtig nach einer Einigung der Judenheit strebt, keinen Abbruch.

Ich kann meine Ausführungen zur Situation der Juden in England nicht ohne ein Wort zu George Steiner abschließen, unbestreitbar einer der ganz großen Denker unserer Zeit, Professor für englische Literatur in Cambrigde und Genf. Seine Prosa ist zum Teil durchaus zur ›schweren‹ Literatur zu rechnen. George Steiners Roman über Hitler, *The Portage to San Cristobal of A.H.*, löste einen wahren Proteststurm aus, als Christopher Hampton ihn als Schauspiel für die Londoner Bühne adaptierte. Doch hinter dem Buch stand bereits ein umfangreiches Werk, unter anderem eine glänzende Vortragsreihe, veröffentlicht unter dem Titel *In Blaubarts Burg*, und ein sehr viel früher erschienener Band mit Kurzgeschichten über das Jahr 1941-42, *Anno Domini*. Und schließlich, nicht zu vergessen, sein großartiges Buch *Sprache und Schweigen*. Eine verspätete Anerkennung wurde dem Werk dieses wichtigen Lehrers durch Steiners Ernennung zum ersten Inhaber eines neugeschaffenen Lehrstuhls an der Universität Oxford zuteil. Die damit verbundene Popularität gibt Anlaß zu der Hoffnung, daß Steiners Stimme nun vielleicht auch über die Grenzen Englands hinaus gehört wird.

Ich möchte mit einem seiner ›leichteren‹ Texte anfangen: Dem kürzlich erschienenen *Proofs and Three Parables* (1992). Der Protagonist von *Proofs* könnte in vielen Büchern der zeitgenössischen Literatur vorkommen. Er ist der typische Intellektuelle, stammt aus dem Proletariat, ein Ex-Kommunist, der seine eigene kleine ›revolutionäre Zelle‹ aufgebaut hat. Steiner zeichnet die nüchternen aber zugleich leidenschaftlichen Diskussionen bei den verschiedenen Treffen der Gruppe auf; der eigentliche Motor des Buches sind jedoch die Streitgespräche zwischen dem abgefallenen Kommunisten und einem abgefallenen Priester. In ihnen werden jene Ideen entwickelt, wie sie niemals aus Drehbüchern stammen können, sondern nur aus dem Leben selbst:

»(Der Korrektor spricht:) Ich weiß nicht viel über die Juden. Ich war noch klein, als ihnen das angetan wurde. Aber ich habe meine eigene Theorie. Diese Sache mit dem erwählten Volk, der Bund mit der Geschichte. Ich glaube daran. Aber nicht so, wie Sie es erzählen, Pater Carlo: Es sind die Elenden, die erwählt sind. Die, die in den Hunger hineingeboren sind, die mit AIDS auf die Welt kommen ... fast der ganze verdammte Rest von uns. Das Volk der Verlierer. *Sie* sind das erwählte Volk der Verzweiflung. Aber auch der Hoffnung, Carlo ...«

George Steiner wirft hier einen Blick auf den säkularen Messianismus in der Vision von Karl Marx, dem ›Gott, der versagt hat‹. Trotzdem kehrt Steiners Korrektor am Ende in die Partei zurück – er sieht keine Alternative! Er braucht ein ideelles System, an dem er sich orientieren kann, und er muß es in der Menschheit finden. Pater Carlo hält ihm die 25 Millionen entgegen, die Stalin verhungern, erfrieren und zu Tode foltern ließ. Er weiß aber auch um den Judenhaß, der von der Kirche ausging, und um das Leiden, das durch die Religion in die Welt gekommen ist. Und er vergleicht das religiöse Sehnen nach Gottes Ewigkeit, an das er noch immer glauben kann, mit der monströsen Perversion der kommunistischen Lüge von einer klassenlosen, brüderlichen Gesellschaft in dieser Welt.

Im Laufe des endlosen, offen bleibenden Dialogs, der im Mittelpunkt dieser warnenden Erzählung steht, führt uns Steiner in die Welt nach dem Holocaust, in die Situation des Menschen, hineingestellt in eine Welt nach der Dämmerung, deren Dimensionen wir nicht vorhersagen können.

Die Lasten, die wir mit uns in diese Zukunft hineinnehmen, sind unsere Erinnerung und unsere Sprache. George Steiner sieht die Grenzen der Sprache: Wir können nach dem, was geschehen ist, in der Religion nicht mehr mit Gott, ja nicht einmal mehr über Gott sprechen: »Das Problem ist, ob es eine menschliche Form der Sprache gibt, die die Erfahrung von Auschwitz angemessen erfassen kann.« Doch gibt es jenseits der Sagbarkeit überhaupt eine Denkbarkeit der *Shoa*? Am Ende kehrt Steiner zu jener Haltung zurück, die er schon seit Jahrzehnten vertritt: zum Schweigen. Es mag selbstmörderisch sein, unmöglich einzuhalten, doch es ist der einzige Ort der Authentizität. Ich stelle mir darunter so etwas wie Ijobs Schweigen vor – jene Zeitspanne, die seinem Ausbruch gegen die Sinnlosigkeit menschlichen Leidens, das doch irgendeine Erklärung haben muß, vorangeht.

Steiner holt uns zurück in die heutige Welt, die Welt der Völkermorde, in der die Menschen nur als mörderische und mordende Primaten definiert werden können. Das ändert jedoch nichts an der Einzigartigkeit der *Shoa* und daran, daß die jüdische Identität von ihr her bestimmt ist. Steiner hat gezeigt, wie die Weigerung der Juden, Jesus als den Christus anzuerkennen, die Erlösung der Menschen aus christlicher Sicht hinausgezögert hat. In unserer Zeit nun, konstatiert Steiner, hat die Kirche eine neue Möglichkeit entdeckt: die Selbsterforschung. Jetzt hängt die Erlösung davon ab, daß die Juden freiwillig in die Kirche kommen und so zur Erfüllung der Kirche werden.

In dem Vortragsband *In Blaubarts Burg* hingegen vertritt Steiner die These, daß man es den Juden nicht vergeben wird, daß sie die Menschen gezwungen haben, an Gott und einen Moralkodex zu glauben:

»Dreimal hat das Judentum den westlichen Menschen mit den erbarmungslosen Forderungen des Ideals konfrontiert. Dreimal – in der Erfindung des Monotheismus, in der Botschaft des radikalen Jesus, im Marxismus und messianischen Sozialismus – hat Israel von ganz gewöhnlichen Männern und Frauen mehr verlangt, als die menschliche Natur zu geben bereit ist. Nichts ist grausamer als die Erpressung der Perfektion.«[25]

Die Juden sind nicht deshalb Gegenstand des Hasses der Welt, weil sie Gott getötet haben – sie werden gehaßt, weil sie ihn erfunden haben. Als moralisches Gewissen der Welt werden sie immer unter Verfolgungen zu leiden haben. Auf die Matrix der westlichen Zivilisation angewandt, gibt uns diese Hypothese (die Steiner keineswegs als erwiesen betrachtet) doch zumindest einen Erklärungs*ansatz* für Auschwitz an die Hand, das damit dennoch jenseits aller Erklärungen bleibt. Dasselbe gilt möglicherweise im Blick auf das unerklärliche Wunder des jüdischen Überlebens. Warum gelang es Kajin nicht, Abel endgültig umzubringen? Wie gelang es dem jüdischen Volk, als die Nationalsozialisten ihren geheimen Vernichtungstraum wahrmachten, trotzdem seine uralte Aufgabe als Zeuge für Gott und Gewissen der Welt zu erfüllen?

Die Stoßkraft von Steiners Werk in seinen Sprachuntersuchungen, Romanen und Essays rührt aus seiner Rolle als ›Erinnerer‹ an die *Shoa*, der er immer treu bleibt. Er schätzt die Gelehrten, die den Schutt der Geschichte zu sichten versuchen, um uns die Augen für das zu öffnen, was die Nationalsozialisten wirklich getan haben, aber auch für den Edelmut und die Integrität von Menschen innerhalb und außerhalb der Lager, die sich noch unter den unerträglichsten Bedingungen bewährt haben. Steiner sucht noch immer nach Antworten auf Fragen, auf die es keine Antworten gibt. Wenn George Steiner uns nicht erreicht, wenn wir seine Stimme nicht vernehmen, dann sind wir taub für alle Stimmen. Wenn wir ihm aber zuhören, haben wir unseren ›Reiter in die Morgendämmerung‹ in der Welt der englischen Literatur gefunden.

25. Vgl. *George Steiner*, In Blaubarts Burg. Frankfurt/Main 1977, 52/53.

5. Italien

Schatten und Sonnenschein

»Kennst du das Land ...«

Goethe

Seit Goethes Italienreise, deren zu Dichtung verarbeitete Eindrücke eines der Herzstücke deutscher Literatur wurden, empfanden die Deutschen Sehnsucht nach dem Land, »wo die Zitronen blühn, im dunkeln Laub die Goldorangen glühn«.[26] Heute gilt Italien in manchen Kreisen geradezu als klassisches Reiseland der Deutschen. Und doch lasten die Schatten der Vergangenheit schwer auf der Beziehung der beiden Länder. Die Erinnerung an die ›Achse‹, das freundschaftliche Verhältnis zwischen Hitler und Mussolini, läßt sich nicht so leicht verdrängen. Hitler hatte in seinen Anfängen manches von Mussolini gelernt, und der deutsche Faschismus Hitlerscher Prägung trug später in vielem die Züge dieses Lehrmeisters. Beiden Diktatoren ging es darum, die Situation ihres eigenen Volkes auf Kosten anderer Länder zu verbessern. Doch im nationalsozialistischen System mit seiner Menschenverachtung und seinem leidenschaftlichen Judenhaß, der schließlich in die ›Endlösung‹ mündete, steckte etwas, das dem italienischen Volk und seiner Führung gänzlich fremd war. Wir haben mittlerweile gelernt, daß es unzulässig ist, Einzelpersonen oder gar ein ganzes Volk nach Stereotypen zu beurteilen, doch vorsichtige Verallgemeinerungen, die Ausnahmen zulassen, sind erlaubt. Das Bild von der Warmherzigkeit und Großzügigkeit der Italiener läßt sich in so zahllosen Fällen belegen, daß es wohl gerechtfertigt ist, daraus eine allgemeine Aussage über Italien abzuleiten, selbst wenn es um die Behandlung der Juden im faschistischen Italien geht. Eine gewisses Unbehagen bleibt allerdings: Wurde doch Mussolinis Enkelin mittlerweile in die Nationalversammlung gewählt. Wäre sie als Kandidatin der Liberalen oder Sozialisten angetreten, so hätten die Juden ihre Wahl wohl positiv aufgenommen, im Gedenken daran, daß die Sünden der Väter nicht an den Kindern heimgesucht werden. Doch die Geister der Vergangenheit lauern auch in Italien an allen Ecken und Enden, und diese Vergangenheit läßt sich nicht leicht in die Gegenwart integrieren oder auch nur begreifen, nicht einmal von seiten der Historiker.

Fragen drängen sich auf. Wieweit hat Mussolini mit Hitler kooperiert? Wieweit hat die italienische Armee den Deutschen im Blick auf die ›Endlösung‹ in

---

26. In: *J. W. Goethe*, Werke. Hamburger Ausgabe, Bd. VII, 145.

die Hände gearbeitet? Hat der Papst wirklich geschwiegen – und wenn ja, warum? Viele Forscher haben sich auf diesem Feld betätigt und sind immer wieder zu unterschiedlichen Ergebnissen gekommen, und manche haben gar ihr Unvermögen, überhaupt eine überzeugende Antwort zu finden, zugegeben. Auch ich kann mir nicht vorstellen, daß man ein ›italienisches Paradigma‹ für das religiöse, philosophische oder historische Denken ausfindig machen kann, das unsere Fragen zufriedenstellend beantworten könnte. Doch gibt es zumindest verschlüsselte Antworten, die uns den Zugang zu einer Welt, die ebenfalls den Sonnenuntergang und den Sonnenaufgang miterlebt hat, erleichtern.

Die Wissenchaftler sind sich einig, daß der italienische Faschismus kaum antisemitische Elemente aufwies, bevor Italien und Deutschland in engeren Kontakt zueinander traten, was darauf hinzudeuten scheint, daß Mussolini erst auf Hitlers Betreiben hin an den Verbrechen an den Juden mitschuldig wurde. In Wirklichkeit jedoch beweisen Dokumente aus dieser Zeit, daß Hitler Mussolini im Jahr 1938 keineswegs gedrängt hat, gegen die Juden vorzugehen. Mussolini handelte auf eigene Veranwortung und mit Vorbedacht, weil er sich ausrechnete, daß Deutschland und Italien dadurch enger zusammenrücken würden. Das Ganze war eher als ein Signal gedacht, auch wenn es immer Beamte gab, die versuchten, die antijüdischen Gesetze mit besonderer Härte durchzusetzen.

Dann schlug das Kriegsglück um. Italien wurde besetzt und Mussolini wurde zum Rücktritt gezwungen. Am 11. September 1943 erklärte Feldmarschall Kesselring, daß das gesamte besetzte Territorium von nun an unter deutscher Verwaltung stehe - militärischer wie ziviler. Als dann einer der fanatischsten Anhänger Hitlers, ein gewisser Theodor Dannecker, an die entsprechende Stelle rückte, konnte das eigentliche Pogrom beginnen: am schwarzen Sabbat, dem 16. Oktober 1943. Alle Juden in Rom wurden verhaftet – wobei sich die Deutschen über die mangelnde Kooperationsbereitschaft der italienischen Polizei beschwerten – und zum Transport in die Todeslager zusammengetrieben. Über 1 000 Juden aus Rom wurden in den Tod geschickt.

Insgesamt gesehen genoß die italienische Judenheit jedoch soviel Schutz, daß sie vor einer Massendeportation bewahrt blieb. Zur Erbitterung der Deutschen entzogen sich die Italiener, gleichgültig, wie sie zu den Juden standen, wo immer es möglich war, ihrem Einfluß; das galt für die Armee genauso wie für die Zivilbevölkerung.

In Frankreich hatte das Vichy-Regime in allen Bereichen mit den Deutschen kooperiert. Nicht so in Italien: Zwar wurden auf dem faschistischen Parteikongreß in Verona am 14. November 1943 alle Juden zu Ausländern, *Stranieri*, erklärt, doch dies geschah erst nach Marschall Badoglios Kapitulation vor den Alliierten im September 1943. Badoglio und der König, Viktor Emmanuel III., waren nach Brindisi geflohen, und Italien war praktisch eine deutsche ›Kolonie‹. Lange wurde erwogen, ob auch der Vatikanstaat besetzt werden sollte. Zum Ärger des engsten Kreises um Hitler gab es jedoch genügend diplomatische Gründe, den Vatikan unangetastet zu lassen – was zweifellos vielen Juden das Leben rettete.

Innerhalb der katholischen Kirche nahmen viele Priester und Nonnen große Risiken auf sich, um Juden zu helfen, selbst gegen die ausdrückliche Anordnung ihrer Oberen, sich den deutschen Forderungen zu fügen.

So kam es, daß im Gegensatz zu anderen Ländern in Italien vier Fünftel der Juden dem Tod entrannen – hauptsächlich durch die Hilfe der italienischen Bevölkerung; es gab allerdings auch Fälle, wo Verhaftete unter Italienern, die mit den Deutschen gemeinsame Sache machten, zu leiden hatten. Der Haß der Italiener auf die Deutschen, die sich auf einmal als Invasoren entpuppten statt als Partner in dem Streben nach einer nationalen Existenz im Einklang mit den Lehren des Faschismus, war sicherlich die treibende Kraft dafür, daß in Italien eine Partisanenarmee entstand, die gegen die einstigen Verbündeten kämpfte. Politisch waren diese Guerillakämpfer meist kommunistisch orientiert, was in der politischen Entwicklung Italiens in der Nachkriegszeit seinen Niederschlag fand. Auf jeden Fall aber war der Partisanenkampf in gewissem Sinne projüdisch.

Völlig anders verhielt sich Mussolinis Regierung gegenüber jenen Juden, die aus anderen Ländern nach Italien gekommen waren. Hier wurde den deutschen Forderungen mit sehr viel mehr Bereitwilligkeit entsprochen:

»Die italienische Regierung ordnete die Verhaftung von Tausenden jüdischer Flüchtlinge an, die in Italien lebten ... Etwa 3 500 Flüchtlinge wurden in Konzentrationslager im Süden Italiens geschickt. Weitere 5 000 wurden in kleinen Städten und Dörfern in ganz Italien wie Gefangene gehalten.

Paradoxerweise rettete die faschistische Regierung, die die Flüchtlinge, die in ihrem Land Schutz gesucht hatten, malträtierte, ihnen in anderen Ländern das Leben. Während der Besetzung Frankreichs und Jugoslawiens etwa weigerte sich die italienische Armee standhaft, deutschen Forderungen nachzugeben und die Juden aus ihrer Besatzungszone auszuliefern.«[27]

Daß Leute, die der Kirche nahestanden, den Juden geholfen haben, mag sich noch von selbst verstehen. In einem christlich geprägten Gefüge muß es wohl immer ein besonderes Bewußtsein für den biblischen Imperativ, seinen Nächsten zu lieben, und für das Bemühen, die Welt besser zu machen und deshalb gegen das Böse zu kämpfen, geben. Die italienische Armee jedoch war eine auf ganz andere Ziele verpflichtete Organisation. Krieg führen, in die Schlacht ziehen, töten, um nicht getötet zu werden – das läßt weit weniger Raum für Akte der Menschlichkeit.

27. In: *A. Stille*, Benevolence and betrayal: Five Italian Families under Fascism. London 1992, 231.

Die italienischen Soldaten hatten in der Behandlung der Äthiopier und Araber zur Genüge gezeigt, wie grausam sie sein konnten. Warum also lieferten sie die Juden den Deutschen nicht einfach aus? Warum setzten sie den Kroaten, die die Tausende kroatischer Juden, die sich in den Händen der Italiener befanden, am liebsten an Hitler ausgeliefert hätten, ein ›Nein‹ entgegen, als sie in die Todeslager deportiert werden sollten? Die italienische Armee weigerte sich strikt, diesem Gesuch nachzukommen. Dasselbe geschah in den von Italienern besetzten Gebieten Griechenlands und Südfrankreichs.

Jonathan Steinbergs einfühlsame und von profunder Sachkenntnis geprägte Studie über die damaligen Ereignisse zeigt den wesentlichen Unterschied zwischen dem italienischen Gemeinwesen und dem deutschen Staat. In Italien existierte offenbar ein Ehrgefühl, das zuzeiten zu schlafen schien, in der Krise aber wiedererwachte. Die Italiener wollten einfach nichts mit diesem ungeheuerlichen Verbrechen zu tun haben, auch wenn einzelne oder Gruppen in der Gesellschaft sich zum Bösen verführen ließen. Doch diese Erklärung ist zu einfach. Es gab zu viele Opfer des faschistischen Regimes in Italien, die unter brutaler Verfolgung zu leiden hatten, und nach 1943 hatte auch der italienische Marionettenstaat seine Judenjäger und Konzentrationslager (Fossoli), und auch er wies all die dunklen Aspekte einer totalitären Diktatur auf. Die Erklärung, die Steinberg vorschlägt, orientiert sich denn auch an so etwas wie der ethischen Dimension: Steinberg sichtete eine große Zahl deutscher Briefe und amtlicher Dokumente, ohne dabei je auf eine positive Resonanz auf die italienische Art, mit den Juden umzugehen, zu stoßen. Der Begriff ›ethisch‹ kam einfach nicht vor. Die italienischen Dokumente dagegen bedienten sich, wo es um die Angst und das Leid der Juden ging, fast durchgängig eines ethischen Vokabulars. Wir stehen hier wieder vor unterschiedlichen Paradigmata des Denkens und Handelns, die uns aus dem Strom der Geschichte entgegentreten.

Will man die dunklen und die goldenen Seiten, die Italien in die Annalen der Menschheitsgeschichte eintrug, begreifen, so muß man mit größter Vorsicht recherchieren und urteilen, haben wir es doch immer auch mit menschlichen Wesen zu tun, die sich nicht in Schubladen stecken oder in Stereotypen fassen lassen.

Für Jonathan Steinberg war Primo Levi ein Zeuge, der aus jener Finsternis kam. In seinem Versuch, einem Mitgefangenen, einem jungen französischen Juden, einen Sinn im Leiden zu zeigen, griff Levi auf sein italienisches Erbe zurück. Er verfällt darauf,

» ... für seinen französischen Kameraden die große Passage aus Dantes *Inferno* aus dem Gedächtnis aufzusagen und auszulegen, die für die ganze menschliche Suche, für die letzte Reise des Ulyss, steht:

›»Aber es ist spät geworden, spät, wir sind schon vor der Küche, ich muß zum Schluß kommen:

Tre volte il fe'girar con tutte l'acque,
Alla quarta levar la poppa in suso
E la prora ire in giù, come altrui piacque.«

Ich halte Piccolo zurück, es ist so wichtig und dringend, daß er jetzt zuhört, daß er dieses
›come altrui piacque‹ versteht, ehe es zu spät ist, denn morgen schon kann er oder ich tot
sein; vielleicht sehen wir uns auch nie wieder, ich muß ihm vom Mittelalter Bericht und
Erklärung geben, von dem so menschlichen, so notwendigen und doch unerwarteten Anachronismus dieses Verses, und da ist noch etwas anderes, Gigantisches, was ich in der
Intuition eines Augenblicks eben erst erkannt habe, vielleicht das Warum unseres Schicksals, unseres heutigen Hierseins ...‹«[28]

Levi denkt an Dante in der dunklen Nacht seines Leidens, und er bewahrt sich
sein Menschsein, indem seinen Kameraden mit in die Vision Dantes hineinnimmt.
Ulysses' Schiff ist neben den Säulen des Herkules der Inbegriff menschlichen
Wagemuts, eines Wagemuts, der schließlich sogar die eigenen Grenzen sprengt.
Am Ende tauchen Bug und Heck des Schiffes in die Tiefe, *come altrui piacque*,
nach dem göttlichen Willen. Der Häftling im Konzentrationslager sieht sich auf
seiner letzten Entdeckerfahrt, noch immer im Besitz einer inneren Kraft, die sich
dem dunklen Sturm, der ihn umtobt, entgegenstemmt, noch immer festhaltend an
dem letzten Sinn, den Gott dem Leben gibt. Und Primo Levi, der ›Reiter in die
Morgendämmerung‹, beschreibt das Leben der italienischen Juden in einer Gesellschaft, die sich trotz ihrer Mängel die Dimension des Ethischen und das Wissen um eine Vergangenheit bewahrt hat, die schon alt war, als die Cäsaren jung
waren. Levi fand in den alten klassischen Texten die Kraft zu leben.
    Primo Levi (1919-1987) war ein hervorragender Chemiker. Er arbeitete in
Mailand, bis er, nachdem die Deutschen die Macht an sich gerissen hatten, in die
Bergregion um Aosta floh. Noch im Dezember desselben Jahres (1943) verhaftet,
erlebte er die Realität des Lagers Fossoli und schließlich noch die absolute Un-
wirklichkeit jenes Lagers, das nicht mehr in dieser Welt zu liegen schien: Auschwitz. Um auch im Todeslager noch Profit aus den Fähigkeiten eines solchen Mannes zu schlagen, steckten ihn die deutschen ›Herren‹ in das Labor einer Gummi-
fabrik, wo sein wissenschaftlich geschulter Verstand alles aufnahm und nichts
vergaß. Einige Literaturkritiker haben ihn mit Dante verglichen; auf jeden Fall
befaßten sich beide mit demselben Gegenstand: dem Inferno. Primo Levi gab die
Hoffnung auch dann nicht auf, als er in seine persönliche Hölle kam. Er stieß dort
auf Dämonen und auf das absolute Böse, daneben entdeckte er aber auch die
innere Dimension von Menschen, die der äußersten Zerreißprobe unterzogen
werden, Männer und Frauen, die, ihres Menschseins beraubt, gezwungen wur-

28. *J. Steinberg*, All or Nothing, 11. *Primo Levi*, Ist das ein Mensch? Frankfurt/Main
    1949, 120.

den, an ihrer eigenen Vernichtung mitzuarbeiten. Mit dem Klarblick des Wissenschaftlers isolierte Levi die Faktoren in der menschlichen Psyche, die Menschen befähigen, in einer solchen Lage auszuharren, manchmal sogar zu überleben – wenngleich das Überleben allzu oft nur vom Zusammentreffen glücklicher Umstände abhing. Dennoch konnten Vernunft und Bewußtheit einem Gefangenen wenigstens ein klein wenig Kraft geben, einem Gefangenen, der auf jeden Fall sterben mußte – aber nicht als das nicht mehr menschliche Wesen, das seine Peiniger aus ihm machen wollten. In Levi vereinten sich wissenschaftliche Schulung und humanistische Bildung, und sie begleiteten ihn auch in jenen Herrschaftsbereich, in dem alle menschlichen Kräfte versagten. Erst ganz am Schluß, als sein Werk geschrieben und seine Bücher veröffentlicht waren, ging er aus der Welt. Es war Selbstmord, und dieser Selbstmord gehörte in sein Leben, als integrierender Teil, der von Levis Aussagen her als die letzte Seite seines Werkes verstanden werden muß.

Primo Levis *Der sechste Tag* enthält Geschichten im Stil von Glossen, in denen wissenschaftliche Erkenntnis und wissenschaftliches Denken auf die Absurditäten menschlicher Existenz angewandt wird. Betrachtet man dieses Buch als Teil des Gesamtwerkes eines der ›Reiter in die Dämmerung‹, so wird eine Verbindung deutlich zwischen diesen Science-Fiction-Erzählungen und dem eindrücklichen *Ist das ein Mensch?*, 1947 zum erstenmal veröffentlicht, ein Bericht aus dem innersten Kreis der Hölle, in dem die Menschheit in ihrer ganzen Qual und ihrem inneren Kampf zwischen Gut und Böse zu sehen ist. Im *Sechsten Tag* ist ein Gremium von Wissenschaftlern mit der Aufgabe betraut, den Menschen zu erschaffen. Experten aus allen Fachbereichen, von der Thermodynamik bis hin zur Chemie, Anatomie und Psychologie, haben sich seit Äonen in dem Projekt engagiert (»... beeilen Sie sich bitte; die vierte Eiszeit steht bevor«), eine neue Spezies zu schaffen: ein menschliches Wesen. Der Projektleiter ist Arimane, und sein Hauptgegenspieler ist Ormuz (die persischen Götter der Finsternis und des Lichts). Im Laufe des Streites zwischen den beiden kommen jene Schwierigkeiten zur Sprache, die die Menschheit auf Erden erwarten. Am Ende verkündet Ormuz stolz, daß der letzte Entwurf endlich zur Genehmigung vorliegt: Der Mensch wird ein Vogel sein, ein Vogel, der fliegen kann. In diesem Augenblick meldet sich eine höhere Macht zu Wort: Der Mensch ist bereits geschaffen. Die Einzelheiten erfahren die Wissenschaftler aus dem Buch der Genesis. Betrübt packt das Gremium seine Unterlagen zusammen und geht ab.

Im Midrasch, der rabbinischen Bibelauslegung, findet sich ein ganz ähnlicher Text. Die Engel streiten mit Gott, ob der Mensch wirklich geschaffen werden soll. Sie führen all die üblen Eigenschaften auf, die im menschlichen Leben zum Vorschein kommen würden: Sünde und Auflehnung, Unvollkommenheit und die Unfähigkeit, auch nur die grundlegendsten Lehren des Pentateuch zu erfüllen, die lieber ihnen, den Engeln, geschenkt werden sollten, als der unwürdigen Menschheit. Am Ende stoppt Gott ihren Redefluß:»Was diskutiert ihr überhaupt noch? Der Mensch ist bereits geschaffen!« Das ist die Realität, mit der auch Primo Levi sich auseinandersetzt. In seinen phantastischen Geschichten versucht er zu zeigen, wie die Wissenschaft die Welt verändern könnte: Maschinen könnten alles verdoppeln, auch Menschen; der Hunger in der Welt könnte durch eine Maschinerie besiegt werden, die Lebensmittel an die Hungernden verteilt. Doch wo die Menschen die Kontrolle über etwas haben, ist das Scheitern unausweichlich ... Dabei gab es durchaus Zeiten, in denen Levi an die Wissenschaft und an die Menschheit glaubte. Anthony Rudolf zeigt das in seiner Untersuchung auf:

>»Die Chemie selbst ist nach den Worten dieses jüdischen Chemikers antifaschistisch, weil sie Unreinheiten tolerieren kann, solche lebenspendenden Unreinheiten wie Kohlenstoff, und damit einen praktischen, metaphorischen und begrifflichen Rahmen für den Einschluß von Unreinheiten liefert, im Gegensatz zu den Nationalsozialisten, die das angeblich unreine Volk, die Juden, ausrotten wollten. Und wer ist nicht unrein? ›Ich bin die Unreinheit, die das Zink zum Reagieren bringt, ich bin das Salzkorn oder Senfkorn‹, schreibt Levi in *Das periodische System*.«[29]

Salz und Senf sind zugleich auch religiöse, neutestamentliche Metaphern. Das weite Spektrum von Levis Bildersprache des Lebens wird deutlich, wenn wir ihn uns in einer Welt vorstellen, in der Rom und Jerusalem zusammenfließen. Daneben darf aber nicht vergessen werden, daß vor allem die Wissenschaft für ihn zu einem Schutzschild wurde, als er ins Konzentrationslager kam – nicht nur, weil sie ihm eine Aufgabe verschaffte, die das Überleben zumindest zu einer vagen Möglichkeit machte (ohne Glück überlebte niemand), sondern auch als ein innerer Panzer, der seine Persönlichkeit umschloß, das Wissen um andere Werte, das eine vom Bösen regierte Hölle nicht als Norm akzeptierte, an der man sein Handeln ausrichtet.

Häufig wurden ihm diese Werte und das Bedürfnis, ein menschliches Wesen zu bleiben, durch andere Häftlinge vermittelt, die ihm bewußt machten, daß man sich einem System, das versucht, jedes menschliche Wesen, das sich in seinen Fäden verfangen hat, seiner Menschlichkeit zu berauben, auf keinen Fall ausliefern darf. Schon der einfache Vorgang des Sich-Waschens und Reinhaltens war etwas Schwieriges und scheinbar Sinnloses. Und doch war er eine notwendige Überlebensstrategie. Und immer stand das Wissen im Hintergrund, daß das Überleben weniger von der Entscheidung zwischen richtig und falsch abhing, sondern von der Wahl zwischen dem größeren oder kleineren Übel. Man kann sich nicht reinhalten von der Berührung des Bösen. Die rabbinische Tradition hat immer betont, daß jeder Mensch in seiner Seele den *Jetzer ha-Tow* hat, den Trieb zum

29. A. *Rudolf*, At an Uncertain Hour: Primo Levi's War Against Oblivion. London 1990, 2.

Guten, und auch den *Jetzer ha-Ra*, den Trieb, Böses zu tun – beide sind ein notwendiger Teil des Lebens. In einem seiner Bücher (*Die Untergegangenen und die Geretteten*) erzählt Levi von der grauenhaften Erfahrung, endlich eine rettende Wasserquelle zu finden, jeder Tropfen lebensspendendes Naß, das für ihn und vielleicht noch eine weitere Person ausreicht – doch sie sind zu dritt! Am Ende teilt er das Wasser mit einem seiner beiden Kameraden, dem dritten verschweigen sie das Geheimnis. Doch auch dieser Mann überlebt und eröffnet Levi Jahre später, daß er damals von der Quelle wußte. Levis Schuld und Qual werden im Text ebenso geschildert wie sein Wissen darum, daß er eine Entscheidung treffen mußte, um die er sich nicht drücken konnte. Im Talmud finden wir das klassische Beispiel von zwei Männern in der Wüste, von denen der eine eine Wasserflasche besitzt, deren Inhalt nur einem von ihnen am Leben halten kann. Soll er das Wasser selbst trinken oder soll er es seinem Freund geben?

Altruismus und Anstand schreiben ihm vor, das Wasser seinem Freund zu geben. Oder sollen sie sich das Wasser teilen? Doch in diesem Fall würden sie beide sterben. Die Mehrheit der rabbinischen Gelehrten ist der Auffassung, daß der Besitzer der Flasche trinken soll – ist nicht sein Blut genauso rot wie das seines Kameraden? Auch Selbstmord ist eine Sünde. Doch eine nicht unbedeutende Minderheit (darunter der bekannte zeitgenössische jüdische Theologe Stephen Schwarzschild) brachte auch gültige Argumente dafür vor, daß man das Wasser dem anderen geben müsse. Die Juden von heute tun sich nicht mehr so leicht mit dem Bewußtsein, sich vom Nächsten abzuwenden, weiterzuleben mit einer schweren Schuld und der nie erlöschenden Erinnerung daran. Doch es gibt auch das Gebot zu leben! Primo Levi vernahm es, und sein Leben bezeugt den Schmerz und die gleichzeitige Notwendigkeit, nach der *Shoa* weiterzuleben, bis die Finsternis ihn schließlich einholte.

Primo Levi war Jude, durch sein Erbe ebensosehr wie durch die Gesetze des Feindes. Er nahm sein jüdisches Schicksal an und damit auch die Pflicht, ›Zeugnis zu geben ... weiterzuleben, um alles zu erzählen‹. Zu seiner Güte gesellte sich manchmal eine Art melancholischer Humor. Ein Reporter fragte ihn einmal, ob er bei seinen Besuchen in Polen nach dem Krieg irgendwelche Anzeichen für Antisemitismus festgestellt habe. Er entgegnete: »Nein, nicht mehr«, und mit einem ironischen Lächeln setzte er hinzu, »aus Mangel an Material«.[30] Der Verstand behielt bei ihm stets die Kontrolle über das Gefühl, und Levis größte Wirkung auf seine Zeitgenossen rührte denn auch aus dieser ruhigen, von Gewißheit getragenen Hochschätzung des menschlichen Geistes, der noch im Angesicht des absoluten Bösen weiter auf die Menschheit hoffen kann. In allen seinen Schriften fällt das völlige Fehlen von Haß auf, auch wenn man unter der Oberfläche die bro-

30. *Gabriel Motola*, Primo Levi: His Life and Death. In: European Judaism, Bd. XLI, 42.

delnden Emotionen spürt, die streng unter Kontrolle gehalten werden. Im Rahmen desselben Interviews wurde Levi auch gefragt, wie er sich diesen fehlenden Haß erkläre. Er antwortete:

»Ich bin tatsächlich oft gerühmt worden für meine fehlende Animosität gegen die Deutschen. Das ist keine philosophische Tugend. Ich bin gewohnt, meine zweite Reaktion vor der ersten zu haben. Bevor ich mich also in einen Wutanfall hineinsteigere, fange ich an, vernünftig nachzudenken. Und im allgemeinen behält die Vernunft die Oberhand.«[31]

Primo Levi war nicht nur ein Mann der Wissenschaft. Er war auch ein Mann der Tat, wie seine Mitarbeit im Widerstand zeigt. Eines seiner Werke, *Wann, wenn nicht jetzt?*, spiegelt eine rabbinische Lehrweisheit, die letztlich eine durchaus angemessene Beschreibung für Levis ganze, bemerkenswerte Persönlichkeit ist. Der Text des alten Rabbi Hillel, aus dem jener Titel stammt, lautet: »Bin ich nicht für mich, wer wird's je sein? Und denke ich an mich, was bin ich dann? Und wann, wenn nicht jetzt?«[32] Primo Levi wußte, was seine Aufgabe war: Zeuge zu sein, Mahner, ein Mensch, der der Finsternis nicht entfliehen konnte und wollte. Entscheidend ist nicht, daß Primo Levi gestorben ist, sondern daß er gelebt, gelehrt und seine Umwelt erinnert hat, bis er mit einigem Grund annehmen konnte, daß sein Werk weiterbestehen würde. Am Ende erreichte sein Schmerz, gerade weil er so still war, eine Leserschaft, die um ein Licht trauerte, das ausgelöscht worden war. In einem seiner späteren Gedichte können wir einen letzten Blick auf ihn erhaschen, wenngleich es wiederum nur eine der zahlreichen Facetten des Menschen Primo Levi beleuchtet. Das Gedicht trägt den Titel *Der Überlebende*:

> Dopo di allora, ad ora incerta
> Seit jener ungewissen Stunde
> kehrt die Qual zurück:
> Und bis mein grausiger Spruch gesagt ist,
> brennt dieses Herz in mir.

> Noch einmal sieht er der Gefährten Gesichter,
> Lebendig im ersten fahlen Licht,
> Grau vom Zementstaub,
> Verschwommen im Nebel,
> Gezeichnet vom Tod in ihrem schweren Schlaf.
> Bei Nacht, unter der drückenden Last
> Ihrer Träume, mahlen ihre Kiefer,
> kauen an einer nicht vorhandenen Rübe.

---

31. A.a.O., 43.
32. *Primo Levi*, Wann, wenn nicht jetzt? München 1986, 379.

>Bleibt weg, laßt mich, ihr Untergegangenen,
Geht weg. Ich habe keinen um seinen Besitz gebracht,
Habe keinem sein Brot weggenommen.
Keiner starb an meiner Statt. Keiner.
Geht in euren Nebel.
Es ist nicht meine Schuld, daß ich lebe und atme,
Esse, trinke, schlafe und mich ankleide.‹[33]

Doch Primo Levi hat überlebt, und er mußte das Zwiegespräch mit den Schatten, mit den Geistern seiner Gefährten, die in den Lagern gestorben waren, fortführen. Wir müssen Primo Levis Sprache sprechen, wenn wir Mahner sein wollen. Vielleicht sagen wir dann mit ihm zu jenen Schatten: »Geht in euren Nebel. Es ist nicht meine Schuld, daß ich lebe und atme ...« Doch können wir dasselbe zu Primo Levi sagen, der aus dem Nebel zu uns kam, um zu uns zu sprechen?

Man mußte nicht im innersten Kreis des Infernos gewesen sein, um als Zeuge auftreten zu können. Die italienische Unterstützung für das nationalsozialistische Vernichtungsprogramm war für die Deutschen nur von begrenztem Nutzen, wie wir gesehen haben, ja die Mühlen der Ungerechtigkeit kamen manchmal sogar ins Stocken. Antifaschisten und Widerstandskämpfer erhielten Gefängnisstrafen von sieben, acht oder gar fünfzehn Jahren, andere wurden *al confino* geschickt, in eine Art Hausarrest in Süditalien – eine Strategie, derer sich die Faschisten bedienten, um ihre politischen Gegner auszuschalten. Sie wirkte allerdings nur begrenzt; man denke etwa an Carlo Levi, der die Zeit des Exils in einem malariaverseuchten Städtchen dazu nutzte, sein Buch *Christus kam nur bis Eboli* zu schreiben. Wir besitzen eine Vielzahl literarischer Belege und Berichte über Akte der Menschlichkeit, die neben dem Bösen, das auch in Italien begangen wurde, stehen. Anders als Ost- und Westdeutschland hat nicht die ganze italienische Nation in jener Zeit Schuld auf sich geladen, auch wenn es viele gab, die passiv, als Zuschauer, oder auch aktiv, als Täter, schuldig wurden und bleiben.

Das Italien der Vergangenheit und der Gegenwart, diese elegante, kultivierte Welt, hat viele Denker und Lehrer hervorgebracht, deren Leben und Werk uns bis heute etwas zu sagen haben.

Die italienische Judenheit, das muß ganz deutlich gesagt werden, spielte in der jüdischen Geschichte eine Sonderrolle, die bestimmt ist von einer nahezu zweitausend Jahre währenden, eigenartigen Symbiose, die sich häufig unter schwierigsten Umständen entwickelte und bewährte. Manche Wissenschaftler behaupten, daß diese besondere Rolle sich aus einer Schwäche heraus ergab, aus dem Fehlen einer eigenständigen Identität: Die italienischen Juden gingen ihrer Ansicht zu sehr in ihrer Umgebung auf. Doch die italienische Judenheit pflegte durch-

---

33. Übertragung durch die Übersetzerinnen.

223

aus die Verbindung zu den übrigen jüdischen Gemeinschaften in Europa und wußte sich in den alten Traditionen von Palästina und Babylon verwurzelt. Die Aufgeschlossenheit, die gerade die italienischen Juden ihrem Gastland entgegenbrachten, trug andererseits nicht nur im jüdischen Beitrag zur Renaissance besondere Früchte, sondern manifestierte sich in allen Bereichen, in denen das italienisch-jüdische Leben sich mit dem seiner Gastgeber berührte. Hinzu kam noch ein besonderer Funke, die Bereitschaft zum Dialog, die Gabe, zuzuhören und auf die Außenwelt und ihre Kultur zu reagieren, die in dieser Ausprägung nirgends auf der Welt im jüdischen Leben zu finden ist.

Primo Levi schildert am Beispiel seiner eigenen Familie die Akklimatisierung und die Abgrenzung der Juden in Italien:

»Unsere Väter und vor allem unsere Mütter bedienten sich im Alltag mit größter Selbstverständlichkeit des Jüdisch-Piemontesischen. Es war die Sprache der Familie, des Zuhauses. Nichtsdestoweniger waren sie sich der inneren Befrachtetheit dieser Sprache bewußt, die sich aus dem Kontrast zwischen ihrer äußeren Hülle in Gestalt des bäuerlichen, lakonischen Piemonteser Dialektes und der hebräischen ›Auffüllung‹ aus der Sprache der Väter ergab – fern und doch täglich neu belebt durch das öffentliche und private Gebet, das Lesen der heiligen Bücher, glänzend poliert im Laufe der Jahrtausende wie das Bett eines Gletschers. Dieser Kontrast spiegelte einen anderen: den für das Judentum, das zerstreut inmitten der ›Völker‹, der *Gentes* (genaugenommen: Heiden), lebte, typischen Zwiespalt, das Zerrissensein zwischen göttlicher Berufung und alltäglicher Misere; und er spiegelte den schärferen Kontrast, der der menschlichen Befindlichkeit grundsätzlich anhaftet, da der Mensch zwiefältig ist, ein *Impasto* aus *Celestias afflatus* und Erdenstaub. Seit der Diaspora hat das jüdische Volk diesen Konflikt schmerzlich durchlebt und hat aus ihm seine Weisheit, aber auch jenen Humor bezogen, der der Bibel und den Propheten so völlig abgeht.«[34]

Hat der Holocaust zu einer Kluft zwischen den italienischen Juden und ihren Mitbürgern geführt? Wir haben gesehen, daß es selbst in den dunkelsten Zeiten sehr viel Großzügigkeit und Anstand im Umgang dieser beiden Gruppen miteinander gab. Heute leben nur noch 35 000 Juden in Italien, die meisten in Rom, Mailand und Turin; jüdischer Humor und jüdische Aufgeschlossenheit sind selten geworden. Erst in jüngster Zeit kam es zu Zusammenstößen zwischen jungen Juden und Neofaschisten; die nationalistischen Gruppierungen Italiens haben einen Stimmenzuwachs zu verzeichnen, der sicherlich auch im Zusammenhang mit dem Rechtsruck in anderen Ländern gesehen werden muß; Mussolinis Enkelin wurde als Repräsentantin der extremen Rechten ins Parlament gewählt; neuere Umfragen haben ein Hochschnellen des Antisemitismus gezeigt. In der Zeitung

34. *Primo Levi*, in: Gardens and Ghettos – the Art of Jewish Life in Italy. Ausstellungskatalog hrsgg. von V.B. Mann, New York 1989.

L'Espresso gaben 10,5 Prozent der Befragten an, daß die Juden Italien verlassen sollten, und 9,5 Prozent hielten den Holocaust für einen Mythos. Über ein Drittel waren der Ansicht, daß die 35 000 italienischen Juden eigentlich gar keine Italiener seien, und mehr als die Hälfte glaubte, daß die Juden ›ein besonderes Verhältnis zu Geld hätten‹.[35] Dagegen stehen die zahlreichen projüdischen Aussagen führender italienischer Politiker, die die projüdischen Äußerungen des ehemaligen deutschen Bundespräsidenten Richard von Weizsäcker aufnehmen. Bei Feststellungen wie diesen müssen wir uns grundsätzlich klarmachen, daß wir hier mit den Kriterien des Außenstehenden arbeiten und daß ein Urteil über Schuld oder Unschuld noch nichts über die Psyche einer Nation aussagt.

Heute machen sich viele Juden Sorgen über die neuen politischen Entwicklungen in Italien. Ich muß zugeben, daß Italien auch mir rätselhaft bleibt. Und doch bleibt es das Land der Sonne und der Liebe. Außenstehenden wird das komplexe politische Geschehen in Italien wohl immer undurchschaubar erscheinen. Im vergangenen Oktober hatte ich in London ein Gespräch mit dem neugewählten Senator von Sizilien, Franco Zeffirelli. Ich hatte als theologischer Berater an einem seiner Filme mitgewirkt, und wir sind Freunde geworden. Franco versuchte mir das Phänomen Berlusconi, des neuen Ministerpräsidenten, der mit Unterstützung der Parteien des extremen rechten Flügels an die Macht kam, zu erklären. Es gelang ihn, mir plausibel zu machen, daß die neue italienischen Führung vielleicht etwas weniger korrupt ist als die alte, und vor allem, daß die Gefahr einer neuen und vielleicht noch größeren Fremdenfeindlichkeit nicht so groß ist, wie viele Minderheiten befürchten. Zefirellis eigenes Engagement für neue Gesundheits-, Jugend- und Kulturprogramme, die er mir begeistert erläuterte, während er für mich *Pasta* und *Pollo* kochte, sind ein Teil dieses neuen Geistes in Italien. Aber auch bei den jüdisch-italienischen Denkern, die ich bewundern gelernt habe, ist mir etwas von der Großzügigkeit dieser Nation begegnet.

Wen wir aus der großen Zahl bedeutender italienischer Denker zu unseren ›Wegweisern‹ machen wollen, hängt sicherlich mit unserer ganz persönlichen Haltung zur Problematik des Holocaust ab. Ich für mein Teil führe in diesem Zusammenhang gern einen italienisch-jüdischen Wissenschaftler an, den viele von seiner Lehrtätigkeit im Ausland her eher Amerika und Großbritannien zuordnen würden, den man aber ebensosehr als ein ureigenes Produkt der italienischen Geschichte sehen muß, wie schon sein Name zeigt: Arnaldo Dante Momigliano.[36]

35. *International Herald Tribune*, 7./8. November 1992, 2.
36. Ich bin Momigliano nie persönlich begegnet, wurde aber durch seine Schülerin Joanna Weinberg in Momiglianos Lebens- und Gedankenwelt eingeführt. Die folgende Skizze über Momigliano verdankt sich ganz ihrer Arbeit. Joanna Weinberg hat Arnaldo Dante Momigliano den Studenten am Leo Baeck College nahegebracht und damit dazu beigetragen, daß sein Name aus dem progressiven Judentum nicht mehr wegzu-

Ein Kind, das in eine streng traditionalistisch ausgerichtete Familie hineingeboren ist und den Namen ›Dante‹ erhält, muß sich beinahe zwangsläufig seines zweifachen Erbes bewußt werden, eines Erbes, das die inneren und äußeren Aspekte seiner Umwelt in sich aufgesogen hat. Kurz vor seinem Tod verfaßte Arnaldo Dante Momigliano eine liebevolle Skizze seines streng orthodoxen Elternhauses. Der häusliche Alltag war beherrscht vom jüdischen Ritual. Die traditionalistische jüdische Familie, die etwas isoliert in Caraglio lebte, erregte die Aufmerksamkeit der Antisemiten. Ein Text aus dem Jahr 1938, der gegen die jüdischen Speisevorschriften gerichtet ist, bemerkt zur rituellen Schlachtung, daß ›diese grausame Praxis unter den italienischen Juden mittlerweile ungebräuchlich geworden war, die einzige Ausnahme sei ein gewisser »reicher italienischer Jude in Caraglio«‹.

Momigliano hatte Lehraufträge in Rom, Turin (wo er in derselben Atmosphäre lebte und arbeitete wie Primo Levi), Pisa, London und Chicago; seine dominante Persönlichkeit und sein Werk hinterließen ihre Spuren an all diesen Stätten des Lehrens und Lernens. Schon mit 25 Jahren hatte er sich einen Namen auf drei verschiedenen Gebieten der Geschichte der Antike gemacht. Sein Grundlagenwerk über die römische Geschichte lädt zum Vergleich mit dem Eugen Täublers ein, einem der großen jüdischen Wissenschaftler unserer Zeit. Auf unserem Weg in die Zukunft sind Historiker wie diese beiden für uns unverzichtbar, weil sie uns etwas über eine Vergangenheit vermitteln, die die meisten Situationen, in die wir heute geraten, bereits vorweggenommen hat. Momigliano war eine Autorität für die Zeit des Zweiten Tempels und der Makkabäer, also für Zeiten, die für die jüdische Gemeinschaft in Israel wie in der Diaspora von besonderer Bedeutung waren.

Auch Momigliano integrierte in seinem eigenen Leben das jüdische Element ins Abendländische, besonders in die italienische Sphäre. In drei großen Werken – einem Buch über die Makkabäer, einem Werk über den Kaiser Claudius und in seinen Schriften über Philip von Mazedonien und Judäa zwischen 63 v.u.Z. und 40 u.Z. –, die in den Jahren 1930-34 entstanden, beschrieb er Heidentum, Judentum und Christentum (oder, anders gesagt, die Herkunft des Christentums aus Griechenland, Israel und Rom). Im folgenden sei der letzte Abschnitt aus seinem Werk über die Makkabäer zitiert:

»Man kann mit Recht behaupten, daß die Geschichte der Makkabäer insofern, als sie die Geschichte des religiösen und moralischen Lebens ist, ihre Fortsetzung in der Historie ihrer Tradition fand ... und in unserem Versuch, uns kritisch mit der makkabäischen Tradi-

---

denken ist. Ich selbst, wie auch die anderen Lehrenden und Lernenden am Leo Baeck College stehen für diesen Dienst, den sie ihrem Lehrer geleistet hat, in Dr. Weinbergs Schuld. Zum weiterführenden Studium vgl. *Joanna Weinberg*, When Three Civilizations Meet: A Tribute to the Life and Work of Arnaldo Momigliano. London 1989.

tion auseinanderzusetzen und uns dabei der geistigen Kraft, die von ihr ausging, bewußt zu sein, führen wir diese Geschichte weiter.«[37]

Momigliano hat erkannt, daß die Juden sich in der ganzen Geschichte stets geweigert haben, sich an ihre Umwelt zu assimilieren, und er geht an dieser Stelle auf die Fragen ein, die das für ihn selbst in seiner eigenen Zeit aufwarf. Aus der faschistischen Ära flüchtete er sich ins 4. vorchristliche Jahrhundert und klammerte sich an das Freiheitsideal, wie es in der griechischen Gesellschaft von damals existierte. Wenn Momigliano Josephus studiert, dann taucht er ein in die Welt jüdischer Apologetik, in der die eigene Identität gegen die Diffamierung der Außenwelt verteidigt wird. Man muß sich auch mit wissenschaftlichen Mitteln gegen den Antisemitismus in jeder Form und gegen den Versuch, das Judentum in der Kultur des Gastlandes aufgehen zu lassen, zur Wehr setzen. Auch hier sind Schlachten zu schlagen, ganz besonders da, wo die Öffentlichkeit stark unter dem Einfluß linientreuer Wissenschaftler steht – man denke nur an die deutsche Wissenschaft unter dem Nationalsozialismus. Auch solches war in Italien sehr viel weniger zu beobachten. Die dortigen Gelehrten waren sich zwar häufig ihrer Abhängigkeit vom Adel und von den Päpsten bewußt, doch hielt sie immer wieder ein starkes Ehrgefühl von jenen echten Verbrechen an der Wissenschaft ab, wie sie andere europäische Gelehrte begingen, die etwa Texte fälschten, um sie gegen die Juden zu verwenden. Wissenschaftliche Integrität ist letztlich eine Sache des einzelnen. Das macht Momigliano deutlich, wenn er beispielsweise Josephus verteidigt, der von den meisten jüdischen Historikern als angepaßt kritisiert wird. Tatsächlich mußte Josephus in seiner Verteidigungsschrift der Juden seinen Stil und seine Darstellungsweise einer griechischen Leserschaft anpassen. Auch manche Schriften deutsch-jüdischer Apologetik unter dem Hitlerregime klingen für unsere Ohren allzu assimilatorisch, waren damals aber einfach Versuche, zu einer Öffentlichkeit durchzudringen, die bereits in einer ganz bestimmten Richtung beeinflußt war.

Momigliano irrt in bezug auf Josephus – weil Josephus die religiöse Dimension jüdischen Lebens in seiner Verteidigung übergeht. In seinem eigenen Werk dagegen gelangte Momigliano zu einem meisterhaften Verständnis der symbiotischen Beziehung zwischen Judentum und gräcoromanischer Kultur, die oft von der Außenwelt gar nicht erkannt wurde, und in der doch auf beiden Seiten ein Wechselspiel aus Anpassung und Abgrenzung stattfand, das beide verändert zurückließ.

Kulturen können lernen zusammenzuleben, so wie einzelne Menschen auch. Jede Vorwärtsbewegung unsererseits geschieht im Gleichschritt mit der Welt, in der wir leben. Die gedanklichen Paradigmata, denen unsere Suche gilt, gehen auf

---

37. A. *Momigliano*, Prime Linee di Storia della Tradizione Maccabaica. Rom 1930, 5.

eine Vielzahl verschiedener Quellen zurück, und der akademische Bereich ist sicherlich nicht die unwichtigste unter ihnen. Wenn es nicht Leute gäbe, die immer noch versuchen, aus einer Haltung intellektueller Redlichkeit heraus Texte zu schreiben, auf die die nächste Generation aufbauen kann, kämen wir auf unserer Suche rasch ins Straucheln. Ein Gelehrter von dem Format Arnaldo Momiglianos ist denn auch ein unverzichtbarer Gefährte in unserer kleinen Schar von ›Reitern in die Morgendämmerung‹. Wir finden bei Momigliano aber auch die Dimension eines religiösen Glaubens, der aus einem umfassenden Verständnis der hebräischen Texte von ihrem historischen Hintergrund her erwachsen ist – eine Religiosität, die ein wichtiger Faktor für unser eigenes Verstehen dieses Gelehrten ist. Für Momigliano reichte der Begriff *Emuna* in den rabbinischen Texten sehr viel weiter zurück als der Begriff des Glaubens, wie wir ihn im Christentum finden. Damit erschloß Momigliano dem jüdischen Leben eine Tiefendimension, die an eine frühere Zeit anknüpft und so das Identitätsgefühl der Juden stärkt – ein dringendes Erfordernis in einer Umwelt, in der die Religion sprachlos geworden ist und den Faden verloren zu haben scheint.

In keinem anderen europäischen Land liegt so wie in Italien noch heute der goldene Abglanz der Antike auf den Hügeln und Tälern und über dem Leben seiner Bewohner. ›Kultur‹ ist etwas, das der ständigen Neudefinition bedarf und nicht auf ein einziges Gebiet menschlichen Lebens oder eine einzige Epoche beschränkt werden kann. Die historischen Ereignisse, die mit der italienischen Landschaft, Kunst und Literatur verbunden sind, die theologischen Entwürfe, die die Grundlage modernen Denkens bilden, und selbst die Schrecken der jüngsten Vergangenheit – sie alle müssen mitgedacht werden, wenn wir an Europa denken, und müssen eingehen in die europäische Zukunft. Viele jüdische Autoren haben über ›Rom und Jerusalem‹ geschrieben. Rom war die Stadt des weltlichen Gesetzes, das die Alte Welt unter der *Pax Romana* einte. Jerusalem stand unter einem anderen Gesetz: unter der Offenbarung am Sinai. Und doch neigten die beiden Völker einander zu. Als die Makkabäer sich im Kampf gegen Syrien die Freiheit erstritten hatten, schlossen sie mit Freuden einen Nichtangriffspakt mit Rom. In dunkleren Zeiten, als das Christentum sich zu etablieren begann, kam es zu ersten Spannungen. Aber immer noch fühlten sich gleich und gleich voneinander angezogen. Die Geschichte des Holocaust läßt traurige Erinnerungen wieder wachwerden, daneben aber steht die aufrichtige Hochschätzung für das, was die Judenheit Italien zu verdanken hat. Dennoch wird die stumme Tragödie weitergehen. Zu den differenziertesten Aufarbeitungen der Erinnerung an das gemeinsam Erlebte gehört sicherlich das Buch und der Film: ›Im Garten der Finzi-Contini.‹ Am tragischen Ende des Films wird eine Stimme vernehmbar: Der Kantor intoniert die Gebete; das letzte Gebet – *El mole rachamim!* Manchmal ist unsere Geschichte zu einem saumlosen Muster verwoben, das alle Länder Europas umfaßt: Jener Kantor im Film ist Estrongo

Nachama, der Kantor von Ost- und Westberlin, ein sephardischer Jude. Er hat eine schöne Stimme, und auch das Lied, das er anstimmte, klingt schön. Diese traurige Schönheit liegt auch über Italien, jenem Land, das sich einmal wieder aus der Trauer zur Freude emporschwingen wird.

6. Israel
Wo Freude und Schmerz beieinanderliegen

Es ist schwer, ein Verhältnis zu Israel zu finden, wenn man nicht dort lebt. Anders, wenn man sich im Land niedergelassen hat – was dafür spricht, daß das Sein offenbar tatsächlich dem Wesen vorangeht. Viele Juden sehen in Israel noch immer das Paradigma jüdischen Lebens schlechthin. Es verkörpert den uralten Traum, der seit Jahrhunderten unsere Gebete erfüllt; und in neuerer Zeit erschien es uns als Zufluchtsort jenseits eines Europa, das der Holocaust verwüstet hat. Es hat immer Juden im Heiligen Land gegeben, auch wenn ihre Anwesenheit zuzeiten nur auf die Behauptung des verbrieften Rechtes der Juden auf ihr Land hinauslief. Sie kamen her, um hier zu beten und zu sterben, und nahmen jede Restriktion in Kauf, solange sie nur auf die heiligen Mauern von Jerusalem blicken konnten. Häufig begegnen wir dem Mißverständnis, daß die Juden erst nach dem Holocaust nach Israel gekommen seien – womit die gesamte Geschichte der zionistischen Bewegung ignoriert wird. Und auch die Gleichsetzung von Zionismus und Rassismus, die zeitweilig sogar Eingang in die Resolutionen der UNO fand, ist offenbar immer noch nicht ganz aus den Köpfen verschwunden.

Außenstehende betrachten Israel meist nur aus der politischen Perspektive, und das macht es ihnen so schwer, zu einem echten Verständnis für das Land selbst zu finden. Einst staunte die Welt über das soziale Experiment der Kibbuzim, oder man sah mit den Augen des orthodoxen Christentums in der Rückkehr der Juden ins Heilige Land eine erste wichtige Vorbedingung für das Kommen des Messias. Mittlerweile jedoch nimmt die nicht-jüdische (und auch die jüdische) Welt fast nur noch an den Fehlern der israelischen Politiker in der Lösung der Palästinenserfrage Anstoß.

Die Träume und Hoffnungen der Anfangszeit waren allzu hochfliegend. Israel war nicht jener goldene Hort, in dem eine wahrhaft ethische Gesellschaft entstehen konnte, deren Glieder, die einst selbst verfolgt wurden, nun niemals andere verfolgten. Statt dessen prägten und prägen das Trauma des Holocaust, Ausländerfeindlichkeit und paranoides Denken die Handlungsweise der israelischen Politiker. ›Nur weil wir paranoid sind, heißt das noch lange nicht, daß sie nicht wirklich hinter uns her sind‹ – das ist ein bitterer Witz, der mittlerweile zur nicht weniger bitteren Realität wurde. Nach wie vor ist Israel ein wichtiges Flüchtlingsland für Juden aus Rußland, Äthiopien und den arabischen Ländern. Die übrige Welt sieht darin jedoch vor allem eine Verletzung der Rechte der Palästinenser. Israel erhält enorme Unterstützung finanzieller und anderer Art von den Diaspora-Juden – politisch gesehen eine weitere Provokation für seine Nachbarstaaten. Zwar ist ein Großteil der Wirtschaftshilfe, die vor allem aus den USA ins Land fließt, tatsächlich politisch motiviert, d. h., mit bestimmten Bedingungen in Hinblick auf die Lösung des ›Nahostproblems‹ verknüpft. Doch überall auf der Welt ist man auf jüdischer Seite auch betroffen über die Armut Israels, eines Staates, der gezwungenermaßen den größten Teil seiner Einkünfte für den Verteidigungsetat ausgibt. Israel hat zudem mit massiven sozialen Problemen zu kämpfen, vor allem durch die Einwanderer, seien sie nun aus dem Jemen oder aus Rußland gekommen, seien es Überlebende des Holocaust oder Juden, die nach Israel kamen, um im Heiligen Land zu sterben. Auch in diesem Punkt sieht sich die Judenheit außerhalb Israels zum Handeln aufgerufen.

Die Realität des Leidens der Palästinenser läßt sich auf Dauer nicht ignorieren und verlangt, daß Israel seine Ziele etwas niedriger steckt, verlangt vor allem, daß die populistischen Führer und fanatischen Rabbiner der extremen Rechten zurückgepfiffen werden. Israel hat denn auch schon versöhnliche Gesten gezeigt. Die demokratische Struktur des Staates wirkt hier häufig als Korrektiv für die falschen Entscheidungen von Politikern und Generälen. Umgekehrt muß sich aber auch die arabische Völkergemeinschaft klar darüber werden, wieviel echter Friedenswille und Menschlichkeit im jüdischen Staat schlummern: Ohne das gäbe es in der Tat keine Hoffnung.

Was aber denkt Israel über die übrige Welt? Die endemischen Ängste, die der Antisemitismus über die Jahrhunderte genährt und die der Holocaust in unserem Jahrhundert in entsetzlichster Weise bestätigt hat, bilden noch immer den Grundtenor der israelischen Einstellung gegenüber seinen nahen und ferneren Nachbarn. Die ›Festungsmentalität‹ und das bei vielen Anlässen wiederholte ›Nie wieder!‹ stempeln den anderen häufig in stereotyper Weise zum Feind. Diese tiefsitzende Furcht kommt in allen Dimensionen des Lebens immer wieder zum Durchbruch, auch Literatur und Kunst sind davon nicht ausgenommen. So wollte Daniel Barenboim im Dezember 1991 mit dem israelischen Symphonieorchester ein Wagner-Konzert geben, die Reaktion der Öffentlichkeit war jedoch so negativ, daß die Veranstaltung abgesagt wurde. Viele Deutsche, vor allem christliche Geistliche, kommen als Boten der Versöhnung nach Israel – wahrlich eine schwere Aufgabe. Am deutlichsten kam die israelische Haltung wohl 1987, anläßlich des ersten Besuchs eines israelischen Staatsoberhaupts in Deutschland, zum Ausdruck, als Präsident Chaim Herzog an der Gedenkstätte des ehemaligen Konzentrationslagers Bergen-Belsen sagte:

»Mein Schmerz verläßt mich nie. Ich habe weder Vergebung noch Vergessen im Gepäck. Die einzigen, die vergeben können, sind die Toten. Die Lebenden haben kein Recht zu vergeben. Deshalb will ich nicht aufhören, die Erinnerung wachzuhalten ...«

Vor allem die jungen Menschen in Israel möchten meist gar nicht so genau über den Holocaust Bescheid wissen. Doch das Wissen darum steckt ihnen im Blut, aufgenommen gleichsam durch Osmose – durch die sozialen und politischen Strukturen, durch Yad Vashem, das Institut zum Gedenken an den Holocaust in Jerusalem, durch Kibbuzim mit Namen wie › Yad Mordecai ‹ oder › Lochamei ha-Gettaot ‹, von Überlebenden gegründet und mit der Aufgabe der Erinnerung betraut. Dazu kommen Sprache und Literatur und die in- und außerhalb von Israel fortgeführte Diskussion, die die Schaffung des Staates Israel mit dem Holocaust in Verbindung bringt – auch wenn dieser Versuch, einen › Silberstreif ‹ an den Horizont schwärzester Vernichtung zu malen, schon fast einer Obszönität gleichkommt. Oft beruht diese Vorstellung auf einem streng traditionalistischen Denken, das sich nicht damit abfinden kann, daß der allmächtige Gott den Holocaust zuließ. Das alles muß einen Grund gehabt haben, den die Menschen herausfinden können – und der einzige Grund, den sie sehen können, ist nun einmal die Entstehung des Staates Israel. Trotzdem ist die Erklärung, die Existenz Israels sei auf dem Opfer von sechs Millionen Toten aufgebaut, ein Verrat an all jenen Toten. In dieselbe Linie gehört auch der Versuch in Israel, die Vergangenheit und die *Galut*, die Diaspora, zu ignorieren. *Schelilat ha-Galut* – › die Absage an die Welt des Exils ‹ – ist eine Absage an das jüdische Leben, weil sie die Menschen von ihren Wurzeln abschneidet, von dem vielfältigen jüdischen Leben in der Diaspora, das ein notwendiger Stützpfeiler für die Stabilität und Zukunft jüdischer Identität im Land Israel war und ist.

Vor diesem Hintergrund ist es höchst aufschlußreich, israelisch-jüdische Autoren zu hören, um zu erfahren, wie sie den Holocaust verarbeitet und die Vergangenheit in einer Weise bewältigt haben, auf die sie ihr heutiges Leben aufbauen können. Die Philosophen, Dichter, Theologen – vielleicht sogar die Politiker – können uns sagen, wie Israel mit der Erinnerung an den Holocaust umgeht und wie die Menschen dort gelernt haben, sich von seinen Schrecken freizumachen und weiterzuleben.

Der Philosoph Emil Fackenheim stammt aus Deutschland. Zur Zeit des Holocaust wurde er an der Berliner Hochschule zum progressiven Rabbiner ordiniert. Fackenheim lehrte später hauptsächlich auf dem nordamerikanischen Kontinent – in Kanada und den Vereinigten Staaten –, aber auch in Europa. Mittlerweile hat er sich in Israel niedergelassen (*Alija*) und Israel in einer Weise zum Mittelpunkt seines Denkens gemacht, die fast an eine Obsession grenzt. Der Lehrer der 614. Mizwa, › Es ist den Juden aufgetragen, den Holocaust zu überleben – das ist die Offenbarung von Auschwitz ‹, bringt Israel und die *Shoa* miteinander in Verbindung:

»Im Midrasch heißt es, daß das Volk, als die Ägypter ihm nachsetzten und das Rote Meer sich teilte, zögerte, bis Nachschon, der Sohn des Amminadab, sich in die Wellen warf. Es ist kein Zufall, daß die Israelis ihre Söhne so häufig ›Nachschon‹ nennen; sie haben die harte Wahrheit gelernt, daß es keine Wunder gibt ohne menschliches Handeln. Ja, das jüdische Volk selbst wurde zu einem modernen Nachschon, als es auf den nationalsozialistischen Holocaust nicht mit Verzweiflung oder Flucht reagierte, sondern mit der Gründung eines jüdischen Staates – der moderne Nachschon hatte keine Zeit, auf Wunder zu warten. Er hatte nur zwei Möglichkeiten: zu sterben oder in die Wellen zu springen, ohne zu wissen, ob das Meer sich teilen würde oder ob er, im anderen Fall, die Kraft haben würde, das aufgepeitschte Wasser schwimmend zu durchqueren, wenn nötig, ganz auf sich allein gestellt.«[38]

Der Mythos Israel, der zu einem festen Bestandteil der säkularen Religion des Landes geworden ist, mag Fackenheims Urteil beeinflußt haben. Doch er lebt in Israel, ich nicht. Die meisten Bücher, die er in den vergangenen Jahren geschrieben hat, haben mindestens zwei Generationen von Juden in der Diaspora Hilfestellung gegeben für ein schöpferisches Leben in einer Welt, die beschädigt ist durch das Böse des Holocaust, das in der vergifteten Atmosphäre Europas und der anderen Kontinente immer noch spürbar ist. Eines der immer wiederkehrenden Themen in Fackenheims Werken ist der Begriff des *Tikkun ha-Olam*, der Wiederherstellung der Welt, in der Partnerschaft mit Gott: *To Mend the World* lautet denn auch folgerichtig der Titel eines seiner Bücher. Emil Fackenheim hat seine Lehrzeit im Konzentrationslager Sachsenhausen durchlaufen. Sein Leben wie sein Werk sind ein Zeugnis. Er kam erst in jüngster Zeit nach Israel, als die ohnehin immer bedrohte Lage des Landes sich gefährlich zuspitzte. Nach seiner Emeritierung als Professor der Philosophie begann er an der Hebräischen Universität von Jerusalem zu lehren, wo er neue Schüler fand. Seine Verherrlichung Israels nimmt Dimensionen an, in die ich ihm nicht folgen kann, doch ich muß ihn respektieren. Ich denke dabei an Jehuda Halewi und seine zionistische Leidenschaft, die ihn aus einem goldenen Zeitalter schöpferischer jüdischer Existenz in Spanien in das Land Israel führte, wo er die Vorstellung von der Einzigartigkeit der Juden als Volk von Propheten entwickelte. *Erez Jisrael* kann sich glücklich schätzen, einen Mann wie Emil Fackenheim als Fürsprecher gewonnen zu haben.

Israel hat große Wissenschaftler vorzuweisen, die im Land selbst geboren wurden und aufgewachsen sind. Doch da die Nation noch relativ jung ist, sind viele hervorragende Vertreter ihrer akademischen Welt aus Europa hierhergekommen und haben die Tradition der Dispora in die neue Heimat mitgebracht – Emil Fackenheim ist einer von ihnen. Daneben sind aber auch viele große Schriftsteller zu nennen. Ich denke hier an jene Lehrer und Dichter-Propheten, von denen ich selbst

---

38. In: *Y. Bauer* (Hg.), Holocaust and Genocide Studies. Oxford 1986, Bd. I, Nr. 1, 117.

so viel gelernt habe und die als Gefährten der Dichter, denen wir im folgenden Kapitel begegnen werden, gelten können. Paul Celan, Nelly Sachs und Erich Fried sprachen dieselbe Sprache wie Aharon Appelfeld, Dan Pagis und Jehuda Amichai. Amichai wurde in Würzburg geboren und war dreizehn Jahre alt, als seine Familie nach Israel kam. Die deutsche Sprache und die europäische Kultur sind immer noch in seinen Texten spürbar. Dan Pagis stammt wie Paul Celan aus der Bukowina. Er verbrachte mehrere Jahre in einem Konzentrationslager. Auch Aharon Appelfeld gehörte zu der großen Gruppe jüdischer Denker und Schriftsteller aus der Bukowina; er war einer der ›weisen Männer‹ dieses osteuropäischen Zentrums jüdischer Kreativität. Sie alle führen im Grunde die Tradition der europäischen Dichter fort und repräsentieren ein europäisches Denken, das durch die Erfahrung mit Israel zu neuer Klarheit gefunden und sich gewandelt hat.

Paul Celan und Aharon Appelfeld waren in Czernowitz Nachbarn, doch sie lernten sich erst im Übergangslager besser kennen. Celan blieb Gefangener, Appelfeld konnte fliehen ... in den Wald.

Noch ein Kind, lernte er, daß Menschen Tod und Gefahr bedeuten, und er lernte, sie zu meiden. Der junge Aharon schloß sich jenen an, die sich jenseits der Grenzen der Legalität bewegen: Pferdediebe, Prostituierte, Bauern, die von ihrem Land vertrieben worden waren und nun heimatlos um ihr einstiges Eigentum herumstrichen. Schließlich war der Krieg zu Ende, doch Appelfelds Wanderung ging weiter: Sie führte ihn nach Jugoslawien und 1946 dann nach Israel. Auch dort blieb er bis zu einem gewissen Grad ein Außenseiter, ganz besonders, als es darum ging, zu einer Bewertung der *Shoa*, des Holocaust, zu kommen. Appelfeld pflegte nicht viel darüber zu reden; es war typisch für seine Generation, für die Neuankömmlinge, sich ruhig zu halten und sich fast ein bißchen zu schämen. Israel hatte damals andere Vorbilder, heroische Vorbilder, die *Palmach*, die *Hagana*, heldenhafte Männer, die in den Himmel gehoben wurden, während man die europäische Judenheit wegen ihrer angeblichen Feigheit mit abschätzigem Blick betrachtete: ›Wie Schafe gingen sie zur Schlachtbank.‹ Doch Appelfelds Generation blieb nicht bei ihrer Beschämung. Er beschreibt, wie die zwei Millionen Europäer, die nach Israel kamen, dort Fuß faßten, für Israel kämpften und schließlich die neuen Helden des Landes wurden. Dessenungeachtet spricht Appelfeld immer von Opfern, nicht von Helden. Die Nachgeborenen wünschen sich manchmal, daß die Opfer alle in irgendeiner Weise ›gute‹ Menschen waren – ihre überlebenden Angehörigen und die Welt verlangen das. In Appelfelds Büchern aber sind sie keineswegs immer die ›Guten‹, und gerade das gibt seinem Werk eine besondere Kraft und Wahrhaftigkeit und macht es zu einem wirklichen Requiem.

Appelfeld hatte auch Gelegenheit, zwei Jahre in der Gegenwelt, in Harvard, zu verbringen – eine verwirrende und nachdenklich stimmende Erfahrung: »Die meisten von ihnen waren Juden - und gebärdeten sich so völlig unjüdisch!«

Der Wald, Harvard, die Wüste – Stationen eines Lebens. Heute lehrt Aharon Appelfeld in Israel jüdische Literatur, von Heine bis Kafka, aber auch die modernen Amerikaner: Roth, Malamud, Singer, Elie Wiesel.

Unbestreitbar einer der größten israelischen Schriftsteller und Dichter, verarbeitet er in seinen Werken die Erfahrung aus Europa, aus den Lagern und aus der Zeit seiner Flucht, die Konfrontation mit Gut und Böse; von daher deutet er auch seine Aufgabe im Leben, als Lehrer und als Freund.

Das Leben ist Gegenwart, das geschriebene Wort nicht unbedingt. Wenn wir Appelfelds Romane lesen, werden wir zurückversetzt in eine Welt, die ganz eindeutig die Welt des Holocaust ist. Doch Appelfelds Sprache verhüllt diese Welt eher, als sie zu offenbaren. Letztlich ist Appelfeld in Israel mehr und gleichzeitig auch sehr viel weniger zu Hause, als er es in Europa war. Er bleibt ein Fremder; er bäumt sich auf gegen die Welt, die er schafft in dem verzweifelten Bemühen, ihr zu entrinnen. In dem Roman *Badenheim 1939* erleben wir eine Abfolge von Ereignissen, die uns vertraut erscheinen und uns doch zugleich den unheimlichen Schrecken eines Ortes vermitteln, an dem oberflächlich betrachtet nichts geschieht, wo man unter der Oberfläche aber schon ahnt, was geschehen wird – das Goldfischglas mit dem gefangenen Fisch darin wird zum zentralen Symbol des Textes, der letztlich ein Spiegelbild jüdischen Lebens ist.

Der Plot der Geschichte ist recht einfach. Mehrere jüdische Familien sind an ihren üblichen Urlaubsort gefahren und versuchen so zu tun, als sei alles ganz normal. Vor Jahren bin ich selbst durch solch einen Kurort am Rande des Schwarzwalds gefahren. Alles wirkte sehr gepflegt. Die Tulpen standen in Reih und Glied, die Enten im Teich schwammen in Formation, und wir wurden von der Polizei angehalten, weil wir zwischen 12 und 15 Uhr, der Ruhezeit für die Gäste, Auto fuhren. Früher war das Städtchen einmal fast so etwas wie ein jüdisches Feriendomizil gewesen, und einer der Kellner im Kursaal zeigte mir die ehemaligen ›jüdischen‹, ›kosheren‹ Hotels. »Jetzt gibt es hier keine Juden mehr«, sagte er. Am Ende von *Badenheim* wird der einzige Jude, der Widerstand leistet, von zwei Polizisten zum Bahnhof gebracht – was die übrigen ohne Widerspruch hinnehmen. Die Dinge um sie herum verändern sich, die Gefahr ist in ihr Leben eingedrungen, die Luft selbst scheint anders zu sein – doch all das wird ignoriert oder unter den Tisch gekehrt. Der Leser möchte sie am liebsten aus ihrer Blindheit herausreißen, möchte in die Handlung eingreifen und die dem Untergang Geweihten wachrütteln – doch sie leben in einer Welt und sprechen eine Sprache, zu der wir keinen Zugang haben. Es gibt keine Möglichkeit, sie zu schützen oder zu informieren, weil sie in feststehenden Verhaltensmustern gefangen sind. Sie wenden sich auch einander nicht als Juden zu, um sich so gegenseitig Kraft zu geben: Sie wissen bereits, daß ihr Jüdisch-Sein ihr Unglück ist. Pappenheim, so etwas wie der Anführer der Gruppe, kann nur hilflos vermuten, daß der schmutzige Zug, der auf sie wartet, ein gutes Zeichen ist – es muß bedeuten, daß die Fahrt nicht sehr lange dauern wird! Appelfelds Roman ist deshalb so besonders erschreckend und verwirrend, weil er uns zwingt, das ganze Entsetzen zu empfinden, das im Text lediglich angedeutet wird als ein dunkles Rätsel, auf das nur wir, die Leser, die Antwort wissen.

Neben diesem Thema taucht im Werk Appelfelds auch das des Überlebenden auf, der isoliert und allein in der Welt nach dem Holocaust lebt – *The immortal Bartfuss*. Bartfuss verkörpert den Überlebenden, der das, was er erlebt hat, in sich verschließt. Selbst wenn er spricht, bleibt er ein stummer Zeuge.

Ein Schriftsteller lebt immer im Exil, jenem Niemandsland zwischen Außen- und Innenwelt, und er trägt einen Paß bei sich, den diejenigen, die diese andere Welt für ›imaginär‹ und unerreichbar halten, nicht lesen können. Der Schriftsteller, der auch faktisch im Exil ist und sich in einer neuen Sprache versucht, in die sich der Schrecken und die Schönheit der Vergangenheit unauslöschlich eingegraben haben, ist immer entfremdet. Die Dichter und Romanschriftsteller sind Kolporteure einer ›Bibel‹ ganz besonderer Art. Sie macht nur selten ihre Autorität über einen Leser geltend, der nur ungern die Sicherheiten seiner eigenen Sprache und die Begrenztheiten, denen die Vorstellungskraft in der ›realen Welt‹ ausgesetzt ist, aufgibt. Die Schriftsteller, mit denen wir es hier zu tun haben, haben den Schritt von einer Sprache in eine andere, von einem Land in ein anderes vollzogen. Sie sind damit beschäftigt, eine neue, lebensfähige Kultur in Israel zu schaffen, während doch zugleich die Bilder der Vergangenheit, voll Schuld und Angst, sie nicht loslassen. Dennoch ist es ihnen gelungen, die Aufgabe, die sie sich gestellt haben – oder die ihre Gesellschaft ihnen auferlegt hat –, zu erfüllen, und sie können das Ergebnis getrost über die Grenzen Israels hinaus, ja selbst in die Zukunft entlassen.

Dan Pagis ist ein anderer dieser Autoren. In einer fesselnden Geschichte erhält der Verfasser die Erlaubnis, die elysischen Gefilde zu besuchen. Der Clubsekretär führt ihn herum, und er sieht Byron, Tennyson und andere Berühmtheiten beim Spiel. Plötzlich kommt ihm ein Gedanke: »Wie sind Sie eigentlich Clubsekretär geworden?« fragt er seinen Führer. »Welcher berühmte Dichter sind denn Sie?« »Niemand wichtiger«, ist die Antwort. »Ich habe nur eine einzige bemerkenswerte Zeile geschrieben, und sie hat mir die Stelle verschafft.« Die Zeile lautete: ›Eine rosenfarbne Stadt, halb so alt wie die Zeit.‹[39] Es ist ein tröstlicher Gedanke für aufstrebende junge Schriftsteller, daß ein einziger Augenblick der Vollkommenheit schon die Erfüllung bringen kann.

Aber das ist ein unfaire Einführung für den Dichter Dan Pagis. Es gibt ein kurzes Gedicht von ihm, immer wieder abgedruckt, in dem er mehr über den Holocaust aussagt als irgendein anderer Schriftsteller:

---

39. Aus: The Newdigate Prize Poem, ›Petra‹, von John Burgon.

Hier in diesem Transport
bin ich Eva
mit Abel meinem Sohn
seht ihr meinen großen Sohn
Kain, Adams Sohn,
sagt ihm,
daß ich
›mit Bleistift
im versiegelten Waggon geschrieben‹ [40]

Ein unendliches Schweigen dehnt sich um diesen Satz, und die Qual der ganzen Welt hallt in ihm nach. Der Untergang der Menschheitsfamilie, das Eindringen des Verbrechens in die Welt, die Mutter, die immer noch die Hände nach diesem Sohn ausstreckt – gerade die Reduziertheit des Gedichts bringt all dies und noch viel mehr zum Ausdruck. Die Bilder des Holocaust sind gegenwärtig im Eisenbahnwaggon und im plötzlichen Tod, doch es gibt keinen geschichtlichen oder zeitlichen Rahmen, keine überkommene dichterische Form. Dieses einzige Gedicht schon hätte Dan Pagis unsterblich gemacht.

Pagis wurde 1930 in Radautz in der Bukowina geboren. Als Halbwüchsiger geriet er in die Maschinerie des Nationalsozialismus und verbrachte mehrere Jahre in einem Konzentrationslager. Er überlebte und ging nach Israel, wo er ganz ähnliche Erfahrungen durchmachte wie Aharon Appelfeld: Er mußte Hebräisch lernen, mußte lernen, sich in einer anderen Welt zurechtzufinden, mußte lernen, mit seiner Vergangenheit zu leben. Pagis wurde Erzieher und Gelehrter. Sein Weg führte ihn vom Lehramt an einer Primarschule im Kibbuz *Gat* zur Hebräischen Universität von Jerusalem, wo er bis zu seinem Tode lehrte. Es berührt ganz besonders, an all die Männer und Frauen aus der Bukowina zu denken, die Meister und Meisterinnen jener Sprache waren, die sich schließlich gegen sie wandte, die Epitaphe für eine niedergegangene Kultur schrieben, die dem Bösen verfiel – und die dann allen Widerständen zum Trotz zur Meisterschaft des Hebräischen gelangten wie Aharon Appelfeld, Dan Pagis und Jehuda Amichai.

Pagis bemächtigte sich der hebräischen Sprache auf einem ganz besonderen Weg: er wurde Literaturwissenschaftler, Spezialist für mittelalterliches Hebräisch.

Die reduzierte Sprache seiner Gedichte ist imstande, die Erfahrung des Holocaust und die geschichtliche Erfahrung des jüdischen Volkes unmittelbar zum Ausdruck zu bringen, auch da, wo es um das persönliche Erinnern geht, wie etwa in seinem Gedicht ›Autobiographie‹, das Texte der Genesis über den Anfang der Menschheit aufgreift und neu verarbeitet:

---

40. *Dan Pagis*, Erdichteter Mensch. Aus dem Hebräischen übertragen von Tuvia Rübner. Frankfurt/Main 1993, 79.

Ich starb auf den ersten Hieb
und wurde im felsigen Feld verscharrt.
Der Rabe riet meinen Eltern,
was mit mir zu tun sei.

Meine Familie ist angesehen, nicht zuletzt dank mir.
Mein Bruder erfand den Totschlag,
meine Eltern das Weinen,
ich das Schweigen.

...

Als Kain begann, die Erde zu bevölkern,
bevölkerte ich ihren Schoß
und bin schon seit langem stärker als er.
Seine Heerscharen verlassen ihn, gesellen sich zu mir,
aber selbst das ist keine richtige Rache.[41]

Es ist kein Zufall, daß Kajin und Abel in so vielen jüdischen Texten eine zentrale
Rolle spielen, sehen sich die Juden doch selbst von ihren Brüdern verfolgt; Erich
Fried und Dan Pagis begegnen sich hier in ihrem Werk. Bei Fried haben Kajin
und Abel ihre Rollen getauscht. Pagis sieht im Paradigma des ermordeten Bru-
ders, der nicht einmal im Tod seine menschliche Einzigartigkeit bewahren kann,
ein Bild für die Selbstvernichtung des Menschen. Die Heerscharen, die zu ihm
kommen, sind nicht allein die Ermordeten der Lager, sondern alle, die gestorben
sind, seit die Welt existiert.

In Ordnung, meine Herren, die blauen Mord schreien wie immer,
mäkelige Wundertäter,
ich bitte um Ruhe!
Alles wird wieder an seinen Platz gebracht werden,
Paragraph um Paragraph.
Der Schrei zurück in die Kehle.
Die Goldzähne zurück ins Zahnfleisch.
Das Entsetzen.
Der Rauch zurück in die Kamine und weiter und hinein
zurück ins Mark der Knochen,
und schon werdet ihr wieder überzogen sein mit Haut und Sehnen und
ihr werdet leben,
schaut, ihr werdet eure Leben zurückhaben,

41. A.a.O., 7.

im Wohnzimmer sitzen, die Abendzeitung lesen.
Na bitte. Es ist nie zu spät.
Und was den gelben Stern angeht:
Er wird von eurer Brust gerissen werden
sofort
und wird auswandern
an den Himmel.

›Auszug aus einem Wiedergutmachungsabkommen‹[42]

Dieser Text kann neben Ezechiels Vision vom Tal der Gebeine gestellt werden, nur daß Pagis sich von dem visionären Propheten, der seinem Volk Zukunft verheißt, weit entfernt hat. Für das israelische Denken war das Wort ›Wiedergutmachung‹ immer ein schmutziges Wort, besonders, weil man sich wohl bewußt war, daß der Zustrom von deutschem Geld unverzichtbar für den Aufbau und die Verteidigung der neuen Heimat war. Doch nichts war deswegen vergessen oder vergeben. Pagis ringt hier mit der Sprache, ähnlich wie Aharon Appelfeld. ›Wiedergutmachung‹ ist im Grunde ein sinnloses Wort, wie der Text zeigt und wie vor allem in der Wendung ›Paragraph um Paragraph‹ deutlich wird: Allenfalls auf dem Papier können Dinge wiedergutgemacht werden; nur im Kino kann die Filmspule zurückgespult werden, die bereits bis zum Ende der Geschichte abgelaufen ist, wo die Konzentrationslager in aller Eile mit dem Mantel des Schweigens bedeckt werden. Dabei werden die Zuschauer etwas ebenso Schreckliches sehen wie das, was sie beim erstenmal auf der Leinwand mitverfolgten: Da wird Rauch zurückgezwungen in die Schornsteine, hinein in die Leiber ... Goldzähne zurück ins Zahnfleisch, Haut überzieht die Knochen. Die Wiedergeburt ist genauso entsetzlich wie der Tod; deshalb legt auch, nach der Lehre der Rabbinen, ein Engel den Finger auf den Mund eines neugeborenen Kindes (auf die kleine Einbuchtung über der Oberlippe), damit es keine Erinnerung mehr an vergangene gelebte Leben hat. Der Holocaust sitzt unserem Volk in den Knochen, und niemand kann ihn einfach in einem Geschichtsbuch begraben.

Vielleicht erwarten wir anderes und mehr in einem Gedichtband, immerhin verlangen wir ja viel – oft zu viel – von denen, die dem Wirbelsturm entronnen und nun dazu verdammt sind, das Geschehene zu bezeugen. In gewisser Weise ist Pagis ganz und gar ein Dichter des Landes Israel, der die Sprache neu entdeckt und formt, der sich vorgräbt bis zu ihren Wurzeln und mit ihren Unzulänglichkeiten ringt. Sein Kampf gegen das Chaos ist Teil einer Vision, aus der sich die erlebte Vergangenheit durch keinen Exorzismus vertreiben läßt und wo nichts

---

42. Übertragen durch die Übersetzerinnen.

diese Erinnerung aus seinen Gedanken oder seiner Welt verbannen kann: Er sieht vor sich das Ende der Schöpfung und hinter sich eine Welt, die bereits ihr Ende gefunden hat. Er rang nicht nur mit der Erinnerung an die Konzentrationslager, denen er entronnen war, sondern auch mit der Schuld, *daß* er entronnen war! Wir haben gesehen, daß dieses Bewußtsein ein integrierender Bestandteil des Lebens im Staat Israel ist, das auf den Erinnerungen an den Holocaust aufbaut, ja sich dieser absoluten Finsternis geradezu verdankt. Die neue Generation und auch die große Gruppe sephardischer Juden, die aus den arabischen Ländern nach Israel kamen, lebt ohne die Last dieser Erinnerung und ohne das Wissen um den Holocaust, wie es die europäischen Juden mitbrachten: Insofern unterscheiden sich Appelfeld, Pagis und Jehuda Amichai von den in Israel geborenen Dichtern und auch von den Dichtern, die vor der Zeit des Nationalsozialismus nach Israel kamen. Dennoch waren sie es, die einen Weg aus der Vergangenheit des Holocaust in die Zukunft nach dem Holocaust wiesen. Pagis weiß, daß er anders ist als die, die nicht zu den Überlebenden gehören, die ihn heute bewundern und mit denen er manches, aber nicht alles gemeinsam hat.

Man muß die Vergangenheit loslassen und die Zukunft bejahen oder doch zumindest das Recht des Menschen, auf eine Zukunft zu hoffen, was immer die Vergangenheit gebracht hat. Die Gedichte von Dan Pagis beschäftigen sich nicht alle direkt mit dem Holocaust; viele sind ganz einfach nur ein großes ›Ja‹ zum Leben. Unsere Generation scheint dazu verdammt, Totengebeine zu sortieren, Runen zu entziffern und sich mehr mit dem Tod als mit dem Leben auseinanderzusetzen, doch die Dichter wollen auch, daß wir *leben*. Über der tragischen, apokalyptischen Vision von Dan Pagis steht ein Tröster, der das Leben bejaht. Gedichte können uns in die Irre führen; aber sie sind auch Schlüssel zum Leben in einem neuen Land, nach der Flucht aus der Finsternis.

Dan Pagis ist ein israelischer Gelehrter und Lehrer, ein Meister der Sprache. Er ist auch ein Kind Europas, das die Bukowina mitnahm ins neue Land; und er ist Mahner und Erinnerer.

Wenn wir von einem jüdischen Leben nach dem Holocaust reden, so versuchen wir damit immer auch eine Definition Israels. Der Staat Israel entstand erst nach dem Zweiten Weltkrieg. Von daher ist es ganz normal, wenn diejenigen, die in diesem belagerten und bedrohten Land leben, einen gewissen Hang zur Paranoia mitbringen: Sie sind Juden, die unter Juden leben, erstmals nicht als Minderheit in einem Staat, bewaffnet bis an die Zähne und bereit, jeden Angriff von nahen oder fernen Nachbarn zurückzuschlagen. Dieses Selbstverständnis findet seinen Ausdruck in allen Aspekten israelischen Lebens und israelischer Kultur, natürlich auch in der Literatur. Die europäischen Dichter, die noch aus der Zeit des Holocaust stammen oder Kinder jener Generation sind, verkörpern eine bestimmte Seite des Landes Israel, dieser Mutter, die die Arme nach ihren Kindern im Exil ausstreckt und sie heimruft. Wenn auch Schwierigkeiten und Gefahren drohen – ist es nicht auf jeden Fall besser, ihnen im Kreis der eigenen Familie entgegenzutreten? Die europäischen Dichter reihen ihre Stimme in den Chor dieser Familie ein, aber sie bringen auch die Erinnerung an die Finsternis ins Haus. Jude sein bedeutet, sich zu erinnern, und wenn der Betreffende, dieses Mitglied der jüdischen Familie, dann auch noch ein Dichter ist, kann man sicher sein, daß der Holocaust, versteckt oder offen, in seinen Zeilen durchbricht.

Auch Jehuda Amichai hatte den Kampf mit der Sprache auszufechten, den die anderen Dichter, die wir kennengelernt haben, kämpften, ja seine Probleme waren vielleicht sogar noch größer. Amichai stammt aus Würzburg, aus dem tiefsten Bayern, und ist nicht nur mit der Sprache derer großgeworden, die ihn dann zerstörten, sondern auch in einer Landschaft von seltener Schönheit, deren Hügel sich auch dann noch schützend um das Kind schlossen, als die Menschen auf einmal böse wurden. Eine Erziehung im traditionellen Glauben und in der traditionellen Praxis hatte das Bewußtsein seiner jüdischen Identität in ihm gefestigt, doch als er 1936 als Zwölfjähriger nach Palästina floh, bekam er die Dunkelheit zu spüren, die in den Herzen der Menschen um ihn herum, aber auch in ihm selbst lebte. Anfangs blieb er der traditionalistischen Richtung treu – von einer orthodoxen Schule in Würzburg wechselte er an eine orthodoxe Schule in Jerusalem. Doch er lebte in einer Welt, in der Krieg herrschte, diente zunächst in der Jüdischen Brigade, dann, 1948, in der *Palmach*. Und er machte die Entdeckung, daß er ein Dichter war.

Ihm bot sich ein weites Feld für die Auseinandersetzung mit der Sprache. Um ihn herum sprach man arabisch, und im Rahmen seiner Ausbildung lernte er Englisch, was ihm neue Wege des Schreibens und Denkens erschloß. Deshalb konnte er am Ende, als er des Hebräischen wirklich mächtig geworden war, völlig frei damit umgehen und in seiner Dichtung ganz neue Ausdrucksformen entwickeln. Amichai war der israelische Dichter der Fünziger- und Sechzigerjahre – wenngleich seine Dichtung zeitlos ist –, und er erlebte eine Zeit in Israel, die voller Ideale, aber auch voller Enttäuschungen war. Er verarbeitete in seinem Werk auch traditionelle Formen jüdischer Dichtkunst und jüdischen Lebens: Jerusalem wurde zu einem wichtigen Thema für ihn, aber er war auch der Reisende und Chronist – ein zweiter ›Benjamin von Tudela‹. Er schaute auf den Weg von Deutschland nach Israel, den er zurückgelegt hatte, und auf seine Weggefährten, und entwarf ein an vielen Stellen äußerst kritisches Bild unseres Jahrhunderts der Grausamkeit, in dem es trotz allem immer noch so viel Schönheit gibt. Wie Pagis fühlt sich auch Amichai in den Hainen der Wissenschaft zu Hause. Er war Gastprofessor und Literaturstipendiat an verschiedenen amerikanischen Universitäten. Als Dichter genießt er größere Anerkennung als viele seiner Kollegen, ganz besonders – was nicht einer gewissen Ironie entbehrt – in der Welt der *Galut*. Aber auch in Israel steht er in hohem Ansehen.

Amichai sehnt sich danach, sicher zu sein in seinem Land, wo er die Traditionen hochhalten kann und wo die Erntefeste den Menschen fest an die Erde binden.

Und das ist die Weise, dieses Landes zu gedenken,
in dem den Menschen die Kindheit so fern liegt
wie die Zeit vor der Zerstörung des Tempels.[43]

Das Hebräische bedeutet ihm mehr als die Sprache seiner deutschen Kindheit. Dennoch ringt er immer noch mit Problemen, vor die diese Sprache ihn stellt. Er hat ein ganz besonderes Verhältnis zur Natur, in der ihn jeder Stein und jeder Hügel zu Versen inspirieren kann. Pagis gebraucht das Hebräische auf äußerst subtile Weise; sein Sarkasmus ist samtpfötig, seine Sinnlichkeit skandalös. Und doch klagt er über

diese müde Sprache,
blindlings taumelnd von Mund zu Mund,
Sprache, die von Gott geredet hat und von den Wundern,
sagt nun:
Kraftfahrzeug, Bombe, Gott.[44]

In diesen Zeilen wird eine Entfremdung spürbar, der Sprung aus Kindheitsszenen in eine andere Realität. Einst, in Deutschland, und dann in der jüdischen Schule in Palästina, begegnete Amichai der Tradition, die seine Poesie noch immer erfüllt. Viele seiner Schriften sind aber auch überschattet vom Holocaust; manches davon brach in ihm auf, als er gegen die Deutschen kämpfte, anderes, als er gegen die Araber in den Krieg ziehen mußte. Die Grausamkeit dieses Krieges überlagerte die früheren Grausamkeiten.

Zwar erwächst Amichais Frage nach dem Gott, der seine Kinder verlassen hat, aus der vergifteten Atmosphäre, die auch nach dem Holocaust noch über uns lastet, trotzdem scheint sein Fragen nach Gott stärker in der Gegenwart, in der er lebt, verwurzelt. Wieder geht es um den Anblick der Landschaft, die Amichai umgibt, doch seine Naturdichtung ist hier erfüllt von einer traurigen und schrecklichen Schönheit:

Gottes Schicksal
ist heute
das Schicksal der Bäume und Felsen, der Sonne und des Mondes,
die anzubeten sie aufhörten,
als sie anfingen, an Gott zu glauben.

43. Übertragung durch die Übersetzerinnen.
44. Aus: National Thoughts; Übertragung durch die Übersetzerinnen.

Er aber ist gezwungen, bei uns zu bleiben,
wie die Bäume, wie die Felsen,
wie Sonne, Mond und Sterne.
›Gottes Schicksal‹[45]

Amichai gehört in dieses Land, in dem die Felsen angebetet wurden und vielleicht noch heute angebetet werden, sind die Israelis doch nicht bereit, sie gegen den Frieden einzutauschen:

Es ist schlimm,
Bürgermeister von Jerusalem zu sein.
Ja, es ist schrecklich.
Wie kann jemand überhaupt Bürgermeister einer solchen Stadt sein?

Was kann er tun?
Er wird bauen und bauen und bauen.

Und in der Nacht
werden die Steine der Hügel ringsum
sich heranpirschen
an die Steinhäuser,
wie Wölfe, die kommen,
die Hunde anzuheulen,
die zu Sklaven der Menschen wurden.
›Bürgermeister‹[46]

Das Land ist noch am Leben, und Amichai weiß es; doch er hat seine Zweifel daran, ob Gott lebt, in einem Land, dessen Sprache nicht länger heilig ist, dessen geheiligtes und geschlagenes Volk sich nicht mehr erinnern will, und in dem der Krieg häufig der einzig gangbare Weg zu sein scheint. Und doch ist Jehuda Amichai für mich die Ausnahmerscheinung unter den Dichtern, die für die Diaspora schreiben, die Ausnahme, die über die Finsternis hinaus zur Liebe gelangt ist und uns auf diesen Weg mitnehmen kann. Er ist nicht immer ein Freudenbote, aber er verweist auf unsere Aufgabe, wie in dem Gedicht *Zeugenladung*:

Wann habe ich zuletzt geweint?
Es ist Zeit, Zeugen zu laden.
Von denen, die mich weinen sahen,
Sind manche tot.

45. Übertragung durch die Übersetzerinnen.
46. Übertragung durch die Übersetzerinnen.

Ich wasche meine Augen mit viel Wasser,
Um die Welt wieder zu sehen
Durch das Naß und das Weh.

Ich muß Zeugen finden.[47]

Amichai ist sein eigener Zeuge. Er legt Zeugnis ab durch ein Leben, in dem die
Erinnerung und das Wissen aus der Diaspora verwoben ist mit seinem Leben als
Israeli. Würzburg ist ein Element seines dichterischen Ausdrucks geblieben –
sein Hebräisch ist angereichert mit den Denk- und Sprachmustern Europas. Und
auch der Holocaust ist unsichtbar in seinem Werk gegenwärtig. Sein großer
Roman *Nicht von jetzt, nicht von hier* (München 1992), den eine feine Ironie
und ein Gefühl der vielfachen Entfremdung durchzieht, verbindet diese Ele-
mente seines Lebens, eines Lebens, das überschattet ist vom Bewußtsein der
Vernichtung, die über die Juden Europas kam. Der Roman spielt in Bayern und
Israel. Die Kapitel sind abwechselnd in der ersten und in der dritten Person
geschrieben und zeigen Jehuda Amichai in diesem Hin- und Hergerissensein
des Juden, der für immer gezeichnet ist von der Erfahrung der Vergangenheit in
Europa – und schließlich seine Identität in Israel findet. Amichai wird so zur
Verkörperung des Juden unserer Zeit.

Wir verlangen von unseren Dichtern, daß sie unseren Visionen Gestalt verleihen; sie sind das Gewissen unserer Zeit. In Israel, wo unter dem Glück das Unglück lauert, die Schuld, Nachgeborene der Finsternis zu sein, ist es wichtig, von
Schuld zu reden. Auf diese Weise ist das Gedenken an jene, die in den Lagern
starben, zu einem festen Bestandteil der Institutionen und des öffentlichen Bewußtseins geworden. Uns Außenstehenden bleibt nur, sensibel zu werden für die
besondere Art und Weise, wie das jüdische Leben sich – so unvollkommen dies
auch gelungen sein mag – mit der Zäsur eingerichtet hat, die das Leben der jüdischen Schriftsteller, dieser Propheten unserer Zeit, die uns Wegweiser sind, in
zwei Teile geteilt hat.

Abba Kovner war mehr als Dichter und Romancier (1970 erhielt er den israelischen Literaturpreis). Kovner war einer der Führer der jüdischen Gemeinschaft
in ihrer schwersten Stunde. 1918 in Sewastopol geboren, im litauischen Wilna
(Vilnius) aufgewachsen, übernahm er dort nach dem Einmarsch der Nationalsozialisten das Kommando über die Partisanen. Das Schicksal jedes Juden und jeder jüdischen Gemeinschaft ist einzigartig, sie alle erzählen eine ganz eigene
Geschichte. In Litauen, wo die Nationalsozialisten die ›Endlösung‹ besonders
forcierten, waren es vor allem die Litauer selbst, die den nationalsozialistischen
Plan, das Land von Juden zu säubern, begeistert aufgriffen und zu Mördern des

---

47. Übertragung durch die Übersetzerinnen.

jüdischen Volkes wurden. Man kann über sie sagen, was man will, doch man darf nicht vergessen, daß die Litauer auch Opfer waren, Opfer eines Systems, das den dunklen Seiten ihres Denkens und Handelns keine Schranken mehr auferlegte. Trotzdem sah Abba Kovner in seiner Umgebung nicht nur Böses. Er war als Achtjähriger nach Wilna gekommen, hatte sich intensiv in jüdische Studien linker Prägung vertieft und schon früh seine poetische Begabung entdeckt. Als der Krieg begann, genoß er den Schutz eines Dominikanerinnenkonvents – eine Erfahrung, die in einem seiner größeren dichterischen Werke, *My Little Sister*, verarbeitet ist. Kovner wurde zu einem der führenden Männer des Widerstands im Wilnaer Getto. Als einer der wenigen Überlebenden floh er in die Wälder und führte dort eine Gruppe von jüdischen Partisanenkämpfern an. Nach dem Krieg half er Juden bei der illegalen Einwanderung nach Palästina, verbüßte dafür eine Haftstrafe in einem britischen Gefängnis und ließ sich zur Zeit des Unabhängigkeitskriegs in Israel nieder.

Alle diese Erfahrungen flossen in seine Dichtung und Prosa ein. Er sagte einmal: »Wenn ich schreibe, ist es wie ein Gebet.« Seine Gedichte sind in der Tat Gebete, eine Totenklage, in der wir das Echo der Klagelieder vernehmen:

> Wie soll man eine Stadt beklagen,
> deren Menschen tot sind und deren Tote leben –
> in meinem Herzen.[48]

Ein halbtotes, halb wahnsinniges Mädchen war aus einem Massengrab bei Ponar geflohen, um von einer Vernichtung zu berichten, wie die Welt sie noch nie gesehen hatte. Kovners ganzes Leben (er starb 1988) war erfüllt von der Begegnung mit diesem Geist – dieser kleinen Schwester seines Volkes, die ihn sein Leben lang begleitete. Seine Gedichte sind ein Echo des verzweifelten Schmerzes, den die Nationalsozialisten der Seele des jungen Partisanenführers zugefügt hatten, der wohl wußte, daß nach der nationalsozialistischen Lehre von der kollektiven Verantwortung jeder Akt des Widerstands, jede Flucht während jener schwarzen Tage der Auslöschung des Wilnaer Gettos hundertfach vergolten wurde. Die Entscheidungen, die er damals treffen mußte, dürften einem jungen Mann nicht aufgezwungen werden, ja überhaupt keinem Menschen. Der jüdische Glaube baut auf das Gute im Menschen, doch Kovners Glaube wurde schwer geprüft angesichts des äußersten Bösen, das ihm in seinen litauischen Verfolgern begegnete. Und später war er in der schwierigen Lage, ausgerechnet gegen jene kämpfen zu müssen, die im Grunde ›gut‹ waren und mitgeholfen hatten, die Nationalsozialisten zu besiegen – die Engländer –, die nun zwischen seinen Kameraden und dem Land der Verheißung standen, in das sein Volk zu führen er entschlossen war.

48. Aus: My Little Sister. Übertragung durch die Übersetzerinnen.

Wir können und müssen Kovner als einen Dichter seiner Zeit sehen, der der europäischen Erfahrung ebenso Ausdruck gibt wie dem Leben in Israel. Wenn Schweigen der letzte Tribut an die Welt ist, dann kann man das Schweigen zwischen seinen Worten spüren – die Aussage, daß neben allem, an das man sich erinnern kann und muß, das Unbegreifliche steht. Und doch erinnert sich Kovner an die Barmherzigkeit der Nonnen, die ihm Schutz gaben, deren christlicher Glaube sie den leidenden Juden die Hand reichen ließ.

Das Element der Qual und des Leidens im christlichen Geheimnis, wie Kovner es in seinem klösterlichen Versteck kennenlernte, verschmolz bei ihm mit den Leiden seines Volkes. Wenn wir mit Abba Kovners Augen sehen könnten, wenn wir das, was Israel verloren hat, das, was er in Wilna und in den Wäldern sah, überschauen könnten, und wenn wir dann mit ihm in die Hügel von Judäa hinaufsteigen würden und hinab in die Sandebenen eines Landes, das abermals getränkt war vom Blut seines Volkes, dann würden wir vielleicht langsam anfangen, seinen Aufschrei zu begreifen.

Auf der Suche nach anderen Stimmen aus dem großen Chor israelischer Schriftsteller ist man versucht, bei jenen innezuhalten, die die Erfahrung des Holocaust nach Israel mitbrachten und so als Bindeglieder zwischen der Diaspora und *Erez Jisrael* wirkten. Doch man darf darüber nicht vergessen, daß einige der sensibelsten Dichter Israels der Generation, die schon vor dem Holocaust ausgewandert war, entstammen. Auch Uri Greenberg (1896-1982) und Natan Alterman (1910-1970) bewegten sich zwischen der Diaspora und Palästina. Greenberg gab von 1937 bis 1939 eine jiddische Zeitung in Warschau heraus, Alterman studierte in den Jahren 1928-32 in Frankreich.

Greenberg war ein Meister des Jiddischen, einer der kreativsten Künstler der europäischen Kultur, was ihn in Kontakt mit vielen damaligen Schriftstellern brachte. Doch er gab all das auf, nachdem er sich in Israel niedergelassen hatte, und wurde zu einem bedeutenden Vertreter der hebräischen Literatur. Im Ersten Weltkrieg hatte er den Krieg und das Gemetzel in Europa miterlebt; er hatte gesehen, wie seine jüdischen Brüder schon lange vor dem Holocaust litten, und hatte diese Erfahrungen in seinen Schriften verarbeitet. Seine Erlebnisse ließen ihn sich einem militanten Judentum zuneigen, und er schloß sich folgerichtig den Revisionisten und der *Irgun* an; der gereizte Löwe, der um seine ermordete Familie trauert, wird zur lebensbedrohenden Gefahr für seine Umwelt. Greenbergs Gedichtband *The Streets of the River* gilt als eines der bedeutendsten Werke der Holocaust-Literatur. Die folgende Prosa-Übersetzung gibt uns Einblick in eine Bildwelt, die angesiedelt ist zwischen traditioneller und moderner Dichtung:

> Wie Abraham und Sara bei den Terebinthen von Mamre
> vor der köstlichen Nachricht,

und wie David und Batseba im Königspalast
in der Zärtlichkeit ihrer ersten Nacht –
so steigen mein gemarteter Vater und meine Mutter im Westen auf
über dem Meer,
und aller Glanz Gottes umgibt sie.
Schwer geworden von ihrer eigenen Schönheit sinken sie hinab,
langsam.
Über ihren Häuptern wogt der mächtige Ozean,
unter ihm ist ihr tiefes Haus.

Das Haus hat keine Wände,
es ist aus Wasser in Wasser gebaut.
Die Ertrunkenen Israels schwimmen von allen Enden des Meeres
herbei,
jeder mit einem Stern im Mund.
Und was sie dort reden, weiß das Gedicht nicht;
nur sie wissen es, die im Meer sind.[49]

Greenberg hat wie andere auch so viele Verwandte verloren, daß seine Klage um das Volk einen sehr persönlichen Charakter annimmt. Fest in der Tradition stehend, bedient er sich des Erbes seines Landes aus Vergangenheit und Gegenwart, um ein Ereignis auszusagen, das nicht begreifbar ist, aber in seinem ganzen Schmerz durchlebt werden mußte. Wenn man Greenbergs eigenes, kämpferisches Leben betrachtet, so wird seine Dichtung Ausdruck eines leidenschaftlichen ›Ja‹ zu seinem Volk.

Ähnlich bedeutend wie Greenberg ist in der Reihe der Dichter der nächsten Generation Natan Alterman. Er kam 1925, im Alter von 15 Jahren, nach Tel Aviv, und seine außergewöhnliche Begabung machte ihn zu einem der wichtigsten Dichter seiner Zeit im Lager der Imagisten. Der satirische Humor, der sein Werk kennzeichnet, weist ihn zugleich auch als einen brillanten Kritiker der Übelstände und der Heuchelei aus, die er um sich herum beobachten konnte. Vielleicht gelang es ihm wegen seiner noch in Frankreich erfolgten Ausbildung zum Agronomen und Ingenieur so besonders gut, in der neuen jüdischen Gesellschaft, die sich in Palästina herausbildete, Fuß zu fassen. Alterman gehörte in diese Welt, mit seinen provokanten Leitartikeln, den subversiven Texten, die von den Engländern verboten wurden, und schließlich mit seinem Kreisen um die Pole ›Leben‹ und ›Tod‹, das ihn unausweichlich in die Auseinandersetzung mit dem Holocaust hineinführte. In seinem Gedichtband *The Joys of the Poor*, der als eines der großen modernen Werke israelischer Literatur gilt, streift er die Finsternis seiner Zeit, doch nur auf indirekte Weise. Am Ende geht es ihm dar-

49. Übertragung durch die Übersetzerinnen.

um, das Leben zu bejahen und Hoffnung zu geben – ohne sich freilich davon abhalten zu lassen, schonungslos alle Mißstände zu kritisieren! Den größten Dienst hat er Israel sicherlich mit seiner Kritik an den israelischen Politikern und am Zionismus erwiesen, doch mit den Juden in der Diaspora und ihren Fehlern springt er nicht weniger unerbittlich um.

In Altermans Augen sind die Juden in der Diaspora zu schwach und zu angepaßt. Die europäische Judenheit verdrängt, genauso wie ihre Volksgenossen in Israel, die Erinnerung an das Leiden und die Scham, an ihre Feigheit, ihre Dummheit, daß sie das Wesen des Nationalsozialismus nicht früher erkannt hat, ihren Mangel an echten Führungspersönlichkeiten. Alterman kommt zu dem Schluß, daß die größte jüdische Sünde in Israel wie in Europa der Versuch ist zu vergessen – denn vergessen heißt mit dem Bösen kollaborieren. Israel Ben Josef verweist auf die Abschnitte in *The Joys of the Poor*, in denen Alterman sich mit den Juden der Holocaust-Zeit auseinandersetzt:

»Viele der wichtigsten Arbeiten Altermans erschienen in seiner Zeitschrift *The Seventh Column*, in der Probleme der Zeit diskutiert wurden, darunter auch die jüdischen Reaktionen auf den Holocaust. Und dann greift man wieder zu *The Joys of the Poor*, wo diese Kritik verdeckt und mittelbar ist, aber dennoch gegenwärtig, und sich in Beziehung setzen läßt zur Erfahrung der Finsternis, wo die Interpretation zu einem Teil der Leseerfahrung wird. Da ist das Kapitel ›Ger ba la-Ir‹ (›Ein Fremder kommt in die Stadt‹), das Ruth Finer Mintz in ihrer Übersetzung mit ›A Convert‹ (Ein Bekehrter) überschreibt – einer, der von der Religion des Lebens zur Religion des Todes bekehrt wurde:

> Ich bringe dir die allerletzte Krume.
> Deinen Namen rufe ich, den ersten.
> Den Wasserkrug an deinen klaffenden Mund führe ich,
> ich, der Ältere, ich, der ich für dich sorge.
>
> Denn sieh, die Lebenden werden die Lebenden nicht retten.
> Dich mit Liebe zu decken wie Wasser komme ich.
> Sie ist fremd meinen Brüdern, diese unerbittliche Liebe.
> Offen wie der Raubzug am Mittag.
>
> Und bei Gott wirst du mir schwören,
> stark zu werden durch das Unglück,
> zu schreien, wenn es deine Seele erreicht,
> zu mir, dem letzten von allen.[50]

50. *R.F. Mintz* (Hg.), Modern Hebrew Poetry. Los Angeles 1966, 219-220; dt. Übertragung durch die Übersetzerinnen.

Die Seele israelischen Lebens läßt sich natürlich nicht aus ein paar zerstreuten Gedichtfragmenten zusammensetzen. Und doch wird sie hier spürbar, in dem, was zwischen den Zeilen steht. Hier zeigt sich etwas, das über die politische, soziologische oder psychologische Analyse der israelischen Gemeinschaft und ihres Verhältnisses zum Holocaust hinausgeht. Die imaginative Intensität des Dichters wird ergänzt durch die Beobachtungen des täglichen Lebens des Journalisten, der zwar nicht die besondere Gabe hat, hinter den Schleier zu blicken, aber auf seine Weise zu begreifen versucht, was das israelische Leben ausmacht. Unser letzter Zeuge ist denn auch der Journalist Uri Avneri.

Als Uri Avneri sich im Juli 1982 öffentlich mit Jassir Arafat traf, hielten ihn viele Israelis, die bereits seine Bemühungen um den Frieden und um einen Ausgleich mit den Arabern mit tiefstem Mißtrauen beobachtet hatten, für einen Verräter. Dabei unterschied sich sein Leben, das merkwürdigerweise dem der Dichter, von denen die Rede war, in vielem glich, gar nicht so sehr von dem ihren. Avneri wurde 1923 in Beckum in Westfalen geboren und kam 1933 nach Palästina. Dort wurde er 1938 Mitglied der *Irgun*, kämpfte 1948 in der *Hagana* und wurde im selben Jahr verwundet. 1950 wurde er Herausgeber und Chefredakteur von *HaOlam Haseh* (Diese Welt). Daneben war er aktives Mitglied verschiedener Friedensorganisationen, saß mehrere Jahre in der *Knesset* und verkörperte bei all dem immer eine Art sokratisches Sandkorn im Getriebe des israelischen Gewissens. 1990 gab er die Arbeit bei *HaOlam Haseh* auf und arbeitet seither als freier Journalist. Sein letztes, außerhalb von Israel veröffentlichtes Buch ist *Wir tragen das Nessosgewand: Israel und der Frieden im Nahen Osten* – die Summe seiner Arbeit für den Frieden. Das Bild des ›Nessos-Gewands‹ geht zurück auf die griechische Sage, derzufolge der Zentaur Nessos Herakles ein Zaubergewand gab, das vermeintlich mit einem Aphrodisiakum getränkt war, in Wirklichkeit jedoch mit einem tödlichen Gift; einmal angezogen, ließ das Hemd sich nicht mehr abstreifen. Avneri setzt dieses Hemd mit den von Israel annektierten Gebieten gleich: den Golanhöhen, Gaza und der West-Bank, und er wünscht sich verzweifelt, daß Israel diese Territorien um des Friedens willen aufgibt. Seine Bemühungen stoßen allenthalben auf starke Ablehnung, was nicht zuletzt auch mit dem Schatten des Holocaust zusammenhängt, der noch immer über dem Land liegt. Avneri steht heute fast isoliert da. Was er zu sagen hat, ist unpopulär, inakzeptabel:

»Es fällt sehr schwer, in Israel ›mit den Wölfen zu tanzen‹. Denn jede wirkliche Auseinandersetzung mit den Palästinensern würde Fragen aufwerfen, die viel zu schmerzlich sind: War der Zionismus nur eine Befreiungsbewegung? Haben die Judennot und der Holocaust uns blind für die Leiden anderer Völker gemacht? Ist unser Recht auf Eretz Jisrael absolut und exklusiv?«[51]

51. *Uri Avneri*, Wir tragen das Nessos-Gewand. Bonn 1991, 84.

Schon wenn wir diese Fragen hören, wissen wir, wie die Israelis darauf antworten würden. Selbst diejenigen, die bereit wären für einen Neuanfang, wollen doch den (scheinbar) unlösbaren Problemen der Vergangenheit nicht ins Gesicht blicken. Natürlich könnte man auch sagen, daß Avneri auf seine Art ebenso unnachgiebig ist wie die anderen. Doch er drückt sich zumindest nicht um die Probleme.

Als Elie Wiesel 1986 den Friedensnobelpreis erhielt, bekannte Avneri, daß diese Entscheidung ihn sehr aufgebracht habe. In einem offenen Brief an Wiesel gab er seiner Verwunderung Ausdruck:

»Ich war überrascht, weil ich keine echte Verbindung zwischen dem Frieden in dieser unglücklichen Welt von 1986 und Ihren zugegebenermaßen bemerkenswerten Schriften über den Holocaust sehe.«

Natürlich, fügt Avneri hinzu, sei Wiesel nur kurze Zeit ein Israeli gewesen und dann nach New York gezogen, wo es ja immerhin sehr viel einfacher ist, ein guter Zionist und jüdischer Patriot zu sein! Denn dort kann man, so Avneri, herumsitzen und über den Holocaust nachdenken, statt sich um die Ausbeutungen und Folterungen der Gegenwart zu kümmern:

»Auch ich bin der Überzeugung, daß nichts in der Gegenwart auch nur näherungsweise an die Monstrosität des Holocaust heranreicht. Es wäre deshalb fast eine Lästerung, den Holocaust mit irgendwelchen anderen Verbrechen, die in diesem Jahrhundert geschehen sind und noch geschehen, zu vergleichen. Doch weder Sie noch ich noch das Nobelpreiskommittee sind in der Lage, auch nur ein einziges der Opfer ins Leben zurückzurufen oder auch nur eine einzige Schreckenstat aus dem Entsetzen des Holocaust ungeschehen zu machen.«

Warum also kämpfe Elie Wiesel nicht gegen das Böse in der Gegenwart? Halb widerwillig räumt Avneri ein, daß Wiesel sich gegen die Verfolgung der Indianer in Nicaragua eingesetzt habe, daß er für die *Bahai* im Irak, für die Juden in Syrien und vor allem in der Sowjetunion gesprochen habe. Doch in seinen Augen ist all das nichts, weil Elie Wiesel nicht für die Sache des Friedens mit den Palästinensern gekämpft hat. Darin aber sieht Avneri die vordringlichste Aufgabe eines Juden von heute.

Avneri ist heute einer der letzten, die immer noch für den Frieden plädieren. Es ist nicht nur schwer, ständig gegen den Strom der öffentlichen Meinung zu schwimmen, es ist auch schwer, sich Vertrauen und Hoffnung zu bewahren in einer Zeit, in der das Land immer stärker bedroht erscheint. Doch Uri Avneri bleibt seinen Träumen treu, ungeachtet der neuen Probleme, vor denen eine sich wandelnde Gesellschaft steht – so fühlen sich etwa die vielen russischen Juden, die ins Land strömen, der radikalen Linken verpflichtet und pflegen ihr Feindbild mit besonderem Stolz.

Dürfen wir uns anhand einiger weniger Texte von Dichtern und Schriftstellern wirklich ein Urteil über Israels Verhältnis zum Holocaust und darüber, was das Land aus dem Holocaust für sein Leben in der Gegenwart hätte lernen können, bilden? Wenn man in die Vergangenheit blickt, so stößt man doch immer wieder auf die schweigende Mehrheit, die ihre Gefühle und Einstellungen nie preisgegeben hat.

Die Dichter, Propheten und Schrifsteller sind ihren Heimatländern oft weit voraus, und deshalb sind gerade sie es, die ihrem Volk eine Vision geben. Israel ist in jeder Hinsicht ein ganz besonderes Land. Auf einer Vision aufgebaut, zu der das Überleben gehört, hat es seinen ganz eigenen Impetus entwickelt. Hier ist der Holocaust nicht irgendein für sich stehendes Ereignis, von dem man im Geschichtsunterricht hört oder mit dem man sich philosophisch auseinandersetzt. Er gehörte in die Schaffung des Landes hinein, und im Verhältnis gibt es hier mehr Holocaust-Überlebende als in irgendeiner anderen jüdischen Gemeinschaft der Welt, Menschen, die mit dazu beigetragen haben, das moderne Gesicht dieses Staates zu prägen. Noch heute spüren wir etwas von dieser Haltung, die die Atmosphäre durchdringt und das Land bestimmt. Die neuen Siedlungen in den besetzten Gebieten verschließen sich vernünftigen Argumenten ebenso wie dem Einfluß der Vereinten Nationen – und sind doch zugleich Ausdruck einer neuen Entschlossenheit zu überleben. Aber noch auf eine andere Weise ist das Gedächtnis des Holocaust in Israel präsent: In den privaten und öffentlichen Gedenkstätten.

Auf einige dieser Institutionen möchte ich hier näher eingehen:

Lochamei ha-Gettaot

Als ich zum letzten Mal in Israel war, besuchte ich Lochamei ha-Gettaot, ein Museum für Gettokämpfer im Norden Israels, auf dem Weg nach Rosh Hanikrah. Ich fand eine beeindruckende Siedlung, auf ehemaligem Sumpfland errichtet, das heute blühendes, fruchtbares Ackerland ist. Der Kibbuz wurde im April 1948 auf Gebiet gegründet, das die Jewish Agency in einer hauptsächlich von Arabern besiedelten Region erworben hatte. Die umliegenden Dörfer sind arabisch, und die jüdischen Siedler sind sich bewußt, wie nötig es ist, in Kontakt miteinander zu kommen. Während ein anderer Kibbuz, Yad Mordecai, den Namen eines verehrten Gettoführers trägt, wurde Lochamei ha-Gettaot von einem Paar gegründet, das selbst aktiv am Aufstand im Warschauer Getto beteiligt war: Livia und Jitzchak Zuckerman. Die Gemeinschaft steht ganz im Dienste des Gedenkens an den Holocaust, wobei hier, wie in ganz Israel, der Begriff *Shoa* verwendet wird – ein angemessenerer Terminus als der Begriff ›Holocaust‹, der der Tragweite der Tragödie nicht gerecht wird.

Jedes Holocaust-Museum hat seine Besonderheiten. In Lochamei ha-Gettaot ist es das Modell des Lagers Treblinka, das Yossele Wianek, ein ehemaliger Häftling, aus dem Gedächtnis nachgebaut hat. Wie Belzec und Sobibor war Treblinka zu einem ganz bestimmten Zweck errichtet, dem es vierzehn Monate lang diente: Juden umzubringen. Diejenigen, die die Besucher in Lochamei ha-Gettaot in Empfang nehmen – und man muß sich dabei klarmachen, daß es sich hier keineswegs nur um Touristen aus dem Ausland handelt, der Kibbuz ist auch eine Bildungsstätte für Israelis –, wurden und werden von Überlebenden, die genau wissen, wovon sie sprechen, über die *Shoa* informiert. Noch immer fällt es diesen Menschen schwer, von jener Zeit zu reden, und doch *müssen* sie reden, denn das war einer der Hauptgründe für die Schaffung von Lochamei ha-Gettaot. Das neue Leben soll das alte überwinden, die Erinnerungen an die Vergangenheit sollen allen zugänglich gemacht werden. Es ist hier ganz anders als in Europa, wo viele vor diesem dunklen Wissen am liebsten davonliefen. In Israel ist die Erinnerung an die *Shoa* ein akzeptierter Bestandteil des Lebens. Erträglich wird er, weil er Vergangenheit ist, weil er in die Zeit der *Galut* gehört und weil die Juden jetzt, in der Gegenwart, leben, in ihrem eigenen Land. Die zweite und dritte Generation derer, die nach Lochamei ha-Gettaot kommen, um etwas über den Holocaust zu erfahren, kommen nicht, um zu verurteilen. Der alte Satz, ›wir gingen wie Schafe zur Schlachtbank‹, geht nur noch an Orten um, wo es kein Wissen gibt. Doch die Besucher, die in diese Museen kommen, *wollen wissen*. Sie glauben nicht, daß es ohne die *Shoa* keinen Staat Israel gegeben hätte, aber sie gehen davon aus, daß bestimmte Aspekte jener europäischen Erfahrung die Gründergeneration beeinflußt haben und von den Enkeln nicht vergessen werden dürfen.

Als Amos Oz 1987 vom ›vollkommenen Frieden‹ schrieb, deutete er an, daß es mittlerweile einen Bruch zwischen den Generationen gibt. Als die ersten Zionisten, die ins Land kamen, Israel aufbauten, waren sie fest überzeugt, daß sie die Gerechtigkeit und Moral auf ihrer Seite hatten, und die Soldaten der Anfangsjahre konnten noch an die Reinheit ihrer Waffen glauben, die nur zur Verteidigung eingesetzt wurden. Für die Generation von heute gilt das nicht mehr. Sie steht vor sehr viel ambivalenteren moralischen Problemen und muß sich manchmal fragen, ob sie noch im Recht ist. Dennoch verbindet das Gedenken an die *Shoa*, das verknüpft ist mit den Erfahrungen der eigenen Vorfahren, diese jungen Leute mehr, als Amos Oz glaubt. In Lochamai ha-Gettaot, einem Museum, das mehr und zugleich weniger ist als ein Museum, begegnen sich die Generationen. Dieser Ort ist ein Ort ethischer Unterweisung für die jungen Israelis, die spüren, daß diese Gedenkstätte ein Teil der Hügel und Täler des Landes ist. Sie erinnert sie an den Mut und an den Tod, und aus diesem Grund erfahren wir hier mehr über das Nationalgefühl der Juden in ihrem eigenen Land als aus Büchern.

Die weltweite Bedeutung, die die Jerusalemer Gedenkstätte Yad Vashem erlangt hat, unterstreicht, daß Israel damit etwas leistet, was für die Juden wie für die Christen nach dem Holocaust zur Notwendigkeit wurde. In diesem Museum soll die Welt in die Schule gehen. Wer hierher kommt, begibt sich mitten hinein in den Holocaust. Doch da ist auch die ›Allee der Gerechten‹, von Bäumen gesäumt, die zum Gedenken an jene gepflanzt wurden, die sich ihre Menschlichkeit bewahrten und es wagten, Juden zu helfen, wobei sie oft ihr eigenes Leben opferten, um das Bild des Menschen in einer schändlichen Zeit zu bewahren. Und nicht zuletzt sind die Bibliothek und die Forschungsstätten von Yad Vashem, wo die Gelehrten unserer Tage gemeinsam versuchen, das Unerforschliche zu erforschen, wichtige Anlaufstellen für den wirklich Suchenden.

Vor einigen Jahren nahm ich die Jugendgruppe meiner Londoner Synagoge mit nach Israel. Wir hatten zwei besondere Geschenke im Gepäck. An die Westminster-Synagoge ist ein Museum angeschlossen, das *Memorial Scrolls Center*. Hier sind fast 1 600 Torarollen zusammengetragen, die von den Nazis selbst vor der Zerstörung gerettet wurden, weil sie den makabren Plan hatten, in Prag ein Museum für eine ›ausgestorbene Rasse‹ einzurichten. Wie sonst hätte die Welt erfahren sollen, wer und was die Juden waren, nachdem auch der letzte Jude tot war? Die Rabbiner und Gelehrten, die die Rollen, die aus Synagogen in Prag, Böhmen und Mähren stammten, zusammenstellten und katalogisierten, wurden nach Beendigung ihrer Aufgabe nach Auschwitz geschickt. Die Rollen wurden in einem Keller aufbewahrt, bis die Westminster-Synagoge sie durch die großzügige Hilfe Ralph Yablons von den Tschechen erwerben konnte und nach London holte, um sie nach ihrem langen Schlaf zu neuem Leben zu erwecken und wieder für das Gemeindeleben nutzbar zu machen. Gegen die Gepflogenheit der orthodoxen Lehre haben wir diejenigen Rollen, die zu beschädigt waren, um restauriert zu werden, nicht vergraben. Sie wurden zu Gedächtnis-Rollen, die von Gemeinden in der ganzen Welt zum Gedenken an den Holocaust und zur Unterweisung der nächsten Generation gebraucht werden.

Unsere Gruppe kam mit zwei Tora-Rollen nach Yad Vashem. Die eine Rolle war völlig intakt und wurde in Yad Vashem in die Synagoge gelegt, wo täglich Gottesdienste stattfinden. Die andere Rolle, beschädigt, zerfleddert, zerrissen, kam in die Ausstellung zum Gedenken an die *Shoa*. Die Kinder kehrten mit einem weit tieferen Verstehen der *Shoa* nach London zurück, als sie es in jedem Unterricht in der Synagoge hätten erwerben können. Israel, und dort vor allem Yad Vashem, erfüllt einen pädagogischen Auftrag für die Diaspora. Die Israelis sind sich bewußt, daß dies Teil ihrer nationalen Aufgabe ist – auch wenn die Diaspora-Juden ihre Lektionen oft nicht so besonders gerne hören und auch wenn das Bild, das sie in Israel vermittelt bekommen, nicht immer ganz korrekt ist. Der Gedanke der *Shoa* ist, wie wir sehen werden, überhaupt erst im Land Israel entstanden, in Zeiten des Triumphes und des Scheiterns, und hat sich mittlerweile weit von dem entfernt, was am Anfang als seine zentrale Botschaft galt: ›Außerhalb von Israel leben Juden als eine verfolgte Minderheit unter der ständigen Bedrohung, ausgerottet zu werden. In Israel bilden die Juden die Mehrheit, nur dort können sie eine sichere Existenz, nur dort können sie Erfüllung finden!‹

Am Anfang hielten die Israelis noch ganz an der Aussage der ersten Zionisten fest, daß die Juden nur in ihrem eigenen Land, dort, wo sie die Mehrheit bilden, sicher sein können, wohingegen die Diaspora-Juden immer unter Verfolgungen zu leiden haben werden und immer in Gefahr sind. Heute sieht man auch die Vielschichtigkeit und die Schwierigkeiten jüdischen Lebens in Israel und hat begreifen müssen, daß Israel, auch wenn es ein durchaus stabiles Land ist, doch keineswegs ein sicheres Land ist. *Shoa* steht nicht mehr nur für das Trauma der Vernichtung der europäischen Judenheit; man hat auch den Heldenmut all derer ehren gelernt, die den Nationalsozialisten Widerstand leisteten. Den Museen liegt denn auch daran, dieses kulturelle Erbe zu bewahren und neben dem Grauen nicht den persönlichen Heldenmut vieler einzelner in Vergessenheit geraten zu lassen.

Die Holocaust-Studien von Yad Vashem sind beispielhaft für objektive und solide Forschung. Doch Yad Vashem hat auch noch eine andere, politische Funktion. Kein führender Politiker wird nach Israel reisen, ohne Yad Vashem den obligatorischen Besuch abzustatten, wo er in Anwesenheit israelischer Würdenträger fotografiert wird und der Botschaft des ›Niemals wieder!‹ und ›Die Welt darf nicht vergessen!‹ seinen Tribut zollt. Yad Vashem kann und darf deshalb sein Wesen nicht verändern oder in Bereiche ausdehnen, die nichts mehr mit Hitlers Krieg gegen die Juden zu tun haben. Bildhauerei, Malerei, Filmkunst und Holocaust-Literatur sind hier entwickelt worden, und sie alle sind kleine Mosaiksteine des Gebäudes zum Gedenken der Lehre von der *Shoa*. Die Israelis, die hierher kommen, werden in dem Gefühl ihrer jüdischen Identität bestärkt, in der der Schmerz um den Verlust ihrer Vorfahren sich die Waage hält mit dem Stolz, eine jüdische Gemeinschaft aufgebaut zu haben, die endlich nicht mehr ohnmächtig ist, ungeachtet aller Gefahren des Nahostkonflikts, die den Außenstehenden so bedrohlich erscheinen. Bei aller Uneinigkeit sind die Israelis geeint als ein Volk, das das Schlimmste erlebt hat und von der Zukunft das Beste erhofft.

Von der besten Seite zeigt sich diese Lehrfunktion Israels den Besuchern im ›Museum der Diaspora‹, einem Ort, der dem Gedanken Rechnung trägt, daß der Staat Israel die Krönung der jüdischen Geschichte darstellt. Das Museum ist ein Ort der Bildung, ein Ort für ›Happenings‹, wo man vom Touristen erwartet, daß er sich selbst findet. Im Mittelpunkt stehen Portraits ausgelöschter jüdischer Gemeinden. Wir erfahren von ihrem Aufstieg, ihrer Blüte und ihrer schließlichen Vernichtung. Mit Rücksicht auf die Nostalgiebesessenheit der Amerikaner liegt die Betonung vielleicht ein wenig zu sehr auf Osteuropa, der Heimat so vieler Juden des westlichen Abendlands, die heute über ganz Amerika und Westeuropa verstreut sind und nur noch eine schwache Erinnerung an das haben, was ihre Großeltern, ihre *Bubbes und Saides*, sie gelehrt haben. Erst seit kurzem, mit der neuen Beachtung, die die sephardischen Juden und ihr Exodus aus Spanien im Jahr 1492 fanden, rückten die Sephardim stärker in den Vordergrund.

Auch hier ist die *Shoa* gegenwärtig – wenngleich verborgen; sie offenbart sich eher in dem plötzlichen Bewußtsein, daß dieses oder jenes Element jüdischen Lebens ein für allemal Vergangenheit ist. Vielleicht wird an diesem Ort ganz allgemein zu sehr der Größe jüdischen Lebens gedacht und zuwenig des jüdischen Todeskampfes. In dem Geschichtsbild, das das Museum entwirft, zählt weniger das Besondere an der Vergangenheit als vielmehr der Gedanke, daß sie eine Vorbereitung auf die Zukunft war. Und doch finden wir hier die Erinnerung an ein Europa, das noch eine gewisse Kontinuität besaß, und die Bestätigung dafür, daß das Wesen des jüdischen Lebens in jedem einzelnen Juden von heute fortlebt.

Wie hat die *Shoa*, der Holocaust, Israel beeinflußt? Da ist zunächst die Zeit vor der ersten Reaktion nach 1945. Deutschland und die *Shoa* sind im israelischen Bewußtsein untrennbar miteinander verbunden. Von 1945 bis etwa 1960 waren ›Deutscher‹ und ›Nazi‹ für die Israelis Synonyme, doch seither hat sich die Einstellung gewandelt. Inzwischen findet ein reger Kulturaustausch mit Deutschland statt. Von Anfang an war der Aufbau und die Entwicklung jüdischen Lebens in Palästina geprägt vom Einfluß deutscher Juden. Da waren die Ideologen, deren Bücher auf deutsch geschrieben und gelesen wurden, von Moses Hess bis hin zu Theodor Herzl und Max Nordau. Noch vor der Hitler-Zeit hatte der Zustrom deutscher Juden dem jüdischen Leben in Israel seinen Stempel aufgedrückt; aus ihren Reihen kamen die Akademiker, Beamten, Wissenschaftler und Politiker des wachsenden und sich ständig wandelnden Gemeinwesens. Dann, nach 1933, setzte jene Einwanderungswelle von Juden aus Deutschland ein, denen die Flucht gelungen war. Die nun kamen, waren nicht mehr überzeugte Zionisten, und der stehende Witz der damaligen Zeit war: ›Kommen Sie aus Deutschland oder aus Überzeugung?‹ Die *Jeckes* (die deutschen Juden) wurden von den osteuropäischen Juden, die die getreuesten und überzeugtesten Pioniere der ersten Stunde gestellt hatten, mit einem Gemisch aus Amusement und leichter Animosität betrachtet. Doch irgendwie gelang es ihnen allen zusammenzuleben. Die Herausforderung und die unleugbaren Errungenschaften jener Zeit einten sie zu einer Gemeinschaft, deren Glieder einen Großteil ihrer Kultur und ihre Erinnerungen aus Europa mitgebracht hatten. Die Schriftsteller aus der Bukowina und aus Berlin etwa sprachen dieselbe Sprache. Und die tragischen Ereignisse, die nun über Europa hereingebrochen waren, einten sie in ihrem Schmerz und ihrer Trauer um eine verlorene Welt und um ihre verlorenen Brüder.

Nach 1945, als das volle Ausmaß der Naziverbrechen bekannt wurde, änderte sich das Verhältnis Israels zu Europa deutlich. Die Israelis wußten nun, daß sie recht gehabt hatten. Europa war zum Schlachthof geworden, dem sie entronnen waren. Von nun an widmete sich Israel mit einer Intensität seiner eigenen Entwicklung, die keinen Raum mehr ließ für den Gedanken an Europa. Man war der Überzeugung, daß alle Juden Europa, Amerika, jeden anderen Ort verlassen und Ernst machen sollten mit der *Alija*, der Einwanderung nach Israel. Jenen Juden, die es vorzogen, in der Diaspora zu bleiben, wurde eine ›Schuldmentalität‹ unterstellt, die dem Bewußtsein all derer weit unterlegen war, die gekommen waren, ›das Land zu erlösen und von ihm erlöst zu werden‹, wie es in einem alten zionistischen Pionierlied heißt.

Der Gedanke an den Holocaust wurde aus dem israelischen Denken verbannt. Die europäischen Juden hatten inmitten ihrer Feinde gelebt, die sie ermorden wollten, und waren nicht fortgegangen, ja schlimmer noch, sie hatten sich bereitwillig unterdrücken und hinschlachten lassen. Sie konnten einem allenfalls leidtun, aber man konnte sie nicht für ihre Haltung achten. Die wenigen Ausnahmen, die Helden, waren jene, die gekämpft hatten, besonders die Juden des Warschauer Gettos. Ein Beispiel für diesen seltenen Heldenmut war Abba Kovner; der Großteil der europäischen Juden aber waren willige Opfer oder – noch verabscheuungswürdiger – Kollaborateure des Feindes. Die vielen Überlebenden, die nach Israel gekommen waren, mußten die grausame Entdeckung machen, daß ihre Erlebnisse niemanden interessierten. Der Holocaust war kein Gesprächsthema. Eine israelische Wissenschaftlerin berichtet:

»Ich habe im Blick auf die Zeitspanne zwischen 1948 und 1961 die Ausgaben einer der größten israelischen Kinderzeitschriften durchgesehen. In all diesen Jahren wurde der Holocaust nur elfmal erwähnt. Das heißt: In siebenhundert Ausgaben kam der Holocaust nur elfmal vor! Eine der Nennungen bezog sich auf die bevorstehende Veröffentlichung des Tagebuches der Anne Frank auf hebräisch. In einer anderen wurde der *Jom ha-Shoa*, dre Gedenktag an den Holocaust, zitiert.«[52]

Viele Kinderbücher aus dieser Zeit waren ganz ähnlich aufgebaut: Klein Jossele kommt nach Israel, blaß, dünn und ängstlich. Ein paar Monate später, im Kibbuz, ist ein gesundes, kräftiges, braungebranntes Kind aus ihm geworden. Er ist nicht mehr ›Jossele‹ aus der Diaspora, sondern der junge Israeli ›Joschke‹. In dieser Geschichte wird die krankmachende Erinnerung an den Holocaust von dem Land geheilt, in dem die Juden Erneuerung finden. Die Moral springt ins Auge: »Laßt uns endlich anfangen, das Land aufzubauen, das ist sehr viel wichtiger, als ewig der Vergangenheit nachzuhängen.«[53] Europa war für die Juden stets das Land, in dem sie verfolgt wurden; die russischen Pogrome im vorigen Jahrhundert waren unvergessen. Doch die Israelis weigerten sich, sich diese Erinnerung bewußtzumachen.

Warum wurde das Jahr 1961 zur großen Wasserscheide, zu einer Zeit, in der die öffentliche Meinung, was den Holocaust betraf, völlig umschlug? Es war das

---

52. *Rachel Meir*, Shoa als schuldiger Lernprozeß. In: Kiesl und Karpf (Hg.), Identität und Erinnerung, 66.
53. A.a.O., 67.

Jahr des Eichmann-Prozesses. Tagtäglich berichtete die Weltpresse. Auch in Israel waren die Medien voll von diesem Ereignis. Die Zeugen traten auf: Überlebende, denen bisher keiner zugehört hatte. Die Würde dieser Menschen war beeindruckend. Sie waren keine menschlichen Wracks, sondern sachliche Ankläger, die genau wußten, was sie sagten, und sich die Achtung ihrer Umwelt erwarben, die ihre Berichte nun endlich anhörte. Das Klima war ein anderes geworden.

Eine neue Ära war angebrochen, die ungefähr von 1961 bis 1973 dauerte. Israel machte sich auf die Reise ins Innerste der jüdischen Seele. Die Dichter plädierten nun für die Selbsterforschung eines Volkes, das jene Kammer seines Gedächtnisses, in der die ganze Angst und Qual eines Volkes, das durch die Hölle gegangen war, aufbewahrt wurde, bisher fest unter Verschluß gehalten hatte. Dokumentationen und Untersuchungen erschienen, Tagebücher wurden veröffentlicht, der Holocaust wurde in der Öffentlichkeit diskutiert. Und man geriet sich darüber in die Haare. Die westdeutsche Regierung hatte die Ansprüche jüdischer Flüchtlinge auf einen Ausgleich für ihre materiellen Verluste, für ihr Leiden in den Lagern, für ihre abgebrochene Ausbildung usw. anerkannt. Die jüdische Gemeinschaft drängte nun darauf, daß auch die ermordeten Juden als Opfer anerkannt wurden, und der Staat Israel erhielt Millionenbeträge, nicht als ›Entschädigung‹, sondern als Eingeständnis der Schuld an der *Shoa*:

> Alles wird wieder an seinen Platz gebracht werden,
> Paragraph um Paragraph.
> Der Schrei zurück in die Kehle.
> Die Goldzähne zurück ins Zahnfleisch.
> Das Entsetzen.

Hier ging es um mehr als um eine Rente für ältere Juden. Der Staat Israel war zum rechtmäßigen Erben der Ansprüche der sechs Millionen Toten geworden. Natürlich gibt es keine ›Wiedergutmachung‹ für den Tod auch nur eines einzigen Kindes, ganz zu schweigen von einer Million toter Kinder; jeder Mensch ist einzigartig und unersetzbar. Doch sollten die Mörder jetzt auch noch in den Genuß der Besitztümer der von ihnen Hingeschlachteten kommen? So argumentierten die Befürworter dieser Zahlungen, die lebenswichtig für den neuen, um sein Überleben kämpfenden Staat Israel waren. Aber dieses Argument griff nicht, und seine Gegner wollten am liebsten keinen Pfennig von den Mördern annehmen, sie wollten nicht, daß diese gewissermaßen mit einem Lösegeld davonkamen. Keine Seite machte sich klar, daß sie es gar nicht mehr mit den wirklichen Mördern zu tun hatte, sondern mit der nächsten Generation. Auch dieses Argument wurde einfach beiseitegefegt. Statt dessen sprach man von ›Kollektivschuld‹, ja von ›Erbschuld‹. Zu leicht ließ sich die biblische Aussage ignorieren, daß ›die Schuld der Eltern nicht an den Kindern heimgesucht werden darf –

jede Seele, jedes Geschlecht, jeder einzelne steht für sich selbst, und nur die Seele, die sündigt, wird sterben‹. Eines aber war während des ganzen Streites klargeworden: Die Erinnerung an den Holocaust war wichtig und durfte nicht der Vergessenheit anheimfallen. Die Überlebenden mit den in ihre Arme eintätowierten Nummern waren auf einmal keine Gespenster mehr. Sie waren zu Mitbürgern geworden, und man hörte ihnen zu. Man lud sie in die Schulen ein, damit sie vor den Kindern sprachen, ließ sie zu Wegweisern in die Vergangenheit werden. Die Juden erkannten sich selbst in ihnen.

Dann kam das Jahr 1973. In unserer Synagoge in London waren wir an diesem *Jom-Kippur*-Fest hermetisch vom Rest der Welt abgeschlossen, während sich in den meisten anderen Synagogen die Nachrichten überstürzten, die die Besucher und die Familien, die ins Heiligtum gelaufen kamen, mitbrachten. Wir wußten nicht, daß der Jom-Kippur-Krieg begonnen hatte. Für unsere Familie war es ein wichtiger Tag, weil unsere jüngste Tochter, Noam Ilana, am nächsten Morgen geboren wurde. Da aber waren wir dann schon voll mit verschiedenen Aktivitäten – von Blutspenden bis zu Geldspenden – für das bedrohte Israel beschäftigt. Für Israel war 1973 das Jahr, in dem wieder alles anders wurde. Erst vor einem Jahr hatte das Münchner Massaker am israelischen Olympia-Team stattgefunden. Der Holocaust schien näher als irgendwann seit 1945. Die öffentliche Meinung schlug um, besonders als die ersten feindlichen Angriffe erfolgreich waren: Die Legende von der israelischen Superarmee war erschüttert. Zahlreiche Tote ... Ungewißheit über das Schicksal der Gefangenen ... Erwägungen über das Wesen des Heldentums in dieser Welt. Nach dem Krieg sahen die Israelis auch die Problematik der *Shoa* mit völlig neuen Augen. War Heldentum wirklich nur eine Sache des Mutes auf dem Schlachtfeld? Nein, denn auch die israelischen Soldaten in Kriegsgefangenschaft waren Helden; dann waren aber auch die Juden in den Konzentrationslagern, die eine Brotkruste miteinander geteilt hatten, Helden gewesen. Und jene, die in Zeiten der Finsternis gebetet hatten – hatten nicht auch sie eine Form des Widerstands geleistet? Die Fotografien aus den Todeslagern wurden hervorgeholt und mit neuen Augen betrachtet. Wie interpretieren wir nun das Bild von dem Jungen mit erhobenen Händen, der in den Lauf eines Gewehrs blickt, das ein SS-Mann auf ihn richtet? Oder das Bild von dem alten Mann, der ein Kind zu den Gaskammern führt und mit ihm spricht, mit einer Hand zum Himmel weisend?

Eine Neubewertung des Gewesenen setzte ein. 1974 dachte man zum ersten Mal öffentlich über den Namen nach, den der Holocaust-Gedenktag (*Jom ha-Shoa*) trug: *Jom ha-Shoa w'ha-Gewura* – ›Tag des Holocaust und des Mutes‹. Bisher hatte man das *w'ha-Gewura* nur mit dem Aufstand im Warschauer Getto in Verbindung gebracht, der als äußerste Demonstration menschlichen Mutes in jener Zeit galt. Doch gab es nicht auch noch andere Manifestationen des Mutes, säkulare, religiöse, pazifistische? Selbst Kompromisse, diese scheinbaren Akte der Kollaboration, die Leben retteten, wurden nun mit größerer Sympathie betrachtet. Natürlich leben die alten Einstellungen fort, aber es wird mittlerweile akzeptiert, wenn man die Dinge differenzierter betrachtet. Es ist schwer, der Vielschichtigkeit eines Landes gerechtzuwerden, das einst auf Erinnerungen an Europa aufgebaut wurde und nun beherrscht wird vom Zustrom sephardischen Gedankengutes aus den arabischen Ländern. Die meisten Juden aus den arabischen Ländern haben keine wirkliche Erinnerung an den Holocaust, auch wenn in Europa allmählich das Bewußtsein dafür wächst, wie sehr auch die sephardischen Gemeinden von der *Shoa* in Mitleidenschaft gezogen wurden. Doch mittlerweile ist das Pendel wieder zurückgeschwungen. Man legt nun wieder mehr Gewicht auf die Demonstration von Stärke, auch im militärischen Bereich. Die sephardischen Israelis, die unter Arabern leben und viele ihrer Auffassungen übernommen haben, unterstützen in der Regel die gewaltsamen militärischen Lösungsvorschläge des rechten politischen Flügels und der Extremisten. Das hat zur Folge, daß auch die früheren Einstellungen zum Holocaust wiederaufleben. Diese Vergangenheit, ja selbst die Erinnerung an sie, wird abgelehnt, weil sie für das sephardische Denken weniger zentral ist. Der Holocaust verkapselt sich wieder, wird zur Enklave, zum verborgenen Trauma des Staates, zum latenten Sprengstoff in der Seele der Juden, die in einem Land der Verheißung und der Verzweiflung leben.

Israel ist der jüngste und zugleich der älteste Staat der Welt. Die Israelis leben auf uraltem Boden, in einem Land, das ihnen seit über 3 000 Jahren gehört. Israel sieht sich als Mutter aller anderen jüdischen Gemeinschaften, ja aller Juden überhaupt. Es streckt die Arme nach ihnen aus und ruft sie heim. Der Holocaust, wie wir ihn verstehen, ist ein verkapseltes Trauma in der Seele des Volkes, ein Trauma, das sich in naher Zukunft weder von uns noch von Israel auflösen läßt. Die Israelis sind der Überzeugung, daß alle Juden Israel lieben müssen, weil Israel diese Liebe braucht. Das Land hat viel von seinem Selbstvertrauen verloren, seine Bevölkerung erkennt allmählich, daß nicht alle ihre Handlungen richtig sind, daß viele politische Entscheidungen falsch waren und daß Israel ständiger Kritik ausgesetzt ist. Diese Kritik jedoch kommt, so meinen die Israelis, von jenen, die die Verantwortung für die Ermordung der Juden in der Diaspora tragen. Deshalb wird sie als feindseliger Akt betrachtet, schlimmer noch, sie wird ignoriert. Und ich glaube, daß Israel auch Kritik von seinen Freunden, ganz besonders von seinen jüdischen Förderern, nicht ertragen kann. Deshalb setzt man der Kritik aus dem Ausland die alte Antwort entgegen, mit der Ben Gurion die frisch angekommenen Einwanderer empfing: ›Wenn ihr Kritik üben wollt, kommt nach Israel. Dann habt ihr das Recht zu reden!‹ Das ist die Antwort, die Avneri den prophetisch-moralischen Aussagen eines Elie Wiesel gab und gibt, die Absage, die ganz Israel jenen erteilt, die *Schalom Achschaw* von außen unterstützen. Aber steckt darin nicht auch schon wieder ein Stückchen der unverarbeiteten Verletzung, die der Holocaust auch diesem Land zugefügt hat, das aus der Notwendigkeit zu überleben geboren ist? Und wird es überleben?

Leo Baecks jüdisches Geschichtsbild hat die Form einer Ellipse mit zwei Brennpunkten: Israel und die Diaspora. Die beiden stehen in ständiger Wechselbeziehung, und die Judenheit in der *Gola*, der Diaspora, sieht sich ständig in Frage gestellt durch Israels Haltung ihr gegenüber und durch die Forderungen, die Israel an sie stellt: Forderungen moralischer und ethischer Art und die Forderung nach einer vorbehaltlosen Unterstützung für Israel in einer Zeit verzweifelter Ungewißheit. In vielfacher Hinsicht fühlt sich Israel durch die Schriften der jüdischen Gelehrten, die weit von der Heimat entfernt leben und doch durch Volkszugehörigkeit und ideologische Überzeugung mit Israel verbunden sind, bestätigt. So steht denn auch Dow Marmurs *The Star of Return* ganz im Zeichen seiner Leidenschaft für Israel. Zwar geht es auch um die alte Frage nach dem Holocaust und seiner Rolle bei der Gründung des Staates, doch daneben steht für Marmur ein völliger Neuanfang:

»Der Holocaust war nicht die Ursache für die Gründung des jüdischen Staates, er verkörperte vielmehr das tragische Ende des alten Paradigmas vom Exil ... den Anfang von etwas Neuem, das zugleich auch etwas aus der ganz alten, der biblischen Zeit, heraufbeschwört.[54]

Vom amerikanischen Kontinent aus überblickt Rabbiner Marmur die Vergangenheit, Gegenwart und Zukunft des Landes Israel. Es ist das Land der ersten Generationen, das Land der Bibel, wo allein sich die ethischen Aussagen der Propheten verwirklichen lassen. Angesichts der alles andere als vollkommenen Handlungsweise der Menschen, ganz besonders der Politiker, stellt sich allerdings die Frage, ob nicht die Finsternis diesen wunderschönen Traum zunichte machen wird.

Marc Ellis, ein jüdischer Theologe, der mit Vertretern der christlichen Befreiungstheologie zusammenarbeitet, gehört zu den radikaleren Kritikern des jüdischen Establishments. Ellis scheut sich nicht, das verklärte Israel-Bild, wie es sich in der Diaspora hält, und auch den Staat Israel selbst aufs schärfste anzugreifen:

»So wurde der Holocaust zum Grund und zur Rechtfertigung für die Entwicklung Israels. Diese Entwicklung wiederum verursachte – und manche werden sogar sagen verlangte – die Schaffung einer staatenlosen Gruppe palästinensischer Araber. Die Befriedigung der Rechtsansprüche der Juden resultierte in einem großen Unrecht an den Palästinensern ...«[55]

Die mahnende Erinnerung an das Unrecht, das in Israel begangen wurde und wird, an den Schmerz der Palästinenser und an das Leid, das ihnen zugefügt

---

54. In: The Star of Return: Judaism after the Holocaust. New York, 10.
55. *Marc Ellis*, Beyond Innocence and Redemption: Confronting the Holocaust and Israel's Power. San Francisco 1990.

wird, taucht in vielen israelischen Texten auf – von Amos Oz bis zur *Jerusalem Post*. Sie alle stammen von Menschen, die mit den Gefahren und den Kränkungen des israelischen Alltags leben und die sich deshalb jede Kritik von außen verbitten.

Doch Ellis geht weit über eine Bewertung der Gründung Israels und der Unmoral, die er in diesem Schritt erblickt, hinaus. Sein Ziel ist es, das gesamte Denken in der Diaspora umzukrempeln. Seiner Auffassung nach muß eine Holocaust-Liturgie auch der Leiden der Palästinenser gedenken, für die dies wiederum ein Zeichen dafür wäre, was der Holocaust auch für ihr Leben bedeutet. An dieser Stelle kommt Ellis zum zentralen Thema seiner Befreiungstheologie: Er möchte alle Armen und Entrechteten, alle Ohnmächtigen, die in dieser Welt leiden, vereinen. Israel ist für ihn nur ein Beispiel unter vielen. Sein Ziel ist eine universale Gerechtigkeit.

Ein Teil dieses Kapitels entstand in Jerusalem, der Heiligen Stadt, die sich ihre Heiligkeit trotz des Verkehrs und Baulärms bewahrt hat. Wenn man das israelische Gemeinwesen mit all seinen Ängsten und Visionen anschaut, wenn man den Dichtern und Philosophen zuhört und dem Sprachengewirr draußen lauscht, so sieht man, wie allmählich die Spuren der Verheerungen des Turmes zu Babel wieder verschwinden, indem die verschiedenen Elemente dieser Gesellschaft durch das Hebräische – das Land und die Sprache – zusammengeschmiedet werden. Ein neues Element im israelischen Völkergemisch sind die russischen Juden, die all ihre Enttäuschungen und zerstörten Illusionen mitgebracht haben, die wie ein Feuer an *Lag Ba-Omer* brennen. Ich sehe zu, wie sich die amerikanischen Studenten im Gewirr der kulturellen und religiösen Strömungen zu orientieren versuchen und dabei immer wieder zu dem Schluß kommen, daß es keine Antwort gibt, keinen Wegweiser, der uns die Richtung zeigt. So kann man nicht durch Rechavia, das alte deutsche Viertel von Jerusalem, gehen, ohne an den bedeutenden Einfluß zu denken, den die deutsche Judenheit vor und während des Holocaust auf die Entwicklung in Israel gehabt hat. Und überall in Jerusalem begegnen wir den unübersehbaren Zeichen einer übermächtigen Orthodoxie. Viele glauben, daß in einer ihrer *Jeschiwot* – oder in ihnen allen – die endgültige Wahrheit verkündet wird. Die Lubawitsch-Bewegung sieht messianische Vorzeichen in der Luft, auch wenn sie sich als Warner vor falschen Hoffnungen betrachtet. Sephardische und aschkenasische Traditionen vereinen sich mit arabischen und drusischen Bräuchen. Das Bewußtsein ständiger Bedrohung macht das Leben besonders intensiv. Viele unterirdische Strömungen ziehen sich durch das Leben dieses Landes. Seit den Tagen von Juda Magnes und Martin Buber bis hin zu den großen deutschen Gelehrten, deren Einfluß immer noch nicht ganz verschwunden ist, spürt der Besucher die ganz eigene Atmosphäre dieses Landes. Am Ende, wenn ich all diesen Denkern, Rabbinern und Wissenschaftlern zugehört habe, kann ich nur meinem Vertrauen in das Volk selbst Ausdruck geben, nicht in irgendeinen Führer und auch nicht in einen der ›Reiter in die Morgendämmerung‹.

Am letzten Tag meines Besuches betete ich an der Klagemauer und in einer Gemeinde, die sich selbst als ›chassidisch-reformerisch‹ bezeichnet. Ich aß beim CVJM und im King David Hotel, und dann ging ich in einen ›Salon‹ – ein Überbleibsel jener großen alten Tradition, wo eine Gastgeberin ein offenes Haus führt für Gäste, die nur die eine Verpflichtung haben, auf irgendeine Weise interessant zu sein. Als ich durch eine der engen Seitenstraßen schlenderte, bog eine hoheitsvolle Frauengestalt in Schwarz vor mir um die Ecke. Für einen Augenblick stand die Zeit still, und ich dachte an jene tragische, halb wahnsinnige deutsche Prophetin, die nach Jerusalem kam und hier im Elend starb: Else Lasker-Schüler. Unser letzter Blick auf die vielgestaltige, widersprüchliche israelische Szenerie sollte vielleicht einem ihrer Gedichte gelten:

> Und ich vergehe
> Mit blühendem Herzeleid
> Und verwehe im Weltraum,
> In Zeit,
> In Ewigkeit,
> Und meine Seele verglüht in den Abendfarben
> Jerusalems.[56]

Hier ist sie gestorben, in Jerusalem. Seit Jahrhunderten haben viele fromme Juden am Abend ihrer Lebens diese Pilgerfahrt angetreten, weil sie in Zion sterben wollten. Heute will ein Volk mit all seinen Schwierigkeiten und Problemen an diesem Ort *leben*, leben nach dem Holocaust – keine einfache Sache, weder für die Araber noch für die Juden, denn der Kampf für den Frieden fängt recht eigentlich erst jetzt an. Ganz gleich, wie man zur Verleihung des Friedensnobelpreises steht, sie ist auf jeden Fall eine Aussage für den Frieden, die beiden Seiten neue Impulse gibt. Noch stehen die neuen Friedensvereinbarungen, etwa zwischen Israel und Jordanien, auf so schwachen Füßen, daß jeder Zwischenfall den Friedenswillen wieder auszulöschen droht. Doch das Bemühen um Frieden ist immer gefährdet, und dennoch gelingen immer wieder, wenn auch kleine, Schritte auf diesem großen Weg.

---

56. Aus: Sulamith. In: E*lse Lasker-Schüler*, Sämtliche Gedichte. München 1966, 182.

7. Eine andere Sprache
Die Welt der Dichter

Paul Celan

Wir können die Welt, in der wir heute leben, die Welt nach dem Holocaust, die auf das ungewisse Dunkel des 21. Jahrhunderts zutreibt, nicht ganz begreifen. Viele verschiedene wissenschaftliche Disziplinen versuchen, unserem Denken eine Richtung zu geben. Die Historiker präsentieren uns die Vergangenheit als eine ordentlich und unerbittlich aneinandergereihte Abfolge von Ereignissen, die uns am Ende mit der ganzen Unausweichlichkeit eines dialektischen Prozesses verschlingen und unser künftiges Handeln diktieren wird. Hat man jedoch erst einmal erkannt, daß ihre Vorhersagen alles andere als immer und absolut zutreffend sind, wird ihre prophetische Stimme zum Nebengeräusch, ja sie werden als Deuter der Vergangenheit verdächtig. Dann sind da noch die Theologen, bei denen alles mit einer Offenbarung anfängt, die wir kritiklos akzeptieren sollen. Doch wir leben in einem post-theologischen Zeitalter, in dem das naturwissenschaftliche Denken und die Realitäten des täglichen Lebens zu vielen religiösen Dogmen im Widerspruch stehen, und so erscheinen die Wahrheiten der Theologie den meisten Menschen allermindestens suspekt. Der Glaube mag zwar nach wie vor unsere beste Option sein, und eine religiöse Vision kann unser Leben sicherlich bereichern, doch muß das nicht zwangsläufig die Vision der von den religiösen Institutionen eigens zur Bewahrung der alten Strukturen bestellten Diener sein. Was wir suchen, ist eine Wahrheit, die in unserem Inneren brennt wie eine lebendige Flamme, neben der die Antworten der verschiedenen Disziplinen blaß und kalt wirken.

Gibt es noch andere Quellen der Inspiration? Deutlichere Visionen, die wir innerlich voll und ganz bejahen und von denen wir uns ergreifen lassen können? Schon immer haben die Suchenden Zuflucht bei den Dichtern ihrer Zeit gefunden. Da waren Homer und Vergil, Milton und Dante, oder auch die rauheren Töne jener Dichter, die uns religiöse Visionen schenkten und deren innere Angefochtenheit uns selbst zu tieferem Begreifen hinführte. In der Bibel etwa sagen uns Ijob und die Psalmisten sehr viel mehr als die wohlgegliederten Anordnungen der Gesetzgeber.

Auch in unserer Zeit gibt es Dichter, die jene andere Sprache sprechen und in jener Nebenwelt leben, die unserer Realität den Spiegel vorhält. Wenn sie uns von der Finsternis erzählen, so sind sie dabei weder von dem Beweiszwang der Historiker noch von der Logik der Theologen eingeengt. Sie blicken in einen ›dunklen Spiegel‹ und sehen mit einer schrecklichen Klarheit, die alle Verteidigungszäune, die unser Verstand gegen den Ansturm der Wahrheit errichtet hat, niederreißt. Sie erzählen uns von der finstersten Nacht und erhaschen doch schon einen Blick auf die Morgendämmerung. In einer Welt, in der Logik und Glaube nichts mehr gelten, werden sie zu Führern, an deren Hand wir eine Stärke in uns entdecken, derer wir uns bis dahin nicht bewußt waren, eine ewige Kraft der menschlichen Seele, die auch noch im innersten Kreis der Hölle überlebte.

Paul Celan war ein solcher Führer. Sein ganzes Werk entstand auf dem dunklen Hintergrund des Holocaust. Celan wurde 1910 in Czernowitz, der Hauptstadt der rumänischen Bukowina, geboren. Viele Juden stammen aus Orten, wo eine Vielfalt von Sprachen und Kulturen gleichsam einen Mahlstrom der Zivilisation bildete, der sie aufsaugte, sie auf seltsame Weise bog und formte und schließlich wieder in die Welt entließ. Sie lebten mit dem inneren Widerstreit der verschiedenen Einflüsse, die in ihnen um die Übermacht stritten. In Celans Fall war es das Hebräisch der Kindheit, das dem frühreifen Knaben immerhin schon einen kurzen Blick auf einen halb-begriffenen Mystizismus vermittelte; dann die deutsche Sprache, die zum Segen und zum Fluch wurde – seine einzige Möglichkeit des dichterischen Ausdrucks, auch wenn er sie aus der Distanz neu finden mußte; die rumänische Sprache des Alltags, in der er sogar einige Gedichte verfaßte; und schließlich das Französische, die Sprache seiner Wissenschaft, ja die Sprache, die ihm den Lebensunterhalt sicherte, während er als Übersetzer in Paris arbeitete.

Paul Celans Eltern wurden im Herbst 1942 von den Nationalsozialisten umgebracht – der Herbst wurde in seinen Schriften zur grausamen Jahreszeit. Celan selbst wurde in ein Arbeitslager gesteckt; die Steine, die Trümmer, die Felsen, das Eis und die Grausamkeit jener Umgebung fanden ihren Niederschlag in seiner Dichtung. Der Tod der Eltern, die Tragödie seines Volkes, seine Odyssee durch Länder und Sprachen – all das macht ihn zu einem Zeugen der Vergangenheit für die Gegenwart; einer Vergangenheit, die ihn am Ende tötete.

Manchmal muß man, um ein Gedicht verstehen zu können, viel über die Sprache, in der es geschrieben ist, und ihre Bilder wissen, und manchmal muß man die frühere und jetzige Situation des Dichters kennen, um von ihm lernen zu können. Da Paul Celan zweifellos zu den größten Dichtern des 20. Jahrhunderts gehört, wird wohl jeder, der Dichtung liebt, irgendwann einmal, sei es durch Zufall oder nach absichtsvoller Suche, auf seine Gedichte stoßen und sich von ihnen erschüttern und beschenken lassen. Wenn unsere Prämisse vom Dichter als Propheten Gültigkeit haben soll, müssen wir uns vor allem auf einen einzigen Aspekt seiner Dichtung einstellen. Wir brauchen uns dazu nicht auf einen Streit mit den Gelehrten einzulassen, die über jede Zeile und jedes Wort debattieren. Ich bin sicher, daß man zu dem, was Celan aussagt, durchdringen kann, ohne die eigenen Grenzen zu verleugnen, in der Gewißheit, daß der Genius des Dichters alle Mauern, die um ihn herum errichtet worden sind, durchbricht, und daß wir imstande sind, das Wort, das er über die Kluft der Finsternis hinübergerettet hat, zu verstehen und zu lieben.

Den Anfang sollten wir vielleicht mit dem *Golem* machen, einem Bild, das uns bei unserer Entdeckungsreise nützen kann. Im 139. Psalm ist die Rede von der ungeformten Substanz unseres Leibes, der Gott Gestalt verliehen hat (»Deine Augen sahen meinen *Golem*«). Das bezieht sich auf die Schöpfung, in der dem Tonklumpen das Göttliche eingehaucht wurde. Man kann dabei aber auch an Shelleys *Frankenstein*, Capeks *RUR* – die ersten ›Roboter‹ –, denken, oder eben an den *Golem*, den nach der Legende der große Rabbi Löw in Prag geschaffen hat. Damit ist dieses Bild aber auch ein Bild unserer Zeit. Gershom Scholems Schrift über den ›*Golem* von Prag und den *Golem* von Rehovot‹ zeigt die Beziehung auf zwischen einer computergesteuerten Gesellschaft und dem Fehlen des Geistes, das diese schrecklichen Sklaven ihrer Schöpfer zu einem Zerrbild der Menschheit macht. Und wenn Paul Celan von Rabbi Löw schreibt, von Prag und den dunklen Mächten, die an der Schwelle unseres Lebens lauern, so läßt er ein Begreifen für eine Welt in uns aufsteigen, in der der einzelne dem Staat, der Gesellschaft, der Körperschaft, ja selbst der Synagoge oder Kirche insoweit untergeordnet ist, als er diesen Institutionen gehorchen und ihre Instruktionen befolgen muß, statt selbständig zu denken.

Wir sind verantwortlich für die Welt, in der wir leben. Angesichts ihrer Unvollkommenheit, ihrer Grausamkeit neigen wir allzu rasch dazu, einen Abwehrmechanismus einzuschalten, der uns aus dieser Verantwortung entläßt. Wir hypostasieren das Böse zum Satan; wir postulieren irgendwelche finsteren Mächte, die außerhalb der Menschheit am Werk sind. Die Popularität der Geschichte von Dr. Jekyll und Mr. Hyde ist ein Symbol für diese Abspaltung des Bösen vom Guten, für die Suche nach ›Doppelgängern‹ – und auch das paßt zur *Golem*-Legende. Der *Golem* der Prager Legenden verkörpert eine rohe, gedankenlose Kraft, die vom Rabbi zum Guten gebraucht werden kann; in diesem Sinne ist sie Teil des jüdischen Volkes.

Celan sah diese Gestalt in einem seiner Gedichte:

Einem, der vor der Tür stand, eines
Abends:
ihm
tat ich mein Wort auf –:[57]

Celan appelliert hier an Rabbi Löw, sein Geschöpf zu beherrschen, ihm das Wort zu beschneiden, ihm das Nichts ins Gehirn zu pflanzen, und am Ende steht der Ruf:

Wirf auch die Abendtür zu, Rabbi.
...
Reiß die Morgentür auf, Ra- –[58]

57. *Paul Celan*, Die Niemandsrose. Sprachgitter. Frankfurt/Main 1986, 40.
58. Ebd.

Abend und Morgen sind die Grenzfesten der Schöpfung. *Wa-jehi erew, wa-jehi woker*: »Es wurde Abend, und es wurde Morgen: erster Tag« – das ist der Rhythmus der Schöpfungsgeschichte, wie sie in den ersten Zeilen der Tora zu finden ist. Das messianische Zeitalter wird durch die Abendtür treten, in die Finsternis der Kriege von Gog und Magog, bis sich schließlich die Morgentür auftut für den Messias. Am Anfang ist die Finsternis, der Golem mit der Macht des Wortes, das ihm verliehen ist (die Überlieferung variiert hier: manchmal ist es das Wort *Emet*, Wahrheit, manchmal der Gottesname, der ihm in den Mund gelegt wird und der den Golem zum Leben erweckt). Durch dieses Wort beherrscht der Mensch ihn aber auch. In einer Legende ist der Golem zu groß und zu stark geworden. Der Rabbi hat immer noch einigen Einfluß auf ihn und bittet ihn, ihm die Schnürsenkel zu lösen, so daß seine Stirn, auf der das Wort *Emet* steht, in Reichweite des Rabbis gerät, der daraufhin den ersten Buchstaben wegreibt. *Emet* wird zu *Met*, Tod, und der Golem zerfällt zu Staub.

In einer anderen Variante zieht der Rabbi das Pergament mit dem göttlichen Namen darauf aus dem Mund des Golems, woraufhin dieser stirbt. Stirbt der Rabbi mit seiner Schöpfung, als er den Namen fortnimmt und die Morgentür aufstößt? Die Abkürzung des Namens »Ra-« läßt das vermuten; und in vielen traditionellen Erzählungen über den Kampf zwischen Gut und Böse muß der Gute in der Tat dieses Opfer bringen. In der jüdischen Legende sind der gute Rabbi Löw und sein Knecht, der Golem, stets untrennbar miteinander verbunden.

In Prag erzählte man mir, daß die Altneuschul, die Synagoge, die nach der Überlieferung immer noch die Asche des Golem in ihrer Dachkammer beherbergt, nicht von den Nationalsozialisten zerstört wurde, weil der Golem sie beschützte. Und der Stein, den ich auf das Grab von Rabbi Löw legte, war einer von vielen Steinen und Bittschriften, die von Juden wie Nicht-Juden auf dieses Grab gelegt werden, weil sie immer noch an die rettende Kraft des großen Rabbi und seines großen Knechtes glauben. Celans Gedicht *In Prag* handelt jedoch eher von jener äußersten Finsternis, die herrscht, wenn das Böse zu stark geworden ist, wenn »die hebräischen Knochen, zu Sperma zermahlen, durch die Sanduhr rinnen ...«. Doch bevor das Bild des Holocaust in seiner ganzen Schrecklichkeit vor uns aufsteigt, erhaschen wir einen flüchtigen Blick auf den Golem:

> Der halbe Tod,
> großgesäugt mit unserm Leben,
> lag aschenbildwahr um uns her -
>
> auch wir
> tranken noch immer, seelenverkreuzt, zwei Degen,
> an Himmelssteine genäht, wortblutgeboren
> im Nachtbett,

größer und größer
wuchsen wir durcheinander, es gab
keinen Namen mehr für
das, was uns trieb (einer der Wieviel-
unddreißig
war mein lebendiger Schatten,
der die Wahnstiege hochklomm zu dir?),

ein Turm,
baute der Halbe sich ins Wohin,
ein Hradschin
aus lauter Goldmacher-Nein,

Knochen-Hebräisch,
zu Sperma zermahlen,
rann durch die Sanduhr,
die wir durchschwammen, zwei Träume jetzt, läutend
wider die Zeit, auf den Plätzen.[59]

Wir sind hier in Prag – die uralte hebräische Uhr auf dem Platz, ihre goldenen hebräischen Lettern, die auf die Brücke blicken, auf den Weg zur Burg, und da ist der halbtote Golem, halb zum Leben erwacht durch uns, unser Doppelgänger, eine dräuende Silhouette vor dem Himmel. Fragen und Antworten zum Schicksal der Juden; und doch zugleich eine Universalität, die nach einer Definition des Menschen an sich strebt, der nach dem Chaos immer neu erschaffen wird. An dieser Stelle wird das Bild des Golem noch einmal für die ganze menschliche Natur gebraucht und zurückgeführt auf die erste Schöpfung. Deshalb wird in Celans *Psalm* schemenhaft der Schatten des Golem hinter der uns entgegengeschleuderten Herausforderung sichtbar:

Niemand knetet uns wieder aus Erde und Lehm,
niemand bespricht unseren Staub.
Niemand.

Gelobt seist du, Niemand.
Dir zulieb wollen
wir blühn.
Dir
entgegen.

59. Paul Celan, Werke. Historisch-Kritische Ausgabe I, Bd. 7,1; Frankfurt/Main 1990, 63.

Ein Nichts
waren wir, sind wir, werden
wir bleiben, blühend:
die Nichts-, die
Niemandsrose.

Mit
dem Griffel seelenhell,
dem Staubfaden himmelswüst,
der Krone rot
vom Purpurwort, das wir sangen
über, o über
dem Dorn.[60]

»Geknetet aus Erde und Lehm« – das erinnert eher an den Golem als an die Schöpfung. Und doch ist dies ein Psalm, ein religiöses Gebet, gerichtet an das ›Große Nichts‹, das *En sof* der Kabbalisten und radikalen jüdischen Theologen, in dem die Sinnlosigkeit unseres Leidens schließlich einen Sinn bekommt. Das »Wir« dieses Gedichtes kann die Stimme der Toten sein; doch die Toten sind ein Teil von uns. Und das ›Nichts‹ kommt wieder zum Leben, so wie der Golem am Sabbat zur Ruhe gebracht und dann wieder geweckt wurde. In Ezechiels Vision vom ›Tal der Gebeine‹ wird der Prophet gefragt: »Können diese Gebeine wieder lebendig werden?« Er antwortet überzeugt: »Herr und Gott, das weißt nur du.« Und noch während er das sagt, fügen sich die Knochen zusammen und erheben sich aus dem Staub als Bestätigung dafür, daß Israel wieder auferweckt werden wird. Celans *Psalm* ist deshalb ein wirkliches Gebet, doch ein Gebet, das sich in Dimensionen vorwagt, die dem Traditionalisten verschlossen sind. Das ›Nichts‹ verkörpert in unserer Zeit die Begrenztheit unseres Begreifens des Unendlichen und unseren Zustand des Nicht-Glaubens.

Erst nach schwerem inneren Ringen wenden wir uns Gott zu. Celan versucht, das Paradox von Gottesreich und ›Nichts‹ zu fassen, mit dem die Menschheit in ihrer Begegnung mit dem Göttlichen und mit der (trotz allem von Hoffnung getragenen) Ungewißheit einer neuen Schöpfung konfrontiert ist.

Celan setzte sich noch mit einer anderen jüdischen Vision und Hoffnung auseinander, die sich von der traditionellen Lehre und Liturgie abgelöst hatte und in das Gewand kabbalistischer Texte geschlüpft war. In einem Brief-Gedicht an Nelly Sachs erinnert sich der Nobelpreisträger an ihrer beider Begegnung in Zürich. Dabei umschreibt er ihre gemeinsamen und zugleich so verschiedenen, ja einander widersprechenden Hoffnungen:

60. *Paul Celan*, Die Niemandsrose. Sprachgitter. Frankfurt/Main 1986, 26.

Vom Zuviel war die Rede, vom
Zuwenig. Von Du
und Aber-Du, von
der Trübung durch Helles, von
Jüdischem, von
deinem Gott.

Da-
von.
Am Tag einer Himmelfahrt, das
Münster stand drüben, es kam
mit einigem Gold übers Wasser.

Von deinem Gott war die Rede, ich sprach
gegen ihn, ich
ließ das Herz, das ich hatte,
hoffen:
auf
sein höchstes, umröcheltes, sein
haderndes Wort -

Dein Aug sah mir zu, sah hinweg,
dein Mund
sprach sich dem Aug zu, ich hörte:

Wir
wissen ja nicht, weißt du,
wir
wissen ja nicht,
was
gilt.[61]

Manche Interpreten haben das Motiv der Himmelfahrt überbewertet und den Text zu einer christlichen Aussage umgedeutet. Zwar mag der Tod des Messias tatsächlich mitgedacht sein, doch das eigentliche Thema ist ein ganz anderes: Celan ist in den ewigen Kampf des Liebenden mit seinem Gott verstrickt, und Nelly Sachs setzt diesem Kampf den sanften Mystizismus entgegen, der Unsicherheit in Überzeugung verwandelt: ›Wir wissen ja nicht, weißt du, wir wissen ja nicht, was gilt.‹ Die Spannung zwischen den beiden Polen schlägt um zugunsten der Hoffnung, die bei Paul Celan so oft nur zögernd durchbricht.

61. A.a.O., 16.

Die ganz besondere Rolle, die Paul Celan in der Welt nach Auschwitz für uns spielt, begreifen wir aber erst, wenn wir uns den beiden Gedichten zuwenden, die sich explizit mit dem Holocaust befassen: ›Todesfuge‹ und ›Engführung‹. Die ›Todesfuge‹ ist immer wieder scharf kritisiert worden von Leuten, die meinen, daß es unzulässig sei, sich in einer so poetischen Weise mit Auschwitz auseinanderzusetzen, daß Celan den Stoff ›künstlerisch ausbeute‹.

Dabei gehen deutsche und englische Literaturwissenschaftler unterschiedlich mit dem Gedicht um. Vielen Deutschen macht offensichtlich die Wendung ›der Tod ist ein Meister aus Deutschland‹ schwer zu schaffen. Die englischen Interpreten dagegen, allen voran Michael Hamburger, erkannten auf den ersten Blick die Qualität des Gedichts, das letztlich nichts anderes ist als ein Aufschrei. Mehr Klagechor als ›Fuge‹, ist es zugleich ein Beleg dafür, daß die Dichter sehr viel mehr über das Eigentliche der Holocaust-Erfahrung aussagen können als alle Wissenschaft.

> Schwarze Milch der Frühe wir trinken sie abends
> wir trinken sie mittags und morgens wir trinken sie nachts
> wir trinken und trinken
> wir schaufeln ein Grab in den Lüften da liegt man nicht eng
> Ein Mann wohnt im Haus der spielt mit den Schlangen der schreibt
> der schreibt wenn es dunkelt nach Deutschland dein goldenes Haar Margarete
> er schreibt es und tritt vor das Haus und es blitzen die Sterne er pfeift seine
> Rüden herbei
> er pfeift seine Juden hervor läßt schaufeln ein Grab in der Erde
> er befiehlt uns spielt auf nun zum Tanz

> Schwarze Milch der Frühe wir trinken dich nachts
> wir trinken dich morgens und mittags wir trinken dich abends
> wir trinken und trinken
> Ein Mann wohnt im Haus der spielt mit den Schlangen der schreibt
> der schreibt wenn es dunkelt nach Deutschland dein goldenes Haar Margarete
> Dein aschenes Haar Sulamith wir schaufeln ein Grab in den Lüften da liegt
> man nicht eng

> Er ruft stecht tiefer ins Erdreich ihr einen ihr andern singet und spielt
> er greift nach dem Eisen im Gurt er schwingts seine Augen sind blau
> stecht tiefer die Spaten ihr einen ihr andern spielt weiter zum Tanz auf

> Schwarze Milch der Frühe wir trinken dich nachts
> wir trinken dich mittags und morgens wir trinken dich abends
> wir trinken und trinken

ein Mann wohnt im Haus dein goldenes Haar Margarete
dein aschenes Haar Sulamith er spielt mit den Schlangen

Er ruft spielt süßer den Tod der Tod ist ein Meister aus Deutschland
er ruft streicht dunkler die Geigen dann steigt ihr als Rauch in die Luft
dann habt ihr ein Grab in den Wolken da liegt man nicht eng

Schwarze Milch der Frühe wir trinken dich nachts
wir trinken dich mittags der Tod ist ein Meister aus Deutschland
wir trinken dich abends und morgens wir trinken und trinken
der Tod ist ein Meister aus Deutschland sein Auge ist blau
er trifft dich mit bleierner Kugel er trifft dich genau
ein Mann wohnt im Haus dein goldenes Haar Margarete
er hetzt seine Rüden auf uns er schenkt uns ein Grab in der Luft
er spielt mit den Schlangen und träumt der Tod ist ein Meister aus Deutschland
dein goldenes Haar Margarete
dein aschenes Haar Sulamith[62]

Die Einzigartigkeit dieses dichterischen Talents und die hypnotische Wirkung der ›Todesfuge‹ machen dieses Gedicht zu einem der besten aus Celans früher Periode (um 1945?). Die Lagererfahrung von Tirgu Jiu, die biblische Sulamith und Fausts blondes Gretchen fließen zusammen zu einem Chor menschlicher Qual. Mehr noch als ein Bild für das Leiden der Juden ist das Gedicht eine Schilderung des tatsächlichen Geschehens im Lager, wo die Opfer von ihren Peinigern gezwungen werden, Musik zu machen, sich in den *danse macabre* ihres eigenen Todes einzureihen. Die ›schwarze Milch‹, die sie beständig trinken, ist nicht das Gift der Gaskammern; es ist die Atmosphäre im Konzentrationslager, die geschwängert ist von Tod. Das ›Grab in den Lüften‹ ist der Rauch aus den Schornsteinen. Dabei sehen wir zugleich auch durch die Augen des Todes, des ›Meisters aus Deutschland‹, der zusieht und seine Opfer in schrecklicher Komplizenschaft an sich bindet. Der Tod erscheint in Gestalt des Durchschnittsdeutschen, ein harmloser Mann, der Briefe an seine Freundin im fernen Deutschland schreibt. Doch er schreibt, wenn es dunkel wird, und er spielt mit Schlangen: Das dämonische Element tritt rasch zu dem harmlosen Bild hinzu. ›Seine‹ Juden und Hunde sind für ihn dasselbe, wenn er sie zum Todestanz herbeipfeift.

Die Bedeutung der Hunde in den Lagern ist zur Genüge beschrieben worden. Der Tod mit den blauen Augen, der ›Meister aus Deutschland‹, steht für eine ganze Nation. Die Konfrontation zwischen Täter und Opfer ist im Gedicht eingefangen in dem Kontrast zwischen dem Goldhaar Margaretes und dem Aschenhaar

---

62. In: *Gisela Lindemann (Hg.)*, Epochen der Lyrik, Bd. IX; München 1984, 345f.

der Sulamith. Die Kirchen und Kathedralen stehen noch, in denen die Frauengestalten der siegreichen Kirche der gebrochenen und geblendeten Synagoge gegenüberstehen – nicht umsonst wollen viele deutsche Kritiker die ›Todesfuge‹ am liebsten in einen Bereich jenseits der Realität verbannen. Doch sie ist gerade keine ›Ästhetifizierung des Holocaust‹, keine ›Elegie über den Tod‹; vielmehr beschreibt sie den Tod, wie er wirklich war, und nimmt uns hinein in die Erfahrung der Opfer. Es gibt sicherlich andere Gedichte von Celan, die gleichrangig neben der ›Todesfuge‹ stehen, und doch kann man sie nur verstehen, wenn man die ›Todesfuge‹ verstanden hat.

Ein zweites Gedicht, sehr viel später entstanden, verkörpert das Gegenstück zur Todesfuge. Es erinnert fast an ein Musikstück, mit seinem besonderen Rhythmus und seinem an eine Prophezeiung erinnernden Aufbau – eine Prophezeiung, die in die Vergangenheit blickt, bevor sie eine Zukunft sehen kann. Gemeint ist das Gedicht *Engführung* (oder *Stretta*). In der Musik verkörpert eine Engführung jenen Teil in der Komposition einer Fuge kurz vor dem Schluß, in dem alle Stimmen zusammen- und übereinandergeführt werden. *Engführung* ist eines der längsten Gedichte von Celan; ich zitiere hier nur den Anfang und das Ende, obwohl man eigentlich den ganzen Text lesen sollte:

> Verbracht ins
> Gelände
> mit der untrüglichen Spur:

> Gras, auseinandergeschrieben. Die Steine, weiß,
> mit den Schatten der Halme:
> Lies nicht mehr – schau!
> Schau nicht mehr – geh!

> Geh, deine Stunde
> hat keine Schwestern, du bist –
> bist zuhause. Ein Rad, langsam,
> rollt aus sich selber, die Speichen
> klettern,
> klettern auf schwärzlichem Feld, die Nacht
> braucht keine Sterne, nirgends
> fragt es nach dir.

> Nirgends
> fragt es nach dir –

Der Ort, wo sie lagen, er hat
einen Namen – er hat
keinen. Sie lagen nicht dort. Etwas
lag zwischen ihnen. Sie
sahn nicht hindurch.

Sahn nicht, nein,
redeten von
Worten. Keines
erwachte, der
Schlaf
kam über sie.

Kam, kam. Nirgends.
fragt es –
Ich bins, ich,
ich lag zwischen euch, ich war
offen, war
hörbar, ich tickte euch zu, euer Atem
gehorchte, ich
bin es noch immer, ihr
schlaft ja.

... (Schluß:)

Steigt und
spielt mit –
In der Eulenflucht, beim
versteinerten Aussatz,
bei
unsern geflohenen Händen, in
der jüngsten Verwerfung,
überm
Kugelfang an
der verschütteten Mauer:

sichtbar, aufs

neue: die
Rillen, die

Chöre, damals, die
Psalmen. Ho,ho-
sianna.
Also
stehen noch Tempel. Ein
Stern
hat wohl noch Licht.
Nichts,
nichts ist verloren.

Ho-
sianna.

In der Eulenflucht, hier
die Gespräche, taggrau,
der Grundwasserspuren.

(- - - taggrau,
der
Grundwasserspuren –
Verbracht
ins Gelände
mit
der untrüglichen
Spur:

Gras.
Gras.
auseinandergeschrieben.)

›Die Engführung‹[63]

Die ›Todesfuge‹ war der Schrei aus einem Martyrium, das keine Hoffnung auf
Erlösung mehr kannte. Sie war literarisch verarbeitete Realität. ›Engführung‹

63. *Paul Celan*, Die Niemandsrose. Sprachgitter. Frankfurt/Main 1986, 131ff.

dagegen ist ein Text des Gedenkens, geschrieben aus der Zukunft, von der aus man zurückblickt auf das Geschehene.

Die Einleitungsstrophe von ›Engführung‹ nimmt uns mit hinein in ein Szenarium der Verwüstung. Die weißen Steine des Todes liegen über die Ödnis verstreut. Es geht hier nicht so sehr um die Realität eines Ortes; wir sind fern von ihm, wir lesen einen Text, der »auseinandergeschrieben« ist, in dem die Schatten der Grashalme zu Buchstaben werden, die wir lesen – um sofort die Anweisung zu erhalten, mit dem Lesen aufzuhören und zu schauen, mit dem Schauen aufzuhören und zu gehen.

Wohin gehen? In die Zeit des Todes. Der Text wird zum Tor in eine Landschaft, die surrealistisch wirkt: Das rollende Rad könnte aus einem Bild von Klee, Magritte oder Dalí stammen. Es zieht uns mit sich in das Feld der Nacht. Wir lauschen auf etwas – da sind keine Worte. Ist es der Schlaf des Todes?

Doch dann kommt ein Erwachen; etwas ist noch übrig, etwas liegt da und – »Ich bins, ich, ich lag zwischen euch ...« – Vergangenheitsform. Ist das »Ich« die Zeit, die davontickt und durch ihr Dasein auf dem Feld der Verwüstung zugleich auch das Leben wiederherstellt? Ist es die Sprache, das Gedicht selbst? Am Ende mündet das Gedicht jedenfalls in die Bejahung.

Schließlich taucht ein Wort auf, das uns irgendwie erreicht hat, uns, die Trauernden mit den weinenden Augen. »In der Eulenflucht« – das ist die Dämmerung, wenn die Eulen aufsteigen, die Spanne zwischen Tag und Nacht. Celan muß dabei an Hegels Wort gedacht haben, ›die Eule der Minerva fliegt nur, wenn es dunkel wird‹ – der Intellekt bewertet Ereignisse erst, wenn sie schon geschehen sind, indem er sie neu erschafft aus einer Perspektive, in der sie bereits ihre Realität verloren haben. Indem wir die Vergangenheit fliehen und an den Einschußlöchern in der Mauer, die den Tod unseres Volkes markieren, vorbeigehen, können wir dieses Leiden abwehren, doch die Ereignisse werden wieder sichtbar in den Einkerbungen der Steine; sie werden hörbar in den Psalmen, die damals gesungen wurden. Die Religion wird wiedergeboren aus der Erkenntnis, daß die leidende Menschheit auf das absolute Böse mit dem Guten geantwortet hat, das in ihr schlummert. Das ›Ho, ho-sianna‹ des Chors klingt zwar gebrochen, doch entscheidend ist, daß es überhaupt angestimmt wurde. Und *immer noch* macht es einen Unterschied, daß die Chöre gesungen und die Menschen gebetet haben, daß sie nicht erstarrt sind im völligen Schweigen der Nacht.

Also
stehen noch Tempel. Ein
Stern
hat wohl noch Licht.
Nichts,
nichts ist verloren.

Der hoffnungsvolle Ausklang erfährt insofern eine Abschwächung, als es von dem Stern heißt, er habe *wohl* noch Licht. Dennoch wird das ›Hosianna‹ wiederholt und damit die jüdische Hoffnung bekräftigt, daß das Licht die Finsternis besiegen wird. Die ›Engführung‹ schließt mit der Wiederholung der Einleitungssequenz, hier in Klammern gesetzt, was jedoch in diesem Fall eher eine Bejahung als eine Verneinung ausdrückt. Sie erinnert uns an den Anfang, läßt diesen Anfang stehen und durchbricht ihn doch zugleich, indem sie zum Bindeglied zu den einst rezitierten Psalmen wird. Das Grundwasser unter der Erde steigt und spendet dem Gras Leben.

Man muß Celan lesen, nicht deuten. Doch kann dieser Prophet und Dichter uns in der Welt nach Auschwitz wirklich erreichen? Kann er etwas in uns wecken, das uns befähigt, nicht mehr vor der Vergangenheit wegzulaufen, sondern uns der Tatsache zu stellen, daß diese Vergangenheit ihren Platz in der Welt und in uns selbst hat? Denn wir müssen ›Erinnerer‹ sein, wir müssen uns ins Gedächtnis rufen, was geschehen ist, und es durch ›Akte‹ der Erinnerung in unserem Leben lebendig halten. Das hebräische Wort für das Ritual zum Gedenken an die Toten ist *Jiskor*. Es bezeichnet einen religiösen Akt, der dennoch fest im säkularen Leben verankert ist.

Paul Celans Gedicht *Die Schleuse* macht uns die Verwendung des Wortes *Jiskor* deutlich:

Über aller dieser deiner
Trauer: kein
zweiter Himmel.

...

An einen Mund,
dem es ein Tausendwort war,
verlor -
verlor ich ein Wort,
das mir verblieben war:
Schwester.

An
die Vielgötterei
verlor ich ein Wort, das mich suchte:
Kaddisch.

Durch
die Schleuse mußt ich,

das Wort in die Salzflut zurück -
und hinaus- und hinüberzuretten:
Jiskor.[64]

Paul Celan hat seine Schwester nicht vergessen, sie lebt in ihm und ist ein Teil von ihm. Er braucht seine Eltern nicht eigens zu erwähnen: Ihr Tod ist die Abendtür und Morgentür seiner täglichen Existenz. Was verloren ist und wiedergewonnen werden muß, ist der Akt des Erinnerns; *Kaddisch* und *Jiskor* sind Rituale, durch die der Jude sich selbst erneuert. Wasser ist ein Element der Schöpfung. Das Grundwasser strömte durch die Einleitung und den Schluß von *Engführung*, und Salzwasser feuchtet das Auge im Ritual des Gedenkens, das mehr ist als nur ein Ritual. So wird in diesem Gedicht wie in so vielen anderen der persönliche Kummer zu einem Gedenkritual, an dem der Leser teilhaben kann. Ohne *Jiskor* hat man nicht das Recht, sich der Vergangenheit zu nähern, und ohne die Vergangenheit kann man nicht leben. Diejenigen, die ihr Gedächtnis aufgegeben haben, sind nur noch Roboter, Golems, geschieden von der Wahrheit. Wir können nicht ohne den Namen Gottes im Munde sein.

Nelly Sachs

Ich traf Nelly Sachs an ihrem Zufluchtsort, einem kleinen Apartment in einem Sanatorium für Geisteskranke – die vielen Ängste, die sie ihr Leben lang umzingelt hatten, hatten ihre Verteidigungswälle schließlich durchbrochen. Die kompetente Betreuung und die Freundlichkeit und Güte, mit der sie hier behandelt wurde, hatten ihr Wirkung getan, und sie hätte nach Hause zurückkehren können. Doch für den Augenblick zumindest beschloß sie, in der Klinik zu bleiben. »Warum sollte ich gehen?« sagte sie zu mir. »Ich habe immer noch Angst in einer Welt, in der es viel Antisemitismus gibt. Als Nobelpreisträgerin stehe ich allzu sehr im Blickpunkt der Öffentlichkeit.« Die Finsternis lauerte nach wie vor an der Schwelle. Nelly Sachs war zerbrechlich, und sie würde immer besonders verletzlich bleiben, wenngleich das Bild, das die Kritiker und Leser von ihr aufgerichtet hatten, diesen Zug an ihr vielleicht überbetonte.

Im Oktober 1966 hatte Nelly Sachs den Nobelpreis zuerkannt bekommen. Bei meinem Besuch im Frühjahr 1968 war sie deutlich von ihrer Krankheit gezeichnet, aber sie war weder schüchtern noch stumm. Wir verbrachten fast den ganzen Tag zusammen, einen Tag, der zu den Sternstunden meines Lebens gehört. Als Kind assimilierter Eltern war Nelly Sachs kaum mit den formellen Strukturen des Judentums in Berlin in Berührung gekommen. Man gehörte zwar der Gemeinde

64. A.a.O., 23.

an, engagierte sich jedoch nicht. Ihr Vater hatte eine Fabrik in Berlin besessen, und in der kultivierten, gebildeten Atmosphäre ihres Elternhauses war sie mehr mit Goethe und Beethoven aufgewachsen als mit der jüdischen Tradition. Das kam erst sehr viel später.

Die für ihren Stil so charakteristische Stimmung von Sehnsucht und Verlangen entsprang einer damals bei vielen deutschen Dichtern vorherrschenden romantisierten Vorstellung vom Mittelalter. Ihr erstes Buch, das 1921 erschien, *Legenden und Erzählungen*, war der schwedischen Schriftstellerin Selma Lagerlöf gewidmet ›von einer jungen Deutschen‹. Wenn wir uns Nelly Sachs in der Schar unserer Dichterpropheten vorstellen, die uns Wegweiser sind in einem Leben nach dem Holocaust, so sehen wir sie nicht auf der Kanzel einer Synagoge oder im Gespräch mit den Rabbinen, auch wenn der *Sohar* in vielen ihrer Gedichte eine wichtige Rolle spielt. Es ist wichtig, die wirkliche Nelly Sachs zu erkennen: Ausgestattet mit der Empfindsamkeit einer großen Dichterin, bedrängt von der ganzen Angst eines jüdischen Flüchtlings – aber auch gezwungen, das Leben einer deutschen Schriftstellerin im Exil zu führen. Die Tatsache, daß sie zwischen 1936 und 1938 Gedichte in *Der Morgen*, einer jüdischen Zeitschrift, veröffentlichte, zeigt, wie sehr sich im Hitler-Deutschland nach 1933 die Dinge für die als Juden Geborenen geändert hatten.

Deutschland wollte damals nichts mehr von ihr wissen. Ihr Vater war 1930, als Nelly Sachs vierzig Jahre alt war, gestorben, und von nun an war ihr Leben aufs engste mit dem ihrer Mutter verwoben. Die nächsten zwanzig Jahre – die Mutter starb 1950 – waren bestimmt von der Aufgabe, ihrer Mutter zunächst beizustehen und sie später zu pflegen. Durch die Hilfe von Selma Lagerlöf und der königlichen Familie von Schweden kam Nelly Sachs am 16. Mai 1940 nach Stockholm. Dennoch war ihr Leben nach wie vor von Entbehrungen, Armut und Leiden gezeichnet.

Das tragische Schicksal der Jüdin Nelly Sachs führte nicht in ein Konzentrationslager. Es gab in jener sternlosen Nacht auch andere Opfer. Nelly Sachs erlebte die Grausamkeiten, denen jene ausgeliefert waren, die am Rande des Abgrunds leben mußten. Sie wurde nicht gefoltert oder eingesperrt, wenngleich das Leben im damaligen Deutschland bereits einer Gefangenschaft und Folter gleichkam. Ihre ungeheure Sensitivität gegenüber dem Bösen jener Zeit ließ sie eine tiefe Zäsur empfinden, einen völligen Bruch, der sie von allem schied, was sie gewesen war und was sie hatte sein wollen. Wie konnte sie jetzt noch eine *deutsche* Schriftstellerin sein? All die Auszeichnungen der Nachkriegszeit, die verzweifelten Versuche, Nelly Sachs wieder zur deutschen Schriftstellerin zu stempeln, blieben erfolglos, wie überhaupt die Bestrebungen, irgendwelche deutsch-jüdischen Schrifsteller wieder für Deutschland zu reklamieren, von vornherein zum Scheitern verurteilt sind, zumindest in diesem Jahrhundert.

Nelly Sachs war umgeben von der Liebe und Wertschätzung des schwedischen Volkes, das sie schließlich herzlich aufnahm, und sie stattete ihren Dank in ihrem

Werk ab, indem sie als Übersetzerin Brücken schlug zwischen den Kulturen. Sie blieb die tragische Gestalt der beraubten Mutter: Rahel, die um ihre Kinder trauert. Entsprechend verarbeitete sie auch die Erfahrungen ihres Lebens. Aus der Freundschaft eines jungen Mädchens mit einem jungen Mann, der in den Lagern umkam, wurde die ›Trauerklage um den verlorenen Bräutigam‹. Das ganze Heimweh und die ganze Sehnsucht, die für ihr Werk so zentral sind, flossen ein in einen Klagegesang, der charakteristisch ist für ihr ganzes jüdisches Werk. Ein dunkler Grundton beherrscht alle ihre Schriften. Und doch, oft tanzen ihre Worte, so wie sie einst zur Musik des Vaters getanzt hatte, und greifen nach dem Licht und der Freude.

Das große Verdienst von Nelly Sachs ist es, daß sie uns gelehrt hat zu trauern. Das mag für jüdische Ohren, für eine religiöse Kultur, in der die Sprache der Trauer und die Fähigkeit, sich an geliebte Verstorbene zu erinnern, eine so wichtige Rolle spielt, merkwürdig klingen. Doch die Tatsache bleibt bestehen, daß viele von uns im letzten Jahrzehnt dieses Jahrhunderts der Grausamkeit vergessen haben, um wen und um was wir trauern müssen. Wir leben allzusehr in einer äußeren Welt, in der die Geschehnisse des Holocaust durch neue Ereignisse überdeckt wurden und wo man es den Juden beinahe zum Vorwurf macht, daß sie der sechs Millionen Toten gedenken, wo doch inzwischen Hunderte von Millionen die Opfer neuer Völkermorde wurden. Doch wenn wir Nelly Sachs lesen, wissen wir wieder, was wir verloren haben.

Die große Krankheit, die das Nachkriegsdeutschland heimgesucht hat, war die Unfähigkeit zu trauern. Ein Volk versuchte, mit einer unannehmbaren und unerträglichen Vergangenheit fertigzuwerden, indem es die Verbrechen aus seinem Gedächtnis strich und die Hitler-Ära aus den Geschichtsbüchern. Nelly Sachs war in dieser Zeit sehr wichtig für die deutsche Psyche, denn weil die Deutschen die Nobelpreisträgerin wieder zur deutschen Dichterin erklären wollten, waren sie gezwungen, ihre jüdischen Gedichte genauso zu lesen wie ihre übrigen Arbeiten. So lehrte Nelly Sachs, deren Texte vielen zugänglicher sind als die Paul Celans, die Deutschen zu trauern.

Doch Nelly Sachs ist nicht nur eine Dichterin, die das Entsetzen erneut vor uns erstehen läßt oder die den Holocaust poetisch verarbeitet, was den Schrecken, von dem da die Rede ist, tatsächlich in gewisser Weise verkleinert. Nelly Sachs spricht für die toten und die lebenden Opfer in ihrer ganzen Einsamkeit. Sie weckt Mitgefühl, aber auch ein Gefühl der Verwandtschaft. Ihre großen Chöre verlangen eine Antwort von denen, die ihnen lauschen und damit in die Liturgie einbezogen sind. Dabei wissen wir, daß sie zugleich auch für sich selbst spricht, wenn wir den ›Chor der Waisen‹ oder den ›Chor der geretteten Familien‹ vernehmen:

Wir Geretteten,
Aus deren hohlem Gebein der Tod schon seine Flöten schnitt,

An deren Sehnen der Tod schon seinen Bogen strich -
Unsere Leiber klagen noch nach
Mit ihrer verstümmelten Musik.
Wir Geretteten,
Immer noch hängen die Schlingen für unsere Hälse gedreht
Vor uns in der blauen Luft -
Immer noch füllen sich die Stundenuhren mit unserem tropfenden Blut.

Wir Geretteten,
Immer noch essen an uns die Würmer der Angst.
Unser Gestirn ist vergraben im Staub.
Wir Geretteten
Bitten euch:
Zeigt uns langsam eure Sonne.
Führt uns von Stern zu Stern im Schritt.
Laßt uns das Leben leise wieder lernen.
Es könnte sonst eines Vogels Lied,
Das Füllen des Eimers am Brunnen
Unseren schlecht versiegelten Schmerz aufbrechen lassen
Und uns wegschäumen -
Wir bitten euch:
Zeigt uns noch nicht einen beißenden Hund -
Es könnte sein, es könnte sein
daß wir zu Staub zerfallen -
Vor euren Augen zerfallen in Staub.[65]

Sonne, Staub und Sterne begegnen uns in diesem Gedicht, und um sie schwebt dieselbe Musik des Todes, wie wir sie schon in Paul Celans ›Todesfuge‹ vernommen haben. Doch während Celans Juden bereits in den Lüften bestattet waren, spricht Nelly Sachs um der Geretteten willen zu uns, zu denen sie selbst gehört. Sie spricht ›aus der weinenden Kinder Nacht‹ zu uns, doch es ist eine feste, klare Stimme, die uns erreicht.

O die Schornsteine
Ohne meine Haut, die so zerfetzte,
und ohne mein Fleisch werde ich Gott schauen.[66]

65. *Nelly Sachs*, Fahrt ins Staublose. Die Gedichte der Nelly Sachs. Frankfurt/Main 1961, 50.
66. Ijob 19,26.

O die Schornsteine
Auf den sinnreich erdachten Wohnungen des Todes,
Als Israels Leib zog aufgelöst in Rauch
Durch die Luft -
Als Essenkehrer ihn ein Stern empfing
Der schwarz wurde
Oder war es ein Sonnenstrahl?

O die Schornsteine!
Freiheitswege für Jeremias und Hiobs Staub -
Wer erdachte euch und baute Stein auf Stein
Den Weg für Flüchtlinge aus Rauch?[67]

Als ich letztes Jahr Buchenwald besuchte, sah ich einen einzelnen Schornstein über den übriggebliebenen Gebäuden Rauch ausstoßen. In der Nähe läuteten die Kirchenglocken der umliegenden Dörfer. Diese Kirchenglocken läuteten auch, als die Schornsteine ›Israels Leib ... aufgelöst in Rauch durch die Luft‹ schickten. Es gibt so viele Anlässe, wo Vergangenheit und Gegenwart verschmelzen zu einem einzigen schwarzen Loch des Schmerzes. Wenn wir Nelly Sachs und Paul Celan nicht hätten, wäre dieser Schmerz noch schlimmer.

Die Chöre der Schatten und Steine, die Nelly Sachs beschwört, sind immer bei uns. Die Traurigkeit überwiegt in ihren Gedichten, während der Haß völlig fehlt, jener Haß, der den Schriftstellern, die aus dem Holocaust heraus und nach dem Holocaust ihre Werke schufen, so oft zugeschrieben wird. Sicherlich: Der Haß existiert. Das Trauma und der Schmerz des Geschehenen brennen sich in die menschliche Seele ein. Dennoch ist der Haß kein fester Bestandteil des jüdischen Lebens. Weit häufiger wird er den Juden von außen zugeschrieben – das Ergebnis eines Mißverständnisses, das aus Schuld und mangelnder Kenntnis der jüdischen Tradition geboren ist. Nelly Sachs begriff das absolute Böse des nationalsozialistischen Apparates und das Böse, das all jenen anhaftete, die als Mitläufer in dieses System verstrickt waren. Ihr Blick erfaßt auch die passiven Zuschauer – doch er ist nicht von Haß getrübt:

Unter deren Blicken getötet wurde.
Wie man auch einen Blick im Rücken fühlt,
So fühlt ihr an eurem Leibe
Die Blicke der Toten.
›Ihr Zuschauenden‹[68]

67. *Nelly Sachs*, Fahrt ins Staublose. Die Gedichte der Nelly Sachs. Frankfurt/Main 1961, 8.
68. A.a.O., 20.

280

Die Zuschauer erhoben nicht die Hand, sie begingen keinen Mord. Sie standen einfach dabei und sahen zu. Und das Innerste ihres Seins, die Sehnsucht, die die Hand ausstreckt nach dem Nächsten und nach Gott, wurde zugedeckt vom Staub von Auschwitz. Fast mitleidsvoll schildert Nelly Sachs das Schicksal jener Schuldbeladenen, die verfolgt werden von brechenden Augen und ungesungenen Wiegenliedern. Die meiste Zeit jedoch verbringt sie in den ›Wohnungen des Todes‹, wo sie die Steine aufhebt und ihnen lauscht:

> Wir Steine
> Wenn einer uns hebt
> hebt er Urzeiten empor -
> Wenn einer uns hebt
> Hebt er den Garten Eden empor -
> Wenn einer uns hebt
> Hebt er Adam und Evas Erkenntnis empor
> Und der Schlange staubessende Verführung.
>
> Wenn einer uns hebt
> Hebt er Billionen Erinnerungen in seiner Hand
> Die sich nicht auflösten im Blute
> Wie der Abend.
> Denn Gedenksteine sind wir
> Alles Sterben umfassend.
> ›Chor der Steine‹[69]

Die Steine versetzen uns an den Anfang der Schöpfung zurück. Wenn wir sie aufheben, halten wir die Erinnerung vom Anfang bis zum Ende der Zeit in der Hand, konzentriert in einem Kontinuum, in dem alles verschmilzt zu einem einzigen Werk, und der Stein von einem beliebigen Grab wird zum Grabstein aller Gräber:

> Des Alphabetes Leiche hob sich aus dem Grab,
> Buchstabenengel, uraltes Kristall[70]

Man darf nicht danach fragen, was ein Gedicht ›aussagen will‹. Jedes Gedicht ist eine eigene Wesenheit; *es ist*. Werden alle Gedichte zusammengesetzt, so verschmelzen sie zu einer Totalität, und ein Muster wird sichtbar, in diesem Fall ein religiöses Muster.

69. A.a.O., 58.
70. A.a.O., 209.

Die oben zitierten Zeilen stammen aus einem Schlüsselgedicht, in dem der Bogen geschlagen wird zur Kabbala und zum Sohar:

> Da schrieb der Schreiber des Sohar
> und öffnete der Worte Adernetz
> und führte Blut von den Gestirnen ein,
> die kreisten unsichtbar, und nur
> von Sehnsucht angezündet.
>
> Des Alphabetes Leiche hob sich aus dem Grab,
> Buchstabenengel, uraltes Kristall,
> mit Wassertropfen von der Schöpfung eingeschlossen,
> die sangen – und man sah durch sie
> Rubin und Hyazinth und Lapis schimmern,
> als Stein noch weich war
> und wie Blumen ausgesät.
>
> Und, schwarzer Tiger, brüllte auf
> die Nacht; und wälzte sich
> und blutete mit Funken
> die Wunde Tag.[71]

Gemäß der Tradition des Sohar, der Nelly Sachs relativ spät und nur auszugsweise begegnete, hat Gott sich bei der Erschaffung der Welt am hebräischen Alphabet orientiert; jedem Buchstaben wohnte dabei eine ganz eigene Kraft und ein Geheimnis inne. Der Schreiber griff ins Universum, und die Kräfte der Schöpfung strömten in jenes Geflecht von Buchstaben, aus denen die Schöpfungsgeschichte, in der diese Buchstaben miteinander verbunden werden, gemacht ist. Die Steine werden gesät wie Blumen, hingestreut über die Welt, in der ihr Chor zu uns spricht.

Immer wieder stoßen wir in Nelly Sachs' Dichtung auf biblische und nachbiblische Begriffe und auf die Lehren der Rabbinen. Es würde fast befremden, wenn sie fehlten. Das Bild vom Staub und vom Stein, das bei ihr ebenso häufig wiederkehrt wie bei Celan, hat seine Wurzeln in der jüdischen Überlieferung. Schon in der Bibel wird Israel mit dem Staub verglichen, der am Boden liegt und dennoch bleibt, auch wenn der Mensch ›Staub zu Staub‹ wird. Ijobs Aufschrei über die menschliche Schwäche und die Vergeblichkeit menschlichen Lebens wird verknüpft mit der Gewißheit, daß die Menschheit dennoch überdauern wird. Am Ende wird die Welt durch Israel gesegnet werden. Am Ende wird der Messias kommen. An diesen beiden Polen entzündet sich die Spannung des jüdischen

71. Ebd.

Glaubens, die Nelly Sachs bejaht. Die Asche aus den Krematorien wird über die Erde geweht als eine bleibende Realität des Holocaust.

Und die Steine von jedem Grab, das wir besuchen, sind Teil der Erinnerung an das jüdische Leben. ›Die Steine in der Mauer werden schreien, und die Sparren im Gebälk werden ihnen antworten.‹ Steine sind Symbol und Wirklichkeit für das jüdische Leben. Als Jakob – der später Israel wurde – vor seinem Bruder in die Wüste floh, legte er sich zum Schlafen nieder und benutzte einen Stein als Kopfkissen. Er träumte von der goldenen Leiter zwischen Erde und Himmel, vernahm Gottes Verheißung und baute am Morgen einen Altar aus Steinen an diesem Ort.

Die jüdischen Propheten waren Lehrer, die das Volk dazu anhielten, seinen ethischen Auftrag zu erfüllen. Auch Nelly Sachs war eine solche Lehrerin. Sie mahnte ihr Volk und die ganze Menschheit an die Pflicht, zu trauern und zu klagen, dann aber auch, zu heilen und wiederaufzubauen. In einem ihrer Gedichte denkt sie über die Rolle der Propheten nach:

> Wenn die Propheten einbrächen
> durch Türen der Nacht
> und ein Ohr wie eine Heimat suchten –
>
> Ohr der Menschheit
> du nesselverwachsenes,
> würdest du hören?
> Wenn die Stimme der Propheten
> auf dem Flötengebein der ermordeten Kinder
> blasen würde,
> die vom Märtyrerschrei verbrannten Lüfte
> ausatmete –
> wenn sie eine Brücke aus verendeten Greisenseufzern
> baute –
>
> Ohr der Menschheit
> du mit dem kleinen Lauschen beschäftigtes,
> würdest du hören?[72]

Das war die dauernde Angst und die dauernde Qual, die Nelly Sachs mit allen Überlebenden, ob sie nun in den Lagern gewesen waren oder außerhalb gelebt hatten, teilte: Keiner hört zu, keiner vernimmt die Worte, keiner trauert. Der Staub tanzt in der Luft um sie her; Schmetterlinge umgaukeln ihre Visionen (von einem Kind in Theresienstadt schrieb sie: ›niemals mehr sah ich einen Schmetterling‹); und die Menschheit vergißt die Finsternis, aus der sie hervorgegangen ist.

72. A.a.O., 92.

Erich Fried

Erich Fried war Österreicher. 1921 in Wien geboren, wuchs er in einer wohlsituierten Mittelschichtsfamilie auf. Wien galt damals als ›rote‹ Stadt. Ein Sozialdemokrat war österreichischer Kanzler, und viele schauten mit scheelen Augen auf die fortschrittliche Sozialgesetzgebung für die ärmeren Glieder der Gesellschaft. Der sechsjährige Erich Fried hatte keine Erinnerung an den ›blutigen Freitag‹, doch später schrieb er vom brennenden Justizpalast und von den Leibern der Toten und Verwundeten, die an ihm vorübergetragen wurden. Die Arbeiterschaft lehnte sich gegen die brutale Vorgehensweise der Polizei auf, und der Junge sah in der ganzen Stadt die Anschläge, auf denen Karl Kraus den Rücktritt des Polizeipräsidenten forderte. Erich Fried machte im Laufe seines Lebens mehrmals eine starke innere Wandlung durch – so gab er einmal seine früheren Gedichte neu heraus und schrieb zu jedem Gedicht ein ›Gegengedicht‹, das jeweils auf der gegenüberliegenden Buchseite abgedruckt wurde. Auch seine Einstellung gegenüber Israel änderte sich; hatte er einst, in einer Zeit, in der Israel Schweres durchmachte, eine pro-israelitische Haltung vertreten, so wurde er später zum Fürsprecher der leidenden Araber. Diese Entwicklung hatte nichts mit Wankelmütigkeit zu tun; Fried blieb seinen Idealen sein ganzes Leben lang treu.

Der junge Fried wollte kein Dichter sein, er sah sich vielmehr als Erfinder. Dann fiel sein Vater nach dem ›Anschluß‹ in die Hände der Nazis. Hugo Fried wurde einen Monat lang gefoltert und starb am Tag nach seiner ›Freilassung‹ aus dem Gestapo-Gefängnis in einem Krankenhaus. Der siebzehnjährige Erich Fried floh kurz darauf nach England. Fried schreibt über diese Zeit in seinem Leben:

> »Nach dem deutschen Einmarsch in Wien, 1938, der mich aus einem österreichischen Oberschüler in einen verfolgten Juden verwandelte, und nach der Ermordung meines – unpolitischen – Vaters durch Gestapo-Beamte nahm ich mir vor, wenn ich lebend entkäme, zu tun, was mein Vater in den letzten zwölf Jahren seines Lebens vergeblich tun wollte – Schriftsteller zu werden. Ich wollte gegen Faschismus, Rassismus, Unterdrückung und Austreibung unschuldiger Menschen schreiben.«[73]

Diese Zeilen entstanden 36 Jahre später. Damals, 1938, hatte Fried zusammen mit anderen Flüchtlingen eine ›Selbsthilfegruppe‹ gegründet. Noch vor dem Beginn des Krieges 1939 gelang es ihnen, siebzig österreichische Juden zu retten, die in England eine neue Heimat fanden – unter ihnen auch Frieds Mutter. Außerdem wurde Fried Mitglied einer der kommunistischen Flüchtlingsgruppen, die gegen den Faschismus kämpften. 1944 verließ er die Gruppierung, weil er erkannt hatte, daß der Kommunismus und seine Ziele unvereinbar mit seinen eigenen Idealen und seinem Bedürfnis nach Entfaltung der eigenen Individualität war.

73. *Erich Fried*, Höre, Israel! Frankfurt am Main, 1983, Einleitung, 11.

Er hatte angefangen, Gedichte zu schreiben. In dieser Zeit hielt er sich, seine Mutter und seine junge Familie (1944 hatte er zum ersten Mal geheiratet) mit seinem Verdienst als Fabrikarbeiter und Chemiker über Wasser.

Trotz seiner Abkehr vom Kommunismus blieb Fried auch in den folgenden Jahren, in denen sein Stil reifte, der Politik der Linken verbunden. Er begann mit der Arbeit an einem der bedeutendsten Nachkriegsromane, *Ein Soldat und ein Mädchen.* Es war ein Buch gegen die Todesstrafe, gegen den ›leichten Haß‹, gegen stereotypes Denken und die Aufrichtung von Schranken innerhalb der Gesellschaft. Und es versuchte zugleich zu zeigen, daß Menschlichkeit und Anstand sogar noch bei einem SS-Mann oder einem kommunistischen Polizeispitzel zu finden sein können.

Fried erzählte mir einmal von einem Erlebnis, das seine Haltung ganz deutlich macht. Er hatte sich bereit erklärt, in einer Radiosendung in Hamburg mit einem jungen Neo-Nazi zu diskutieren. Als die Öffentlichkeit von dem Vorhaben erfuhr, ging beim Sender eine wahre Flut von Beschwerden ein. Die Diskussion wurde abgesetzt, und Fried wurde gebeten, allein zu sprechen. In seiner Ansprache wandte er sich jedoch ganz unmittelbar an den jungen Mann. Anschließend besuchte er ihn zu Hause, um persönlich mit ihm zu reden. Fried berichtete, daß sie viele Stunden zusammen im Gespräch verbracht hätten und als Freunde geschieden seien.

Leben und Werk bildeten bei Erich Fried stets eine Einheit. Fried war auf vielerlei Art ein Lehrer: durch seine Gedichte und Epigramme, durch seine Satire, durch seinen schwarzen Humor und durch die Art, wie er unvermittelt vom einen zum anderen übergehen konnte – im Leben wie in seinen Werken.

Erst 1953 brachte Fried es über sich, Deutschland zu besuchen. Dann aber stürzte er sich voller Engagement in diese Konfrontation. Er war mittlerweile ein berühmter Übersetzer, BBC-Kommentator, Dichter und politischer Schriftsteller, der es sich erlauben konnte, den Kommunismus und die Grausamkeit, die oft mit ihm einhergeht, zu kritisieren. Trotzdem blieb er in seiner politischen Überzeugung bewußt ein Linker. Die zahlreichen Preise, mit denen er überhäuft wurde, machten ihn den Regierenden nicht angenehmer; eine Zeitlang waren seine Schriften in Bayern sogar verboten (1978).

Wo es um seine Identität ging, wußte Erich Fried ganz genau, wer er war und wo er stand. Er nahm zwar die österreichische Staatsbürgerschaft an, die ihm, kurz bevor er den Literaturpreis der Stadt Wien erhielt, angeboten wurde, doch er blieb britischer Staatsbürger und betrachtete sich als Anhänger der Labour-Partei. Niemals aber hörte er auf, stolz auf seine jüdische Herkunft zu sein. Doch wir wollen nun Fried selbst, den Dichter, zu Wort kommen lassen, mit seinen eindeutigen und doch verschlüsselten moralischen Aussagen, seien sie nun an Israel gerichtet oder an die Deutschen von heute, die in der Welt nach Auschwitz leben. In *Gespräch mit einem Überlebenden* schrieb er:

Was hast du damals getan
was du nicht hättest tun sollen?
»Nichts«

Was hast du *nicht* getan
was du hättest tun sollen?
»Das und das
dieses und jenes:
Einiges«

Warum hast du es nicht getan?
»Weil ich Angst hatte«
Warum hattest du Angst?
»Weil ich nicht sterben wollte«

Sind andere gestorben
weil du nicht sterben wolltest?
»Ich glaube
ja«

Hast du noch etwas zu sagen
zu dem was du nicht getan hast?
»Ja: Dich zu fragen
Was hättest du an meiner Stelle getan?«

Das weiß ich nicht
und ich kann nicht über dich richten.
Nur eines weiß ich:
Morgen wird keiner von uns
leben bleiben
wenn wir heute
wieder nichts tun[74]

Es ist typisch und richtig für Fried, den Bogen zu schlagen von der Vergangenheit in die Gegenwart, die Welt um ihn herum daran zu erinnern, daß Untätigkeit immer böse ist. Fried verlangt von uns, daß wir uns ändern, wie er es auch von sich selbst verlangt hat.

In den ›Gegengedichten‹ stellt Erich Fried seinen früheren biblischen Gedichten, in denen er von den in der Wüste sterbenden Juden schrieb, das Bild

74. *Erich Fried*, Es ist, was es ist. Gedichte. Berlin 1983, 50.

der ägyptischen Soldaten gegenüber, die während des Sechs-Tage-Krieges in der Sinai-Wüste verdursteten. Es überrascht nicht, daß die ohnehin von allen Seiten angegriffene jüdische Gemeinschaft angesichts dieser Texte das Gefühl hatte, nun falle ihr auch noch einer der Ihren in den Rücken. Dabei richtete sich Frieds Zorn ganz allgemein gegen die, die Gewalt einsetzen, die nach seinem Verständnis weiterhin an den alten Methoden festhalten, die doch längst auf den Müllplatz der Geschichte gehören. Dieses unbestechliche Gerechtigkeits-empfinden wird ganz deutlich in seiner Rede anläßlich der Verleihung des Bremer Literaturpreises im Jahr 1983, in der er die Nürnberger Prozesse anprangerte (weil es sich dabei um post-facto-Rechtsprechung handelte und weil Fried die Todesstrafe grundsätzlich verabscheute) und zugleich die nationalsozialistische Gesinnung verurteilte, die unausrottbar noch immer allenthalben in der Welt wuchert:

»Besonders heute, anläßlich dieser traurigen Gedenkstunden zur Erinnerung an den 50. Jahrestag von Hitlers Machtergreifung, an Reichstagsbrand und Bücherverbrennung, dürfen wir nicht vergessen, daß die Erinnerung an die alten Untaten immer nur eines bedeuten kann, den Kampf gegen neue Untaten und dagegen, daß sie systematisch vorprogrammiert werden, aufzunehmen, auch, und gerade auch, wenn man Schriftsteller ist. Wenn wir dagegen nicht kämpfen, brauchen wir gar nicht erst von einer *Ästhetik* des Widerstands zu reden.«[75]

Ein Schriftsteller und Dichter zu sein war für Erich Fried nicht in erster Linie eine literarische Aufgabe; der Schriftsteller muß Ereignisse und Gefühle, Gedanken und Phantasien in Worte kleiden können. Doch er muß seine Aufgabe auch – davon war Fried fest überzeugt – als eine politische sehen und wissen, daß wir nur dann eine Zukunft haben, wenn wir die Vergangenheit lebendig halten:

Die Verbrechen von gestern haben
die Gedenktage
an die Verbrechen von vorgestern
abgeschafft

Angesichts
der Verbrechen von heute
machen wir uns zu schaffen
mit den Gedenktagen
an die Verbrechen von gestern

75. ›Ich soll mich nicht gewöhnen‹, Bremen 1983.

Die Verbrechen von morgen
werden uns Heutige
abschaffen
ohne Gedenktage
wenn wir sie nicht verhindern

›Ca ira (für Peter Weiss)‹[76]

---

76. *Erich Fried*, Es ist, was es ist. Gedichte. Berlin 1983, 78.

Teil 5

1. Erstes Morgenlicht
Vergangenheit und Zukunft

›Kann man den Holocaust vergessen? Kann man den Holocaust vergeben? Gibt es so etwas wie Vergeltung für den Holocaust?‹ Diese und ähnliche Fragen werden in regelmäßigen Abständen immer wieder gestellt. In einer Welt, die auf der Suche ist nach feststehenden moralischen Werten, werden sie entweder von der Religion oder vom gesunden Menschenverstand beantwortet. Was gibt es da noch zu debattieren? Doch in den Jahrzehnten nach dem Holocaust kam es zu heftigen Kontroversen zwischen den Religionen, aber auch zwischen den Überlebenden und den Mitläufern.

Schon in den Lagern hatte es unterschiedliche Positionen gegeben. Für viele der Opfer existierten solche Fragen überhaupt nicht. Allein der Gedanke an Vergebung war absurd. Und über die Gegenwart hinauszublicken, an so etwas wie Rache zu denken, erforderte ja zunächst einmal, daß man überlebte. Sich Rachegedanken hinzugeben, war ein Luxus – vielleicht ein notwendiger Luxus in einer Situation, in der man völlig hilflos und ausgeliefert war –, doch dieser Luxus kam erst an zweiter Stelle, nach dem verzweifelten Kampf ums Überleben. Die Tagträume im Lager kreisten eher um das Essen, um die Wiedervereinigung mit geliebten Menschen, darum, irgendwann wieder einmal ein normales Leben zu führen. Die Peiniger wiederum versuchten, den Gedanken an das, was sie taten und was dieses Tun nach sich ziehen würde, zu verdrängen. Diejenigen, die noch ein Gewissen hatten, rationalisierten ihre Schuldgefühle, indem sie sich vormachten, daß sie keine andere Wahl hätten und einfach nur ›Befehle ausführten‹. Sie schoben die Folgen ihrer Handlungen von sich weg, distanzierten sich von der Realität der Lager, von ihrer Arbeit, die sie einfach als eine Pflichtübung in der Hölle betrachteten, oder sie ließen ihren Vorurteilen die Zügel schießen in dem Wissen, daß das Böse nun die Norm war und daß sie im Recht waren, wenn sie ›Ungeziefer vernichteten‹, ganz besonders, da ihnen eingeimpft worden war, welcher himmelweite Unterschied zwischen ihnen und den ›Untermenschen‹, die es auszurotten galt, bestand. Dennoch ließen sich die Tatsachen und die Fragen nicht völlig unterdrücken. Von Anfang an wurde so wenig wie irgend möglich schriftlich festgehalten. Berichte wurden vernichtet oder gefälscht. Als das Euthanasieprogramm in Kraft trat, erhielten die Familien der Opfer Briefe, in denen die Todesursache ihrer Angehörigen mit einer ›ansteckenden Krankheit‹, ›Herzversagen‹, ›Lungenentzündung‹ usw. angegeben wurde, jeweils mit dem Schlußvermerk, daß der Leichnam aus hygienischen Gründen verbrannt werden mußte. Und ganz am Ende, als die Verfolger die Rache der Welt fürchteten und versuchten, sich den Folgen ihrer Taten zu entziehen, kam es zu einer wahren Orgie der Vernichtung von Dokumenten.

Erst sehr viel später begannen christliche Denker, die schwindende Erinnerung an den Holocaust als ein moralisches Problem zu begreifen, und stellten den Überlebenden und ihren Familien Fragen. Auch bei den Juden fing erst die nächste Generation an, Fragen zu stellen. Die Antworten fielen in verschiedenen Ländern verschieden aus: in Israel, Amerika, England und Deutschland. Israel befand sich, wie wir gesehen haben, in der besonderen Lage der überlebenden Nation, die noch immer unter dem Trauma des Holocaust stand und in deren Denken die Vorstellung von der *Schelilat ha-Galut*, der Ablehnung des Lebens in der Diaspora, fest verankert war. Noch heute ist Richard Wagners Musik in Israel verpönt, wenngleich Besucher aus Deutschland allmählich akzeptiert werden. Israel begreift sich in diesem wie in anderen Aspekten, die mit dem Holocaust verknüpft sind, als Sprachrohr der Weltjudenheit. Die Frage nach ›Gerechtigkeit kontra Vergeltung‹ kam vor allem mit dem Eichmann-Prozeß auf. Sie steht aber auch hinter dem Werk Simon Wiesenthals, den viele nur als einen verbissenen, rachsüchtigen Nazijäger sehen, der in Wirklichkeit jedoch ein ›Reiter in die Morgendämmerung‹ ist in seiner beharrlichen Suche nach Gerechtigkeit und eben nicht nach Rache. In gewisser Weise ist Wiesenthals Reaktion die Reaktion Amerikas, wie das nach ihm benannte kalifornische Institut Ausdruck der Reaktion der amerikanischen Judenheit ist, die ihr eigenes Maß an Schuld mit sich herumschleppt – die Schuld, nicht im innersten Kreis der Hölle gewesen zu sein – und von widerstreitenden Denkmustern erschüttert wird. Sind doch im Laufe der post-rationalen Desillusionierung an die Stelle des amerikanischen Traums und der von ihm gespeisten Selbstsicherheit innere Zweifel getreten, die einen teilweisen Rückzug Amerikas aus Europa zur Folge hatten.

Bei besonderen Anlässen wird immer wieder einmal die meist sorgfältig übertünchte, in verschiedenen Stufen ablaufende Konfrontation zwischen Juden und Christen deutlich. So brach durch den Besuch von Ronald Reagan auf dem SS-Friedhof in Bitburg im Mai 1985 der bis dahin unterschwellige Konflikt der Achtzigerjahre auf. 1990 gab die Episode um das Karmeliterkloster in Auschwitz den Anstoß zu einer neuen Entwicklung zwischen den Fronten, ließ zugleich aber auch ältere, düstrere und entmutigende Tendenzen wiederaufleben.

Wir können nicht einfach über mehr als drei Jahrtausende jüdischen Nachdenkens über das Wesen der Sünde und ihre Vergebung hinweggehen. Deshalb müssen wir erst über die Schuld reden, bevor wir uns damit auseinandersetzen, wie sie zu vergeben ist, gibt es doch viele Arten des Verzeihens und damit auch viele Arten des Vergebens. Worin besteht die deutsche Schuld, die die Juden vergeben sollen? Paul Tillich war der erste christliche Theologe, der 1933 aus Deutschland vertrieben wurde – nicht zuletzt, weil er für die Juden Partei ergriffen hatte. Als er 1953 zum ersten Mal wieder nach Berlin kam, geschah dies bezeichnenderweise anläßlich einer Vortragsreihe zum Thema ›Die jüdische Frage – ein christliches und deutsches Problem‹.

Tillich sprach von fünf Arten von Schuld. Zunächst war da die absolute Schuld der Mörder – bestimmter Gruppen und einzelner –, die man gesondert von der der anderen Deutschen betrachten konnte. Zweitens sprach er von der Schuld, der kein Deutscher entrinnen konnte, von der moralischen Verantwortung, vor der man sich gedrückt hatte, von den Stimmen, die stumm geblieben waren, von den Menschen, die keinen Finger gerührt hatten, ihren Nächsten zu retten. Dann ließ er den Blick über sein Publikum schweifen und sprach von der Schuld des unterdrückten Wissens, davon, daß man das Trauma der Vergangenheit vor sich selbst verbirgt und tief im Innern verschließt in der Hoffnung, daß es niemals in das neue Leben eindringen wird, das nichts von dem wissen will, was geschehen ist. Daraus ergab sich zwangsläufig der vierte Schuldtypus: die Schuld, die Vergangenheit tatsächlich zu vergessen. In diesem Vergessen steckte für Tillich fast noch größere Tragik als in der vorangehenden Selbsttäuschung. Zuletzt warnte er die Deutschen, moralische Fragen wie diese buchhälterisch zu behandeln, etwa sorgsam auszurechnen, inwieweit das, was sie selbst durchgemacht hatten, ihre Schuld an den Konzentrationslagern und am Völkermord aufwog.

Dieses Urteil eines evangelischen Theologen läßt sich mit Karl Rahners Definition der Sünde als Akt, der den Menschen Gott entfremdet, in Beziehung setzen. Doch wie sollen wir Juden uns dazu stellen? Ist für den Zuschauer, der sein Gewissen zum Verstummen gebracht hat, und für den Mörder derselbe Akt der Vergebung angebracht? Und was ist überhaupt erreicht, wenn wir denen vergeben, die vergessen wollen und vergessen haben? Was erwarten die andern von uns? Was erwarten wir selbst? Was erwartet Gott?

In der jüdischen Tradition fragen wir zunächst danach, was Gott vom Sünder verlangt. Wie kann der Sünder Vergebung erlangen? ›Er soll ein Sühnopfer darbringen und seine Schuld wird vergeben sein!‹ Offensichtlich beginnt der Weg zur Vergebung beim Sünder: ›Wasche dich, säubere dich, reinige dich selbst!‹ Die Sünde ist eine Unwahrheit, die dem Übeltäter anhaftet: Das Vokabular der Vergebung ist voller Verben wie *tiher* (reinigen), *macha* (abwischen), *kibbes* (waschen), *kipper* (läutern); sie alle sagen aus, daß Gott die Sünde vom schuldig Gewordenen fortnimmt (*nose awon wa pescha*). Da wir uns hier jedoch eher mit den Unterschieden als mit den Ähnlichkeiten zwischen Judentum und Christentum auseinandersetzen (wobei wir uns völlig bewußt sind, daß diese Unterschiede häufig lediglich eine Sache der Betonung sind und daß keine der beiden Religionen die Weisheit für sich gepachtet hat), sei angemerkt, daß an dieser Stelle zwei Menschenbilder aufeinanderprallen. Das Judentum ist grundsätzlich gegen den Gedanken der Erbsünde. Der Mensch ist gut. Wir irren zwar vom rechten Weg ab, doch wir können zu ihm zurückfinden. Wenn wir die Erbsünde ernstlich akzeptieren würden, wenn wir mit der Tatsache leben müßten, daß alle Menschen befleckt sind und daß sie die Schuld nicht abstreifen können, würden wir sicherlich rasch in eine Haltung hineingeraten, wie man sie häufiger im Christentum findet. Wenn doch alle, die Christus angenommen haben, reingewaschen sind durch das Blut des Lammes – wie können wir es da wagen, uns gegen den Herrn zu stellen, der ihnen vergeben hat? Müssen wir nicht unseren Bruder und unsere Schwester in Christus, denen Gott vergeben hat, annehmen?

Die Antwort lautet:»Nein.« Es mag sein, daß wir denen, die uns Unrecht getan haben, vergeben sollen und vergeben können, doch nicht aufgrund einer Religion, zu der sie sich bekennen, sondern aufgrund der Handlungen, die wir bei ihnen sehen, aufgrund ihrer Buße in Wort und Tat, die eine neue Brücke zwischen uns schlägt und Versöhnung möglich macht. Dann kann auch ein Ritual oder eine religiöse Zeremonie Baustein dieser Brücke sein. Doch die Bibel (die Tora) macht unmißverständlich klar, daß das Ritual selbst, auch wenn es vom Priester in angemessener Weise vollzogen wird, dem Sünder nicht die Vergebung garantieren kann. In Levitikus 4,26 heißt es: »So soll der Priester die Sühnung für ihn vollziehen, und ihm wird vergeben.« Das ist eine klare Aussage darüber, daß die Vergebung selbst von Gott kommt und durch kein Ritual garantiert werden kann. Überhaupt wird das Ritual, von dem in diesem Text die Rede ist, nur wirksam bei bestimmten Sünden (bi'sh'gaga – unabsichtlich begangene Sünden). Bewußt und vorsätzlich begangene Sünden gegen Gott jedoch sind durch kein Opfer sühnbar.[1] Und die Propheten heben eigens hervor, daß Gott Opfer, die nicht aus wahrer Zerknirschung und Reue heraus dargebracht werden, haßt und verabscheut.

Es wird deutlich, worum es hier geht: Die Erlangung von Vergebung hängt vom Verhalten des Sünders ab; das begangene Unrecht muß erkannt und bekannt werden; es muß dem Sünder selbst zum Greuel geworden sein. Der Sünder muß sich ändern, bevor er Vergebung erlangen kann, und auf öffentliche Akte des Fastens und der Selbstkasteiung müssen Verhaltensweisen folgen, die zeigen, daß der Betreffende sich innerlich gewandelt hat und ein neues Leben führen will. Wenn man die verschiedenen Kategorien deutscher Schuld betrachtet, die Paul Tillich genannt hat, so wird rasch klar, daß das biblische Verständnis von Vergebung bei keiner von ihnen wirksam werden kann, ehe nicht das innerliche Erneuerungswerk im Sünder begonnen hat. Uns aber kommt es nicht zu zu richten; Gott allein ist Richter.

Ganz am Anfang unserer Erörterung sind wir bereits einigen rabbinischen Auslegungen der Teschuwa begegnet, der Umkehr vom Pfad des Bösen und Rückkehr zu Gott und zum rechten Weg. Unsere Zehn Bußtage, die Tage der Teschu-

1. Num 15,30.31.

wa, sind gedacht als ein Weg zur Versöhnung zwischen Mensch und Gott und zwischen Mensch und Mensch. Dabei ist im Rahmen der Versöhnung durchaus Platz für einen Mittler. Abraham tritt für die Sünder von Sodom und Gomorrha ein, und Gott läßt mit sich reden, den Fall noch einmal aufzurollen und Zugeständnisse zu machen. Auch die Propheten intervenieren zugunsten des Sünders – Amos berichtet von Visionen, von Fürbitte und Abwendung schlimmer Ratschlüsse, bis der Kelch schließlich zum Überlaufen gefüllt ist und es keine Vergebung mehr gibt. Mose selbst weigert sich, einen Neuanfang ohne das Volk Israel zu machen, und betet, daß Gott seinem verblendeten Volk vergeben möge. Über dem allem liegt eine Dimension letzter Hoffnung, die ihren Grund hat im Bundesschluß und seinen Verheißungen für die Zukunft. Diese Hoffnung macht dem Sünder, wann immer er bereut und umkehrt, die Vergebung gewiß. Was im Himmel geschieht, muß auch auf Erden geschehen. Wenn Gottes vergebende Liebe den Sieg davonträgt – können wir Menschen dahinter zurückstehen? Das ist die Lehre von Hosea: Die Liebesgeschichte zwischen Mann und Frau sprengt alle Normen von Schuld und Versöhnung – und sie ist ebenso gültig wie die Gesetze der Tora. Doch auch hier ist es Bedingung, daß der Sünder und derjenige, der unter der Sünde zu leiden hatte, nur dann wieder zusammenkommen können, wenn der Sünder reuig umgekehrt ist, wenn er aus aufrichtigem Herzen den ersten Schritt getan hat. Dabei muß das Opfer die feste Überzeugung haben dürfen, daß die Reue wirklich ernst gemeint ist, daß hier nicht einfach ein Ritual oder eine leere Form vorgeführt wird.

Wir Juden hegen in diesem Punkt eine gesunde Skepsis, wir müssen noch überzeugt werden. Das Ritual allein genügt nicht. Sünden – *bejn adam w'chawero* – verlangen nach Wiedergutmachung und nach einer angemessenen Sühne, erst dann ist Vergebung möglich. Vor einem Gerichtshof werden Kränkungen vielleicht bezahlt, wird das Unrecht wiedergutgemacht. Doch es ist zweifelhaft, ob viele Kläger und Beklagte das Gericht daraufhin Arm in Arm verlassen. In der Synagoge jedenfalls sähen wir es gern so. Doch bevor die geschädigte Partei nicht von der Aufrichtigkeit der Reue des Übeltäters überzeugt ist, kann es nicht zur Versöhnung kommen; die Wunden der streitenden Parteien heilen nicht. Durch Freud wissen wir, welchen Schaden verdrängte Haßgefühle unserer Seele zufügen können. Dabei hat es den Anschein, daß eine leer dahingesprochene Vergebungsformel Haßgefühle ebensosehr unterdrückt wie die offene Ablehnung des unbußfertigen Sünders – die dem Sünder doch wenigstens die Möglichkeit gibt, sich zu ändern, wohingegen eine formelle Vergebung ihn im Nie-Wieder-Land der Heuchelei steckenbleiben läßt.

Wie Gott die Sünden vergibt, die die Menschen an ihm begehen – *bejn adam w'makom* –, ist eine andere Sache. In der Bibel und in der rabbinischen Lehre werden sein unendliches Erbarmen und seine nie erlahmende Bereitschaft zu vergeben herausgestellt. In Haggai 5,1 heißt es: »Dem, der sündigt und bereut, ist sogleich vergeben.« Und häufig wird denn auch argumentiert, daß die *Imitatio Dei* in uns die gleiche Bereitschaft erwecken sollte, in allen Fällen zu vergeben. Im Talmud finden wir den Gedanken: »Alle, die an ihren Mitgeschöpfern barmherzig handeln, werden auch vom Himmel barmherzig behandelt werden, und alle, die nicht barmherzig an ihren Mitgeschöpfen handeln, werden auch vom Himmel nicht barmherzig behandelt werden.«[2] Und Rabbi Nachman sagt: »Ahmt Gott nach, indem ihr barmherzig seid und bereit zu vergeben. Dann wird auch er euch barmherzig sein und eure Übertretungen vergeben.«

Wir glauben an die Güte und Barmherzigkeit Gottes, seine unbegrenzte Fähigkeit zu vergeben, und wir preisen ihn dafür. Wir dürfen uns nicht Gottes Richterfunktion anmaßen. Alle Menschen sind fähig zu sündigen, und alle sind auch fähig umzukehren. Eine der großen Lehrerinnen der jüdischen Tradition, Beruria, erinnert ihren Mann Rabbi Meir daran, daß er nicht die Sünder hassen soll, sondern die Sünde. Wir können Mitleid mit den verirrten, befleckten Menschen haben, die zur Verkörperung des Bösen in der Welt geworden sind. Wir können hoffen, daß sie umkehren und bereuen. Wir können sie nur dem Gericht und dem Erbarmen Gottes anbefehlen. Doch zugleich müssen wir hier, in dieser Welt, bestimmte Maßstäbe der Gerechtigkeit verteidigen und gegen das Böse kämpfen. Leichtfertige Worte der Vergebung bedeuten nichts. Sie verändern die Menschen nicht, die in einer Situation der Schuld und des Leidens gefangen sind. Ja, man kann sagen, daß die Durchsetzung der Gerechtigkeit der beste Weg ist, denen zu helfen, die im Spinnennetz ihrer eigenen bösen Taten gefangen sind. »Das Schwert kommt in die Welt, weil die Gerechtigkeit verzieht ...«

Es gibt so viele Arten von Schuld in der Welt, und jede einzelne sperrt diejenigen, die Böses getan haben, in ein Gefängnis. Doch können die Juden – als Kollektiv – den Deutschen – ebenfalls als Kollektiv – die Sünden vergeben, die die Deutschen während der Zeit der Finsternis, die wir den Holocaust nennen, am jüdischen Volk verübt haben? Wer soll da wem vergeben und wofür?

Mit den wahren Verbrechern, der ersten Kategorie in Tillichs Liste von Schuldigen, hätten sich die Gerichte befassen müssen. Doch in den über 90 000 Fällen, die untersucht wurden, wurden nur 6 478 Personen schuldig gesprochen; 82 467 Gerichtsverfahren endeten ohne Strafurteil. Hunderte von Fällen schlummern noch immer in den Akten ... die Gerechtigkeit ist nicht nur blind, sie ist auch extrem langsam.

Wir haben bereits festgestellt, daß Kinder nicht für die Sünden ihrer Eltern verantwortlich sind und daß wir keinen Grund haben, die Deutschen von heute vor einen Gerichtshof zu zitieren, um ihnen zu vergeben. Selbst wenn noch immer 100 000 Naziverbrecher in der Welt leben, würde eine Carte-Blanche-Vergebung von seiten des jüdischen Volkes weder ihnen noch uns helfen. Wir Juden von heute

---

2. Rosch Hasch 17a und anderswo.

– und die jüdische Welt, die wir gewissermaßen repräsentieren –, werden nicht von Haß und von Rachegefühlen gegen jene ›ewigen Deutschen‹ weit fort im Dschungel von Paraguay oder auch gleich bei uns um die Ecke in Europa verzehrt. Doch wir, die wir jetzt leben, und auch die, die nicht mehr sind, sind noch immer Verstümmelte, Leidende, deren Verletzungen nicht heilen wollen. Wir haben Angehörige verloren. Wir haben die große Gemeinschaft der Ostjudenheit verloren. Wir haben die ganz besondere Herzlichkeit und Fröhlichkeit der sephardischen Juden des Mittelmeerraumes verloren. Wir haben unsere Gelehrten verloren und die einfachen Leute. Und wir hassen das Böse in der Welt, das über uns gekommen ist, über uns und die *Sinti-Roma*, die Homosexuellen und die Nazigegner, die von dem Bösen in den Lagern ausgelöscht wurden. Wir betrauern eine Million Kinder und fragen uns, wie die Welt aussehen würde, wenn sie hätten leben dürfen. Die Handlungen, die erforderlich sind, um Vergebung für diese Verbrechen möglich zu machen, müssen zuallererst von den Übeltätern selbst ausgehen – sie müssen vor dem Altar Gottes niedergelegt werden. Dann, und nur dann können wir, als Einzelpersonen und nicht als Kollektiv, vielleicht damit anfangen, unseren Nächsten Worte des Trostes zu sagen.

In gewissem Sinn vereint die Theologie Christentum und Judentum gerade in bezug auf das beiden Religionen gemeinsame Wissen, daß die Offenbarung Liebe ist und daß unser gemeinsames Erlösungswerk uns als eins in die Welt und ›in das Leben‹ entsendet. Darin steckt ein Gedanke, den ich zur Diskussion stellen muß, auch wenn ich Theologe bin. Die christliche Vorstellung von der Vergebung und die jüdische Vorstellung von der Vergebung sind bloße gedankliche Konstrukte. Jedes menschliche Wesen hat die Fähigkeit, barmherzig zu sein, hat die Fähigkeit zu vergeben. Dabei muß festgehalten werden, daß diese Eigenschaft allen Menschen gemein ist und universelle Gültigkeit hat. Die religiösen Traditionen unterscheiden sich zwar, und unterschiedliche Glaubensrichtungen werden wahrscheinlich unterschiedliche Aspekte der menschlichen Fähigkeiten betonen. Unsere Fähigkeit zu lieben aber ist die gleiche: *w'ahawta l'rej-acha camocha* – liebe deinen Nächsten wie dich selbst. Was bleibt, ist die Fähigkeit jedes einzelnen, zu lieben und zu vergeben.

Wie gehen einzelne mit der Bitte um Vergebung um? Simon Wiesenthals Buch *Die Sonnenblume* enthält meiner Ansicht nach die ultimative Antwort auf diese Frage. Wiesenthal fragt darin nach Schuld und nach Strafe, nach Vergebung und verweigerter Vergebung, nach Vergessen und Erinnern – kurz, er stellt genau jene Fragen, die entscheidend für jede Auseinandersetzung mit dem Holocaust sind. Ein junger Jude wird aus dem Todeslager in ein Krankenhaus, an das Bett eines nationalsozialistischen Soldaten geholt, der im Sterben liegt. Der Nazi, Kopf und Augen völlig unter Bandagen verborgen, streckt dem Juden die Hand hin und bittet ihn um Vergebung. Er bekennt seine Verbrechen: das Dorf, das mit Frauen und Kindern niedergebrannt wurde ... andere Erinnerungen, die ihn verfolgen ... und seine Sehnsucht nach Vergebung. Der Jude ist hin- und hergerissen zwischen Mitgefühl und Entsetzen, doch am Ende verläßt er das Zimmer, ohne ein Wort gesagt zu haben. Was hätten wir getan? Wiesenthal schickte seine Geschichte an viele Juden und Nicht-Juden, und sie schrieben ihm ihre ganz persönliche Antwort auf diese Frage. Mit diesen Antworten trat Wiesenthal vor seine Leser. Die moralische Autorität, mit der diese scheinbar so stille Geschichte die Angesprochenen konfrontierte, brachte viele dazu, ehrlicher zu antworten, als sie es vielleicht vorhatten. René Chassin, Friedensnobelpreisträger von 1968 und Verfasser der allgemeinen Menschenrechtserklärung der Vereinten Nationen, konnte nur aus seiner eigenen Erfahrung heraus antworten:

»Man muß ... den einzelnen Menschen, die zu einer Gemeinschaft von Opfern gehören, eine völlige Freiheit des Urteils zuerkennen.

Ich habe mich damals zu der Frage veranlaßt gefühlt, ob es nicht für mich eine Pflicht sei, meine persönliche Erbitterung als französischer Jude zu überwinden, um einen Beitrag zu den Bemühungen jener deutschen Professoren voller guter Absichten zu leisten.

Da ich es für meine Pflicht hielt, mich meinerseits an einem Zukunftswerk zu beteiligen, habe ich das ohne Einschränkung getan. Weit entfernt davon, die barbarischen Umstände zu vergessen, unter denen so viele mir teure Mitglieder meiner Familie umgekommen waren, habe ich diese ... ausdrücklich in Erinnerung gerufen, um zu unterstreichen, in welchem Maße den Franzosen daran liege, in dauerhaftem Frieden mit dem deutschen Volk zu leben ...«[3]

Kurt von Schuschnigg war im Jahr 1938 österreichischer Kanzler, als er von den Nazis verhaftet und bis nach dem Krieg eingesperrt wurde. Seine Antwort ist klipp und klar:

»... eines war sicher: vergeben konnte, ja durfte er nicht. Und hätte er es dennoch getan, so wäre es eine völlig sinnlose und durchaus unaufrichtige Geste gewesen.

Man kann nur verzeihen, was einem selbst direkt widerfahren ist.

Die Sonnenblume wirft düstere, aber schließlich doch versöhnende Schatten.«[4]

Gustav Heinemann, nach dem Krieg deutscher Bundespräsident, berief sich auf seine Überzeugung als Christ:

»Der Konflikt zwischen Recht (als Gesetz verstanden) und Gnade ist der Faden, der sich durch Ihre Erzählung zieht. Auch Recht und Gesetz, so sehr sie zu wahren sind, können ohne die Gnade nicht existieren. Das ist es, was Jesus Christus hinzugetan und zugleich erfüllt hat.[5]

---

3. Aus: *Simon Wiesenthal*, Die Sonnenblume. Von Schuld und Vergebung. Hamburg 1970, 212-13.
4. A.a.O., 150-51.
5. A.a.O., 156.

David Daiches, ein berühmter englischer Geisteswissenschaftler, ist zugleich Literaturkritiker und Moralphilosoph. Auch er redet nicht um die Sache herum:

»Wenn ein Mensch, der ein solches Verbrechen oder eine ganze Reihe solcher Verbrechen begangen hat, einen anderen in seiner Funktion als Stellvertreter Gottes bittet, ihm zu vergeben, dann ist eine solche Bitte nichts anderes als der Versuch, sich auf billigem Weg psychologischen Trost zu verschaffen, und es mag sein, daß es unsere Pflicht ist, einem Sterbenden diesen Trost nicht vorzuenthalten ...

Ich glaube allerdings nicht, daß das Vergebung ist ... Ich kann mir nicht vorstellen, wie jemand einem anderen ein Verbrechen vergeben kann, das nicht an ihm verübt wurde ... Ich für mein Teil würde dieses Problem lösen, indem ich unterscheide zwischen Verständnis und Vergebung.«

Zum Schluß möchte ich noch einige Stimmen der Dichter-Propheten zitieren. Ihre Antworten sind die Standard-Antworten der Religion, bekräftigt durch das Zeugnis ihres Lebens. Abraham Heschel marschierte neben Martin Luther King von Selma nach Montgomery:

»Niemand kann Verbrechen verzeihen, die an andern Menschen begangen worden sind. Daher ist es absurd anzunehmen, daß irgendein Lebender Verzeihung für das Leiden von sechs Millionen Menschen gewähren kann.«[6]

Primo Levi sagte:

»Ist eine Gewalttat, ein Frevel, begangen, ist Wiedergutmachung für immer ausgeschlossen. Wohl ist es möglich, daß die öffentliche Meinung eine Wiedergutmachung, eine Sühne, ein ›Schmerzensgeld‹ verlangt ... aber der vergangene Frevel bleibt bestehen und Entschädigung stellt (auch wenn sie ›gerecht‹ ist) stets ein neues Vergehen und eine neue Quelle des Schmerzes dar. Dies vorausgeschickt, glaube ich sagen zu dürfen, daß Sie in Ihrer Situation recht daran taten, dem Sterbenden Ihre Verzeihung zu verweigern. Sie haben recht getan, weil es das kleinere Übel war: Sie hätten ihm nur durch Lügen vergeben können oder indem Sie sich eine furchtbare moralische Selbstüberwindung abnötigten ... Zwischen Ja und Nein kann in solchen Fällen nicht klar entschieden werden, und immer bleibt ein Rest auf der anderen Seite.«[7]

Und schließlich wollen wir noch Martin Niemöller hören, einen Christen, der das Böse in seiner eigenen Zeit bekämpft hat und der selbst im Konzentrationslager war. Niemöllers Antwort ähnelt der Primo Levis:

»Unrecht, das uns persönlich zugefügt wird, können wir vergeben; aber das ›Böse‹, das anderen Mitmenschen und besonders solchen, die uns nahestehen, zugefügt wird, können

6. A.a.O., 130-31.
7. A.a.O., 143-44.

wir im Grunde ja überhaupt nicht ›vergeben‹, weil das nur der in Vollmacht tun kann, dem solches Unrecht angetan wurde. – Als Christenmensch, der ich bin oder jedenfalls sein möchte, würde ich einem Mitmenschen, der mir sein gequältes Gewissen offenlegt, nur sagen können, aber auch sagen müssen: ›Was du mir zuleide getan hast und was dich jetzt reut, das vergebe ich dir, wie ich selbst nur durch Vergebung, die ich empfange, frei werde und bin. Was du anderen angetan hast und den Menschen, die mir nahestehen und deren Leid auch mich trifft, das müssen diejenigen dir vergeben, denen du das Böse angetan hast ...«[8]

Simon Wiesenthal ist einer dieser ›barmherzigen Menschen‹. Wer ihn noch immer als einen haßerfüllten Jäger sieht, der die Welt auf der Suche nach Naziverbrechern durchstreifte, versteht nicht die Mischung aus Gerechtigkeit und Erbarmen, die sich in seinem Leben und in seinen Schriften manifestiert hat; er ist ein Lehrer und Prophet unserer Zeit. Mit seiner *Sonnenblume* hat er die geistigen und religiösen Führer Europas zur persönlichen Stellungnahme angeregt und sich selbst in der Frage nach Schuld und Vergebung zum Katalysator gemacht. Das gleiche gilt auch für seine Arbeit – in Wien, Los Angeles, Argentinien, in der ganzen Welt. Auch Sich-Nicht-Abfinden kann eine Form der Versöhnung sein.

Ich habe hier versucht, eine jüdische Sichtweise von Vergebung und Buße, einen bestimmten Aspekt jüdischen Denkens, darzustellen. Es ist ein Gedanke, der seinen Anhalt in der Realität hat und den jedermann nachvollziehen kann. Das jüdische Volk ist ein Paradigma der Menschheit: Wir finden in ihm all die Fehler und all das Böse, das wir in anderen finden, aber auch das Erbarmen und die Liebe, die die heiligen Texten dieses Volkes überstrahlen. Man hat es das *Am b'nej Rachamim*, das ›barmherzige Volk, die Kinder Gottes‹, genannt, und so muß es wieder genannt werden.

2. Eine Odyssee
Meine Reise in die Morgendämmerung

Meine persönliche Reise begann vor 65 Jahren. Die Beziehung zwischen Mutter und Kind prägt unsere Identität von Anfang an ganz entscheidend, in meinem eigenen Fall über vierzig Jahre lang. Wenn wir unsere eigene Identität entwickeln, kommen wir immer wieder auf diese erste und entscheidende Beziehung zurück, von der schon die Alten wußten. Sie bildet gleichsam einen Schutzschild oder wenigstens eine schützende Haut zwischen dem einzelnen und jener Außenwelt, die das Individuum auf ein Nichts reduzieren will.

8. A.a.O., 146.

Natürlich gab es in meinem Leben noch andere Instanzen, die mir Halt gaben und mich förderten: eine Schwester, einen Zwillingsbruder und einen Vater – die Kernfamilie, wie sie im Buche steht. Doch am wichtigsten war und blieb für mich die Beziehung zu meiner Mutter. Ich konnte zusehen, wie die Sicherheit und der Lebensmut meines Vaters unter dem Druck der nationalsozialistischen Gesellschaft in Berlin zerbröckelte – als diese tödliche Umklammerung sich fühlbar zu machen begann, war ich sechs. Jedesmal, wenn es an der Tür läutete, zog mein Vater seinen Mantel an und stellte sich neben die Hintertür, bereit, falls nötig, wegzulaufen. Es waren die Heiterkeit und der Mut meiner Mutter, ihre beschützende, leidenschaftliche Liebe zu uns Kindern und die unerschütterliche Zuversicht, die sie ausstrahlte, die die Dämonen der Finsternis bannten und mir Boden unter den Füßen gaben. Neulich hörte ich einen Vortrag von einem Jungianischen Analytiker, in dem er von drei Patientinnen berichtete, Nonnen, die sich von der Nichtigkeit, dem Nichts in ihrem Leben förmlich zermalmt fühlten, unfähig, dem etwas entgegenzusetzen. Als der Analytiker das Bild des dunklen Tunnels gebrauchte, meinten sie, daß dieses Bild schon viel zu konkret sei und ein Tunnel immer noch viel klarer strukturiert als die Finsternis, der sie sich innerlich ausgesetzt fühlten. Der Analytiker fragte jede nach ihrer Lebensgeschichte, und es stellte sich heraus, daß sie alle ihre Mutter bei der Geburt oder innerhalb der ersten drei Lebensjahre verloren hatten – jene schützende Haut zwischen ihnen und dem Nichts war zerstört worden. Eine Zeitlang hatte ihnen die religiösen Institution, in die sie sich geflüchtet hatten, Halt und Schutz geben können. Doch nun, auf einmal, war in ihnen jene ontologische Verzweiflung aufgebrochen, wie sie den Menschen überfällt, der sich in einem undurchdringlichem Dunkel befindet, ohne zu wissen, wo er ist und warum er da ist.

Ich will damit nichts gegen religiöse Institutionen sagen – mein eigenes Leben spielt sich in der Synagoge ab, und ich finde den Grund meines Daseins und Stärkung für mein Sosein, meine Identität, in einem Judentum, das ein fester Pol in meinem Alltag ist, und in einem Glauben an Gott, der allenfalls gelegentlich ins Wanken gerät. Ich bin ganz einfach dankbar, daß das Böse, die Finsternis, die meine Kindheit überschattete, nicht aus mir selbst kam, sondern von außen, aus einer Welt, die ich nicht gemacht hatte. Der feste Glaube meiner Mutter, ihr unverzagter Mut, ließen in mir die Überzeugung wachsen, daß ich nicht allein war, daß ich nicht als einzelner gegen die ganze Welt stand. Es gab Menschen in der Welt, gute und schlechte. Und ich bin genügend guten Menschen begegnet – auch in Hitler-Deutschland –, um zu wissen, daß ich ohne sie nicht zurechtkäme. Die ›Reiter in die Morgendämmerung‹, die Dichter und Analytiker, Rabbiner und Philosophen, Träumer und Kämpfer kamen alle später, und ich verdanke der kleinen Schar, die sich auf diesen Seiten vor uns versammelt hat, unendlich viel. Ein Maimonides oder ein Karl Barth könnten wahrscheinlich aus ihren Lehren ein Glaubenshaus bauen, in dem wir uns fast alle zuhause fühlen könnten. Ein Paradigma, das zur Hoffnung Anlaß gibt, könnte geschaffen werden, in dem die Anthropologie an die Stelle der Entropie tritt und in dem der Mensch in der Welt stehen und sagen kann: ›Hier stehe ich, hier ist mein Platz!‹ Doch für mich ist die Religion oder auch die Theologie kein geschlossenes System, in dem ich am Ende meine Eigenständigkeit aufgebe und zu einem hochgeschätzten und notwendigen Rädchen im Getriebe werde. Vor langer Zeit, in den Tagen, als Hobbes seinen *Leviathan* schrieb, wurde das Individuum vom Staat definiert, und Jahrhunderte waren nötig, bis es dem einzelnen gelang, sich aus diesem Apparat zu lösen und eine eigenständige Identität zu entwickeln. Noch heute, nach dem Zusammenbruch zumindest einiger der totalitären Staaten, zögern wir, diesen Kokon zu verlassen. Viele von uns möchten immer noch lieber fremdbestimmt sein, nicht nur im Blick auf ihre Rollen, sondern auch auf ihre Überzeugungen. Damit sind wir bei unserem Problem. Wir sind auf unserer Reise einer Reihe dynamischer, charismatischer Lehrer begegnet, die uns Systeme anbieten, die mit der Realität, wie wir sie begreifen, im Einklang stehen. Warum kann ich dann nicht wenigstens auf einen von ihnen deuten und von ihm sagen, daß er die Lösung für unser Problem hat, und Anhänger für seine Theologie oder Philosophie werben?

Die Antwort ist ebenso einfach wie unbefriedigend: Es geht nicht. Ich habe meine eigene Position in vieler Hinsicht relativ deutlich gemacht. Ganz am Anfang, als wir die verschiedenen ›Reiter in die Morgendämmerung‹ zuordneten, habe ich gesagt, daß Leo Baeck mein Rabbiner war, Elie Wiesel mein *Rebbe*, George Steiner mein Lehrer in Zeitgeschicht*e* – und eine große Zahl von Freunden waren mir Gefährten, an deren Gemeinschaft ich mich auf meiner Reise gefreut habe. *Das bedeutet jedoch nicht, daß ich ihre gedanklichen Systeme und Vorstellungen vorbehaltlos akzeptiere.* Mein Judentum ist ein breiter Strom, der aus vielen Nebenflüssen gespeist wird. Den einen Tag halte ich mich zu Emil Fackenheim, den nächsten zu Richard Rubenstein. Das sind eigentlich entgegengesetzte Richtungen, doch wenn man auf dem Weg in die Unendlichkeit ist, führen alle Wege nach Rom.

Auf jeden Fall müßten wir nun aber in der Lage sein, die Krankheiten und Störungsbilder unserer Zeit zu bestimmen, waren wir doch unterwegs mit den besten Ärzten, insbesondere mit den Dichtern. Ja, wir können sogar ein allgemeines Rezept ausstellen. Die Psychiater haben das, gestützt auf Freud, Jung oder Adler, in glänzender Weise getan. Und schließlich haben sich noch mitten in der Finsternis der Konzentrationslager Systeme entwickelt, in denen wir den unausrottbaren Geist des Menschen wiederentdecken: Viktor Frankl und seine Logotherapie; Eugene Heimler und seine Erkenntnis, daß es eine Grundeigenschaft des Menschen ist, in dem, was er tut, nach einem Sinn zu suchen; Bruno Bettelheim, der beobachtete, wie Menschen in Dachau und anderswo gebrochen wurden. Von der kleinen Schar derer, die die Finsternis der Lager hinter sich lassen konnten und die sich auf den Weg in die Morgendämmerung des 21. Jahrhunderts machten, haben wir wichtige Erkenntnisse über das Wesen des Menschen gewonnen. Meiner Ansicht nach gilt das, was sie uns zu sagen haben, als ein Rezept für uns alle, uns ›Beschädigte‹, die wir uns zuzeiten völlig alleingelassen fühlen, weil die Beziehung zwischen uns und Gott und zwischen uns und unseren Mitmenschen gestört ist.

Analytiker und Rabbiner arbeiten mit Individuen. Es stimmt zwar, daß wir auch Vordenker sind, daß wir unseren Gemeinschaften die Richtung vorgeben. Doch wenn Menschen zu uns kommen, so kommen sie als einzelne. Jeder ist einzigartig. Und ganz gleich, ob wir Verzweiflung, Anomie, Depression oder ein übergroßes Selbstvertrauen diagnostizieren, wir haben es bei jedem Menschen mit einem einzigartigen Individuum zu tun, dem wir so nie wieder begegnen werden. Natürlich können wir Selbsthilfebücher schreiben, die man kaufen und nach Belieben zu Rate ziehen kann: eine Art Do-It-Yourself-Kurse in Religion oder Psychotherapie. Es gibt genügend Bücher auf diesem Gebiet, manche von ihnen sind sogar äußerst empfehlenswert. Nur kann ich mich nicht mit der Philosophie eines begrenzten Gottes abfinden, nicht einmal, wenn sie auf den utilitaristischen Philosophen aufbaut. Im Vergleich dazu scheint mir Hans Jonas sehr viel differenzierter und überzeugender, auch wenn ich mich seinen Schlußfolgerungen nicht anschließe. Doch wer liest Jonas? Jedenfalls nicht das breite Publikum – was übrigens ein großer Jammer ist. Deshalb plädiere ich für den einzelnen, der sich dem einzelnen zuwendet, der eklektisch vorgeht und sich aus jeder Lehre das herauspickt, was für seine Situation paßt. Die Traditionalisten bezeichnen das als Häresie oder Reformjudentum. Doch das Reformjudentum selbst stellt sehr viel höhere Ansprüche an den Menschen, wie man sieht, wenn man sich mit den Vertretern dieser Richtung, die hier vorgestellt wurden, auseinandersetzt.

Ich habe gesagt, daß Rabbiner die Richtung für Institutionen vorgeben können. Eugene Borowitz, ein Beispiel von vielen, hat wohl das Paradigma für den suchenden Reformjuden erstellt, das der Praxis am nächsten ist, und ich könnte mich eigentlich damit anfreunden. Das einzige Problem ist, daß man sich dazu bereits innerhalb dieses Systems befinden muß, daß man denselben geistigen Rückenpanzer tragen muß. Borowitz' System ist logisch, und es fehlt ihm auch nicht an Leidenschaft, wenn man an seinen emphatischen Zionismus und seine Hochschätzung des jüdischen Volkes denkt. Ich weiß selbst nicht, warum ich manchmal lieber eine Zeitlang mit Stephen Schwarzschild gehe und über den Messias als eine mögliche Quelle der Inspiration für mich selbst zumindest nachdenken will. Doch am Ende treffe ich dann meine Wahl, und die fällt auf den Lehrer, der mich als Rabbiner, geistiger Führer, Kämpfer gegen die Finsternis und als Person von absoluter Integrität schon immer fasziniert hat: Leo Baeck, den Lehrer von Theresienstadt. Baecks Glaubenspole sind meiner Ansicht nach so fein abgestimmt und dabei so klar, daß mir in ihnen alles eingefangen scheint. Im Mittelpunkt der religiösen Erfahrung stehen ›Geheimnis‹ und ›Gebot‹ – so wie Leo Baeck selbst mit seiner profunden Kenntnis des Mystizismus und der rabbinischen Lehren aus der Zeit nach der Zerstörung des Tempels in der Mitte des zeitgenössischen religiösen Lebens einzuordnen ist.

Die Reisenden, denen wir durch die Landschaft unserer Zeit gefolgt sind, haben die Finsternis des Holocaust hinter sich gelassen, doch manche von ihnen hat der Schatten dieser Finsternis wieder eingeholt. Und noch immer ist das Licht der Morgendämmerung nicht am fernen Horizont zu ahnen. Die Bedingungen religiösen und nicht-religiösen Lebens in der Gegenwart entsprechen den Polaritäten des ganzen Universums. Die gesellschaftlichen Strukturen sind aufgeweicht, einstige Machtblöcke existieren nicht mehr, der um sein zerbrechliches wirtschaftliches Gleichgewicht kämpfende Westen kommt seinen Verpflichtungen gegenüber dem Rest der Welt nicht nach, religiöse Institutionen bröckeln. Dennoch hat die Menschheit irgendwo mitten in diesem dunklen Raum einen Weg gefunden, der den Fortbestand menschlichen Lebens auf unserem bedrohten Planeten sichert.

Die jüdische Gemeinschaft bewegt sich noch immer zwischen zwei geographischen Polen, den beiden Brennpunkten einer Ellipse: Da ist Israel mit Jerusalem als Leuchtturm des Glaubens, und da ist die Diaspora mit ihrem Zentrum, den Vereinigten Staaten. Die dynamische Spannung zwischen diesen Polen hält beide lebendig und inspiriert sie zur Weiterentwicklung. Zugleich sind die Juden, die in gewisser Weise auch Repräsentanten der Menschheit sind, zwischen den Polaritäten gefangen, die das Menschsein ausmachen. Von der Terminologie des Glaubens her können wir beiden begegnen, dem nahen und dem fernen Gott. Doch in unserer Zeit scheint Gott sehr fern, als ob er sein Antlitz noch immer verberge, wie er es in Auschwitz tat. Analytiker der Jungschen Richtung sprechen von dem ›Schatten, der in uns wohnt‹. Wir ziehen es vor, diesen Aspekt lieber gar nicht erst in unser Bewußtsein dringen zu lassen, und halten die Gegensätze in einer kreativen Spannung: Distanz und Nähe, den nahen und den fernen Gott.

Daneben stehen die anderen Polaritäten, die wir zu erkunden versucht haben: das Verhältnis zwischen Opfer und Täter, diese Dialektik, die immer wieder der Auflösung bedarf. Wie sollen wir mit den neuen Tätern umgehen, wie mit den alten fertigwerden? Am Beispiel Ostdeutschlands, das nun in der größeren Bundesrepublik aufgegangen ist, haben wir gesehen, daß nicht nur die Opfer in dieser Lage sind, sondern auch diejenigen, die sich als untätige Zuschauer schuldig gemacht haben, und die Täter selbst. Wie können sie mit ihrer Vergangenheit leben, und wie sollen wir uns zu ihnen stellen? In einem Europa, das zumindest teilweise zu einem Dorf geworden ist, so wie die Welt allmählich zu einem Weltdorf wird, ist es unmöglich, dieses Problem einfach zu ignorieren, da es uns auf jeden Fall irgendwann einholen wird.

In gewisser Weise ist unsere Situation ausweglos: Wir alle sind von der Depression betroffen, die von außen kommt, aber auch von innen, aus der menschlichen Seele. Es ist gesagt worden, daß diese Depression ein notwendiger Bestandteil des Lebens sei. Jede religiöse Erkenntnis, die unserer Zeit etwas zu sagen hat, muß sich dem Bösen unserer Zeit stellen und unserer Unfähigkeit, die Krankheit der menschlichen Unvollkommenheit zu heilen. Depression, so lehren die Analytiker, berührt jene Teile unserer Seele, zu denen andere Emotionen nicht vordringen. Sie ist eine Krankheit zum Tode. Dabei fallen uns wieder unsere Schriftsteller aus dem Holocaust ein: Piotr Rawicz, Jean Améry, Paul Celan, Terence Des Pres, Uriel Tal und Primo Levi – sie alle haben Selbstmord begangen. Freunde von Primo Levi berichten, daß die Träume und Alpträume aus dem Konzentrationslager plötzlich wieder da waren. Einmal hatte er sich schon den Weg aus der Finsternis erkämpft, diesmal war sie stärker. Doch mag man auch eine ›Theologie der Depression‹ aufstellen, mag man anführen, daß das Durchleben der Depression eine notwendige Bedingung für ein reifes Leben ist – sie bleibt ein Aspekt menschlichen Daseins, der nichts anderes ist als ein schwarzes Loch im Universum unserer Seele.

Die ›Reiter in die Morgendämmerung‹ kennen die Depression und wissen im allgemeinen, daß sie gegen sie ankämpfen müssen, denn Depression kann zu einer noch schlimmeren Krankheit führen: zu Apathie. Viel von dem Bösen in unserer Zeit ist eher das Ergebnis von Apathie als von aktiver Bosheit. Die Nationalsozialisten in Deutschland waren nicht unbedingt auf die Unterstützung der gesamten Bevölkerung angewiesen; alles, was sie brauchten, war Gleichgültigkeit – und die gab es im Übermaß. Depression kann eine Variante der Begeisterung, der Freude, der Exaltation sein, doch Apathie, Gleichgültigkeit, steht irgendwo zwischen den Polaritäten des Lebens und gestattet sich keinerlei Bewegung. Die Chassidim wußten, daß, wenn einer ihrer Gegner sie mit kalter Gleichgültigkeit behandelte, er für immer ihr Feind bleiben würde. Wenn er sie leidenschaftlich haßte, konnte diese Leidenschaft irgendwann einmal vielleicht in Liebe verwandelt werden – die andere Seite des Hasses.

Und was hat es mit der chassidischen *Bitul ha-Jesch* – der ›Nihilierung des Selbst‹, auf sich? Ist darunter eine Art Selbstmord zu verstehen oder ein transzendentes Geschehen, ein Übergang? Am Ende führt Selbsterkenntnis in die Transzendenz. Die chassidische Tradition macht einen Unterschied zwischen ›Melancholie‹ und ›Bitterkeit‹. Der Melancholiker ist Gott und den Menschen fern; seine Befindlichkeit ähnelt dem Tod. Den Verbitterten dagegen treibt sein Zustand wenigstens noch zu irgendwelchen Handlungen, die doch Lebenszeichen sind. Er kämpft noch. Und wenn er in diesem Kampf eine höhere Ebene erreicht, kann sich die Bitterkeit vielleicht auflösen. Kann Haß hilfreich sein? Ich glaube nicht. Doch wenn der Haß eine Art erstarrter Zorn ist, der sich irgendwie entladen muß, so ist das zumindest ein Symptom, das im Rahmen der Religion oder in einer Analyse behandelt werden kann.

Das Problem der Ohnmacht steht im Raum. Es ist zentral für die Theologie der Befreiung und für die feministischen Theologinnen in Amerika, wo die sich vor den religiösen und weltlichen Gesetzen verändernde Stellung der Frau einen völlig neuen Denk- und Handlungsraum geschaffen hat. Was sich hier noch ändern muß, sind jene religiösen Gesetze und Dogmen, die die Frau in einer Position der Machtlosigkeit halten wollen. Doch steht es einem Therapeuten zu, althergebrachte religiöse Lehrmeinungen zu kritisieren und anzugreifen, wo sie seiner Ansicht nach Schaden anrichten? Die Religion hat umgekehrt ihre eigene Verpflichtung, die Psychiatrie und die Analyse auf jenen Gebieten in Frage zu stellen, auf denen die Welt sich eindeutig weiterentwickelt hat, während im therapeutischen Bereich nach wie vor altmodische Ideen und Praktiken zur Anwendung kommen. Ich für meine Person halte die Partnerschaft zwischen Religion und Psychologie für unverzichtbar.

Wir werden nie alle Fragen erfassen können, geschweige denn Antworten auf sie finden. Abgesehen davon, daß ich, wo es um meinen eigenen Ansatz geht, immer wieder darauf hinweisen muß, daß er alles andere als dogmatisch gemeint ist. Wenn es etwa um den Streit um gemeinsame Gebete und Liturgien mit unseren christlichen Schwestern und Brüdern geht, gehöre ich sogar im Blick auf die liberaleren Zweige der jüdischen Theologie zu einer Minderheit. Es ist ein Unterschied, ob eine Einstellung sich auf eine Gemeinschaft oder einen einzelnen richtet. Ich kann in den vielen christlichen Dogmen nicht unbedingt einen zentralen Aspekt der göttlichen Offenbarung an die Menschheit sehen, und wenn ich ein christliches Gotteshaus betrete, so tue ich das kaum als Vertreter der jüdischen Gemeinschaft. Wenn dem wirklich einmal so ist, versuche ich, nicht unnötig Staub aufzuwirbeln – warum meine Glaubensgeschwister verärgern? Wenn ich in der christlichen Kirche Gottes Gegenwart spüre, so geschieht dies in der Begegnung mit einzelnen Menschen und hat nichts mit dem Rahmen, dem kirchlichen Pomp, zu tun. Um es einmal ganz schlicht und altmodisch zu sagen: Ich glaube an Gott. Wenn ich nun anderen Menschen begegne, die ebenfalls glauben, dann kann ich ohne weiteres mit ihnen gemeinsam Gottesdienst feiern, ohne mich an Einzelheiten der Liturgie aufzuhalten – auch wenn ich natürlich darauf achte, in einer Kirche nichts zu sagen, was ich nicht auch in einer Synagoge sagen könnte. Doch ich treffe immer wieder Christen, die ein Leuchten um sich verbreiten wie strahlende Kerzen und mir die Welt mit ihrem Glauben erhellen. Deshalb kann ich ohne innere Skrupel an christlichen Gottesdiensten teilnehmen, zum großen Leidwesen meiner orthodoxen Glaubensbrüder und zum Kummer meiner Kollegen und der Mitglieder meiner Synagoge.

Auch in anderen Bereichen befinde ich mich nicht in Einklang mit der Mehrheit. Die angesehensten jüdischen Gelehrten haben sich mit der Antwort der Tradition auf den Holocaust auseinandergesetzt, unter ihnen auch Raw Hutner. Doch ich kann die Prämisse, daß ›den Juden vorgegaukelt wurde, sie könnten ihren Mitbürgern vertrauen‹, nicht teilen. Der ganze Gedanke der Ablehnung der äußeren Welt als einer Art ›Verführung‹, der erlegen zu sein die Juden zunächst einmal

bereuen müssen, ist mir fremd. Und ich kann mich auch nicht mit einem torageleiteten Geschichtsbild im Gegensatz zum säkularen Bild der Geschichte befreun-
den. Wie ich schon gesagt habe, hat ein Jude meiner Ansicht nach alles Recht,
sich aus der Gesellschaft zurückzuziehen. Und ich schätze Raw Hutner für sein Ja
zur ganzen Menschheit. Dennoch könnte ich nicht in seiner Enklave leben.

Auch mit Michael Wyschogrod uneins zu sein, fällt mir nicht leicht. Er ist ein
wunderbarer Mensch, von großer Offenheit gerade auch gegenüber Deutschland
– er hält dort oft Vorträge, bei denen er auch mit Juden zusammenkommt, die wie
ich selbst nicht einer Meinung mit ihm sind. Als Orthodoxen empfinde ich ihn
klarer und tiefgründiger als die meisten seiner Kollegen. Ich habe viel von Wyschogrod gelernt, der meine Handlungsweise durchaus billigt, meine Denkweise
jedoch ablehnt. Ich kann damit leben und in einem Punkt stimme ich sogar mit
ihm überein, mit seiner Kritik an denen, die den Holocaust als eine Offenbarung
Gottes deuten wollen. »Der Holocaust war absolut böse, und aus diesem Bösen
irgendwelche moralischen Lehren zu ziehen, ist ein selbstmörderischer Pazifismus«, sagte er einmal mir gegenüber. Doch auch hier komme ich immer wieder
zurück auf meine Behauptung, daß es viele Möglichkeiten gibt, mit dem Holocaust zu leben, und daß dies nur eine davon ist.

Das ändert nichts daran, daß ich die Idee, Gott habe durch den Holocaust moralische Imperative gesetzt, nicht akzeptieren kann. Dagegen akzeptiere ich die
Realität eines Ereignisses, das so zutiefst böse war, daß es geradezu mythische
Ausmaße annahm. Ich muß mich dieser Problematik von meiner eigenen Erfahrung und meinem Glauben her stellen, kann dabei aber bei jenen Zuflucht nehmen, die der Finsternis entronnen sind, sie hinter sich gelassen haben und dem
Licht entgegengehen. Auf ihren Spuren wandelnd lerne ich, daß auf dem Weg
immer wieder neue Einsichten der Entdeckung harren – und ich will mich dem,
was ich morgen finde, nicht verschließen.

Ich habe gesagt, daß die traditionalistischen Denker von einem System her
operieren, das mir nicht angemessen erscheint. Dennoch waren die britischen
Traditonalisten fähig, offen zu sein für die Fragen ihrer Kollegen aus dem Reformjudentum. Es ist eine Freude zu sehen, wie viele von ihnen sich mit großem
Engagement und großer Beharrlichkeit diesen Themen widmen und über sie diskutieren, bis sie selbst oder ihre Gesprächspartner klüger aus dieser Begegnung
hervorgehen. Wenn es um die eigentliche Halacha der Todeslager geht, kann ich
nur verstummen. Doch in diesem Verstummen noch – besonders, wenn es uns
durch Überlebende wie Hugo Gryn erreicht oder wenn wir den Stimmen aus der
Finsternis lauschen – lernen wir, daß hier der Weg von der Finsternis ins Licht
beginnt und daß wir diesen Weg nicht aus den Augen verlieren dürfen.

Ich rechne mich selbst zu den progressiven und radikalen Rabbinern und
Denkern, die sich mit dem Holocaust auseinandergesetzt haben. Meine Lehrer
haben mich geformt, und nicht zuletzt auch die Länder, deren Situation wir

untersucht haben: Das Leben in Deutschland, in den Vereinigten Staaten und in Großbritannien orientierte sich jeweils an seinen ganz eigenen Paradigmen, die auch mein Denken beeinflußten. Der ungeheure Gewinn dieser Erfahrungen bestand in der Begegnung mit Freunden und Lehrern. Die nachteilige Konsequenz ist, daß ich irgendwo mitten im Atlantik stehe: Ich kann nicht mit meinen amerikanischen Freunden einiggehen, finde mich aber auch nicht ganz in Einklang mit Großbritannien, und fühle mich andererseits meinen christlichen Freunden in Deutschland sehr nahe. Ist es da noch ein Wunder, daß ich einen Horror vor allen Systemen habe? Dagegen begrüße ich den Austausch mit den einzelnen Lesern und begebe mich gern in die ganz persönliche Diskussion mit ihnen. Ich lege kein System vor und verlange auch keine besonderen Privilegien für mich. Ich bin ein Gläubiger, ein Vertreter des progressiven Judentums. Ich verschreibe mich nicht irgendeiner beschränkten Theologie von einem Gott, der sich auf Westentaschenformat bringen und bei Bedarf hervorziehen läßt, noch würde ich jemals das Wort ›Gott‹ aus dem Gottesdienst und den Ritualen streichen. Meine eigene Erfahrung von meiner Kindheit im nationalsozialistischen Deutschland bis hin zu meinen zahlreichen Reisen in der freien westlichen Welt, die mir immer noch große Freude machen, läuft immer wieder hinaus auf die Begegnung mit dem Göttlichen, eine Begegnung, die ihre Bestätigung in meinen Gesprächen mit Juden und Nicht-Juden, Gläubigen und Ungläubigen findet, in denen ich die Gegenwart Gottes spüre.

Für Nicht-Gläubige mag diese Aussage ein Ärgernis darstellen, es mag so aussehen, als ob die unbesiegbare Ignoranz des Gläubigen sich nicht von der düsteren Verneinung des Atheisten berühren lassen will. Ist es doch schon schlimm genug, eine Abfuhr zu erfahren, ohne auch noch als Beweis für die entgegengesetze Behauptung herangezogen zu werden! Doch mein eigener Glaube ist immer gestärkt aus der Begegnung mit den analytisch denkenden Wissenschaftlern hervorgegangen, die die traditionellen Paradigmen des Glaubens, die noch immer auf mittelalterlichen Denkmodellen aufbauen, hinterfragen. Wenn ich eines von ihnen gelernt habe, dann dies: aufzuhören, die geordnete Beschaffenheit der Welt, des Universums – das Bild vom Uhrmacher und der Uhr – als absoluten Beweis für die Existenz Gottes zu nehmen. Ich habe noch immer eine gewisse Sympathie für den ontologischen Gottesbeweis, doch mein Glaube hängt nicht davon ab. Das Universum als einzigartiges Phänomen kann genauso auf Chaos basieren wie auf Ordnung, und unser Glaube an den göttlichen Schöpfer beruht weniger auf der geordneten Bewegung der Sterne auf der ihnen vorgezeichneten Bahn als auf der unerwarteten Schönheit und Einzigartigkeit, die in jedem einzelnen Menschen vorhanden ist und uns als überwältigende Güte oder als in seiner Heftigkeit zerstörerisch wirkender Schmerz entgegentreten kann.

Schöpfung und Zerstörung gehören in dasselbe Paradigma. Die Kabbalisten untersuchen jeden Buchstaben der Schöpfungsgeschichte in einer Tora, in der die

Buchstaben als schwarzes Feuer auf weißem Feuer geschrieben sind. Und es geht mir wie Baeck, daß ich die Gebote Gottes umkleidet sehe vom Geheimnis und daß das Geheimnis dem Gebot die Richtung weist.

»Ursprungsmythen sind Mythen, weil sie auf etwas verweisen, das anders nicht ausgesagt werden kann, das am Uranfang geschah, als es die Erkenntniskategorien, die immer erst später kommen, noch nicht gab. In diesem Sinne müssen sie zwangsläufig auch den genialsten Versuchen, hinter ihr Geheimnis zu dringen, widerstehen.«

Der Kabbalist und Karl Barth würden diesen Text betrachten, und der eine würde vom *En sof* sprechen, der andere vom *Nichtigen*, das Teil der Schöpfung ist. Und beide sehen sich als Gottesgläubige. Doch trotz meiner großen Bewunderung für Karl Barth kann ich ihm nicht ganz folgen, da er Gott allzu weit aus der menschlichen Reichweite entrückt an einen Ort jenseits des suchenden Verstandes. Auch der Kabbalist verwirft die menschliche Vernunft und möchte, daß ich mich von meinen Gefühlen überwältigen lasse, mich ihnen ganz ausliefere. Ich weiß, daß der jüdische Mystizismus stärker nach der Gemeinschaft mit Gott strebt als nach der Einheit, der völligen Absorption. Und ich finde auch hier wieder meine Zuflucht in der ruhigen Heiterkeit eines Leo Baeck, der die Vernunft an den Anfang stellt, ohne ihr ganz die Herrschaft zu überlassen. Baeck steht in der Mitte, und ich tue es ihm nach.

In New York war Paul Tillich mein Lehrer. Er setzte Theologie und Philosophie in Beziehung zueinander und machte die Suche nach dem Seinsgrund, nach Gott, zu einem rationalen Unternehmen. Vielen Christen war er zu aufgeschlossen gegenüber anderen Kulturen, war er doch ein Liberaler, als solche geistige Offenheit gerade nicht in Mode war. Sein politisches Engagement wie sein Kampf gegen die Nationalsozialisten, der ihn zum ersten Universitätsprofessor machte, der wegen seiner Wertvorstellungen sein Amt verlor, machten ihn für mich zum Vorbild. Auf philosophischem Gebiet bin ich dankbar für den Einfluß, den christliche Denker und Lehrer auf mein eigenes Denken gehabt haben. Vielleicht will ich deshalb mit Tillich ›auf der Grenze‹ zwischen den Systemen bleiben und die Suche nach Sinn nicht auf einen einzigen Glauben oder eine einzige Religion beschränkt wissen. Außerdem bin ich gewiß, daß ich, wo immer ich wie bei Paul Tillich der ethischen Dimension in einem Menschen begegne, auch Gott nahe bin. Hier ist mehr gemeint als die von der Ratio bestimmte positive Wertung ethisch richtigen Handelns; es ist zugleich auch ein Zeichen des göttlichen Geheimnisses, wenn der Mensch nach jenen göttlichen Attributen strebt, die die Tora Gott zuschreibt, nach jenem Tun der *Chesed* (liebende Güte, Gerechtigkeit), die sich in der Grundstruktur des Universums offenbart. An dieser Stelle werden Religion und Naturwissenschaft zu Partnern. Die Schöpfungsgeschichte versucht nicht zu erklären, wie die Welt entstand, sie erklärt, warum wir existieren und den göttlichen Stempel des Guten in uns tragen. Die Naturwissenschaft versucht, physikalische Phänomene im Rahmen der Mathematik zu erklären, doch die Religion ist häufig ziemlich engstirnig, wenn es darum geht, ihre eigene Rolle im Verhältnis zu den Naturwissenschaften zu bestimmen. Eine zur Reife gelangte Religion ist eine Religion, in der unser Schönheitssinn und unser Pflichtgefühl uns jenseits unserer Wahrnehmung des Universums jene persönliche Kraft ahnen lassen, auf die wir uns beziehen, wenn wir von Gott reden.

Der Begriff des ›Wunders‹ liegt mir ziemlich fern, besonders, wenn er mit einem Eingreifen in die Naturgesetze gleichgesetzt wird und dann als Beweis für die Existenz Gottes dienen soll (für Tillich wäre das übrigens ein atheistischer Gedanke gewesen). Ich kann Eugene Borowitz verstehen, wenn er glaubte, Gott habe zugunsten von Israel in den Sechs-Tage-Krieg eingegriffen – ich sehe darin einen Aspekt von Borowitz' Solidarität mit dem jüdischen Volk und einen Ausdruck seines ureigenen Glaubens. Im Blick auf die Zukunft jedoch kann mir eine solche Haltung nur Sorgen machen. Nun war Borowitz zwar Marinegeistlicher, und es ist wohl zum Teil Aufgabe der Militärgeistlichen, davon zu reden, daß Gott für die richtige Seite kämpft. Doch hier von ›Wundern‹ zu sprechen, erscheint mir doch recht bedenklich.

Vor einigen Jahren besuchte ich einen Freund und Rabbinerkollegen, Michael Goulston, den ich sehr geliebt habe und der an einer jener seltenen Krankheiten starb, an der pro Jahr höchstens zwölf Menschen sterben. Der Dichter Danny Abse, der ebenfalls mit Michael befreundet war, begleitete mich. Im Laufe unseres Besuches gerieten wir in eine Diskussion über Wunder, und Dannie war etwas überrascht über die Haltung, die seine ›frommen‹ Freunde in dieser Angelegenheit vertraten. Er selbst ist Säkularist. Später verarbeitete er die Begegnung in einem Gedicht, in dem er allerdings aus dem Rabbiner einen Priester machte. Diese kleine Abweichung ist gerechtfertigt, denke ich, weil die Situation damit für den Leser verständlicher wird. Immerhin sind wir heute schon soweit, daß niemand mehr besonders erstaunt ist, wenn ein Rabbiner den Gedanken an Wunder, die den Naturgesetzen zuwiderlaufen, verwirft. Anders wenn ein Priester das tut! Ich zitiere Dannie Abse:

> Letzte Nacht träumte der Priester, daß er aus seiner Kirche
> trat
> um Mitternacht, und plötzlich ganz deutlich
> einen Regenbogen sah am schwarzen Himmel.
> Ich sagte, jeden Tag können Sie
> ähnlich merkwürdige Dinge sehen – und zwar hellwach und bei
> Verstand –
> eine Mandarine im Schnee zum Beispiel.
> So etwas, sagte der Priester, vernichtet einen Menschen nicht,
> doch ein Regenbogen am Nachthimmel
> – und zwar hellwach und bei Verstand – warum, Doktor,

kann das einen Menschen niederstrecken wie ein Gewehrschuß?
Er kann ja dann an gar nichts mehr glauben,
weder im Guten noch im Bösen. Ein Arzt muß an Wunder glauben,
doch ich, ein Priester, wage es nicht.

Dann setzte sich mein todkranker Krebspatient,
der Priester, in seinem Bett auf, blickte zum Fenster
und schälte still eine Mandarine.
›Wunder‹[9]

Ich halte viel von meinem Wissenschaftler-, Arzt- und Dichterfreund Dannie Abse. In einem seiner Gedichte über die Medizin schreit ein bewußtloser Patient während einer Gehirnoperation auf, weil das Skalpell seine Seele berührt hat. In einem anderen Gedicht sitzt mein säkularistischer Freund in seinem Garten und sieht zu, wie die Prozession der Gläubigen am Samstag Richtung Synagoge zieht und am Sonntag Richtung Kirche – und er identifiziert sich mit dem Zyniker Heinrich Heine und beobachtet die religiöse Menge in Aktion. Und doch kann ich immer wieder viel von ihm lernen, gerade wenn es um die Religion geht.

Der Säkularist und der Wissenschaftler – die beiden Begriffe sind nur manchmal deckungsgleich – sind in mancher Hinsicht besser gerüstet, die Finsternis hinter sich zu lassen und der Morgendämmerung entgegenzugehen. Sie können optimistischer sein, weil sie aus einem intellektuellen Klima heraus agieren, in dem die Fähigkeiten des Menschen entweder in geologischen Zeiträumen gemessen werden – so gesehen aber hat die Menschheit kaum erst angefangen zu existieren und hat in dieser kurzen Zeit bereits überraschend gute Überlebensstrategien entwickelt. Oder sie argumentieren von der Begrenztheit ebendieser Fähigkeiten her, an der gemessen dann die Fehler, die passiert sind, nicht weiter verwundern können. Die religiösen Traditionen, die sich selbst ernstnehmen, verlangen so viel von uns, daß die Fehler, die nicht ausbleiben können, in einer anderen Welt gerichtet oder zumindest verhandelt werden müssen. Manche klammern sich an den Glauben an den Messias oder die *Techiat ha-Metim*, die leibliche Auferstehung nach dem Tod, als die religiöse Möglichkeit, vielleicht der einzige Weg, die Finsternis zu verlassen und eine angemessene Antwort auf die Fragen zu geben, vor die der Holocaust uns gestellt hat. Aber ich kann nun einmal immer nur in einer Welt leben. Wenn ich den neukantianischen Gedanken gelten lasse, daß die unendlichen Aufgaben, die der Menschheit gestellt sind, unendlich viel Zeit brauchen, bis sie erfüllt sind, so handelt es sich dabei um eine rein intellektuelle Feststellung, die mir im Alltag und vor allem in schweren Zeiten keine Geborgenheit geben kann. Ich werde mich der kommenden Welt stellen, wenn sie da ist, doch ich ziehe es vor, dieses Ereignis so weit wie möglich in die Zukunft hinauszuschieben. In der Zwischenzeit möchte ich, daß so viele Probleme wie möglich in dieser Welt gelöst werden, und ich verstehe die

9. Übertragung durch die Übersetzerinnen.

Welt von heute besser, wenn ich mich mit dem Gedanken eines leidenden Gottes, dem Gedanken der *Schechina*, der ich in den dunklen Tälern menschlichen Bemühens begegne, auseinandersetze. Mit der Formel, die die Christen für dieses Attribut Gottes gefunden haben, kann ich nichts anfangen. Wie kann ich meinen Bruder Jesus als Gott ansehen? Doch ich kann Gott durch meine christlichen Freunde sprechen hören, die auf einem Weg sind, der parallel zu dem meinen verläuft. Und ich weigere mich, in den Chor meiner Kollegen einzustimmen, die an den ›Reitern in die Morgendämmerung‹, die die religiöse Tradition der christlichen Welt durch ihren Mut und ihr Opfer bereichert haben, herumkritteln. Bonhoeffer, Niemöller, Kolbe – sie werden viel zu oft von Juden und Christen angegriffen, die meinen, die Zeiten damals seien zu finster gewesen, als daß irgend jemand aus dieser Zeit einen Heiligenschein tragen könnte. Der *Advocatus diaboli* ist heute sehr viel rascher zur Stelle als jene, die um ein edles Leben einen Mythos ranken, der auf einer anderen Ebene ebenfalls Träger der Wahrheit ist. Allerdings habe ich etwas gegen die politischen Heiligen, die von Zeit zu Zeit am Horizont erscheinen, und gegen die politischen Zugeständnisse der Kirche, die den göttlichen Abglanz, den wir im Leben einzelner Menschen durchaus finden können, verdunkeln.

Wir können Gott nicht nach unserem Bilde schaffen. Aber ich glaube, daß wir nach dem Bilde Gottes gemacht sind, und ich glaube noch immer an die Tora als den Ort, an dem unsere Vorfahren göttliche Offenbarung und Unterweisung fanden. Tora ist ein anderes Wort für Offenbarung. Gott ist in der Tora offenbart. Jede Religion basiert auf heiligen Texten, denen die Autorität einer Offenbarung zugesprochen wird. Im Judentum umfaßt diese Offenbarung das gesamte Leben, da die Halacha, der Weg des Gesetzes, den wir gehen sollen, von Anfang bis Ende geheiligt ist. Wenn man den Pentateuch als von Gott gegebenes, geschriebenes Gesetz betrachtet, dann ist auch die ganze Auslegung, die dieses Gesetz durch die Rabbinen erfuhr, Offenbarung – das mündliche Gesetz.

An dieser Stelle kann ich mich ganz einfach auf die Seite meiner reformtheologisch eingestellten Kollegen stellen, die tapfer gegen die göttliche Unfehlbarkeit des orthodoxen Rabbinats angehen. Die ganzen feinen Unterschiede zwischen Offenbarung und göttlicher Inspiration kann man, soweit es die biblischen Texte betrifft, ihnen überlassen. Für den durchschnittlichen Leser oder die Laienschaft (je nachdem, welcher Begriff besser paßt) genügt es, deutlich zu machen, daß die Bibel kein Buch wie alle anderen ist. Die Autorität, die ich in ihr sehe, hat zum Teil mit der Tatsache zu tun, daß sie auf mich überkommen ist, daß sie die religiöse Heimat ist, in der ich aufgewachsen bin und die mir so viel Freiraum gelassen hat, daß ich sie vielleicht stärker auf mich zugeschnitten habe, als sie mich ihrerseits geformt hat. Daneben respektiere ich aber durchaus auch die Überlieferungen anderer Glaubensrichtungen und räume ein, daß Offenbarung auch außerhalb von Israel möglich ist und stattfindet. Jeder hat seine ›Tora‹.

Aus einer solchen Haltung entstehen allerdings merkwürdige Probleme. Zum einen versucht das Christentum, uns zuzeiten unsere Tora streitig zu machen. Dieser Versuch, die Judenheit ihres Erbes zu berauben, währt schon fast zweitausend Jahre, und ich will nicht näher auf ihn eingehen, handelt es sich hier doch mehr um ein christliches Problem als um ein jüdisches. Luther zum Beispiel, um die Distanz zwischen dem Reformator und dem nationalsozialistischen Pöbel, der ihn zu seinem Schutzheiligen machen wollte, gebührend herauszustellen, Luther glaubte mehr an das Neue Testament als an das Alte und stellte eine Offenbarung gegen die andere. Wo der hebräische Text im Jesajabuch das Wort *Alma* gebrauchte, das eine junge, heiratsfähige Frau bezeichnet, hielt er beharrlich fest, daß die Evangelien eine andere Wahrheit enthüllt hätten und daß das Wort eigentlich *Betula*, Jungfrau, hätte heißen müssen. Der ›fehlerhafte‹ Jesajatext war angesichts der neuen Vision des Neuen Testamentes zu vernachlässigen. Das war natürlich keine besonders gute Logik und auch keine besonders gute Theologie.

Bis die Christenheit sich von der Last der ›Präfiguration‹, der messianischen Prophezeiungen, die in Wirklichkeit keine Prophezeiungen waren und auch nichts über den Messias aussagten, freigemacht hat, wird der christliche Glaube fehlerhaft bleiben, was ihm durchaus zum Nachteil gereicht. Ich kann das nur bedauern und auf die christlichen Gelehrten und Denker vertrauen, die ich kennengelernt habe und die daran arbeiten, einen authentischeren christlichen Glauben herauszuschälen, der auf der historischen und theologischen Wahrheit und einem korrekten Geschichtsbild beruht.

Doch all dies ist nebensächlich für den Gedanken, daß die Buch-Religionen (ein von Mohammed geprägter Terminus, dessen Islam ja auch eine Religion des Buches ist, die des Koran) sich mit ihren Offenbarungstexten auseinandersetzen müssen, die denn auch jahrhundertelang immer wieder neu gelesen und ausgelegt werden, wobei aus dem alten Text immer neue Einsichten abgeleitet werden, um ihm Legitimität zu verleihen. Dasselbe kann sich natürlich auch im weltlichen Raum abspielen; auch der Säkularismus kennt seine Heiligen und seine heiligen Texte. Daß diese Bewegung auch umkippen kann, ist die gegenwärtige Erfahrung in Europa, wo das Kommunistische Manifest und seine Heiligen im wahrsten Sinne des Wortes in Stücke geschlagen wurden, wenn man auch nicht ausschließen kann, daß das kommunistische Gedankengut hinter verschiedenen Masken wiederauferstehen wird. Und auch die Welt der Wissenschaft hat ihre ›Tora‹. Gerade in jüngster Zeit haben ›Offenbarungen‹ auf dem Gebiet der Quantentheorie und der Nachhall des Urknalls viele wissenschaftliche Theorien, die bereits für ebenso wahr wie das Evangelium gehalten wurden, in ihren Grundfesten erschüttert. Die Verfallserscheinungen, die so oft der Religion zugeschrieben werden, haben ihre Entsprechung in der Wissenschaft, wenn Mediziner sich zu fragen beginnen, ob nicht vielleicht ihre eigenen Forscher dazu beigetragen haben, die jüngste Seuche, die den menschlichen Körper zerfrißt, in die Welt zu setzen, und ob nicht die wissenschaftlichen Fortschritte unserer Zeit, die auf den Verbraucher zugeschnitten waren, die Ozonschicht zerstört haben. Dies ist kein Anlaß zu Schadenfreude. Keiner von uns hat sich besonders rühmlich aus der Affäre gezogen, und wir alle müssen unsere Leitlinien neu festsetzen.

Was ist Wahrheit? Was ist Offenbarung? Das hat nichts mit der Pilatus-Frage zu tun, es ist ein angstvoller Aufschrei einer Menschheit, die von ihrem eigenen Intellekt betrogen wurde. Wenn ich behaupte, daß die Religion eine Antwort darauf hat, und das Abenteuer der Religion mit seinem ethischen Anspruch und seinem Sinn für das Mysterium zum unverzichtbaren Gegenpart der Naturwissenschaft erkläre, so darf das nicht als ein Auftrumpfen des Glaubens über die Wissenschaft mißverstanden werden. Wir alle haben Angst, wir alle tragen Narben. Dennoch müssen diejenigen, die glauben und die auf eine Zukunft der Menschheit in einer Welt hoffen, in der die ökonomischen Schranken kleiner werden und das Prinzip der Wechselseitigkeit im Mittelpunkt menschlicher Existenz steht, Träger eines gemäßigten Zukunftsoptimismus sein. Die Partnerschaft, die hier postuliert wird, geht über religiöse Unterschiede und nationalistische Spaltungen hinaus. Sie verlangt eine neue Offenheit für die Tora der Menschen, mit denen wir zusammenleben, und ein Verständnis unserer eigenen Tradition, das unter dem Oberbegriff moralischer Forderungen an uns steht. Diese Forderungen sind keine Ratschläge, wie man in der Welt zurechtkommen oder wie man nett zu anderen sein kann, weil sich das auszahlt. ›Liebe deinen Nächsten wie dich selbst, ich bin der Herr‹, ist ein ethischer Imperativ in der Tora, der göttliche Autorität hat. Was uns hier entgegentritt, ist Offenbarung: Gebot und Geheimnis. Was ist Tora? Was ist Offenbarung? Jeder der ›Reiter in die Morgendämmerung‹, denen wir ein Stück ihres Weges gefolgt sind, scheint einen Aspekt der Offenbarung für sich entdeckt zu haben, ein kleines Stück des großen Mosaiks, das erst am Ende der Zeiten zusammengesetzt wird. Der Kohinoor wurde aus einem sehr viel größeren, kostbaren Stein herausgeschliffen, mit Facetten versehen, damit er funkelte, bevor er in die englische Königskrone eingefügt wurde. Trotzdem ist jedes Stück der Offenbarung ein Licht, dem wir getrost folgen können. Und oft zählt der Weg mehr als das Ziel. Ohne die Tora, ohne die Offenbarung wäre die Reise der Juden durch Zeit und Raum schon vor langer Zeit zu Ende gewesen. Und doch vergrößerte die Reise selbst diesen Stein der Wahrheit, lagerte neue Schichten der Einsicht auf ihm ab. Recht und das heißt hier religiös verstanden erkennen wir allmählich, daß der Vorgang der Überlieferung selbst Offenbarung ist, weil damit die Einzigartigkeit jedes Menschen, der mit ihr in Berührung kommt, mit in die Offenbarung hineingenommen wird. Das Wort ›Kabbala‹ bedeutet im Judentum soviel wie ›Empfang‹ und ›Weitergabe‹. Das ist das Geheimnis, wie es die erkannte Wahrheit ist. Der erste Satz in den Vätersprüchen lautet: *Mosche kibel Tora*: Mose empfing die Offenbarung und gab sie weiter. Jede Generation hat die Wahrheit weitergetragen und vervollkommnet, eine Wahrheit, die immer weiter gewachsen ist. Im Predigerbuch lesen wir: ›Ein Geschlecht geht und ein anderes kommt, doch die Erde bleibt immerdar.‹ Leo Baeck hat darauf hingewiesen, daß dieser Satz auch folgendermaßen gelesen werden kann: ›Eine Welt kommt und eine Welt geht, doch die Geschlechter bleiben für immer.‹ In dieser Auslegung liegt ein bemerkenswertes Vertrauen in die Menschheit. Das Gebot geht aus an die, die bereit sind, sich gebieten zu lassen. Wir stehen in einer Bundesbeziehung zu Gott, und an einem bestimmten Punkt ist unsere Zustimmung gefragt. Wenn das nicht im Buch des Bundes steht – was eigentlich implizit der Fall ist –, so muß man es wenigstens ins Buch des Lebens schreiben, das den fortlaufenden Kommentar zum Text bildet.

Wir sind dieser Kommentar, dieser Text, und Israel ist ein Teil der Offbarung von Gott. Wenn das arrogant wirkt, so als ob damit der Anspruch, daß die Juden das erwählte Volk sind, noch überschritten wird, so muß festgehalten werden, daß die Behauptung, die Juden seien eine Offenbarung Gottes, nichts anderes ist als eine Wiederholung der Aussage der Tora. Wir sind der Kommentar zum Text, und Kommentar und Text sind aus demselben Stoff gemacht. Wenn ich diesen Punkt betone, so ist das mehr eine Bejahung der Menschheit als eine chauvinistische Proklamation einer eingebildeten Überlegenheit. *Jedes* Volk ist eine Offenbarung, hat eine bestimmte Aufgabe in der Welt und ist auf seine Weise auf dem Weg in die Morgendämmerung. Jehuda Halewi sah die Gabe der Prophezeiung als besondere Eigenschaft seines Volkes. Wir haben gesehen, daß George Steiner, einer aus unserer Reiterschar, die Juden als die Quälgeister, als das Gewissen der Welt bezeichnete. Und wir haben die besondere Beziehung zwischen dem jüdischen Volk und seinem Land kennengelernt. Alle diese Aspekte können, wenn man sie in einen politischen Kontext überträgt, zu Problemen führen, doch das darf die ganz spezielle Wahrheit der Bedeutung Israels nicht verdunkeln, die auch andere für sich in Anspruch zu nehmen versucht haben. Der Empfang einer Offenbarung kann und sollte ein Volk verwandeln, sollte dieser Gemeinschaft eine besondere Bedeutung verleihen.

Jede Gemeinschaft, die sich auf universale Ziele zubewegt, sollte mehr sein als die Summe ihrer Teile. Universalismus ist nur über Partikularismus zu erreichen. So wie jeder einzelne Mensch einzigartig und besonders ist und doch nach Einheit mit anderen Menschen strebt, muß auch ein Volk auf dem gleichen Weg unterwegs sein. Israel ist eine Ganzheit, die über die Jahrhunderte hinweg gleichbedeutend geworden ist mit dem jüdischen Volk in dem elliptischen Muster seiner Geschichte, die sich im Heiligen Land und in der Diaspora abspielt. Mit fast allen anderen jüdischen ›Reitern in die Morgendämmerung‹ muß ich die Einheit jenes Volkes akzeptieren und bejahen, dessen Angehörige *Arewim seh laseh* sind – eine verschworene Gemeinschaft, deren Glieder füreinander einstehen, auch auf Kosten ihrer Verantwortung für die Gesellschaft, in der sie leben. Häufig wird diese Loyalität mißverstanden. Es wird angenommen, daß sie unser Wahrheitsverständnis, unsere Auffassung der Pflichten, die wir gegenüber anderen haben, beeinflußt und daß sie uns der Fähigkeit zur Selbstkritik beraubt. Manchmal – öfter, als mir lieb ist – ist es tatsächlich so. Der Staat Israel (oder besser gesagt, einige seiner Politiker) verlangt kritiklose Unterstützung für alles, was der Staat unternimmt. Selbst wenn er eindeutig im Unrecht ist, sollen wir uns jeglicher Kritik enthalten, weil das hieße, gemeinsame Sache mit dem Feind zu machen – was natürlich Unsinn ist. Die Unterstützung, die die Diaspora dem bedrohten Land Israel geben kann, besteht nicht zuletzt in einer solchen, die israelische Perspektive immer wieder zurechtrückenden Kritik. Diese Kritik sollte allerdings einhergehen mit der Anerkennung und Förderung all jener Errungenschaften, die in weniger als fünfzig Jahren einer ständig von der Auslöschung bedrohten Existenz dem jüdischen Staat zu einer Präsenz in der Welt verholfen haben, deren positive Anteile die Fehler weit überwiegen, die aus der politischen Situation unserer Zeit heraus gemacht worden sind.

Aber auch die Palästinenser sind ein Volk. Auch sie haben eine Identität. Uri Avneri, ein ›Reiter in die Morgendämmerung‹, der gegen den Strom der öffentlichen Meinung in Israel schwimmt, vermittelt uns einen Eindruck von dem, was unbedingt getan werden muß, um das palästinensische Leiden wenigstens zu mildern. Eigentlich sollten und könnten Juden und Araber gerade im Leiden ein gemeinsames Band finden. Beide Völker sind durch Leid geformt und verändert worden. Aus politischen Gründen können sich die Palästinenser jedoch nicht einmal vor sich selbst eingestehen, daß viel von ihrem Leiden durch ihre arabischen Brüder über sie gekommen ist. Man kann die Geschichte nicht zurückdrehen oder alte Fehler ungeschehen machen, nachdem sie dem Land eingebrannt sind, doch eines ist immer möglich: ein Neuanfang.

Volk – in einer Welt, in der allenthalben durch einen fanatischen Nationalismus heraufbeschworene Konflikte aufbrechen, könnte man meinen, daß es an der Zeit wäre, diesen Begriff endlich aufzugeben. Doch wie können wir das? Wir *sind* ein Volk, unsere Volkszugehörigkeit hat sogar eine religiöse Komponente: »Dieses Volk habe ich mir gebildet, damit es mich preise«, lauten die Worte des Propheten. Wenn sich in einem säkulareren Zeitalter vielleicht auch die Betonung etwas verschoben hat, weg vom Religiösen, so hat sie sich doch nicht wegverlagert vom Volk Israel, das in dieser säkularen Welt genauso lebt wie in der religiösen Welt.

Wie weit haben Sie unsere Reise mit den ›Reitern in die Morgendämmerung‹ mitgemacht? Das möchte ich Sie fragen. Wo haben Sie die Schar verlassen? Welchem Reiter sind sie bis zum Schluß gefolgt? Heutzutage bieten manche Kinderbücher alternative Schlüsse an – genauso wie das neue Holocaust-Museum in Washington. Wenn man hineinkommt, teilt einem der Computer ein Schicksal zu, das man dann bis zum Ende mitlebt, ohne zu wissen, ob man die Dämmerung erreichen wird. Manchmal ärgert mich dieses Experiment. Es steckt zuviel Simulation darin, eine stellvertretende Erfahrung, die den Besucher womöglich glauben läßt, er wisse nun aus eigener Anschauung, wie der Holocaust war. Andererseits lernen wir dabei etwas über unsere Gefühle. Vielleicht versetzt das vorliegende Buch Sie in die Lage, bestimmten Handlungsmustern zu folgen, sich zeitgenössische Paradigmen zu eigen zu machen, die hilfreich für Sie sind. Ich kann nicht mit *dem Weg* dienen, der zweifelsfrei in die Morgendämmerung führt. Es laufen so viele Wege nebeneinander her. Ich kann Ihnen nur von den Zwischenstationen meines eigenen Weges erzählen, der keineswegs eine *Via dolorosa* war, zwar ein jüdischer Weg, aber einer der positiven, freundlichen Wege des Judentums.

Ich wurde im Dämmerlicht des Holocaust geboren, kurz bevor die Finsternis sich auf die Erde senkte. Die Finsternis erreichte uns, aber sie vernichtete uns nicht. Meine Familie floh im letzten Augenblick, und die Gastfreundschaft und das Mitgefühl Amerikas nahm uns auf. Und doch lebte ich von Kind an mit dem Wissen um den Holocaust und spürte das Bedürfnis, dieses Wissen zu teilen. Die meisten meiner Bücher handeln davon, doch immer aus dem Kontext eines lebendigen Judentums heraus, das nicht alle Antworten weiß, das aber hinweisen will auf die Morgendämmerung, die auf die Nacht folgt.

Ich bin ›Reitern in die Morgendämmerung‹ begegnet. Sie waren in die Nacht gegangen und danach in eine noch tiefere Nacht. Ich werde das Bild nicht los: Immer wieder sehe ich sie alle an meinem Tisch sitzen – Paul Celan, eingehüllt in das Leichentuch tiefster Schwermut, Piotr Rawicz mit seiner verzweifelten Fröhlichkeit, Uriel Tal mit seinem scharfen Verstand, der die romantischen Wurzeln des nationalsozialistischen Terrors bloßlegen konnte und doch den Schmerz in der eigenen Seele nicht zu lindern vermochte. Sie alle konnten sich nicht aus jener Finsternis emporringen, auch wenn sie auf dem Weg waren zur Morgendämmerung. Paul Celan hat, obgleich er nicht in Auschwitz gewesen war, in seiner ›Todesfuge‹ alle Aspekte dieser Finsternis zum Leben erweckt. Es hat mir oft die Tränen in die Augen getrieben. Ich glaube, daß jeder, der wirklich etwas vom Holocaust begreifen will, weinen muß angesichts der Erkenntnis, daß wir alle etwas von dieser Finsternis in uns tragen, gleichgültig, wie unser Leben verlaufen ist. Das ist die erste Lektion, die wir aus der Begegnung mit jener Schar von Männern und Frauen lernen können, die ich als die ›Reiter in die Morgendämmerung‹ bezeichnet habe.

Mitten in der Nacht werden wir wach. Alles um uns herum ist kohlpechrabenschwarz. Und einen verzweifelten Augenblick lang wissen wir nicht, wo wir sind und *warum* wir sind. Erst kürzlich habe ich ein Interview mit einem Mann gelesen, der seinen Vater pflegt, der am Alzheimer-Syndrom leidet. »Wir sind die eigentlichen Opfer«, sagte er, »wir, die Familie. Er geht in seliger Unkenntnis umher, doch wir müssen sein Leben immer wieder schaffen und neu schaffen, ohne daß es jemals aufhört. Die Familie leidet mehr als das Opfer!« Ich empfand tiefes Mitgefühl für die Familie und ihre Not und konnte es ihnen nur hoch anrechnen, daß sie sich nicht von dem geliebten Angehörigen trennten. Doch ich glaube trotzdem, daß die Not des Vaters schlimmer ist. Die Erinnerung zu verlieren heißt, einen Aspekt seines Menschseins zu verlieren, dem ganz besonders das Judentum immer einen sehr wichtigen Stellenwert eingeräumt hat. Was wäre ein Jude, was wäre das Volk Israel, wenn es sein Gedächtnis verlöre, wenn es in seinen Gebeten nicht mehr sagen könnte: *Secher liziat Misraim* (›im Gedenken an den Auszug aus Ägypten‹)? Was wären wir, die wir als einzelne nach dem Holocaust leben, wenn wir nicht unsere Erinnerung hätten, die uns mit den anderen verbindet – den *Sinti-Roma*, den Homosexuellen, all jenen, die von den Nazis als ›Untermenschen‹ eingestuft wurden –, und wenn wir uns von ihren Leiden ganz gelöst hätten?

Als Juden betrachten wir uns als das Volk der Geschichte. ›Geschichte‹ bedeutet für uns die Generationen, die uns vorangegangen sind, wie es in dem hebräischen Wort für Geschichte, *Toledot*, zum Ausdruck kommt. Wir sind mit der Vergangenheit ebenso verbunden wie mit der Gegenwart, mit all den Menschengeschlechtern in ihrer Not wie in ihren Triumphen. Wir feiern die Schöpfung selbst. Wie aber könnten wir dies tun ohne die Gabe der Erinnerung? Wenn wir Gott in unseren Gebeten bitten, der Verdienste unserer Ahnen zu gedenken, bis hin zu Abraham und seiner Bereitschaft, seinen Sohn Isaak zu opfern, so steckt dahinter nicht die Vorstellung, daß Gott sich nicht erinnern könnte, wir halten nur liturgisch fest, daß *wir* unsere Vergangenheit nicht vergessen haben. In unserer heutigen Welt, nachdem wir durch den Holocaust sehr viel weniger geworden sind, ist es ein Gefühl des Verlustes, Juden zu begegnen, die vergessen haben, daß sie Juden sind. Auch wenn wir ihnen das Recht zugestehen, sich von uns loszusagen, drängt sich uns doch die Empfindung auf, daß sie ein Stück ihres Menschseins aufgegeben haben. Wir beobachten, wie die jüdische Gemeinschaft in der ganzen Welt durch Mischehen und Assimilation immer mehr schrumpft. Es gibt auch Juden, die sagen, daß sie *wegen* der Erinnerung an den Holocaust aus der jüdischen Gemeinschaft ausscheiden wollen; doch das hieße, den Glauben an die Menschheit zu verlieren, und ist gleichbedeutend mit einer Haltung völligen Mißtrauens gegenüber einer Welt, in der sie offenbar einen weiteren Holocaust erwarten. Die Antwort auf solche Ängste muß eine Bejahung der jüdischen Identität sein, ein Bekenntnis zum Vertrauen auf Gott und auf die göttliche Schöpfung.

Wir sind miteinander durch unsere Erinnerung verbunden, und die Augenblicke ontologischer Angst, die wir erleben, dürfen unsere Identität nicht zerstören. Deshalb ist die Alzheimer-Krankheit solch ein dunkler Spiegel der menschlichen Seele, die an den zerbrechlichen Körper gebunden ist. Ich sehe den Schmerz der Kinder der Eltern, die an dieser Krankheit leiden – der Gedächtnisverlust der Eltern zerstört auch die nächste Generation, die ihre Erinnerung braucht. Elie Wiesels neuer Roman *The Forgotten* (1992) beschreibt das enge Verhältnis zwischen Vater und Sohn, die in dieser Finsternis gefangen sind. Ohne auch nur ein einziges Mal den Namen der Krankheit zu nennen, schildert er sie doch in allen Einzelheiten:

»So wurde Elhanan zum hilflosen Zeugen seiner eigenen Zerstörung. Vergeßlichkeit war für ihn der Tod nicht nur des Wissens, sondern auch der Vorstellungskraft und damit der Erwartung. In seinem Zustand geistiger Auflösung, in dem er vergeblich darum kämpfte, die Kontrolle über seine Handlungen zu behalten, Zeit in Bewußtsein zu verwandeln, stellte er sich ständig irgendwelche Aufgaben: Wie hieß der Mann, der ... Was geschah an dem Tag, als ... Sein Verstand, noch immer klar, hütete einen täglich weiter schrumpfenden, zusehends geringer werdenden Erinnerungsschatz. Ein riesiger schwarzer Schwamm saugte die Worte und Bilder in seinem Gehirn auf. Die Zeit floß nicht länger dahin, sondern stürzte in einen gähnenden Abgrund. Überwältigt von einem Gefühl der Unentrinnbarkeit, gelangte Elhanan zu der Überzeugung, daß das Ende nahe war. Er verlor seine Orientierungspunkte. Vergeßlichkeit war eine schlimmere Geißel als Wahnsinn; wer daran krankt, ist nicht irgenwo anders, er ist nirgendwo. Er ist nicht ein anderer, er ist keiner.«[10]

Solange wir *jemand* bleiben, solange Erinnerung da ist, bleiben wir mit der Menschheit verbunden, und wir können uns an die Leiden anderer erinnern.

Die ›Reiter in die Morgendämmerung‹ haben uns gelehrt, daß das, was sie erfahren haben, unsere Erfahrung ist, und daß wir für immer zu ihrer kleinen Schar gehören. Sie haben ihre Qual und ihren Schmerz in Dichtung und Theologie verwandelt, und das hat es ihnen ermöglicht, vorwärts zu gehen. Wir können das, was sie uns geschenkt haben, nicht annehmen, wenn wir nicht bereit sind, das ganze Erbe anzutreten, das des Kummers ebenso wie das der Freude. Die Reiter lehren uns Selbsterkenntnis, lehren uns, den Dämonen, die in uns lauern, nicht auszuweichen. Wir nehmen unsere Schatten mit. Der deutsche Dichter Adalbert von Chamisso hat die Figur des Peter Schlehmihl geschaffen (sicherlich verwandt mit der jüdischen Linie der Schlemihle), der seinen Schatten an den Teufel verkaufte und dies bitterlich zu bereuen hatte. Viele Menschen im Nachkriegsdeutschland taten im Grunde nichts anderes in ihrem Bemühen, der Vergangenheit auszuweichen; und auch wir versuchen es, jeden Tag. Gerade deshalb ist die Betonung, die im Judentum auf dem Erinnern liegt, so lebenswichtig für die jüdische Identität. *Jiskor*: Der liturgische Vorgang des Gedenkens an die geliebten Verstorbenen ist ein unverzichtbarer Teil unserer Tradition. Und unsere persönliche Frage nach unserer Identität beginnt mit dieser inneren Reise zu unseren Ursprüngen.

Lassen Sie uns einen Augenblick bei diesem Gedanken bleiben. In einer zersplitterten, ungewissen Welt der sich verschiebenden Grenzen ist die Suche nach den eigenen Wurzeln für Einzelpersonen wie für ganze Gemeinschaften zu einem wichtigen Unterfangen geworden. Wir wehren uns gegen die vorgefertigte Identi-

10. *E. Wiesel*, The Forgotten. New York 1992, 197-98.

tät, in die uns die Gesellschaft zu pressen versucht, wehren uns gegen die Zuweisung eines bestimmten Platzes innerhalb der organisierten Struktur der Gesellschaft und der Arbeitswelt. Am stärksten aber wehren wir uns gegen die totalitären Staatssysteme, die so viele Menschen in Osteuropa ihrer persönlichen Identität beraubt haben. Als Folge dieser Gegenbewegung haben ethnische Gemeinschaften versucht, auf der Grundlage ihrer Vergangenheit neu anzufangen. Das hat zu schlimmen Auswüchsen geführt, weil damit zugleich auch alte Feindschaften wiederbelebt werden – sieht es doch so aus, als würde Mitteleuropa für die nächste Dekade zum Schlachtfeld von Minderheiten, die nach Unabhängigkeit streben. Das alles geschieht nicht unabhängig von uns. Nachdem wir uns verloren haben, müssen wir uns jetzt als Menschen wiederfinden. (Was keineswegs eine Rechtfertigung für die Geschehnisse in Bosnien ist!)

Die ›Reiter in die Morgendämmerung‹ haben aufs Ganze gesehen diesen Weg zu sich selbst durch die Entscheidung für eine bestimmte religiöse Richtung zu bewältigen versucht. Nachdem sie gegen alle Widrigkeiten zu ihrer Identität gefunden hatten, konzentrierten sie sich auf jene Aspekte ihrer Tradition, die ihnen in einem Zeitalter des Unglaubens und der amorphen Identität hilfreich sein konnten. Ich denke hier an Nelly Sachs, die sich langsam einen solchen Lebensfaden zurück in die Vergangenheit spann, indem sie sich den mystischen Texten zuwandte, die in ihrer Familie unbekannt gewesen waren, und sich so einen Raum in den elysischen Gefilden der Dichtung schuf, in dem sie eine wenn auch zerbrechliche Sicherheit finden konnte. Nur wenige von uns können so vollständig in der Welt der Worte leben; doch für viele, deren Vorlieben und Temperament sie ohnehin von der Masse isolieren, ist dies zu einem gangbaren Weg geworden. Abba Kovner wiederum wandte sich seinem Volk zu und verknüpfte sein Leben mit dem seiner Volksgenossen in einem aktiven Engagement, das ihn zu einer öffentlichen Person machte und wenig Raum für ein Privatleben ließ. Auch dies war ein Weg von vielen. Der Pfad kann auf zwei Arten über die Religion führen: als Entschluß, ein bestimmtes Paradigma religiösen Glaubens, das sich im Holocaust bewährt hat, anzunehmen, oder als Unterordnung unter die Gruppendisziplin einer Gemeinde, in der man die ganze Sicherheit und Geborgenheit eines gemeinsamen jüdischen Schicksals findet. Hier kann ein weltlicher Glaube neben tief traditionellen Glaubensüberzeugungen stehen, und beide erleben die Triumphe und Weiterentwicklungen der Gemeinschaft gleichermaßen und leiden umgekehrt auch unter dem gleichen Schmerz an der gemeinsamen Vergangenheit und Gegenwart.

Daneben gibt es auch den Weg des Zweifels.

Und den Weg des völligen Unglaubens, der lernen möchte, wie man in der Finsternis lebt, da er keinen Fluchtweg aus der Nacht sieht.

Die ›Reiter in die Morgendämmerung‹ sind all diese Pfade geritten, immer auf das Licht zu. Manchmal sehen wir vielleicht einen von ihnen zu uns zurückkommen. Sind sie Kafkas Reiter, gestiefelt und gespornt, Boten des Königs, die das überschattete Königreich in alle Richtungen durchqueren? Oder haben sie einen neuen Weg gefunden, der zunächst die Rückkehr in die äußerste Finsternis verlangt? Nur wenn wir ihnen folgen, können wir die Wahrheit entdecken. Die anderen ziehen eine andere Straße. Wem sollen wir uns nun anschließen?

Die Entscheidung liegt immer bei uns.

Wir alle beginnen am selben Ausgangspunkt: mit der Selbsterkenntnis und der Annahme der Finsternis, in die wir hineingeboren wurden. Ijob verfluchte den Tag seiner Geburt, ›die Nacht, da man sprach: Ein Knabe kam zur Welt‹. Noch immer am Leben nach all dem Unglück, das über ihn gekommen war, mußte er sich entscheiden, welche Richtung er einschlagen wollte. Eine Woche lang hatte er in völligem Schweigen dagesessen, nach außen hin ein Bild der Apathie und Resignation, was den Zuschauern in dieser Situation als eine ganz natürliche Reaktion erschien. In Ijob stieg eine ungeheure Bitterkeit gegen die religiöse Tradition auf, die seine Freunde repräsentierten. In dem anschließenden Gespräch legten sie dar, daß sie die Wahrheit wüßten, die sie aus den theologischen Büchern ihrer Zeit gelernt hätten. Leiden war Gottes Strafe für den Sünder, und Ijob litt, also war er ein Sünder. Soll er doch zur Tradition zurückkehren, seine Sünden bekennen, und schon wird auch sein Leiden beendet sein. Als Mittelweg wurde ihm die Erklärung angeboten, daß Leiden läutert. Wenn er die Wahrheit seiner Sündhaftigkeit nicht akzeptieren wolle, so solle er doch wenigstens das reinigende Potential seiner schweren Prüfung erkennen und ein besserer Mensch werden, der auch den Leiden anderer Verständnis entgegenbringt.

Ijob aber traf seine eigene Entscheidung. Ausgehend von dem, was ihm widerfuhr, verwarf er die Antworten, die ihm angeboten wurden. Das Buch Ijob ist ein existentialistisches Buch unter den religiösen Büchern. Jeder Mensch kann sich Gott direkt, ohne einen Mittler, nähern. Ijob forderte Gott heraus und stellte ihn in Frage. Apathie hätte ihn innerlich verbrannt; so aber brach sich der Zorn in ihm Bahn. Er war an jenem Punkt angelangt, wo der Mensch spürt, daß er das Recht hat, Gott persönlich und unmittelbar zu fragen und eine persönliche Antwort zu erhalten. Das war ein großer Schritt, ein Verlassen des schützenden Umfelds. Und tatsächlich – Gott antwortete Ijob und rechtfertigte damit Ijobs Handlungsweise gegen die Ratschläge der Freunde, die ihm zur Unterwerfung geraten hatten. Ijob hörte die Morgensterne singen und er entdeckte, daß es Sinn und Erfüllung im Leben geben kann, selbst dann noch, wenn die absolute Finsternis Leib und Seele berührt hat. Ijob war, wie wir aus dem Text wissen, kein Jude. Er konnte seine Leiden nicht der Lehre vom ›Leidenden Gottesknecht‹ zuordnen, die das jüdische Volk und seine Propheten verpflichtet, die Last stellvertretender Sühne für die Sünden der Menschheit zu tragen. Ijob war einfach er selbst. Er war Partner in dem Schöpfungsbund, in dem die Menschheit die Aufgabe übernommen hat, gemeinsam mit Gott die Welt besser zu machen. Doch ein Partner darf auch Fragen stellen. Ijob fragte, und Gott antwortete ihm.

Wa-jomer Elohim – ›Und Gott sprach ...‹. Es gibt die Geschichte von dem chassidischen *Rebbe*, dem man die Aufgabe der Toralesung bei den Gottesdiensten nicht anvertrauen konnte. Jedesmal, wenn er an jene häufigste aller Wendungen im Pentateuch, ›und Gott sprach‹, kam, geriet er in Ekstase. ›Gott sprach!‹ ›Er sagte wirklich ...‹; ›Er hat uns angesprochen‹; ›Gott sprach zum Menschen ...‹ – so ging es immer weiter. Und warum auch nicht, ist dies doch das Fundament und die Wahrheit der Religion. In weit stärkerem Maße als der philosophische Schluß, daß die Vernunft den Schöpfer des Universums fassen kann, ist dieses ›Gott sprach‹ die Aussage des Glaubens, daß Gott sich nicht von der Welt oder von den zahllosen Welten, die er vielleicht mittlerweile geschaffen hat, zurückzieht – daß Gott sich um uns kümmert, daß er in unsere Welt hineinkommt und wir ihm wichtig sind. ›Und Gott sprach ...‹.

Was sagte Gott zu Ijob, und was sagt er zu uns nach dem Holocaust? Die biblische Antwort, die Ijob erhielt und die dem modernen Menschen nicht so besonders behagt, lautete, daß der göttliche Heilsplan das menschliche Verstehen übersteigt und daß Ijob sein Vertrauen auf Gott setzen soll. Die konventionelle Auslegung des Buches Ijob sieht darin eine Tyrannei, die sich über den menschlichen Geist hinwegsetzt und blinden Gehorsam von uns verlangt. Der traditionelle Glaube – und auch der Unglaube – sehen in Gottes Anrede an Ijob aus dem Sturm eine Bestätigung jenes unüberbrückbaren Unterschieds zwischen Gott und den Menschen, den man entweder hinnehmen kann oder ablehnen. Doch das Buch Ijob selbst ist ein existentialer Text, in dem Ijob gerechtfertigt wird, weil Gott die Einwürfe der Freunde beiseitewischt und Ijob direkt anredet. Ijobs Schweigen nach dieser Begegnung war ein anderes Schweigen als sein Verstummen vor seinem Ausbruch. Am Anfang wollte er verstehen, am Ende hatte er begriffen. Das ist das Zeugnis Ijobs, das wir in unser Leben hineinnehmen können.

Ijob ist nicht die Antwort auf den Holocaust. Und wir suchen heute auch nicht im Buch Ijob Unterweisung. Dieses Buch ist da für den einzelnen, der durch die Finsternis gegangen ist. Wir, die wir nicht auf diese Art gelitten haben, sind nicht ermächtigt, seine Antwort zu der unseren zu machen. Natürlich können wir in Ijob einen ›Reiter in die Morgendämmerung‹ sehen – doch dazu müssen wir ihm zuerst einmal durch die Finsternis folgen. Die Antwort Ijobs läßt sich nicht leicht übertragen; und wir können auch nicht so tun, als seien wir Kinder Ijobs.

Vielleicht sind wir eher die Kinder Ezechiels, jenes Propheten, der nach dem Holocaust seiner Zeit lebte und versuchte, die Wunden des jüdischen Volkes zu verbinden. Er lehrte die Kinder Israel, im Exil zu leben, im fremden Land zu beten und sich an einem neuen Ort einzurichten, an dem das jüdische Leben gedeihen konnte. Und er lehrte das Volk in der Vision vom ›Tal der Gebeine‹, daß Israel wieder zum Leben erwachen würde, daß es wieder in seinem eigenen Land leben würde, weil dieses Land Teil jüdischer Existenz ist. Ijob und Ezechiel teilten die grundlegende Erfahrung des *Homo religiosus*: Gott trat in einen Dialog mit ihnen, und damit erhielt das Leben des einzelnen und das des Volkes jene religiöse Dimension, die wir als das Herzstück jüdischen Lebens begreifen – die Gotteserkenntnis. So komme ich am Ende unserer langen Reise zurück zum traditionellen Standpunkt eines Menschen, der glaubt und von Gott, der Tora und Israel redet, weil sie Teil meines eigenen Platzes in dieser Welt sind, von dem aus ich auf dem Weg bin – von der völligen Verzweiflung zu einem gemäßigtem Optimismus.

Vor meinen Augen steigt die Vision von Israel auf, wie sie im ersten Kapitel des Buches Numeri gezeichnet ist: Jeder Stamm folgt seiner Fahne, angeführt von seinen Führern – die Juden außerhalb von Israel, die sich durch ihre vielen Beiträge und ihre Unterstützung der jüdischen Gemeinschaft in Israel ihren Platz im Volk Israel geschaffen haben.

Volk – das hat nichts mit ethnischer Zugehörigkeit zu tun, sondern mit der Zugehörigkeit zur Ganzheit des jüdischen Volkes, mit dem stolzen Anspruch auf jüdische Identität, die nicht unbedingt mit der traditionellen Halacha übereinstimmen muß. Es gibt Grenzen: Jeder folgt seiner eigenen Fahne, seinem eigenen Maßstab. Der ›Messianische Jude‹, der ›Jude für Christus‹ hat sich einer anderen Schar angeschlossen, die vielleicht auch ihren Weg in die Morgendämmerung findet, im Verbund mit anderen Gemeinschaften; einen Weg, der dennoch parallel zu dem unseren verläuft. Die Messianischen Juden haben den Grundstein jüdischer Volkszugehörigkeit verworfen, und ich habe aufrichtiges Mitgefühl mit ihrem einsamen Weg, auf dem sie oft Ablehnung erfahren, von der Christenheit gleichermaßen wie vom Judentum. Das jüdische Volk wird von Gott definiert, nicht nur vom einzelnen. Meine traditionalistisch ausgerichteten Freunde sind traurig über meine Haltung, doch sie betrachten mich als Juden, nicht nur wegen meiner Abstammung, sondern auch aufgrund meines Glaubens: eines irrenden Glaubens zwar, der sie aber doch immer noch hoffen läßt, daß ich eines Tages ›bereuen‹ werde. Das werde ich zwar nicht, aber ich gehöre dennoch zum jüdischen Volk.

Das ist der Weg, auf dem *ich* der Morgendämmerung entgegengehe. Ich folge vielen der ›Reiter in die Morgendämmerung‹, allerdings nur denen, die mich in jene Generalrichtung führen, die mir meine liebsten Gefährten gewiesen haben. Elie Wiesel, mein *Rebbe*, hat verstanden, daß mein Lebensmuster sich von dem seinen unterscheidet, daß das Paradigma, das ich mir erarbeitet habe, von anderen Ländern und Situationen gespeist ist als das seine. Doch er schaut auf das Herz, auf die Absicht, und läßt mich gelten. Wie kann ich weitergeben, was ich auf meinem Weg gelernt habe? Treffen Sie Ihre eigene Wahl. Wählen Sie Ihren eigenen ›Reiter in die Morgendämmerung‹, dem Sie folgen können. Doch bleiben Sie nicht nur bei einem; wir brauchen viele Freunde auf der Reise. Dann sind da noch die Dichter, die uns mit der jähen, glühenden Schönheit konfrontieren, die mehr ist als eine Vision der Nacht – Ijob, der die Morgen-

sterne singen hört. Da sind die Philosophen, die uns vom Gedanken der Erb-
sünde abbringen und uns zur Annahme der menschlichen Schwäche und eines
Lebens im Exil bewegen: ›Wir sind aus krummem Holz geschnitzt‹, um Kants
Metapher zu gebrauchen, ›und verdienen es nicht, ein sorgenfreies, glückli-
ches, freies Leben zu führen.‹ Denken Sie nicht, daß diese Aussage absurd sei.
Sie stammt von einem großen zeitgenössischen Denker, Leszek Kolakowski.
Er hat mir einmal vorgeführt, daß es leichter ist, an den Teufel zu glauben als an
Gott – aber ich wollte keinen leichten Glauben. Trotzdem, lesen Sie Kolakow-
skis Buch *Religion* und entdecken Sie neue Alternativen.

Ich habe versucht, Ihnen in diesem letzten Abschnitt meine persönliche Odyssee zu schildern. Sie begann in der Verzweiflung. Anders als bei vielen anderen
führte sie nicht durch ein Konzentrationslager, wenn auch die Vorhöfe der Hölle schon schlimm genug sind. Und ich war von Kindheit an geborgen und beschützt durch die Bindung an meine Mutter (noch heute habe ich etwas gegen
die Witze über die jüdische Mutter, auch wenn ich sie selbst erzähle). Ich muß
außerdem gestehen, daß ich immer viel Unterstützung in meiner Umwelt gefunden habe, und das hatte natürlich Folgen für die Erstellung meines persönlichen philosophischen Paradigmas für eine dunkle Zeit wie unsere. Ich habe
mich von der anfänglichen Verzweiflung zu einem gemäßigten Optimismus
hin entwickelt, der mir Hoffnung für die Welt gibt und mich an den Mitmenschen glauben läßt.

Wir Menschen heute haben unseren Weg verloren. Wie komme ich dann dazu
zu behaupten, daß der Silberstreif der Morgendämmerung am Horizont zu sehen
sei? Die einfachste Antwort auf diese Frage ist, daß ich Jude bin. In uns Juden
steckt eine Lebensfreude, die aus unserer Gemeinschaft erwächst und aufbaut auf
dem Wissen, daß wir Überlebende sind und einander vertrauen können. Natürlich
werden wir Enttäuschungen erleben, aber es wird nicht nur Enttäuschungen geben. Man kann nicht im Mißtrauen leben. Wir wissen, daß wir in einem Bund
leben und daß wir unserem Bundespartner, Gott, vertrauen können. Und natürlich
werden wir auch darin enttäuscht werden. Über uns selbst, über die Situation, in
der wir uns befinden, über den Kummer, der über uns kommt. Das liegt zum Teil
daran, daß wir uns selbst nicht ganz begreifen und Freude ohne Vorleistung verlangen – das, was Bonhoeffer die ›leichte Gnade‹ nannte.

Ich werde in meiner Reise Erfüllung finden, auch wenn ich nicht ans Ziel komme. So vieles geschieht schon auf dem Weg, so viele Begegnungen warten auf
uns. Viele der ›Reiter in die Morgendämmerung‹, von denen wir lernen, sind ebenfalls nicht ans Ziel gekommen, doch sie sandten ihre Botschaft voraus aus der
Finsternis, dem Licht entgegen. Es ist wichtig, daß ihre Stimmen vernommen
werden. Wir, die Erinnerer, werden ihr Leben bewahren und die Finsternis bekla-
gen, die sie zerstörte. Wir werden uns aber auch die Freude nicht nehmen lassen
an dem Guten, das Bestand hat.

Glossar der hebräischen Termini

Akeda ›Die Prüfung‹. Der Begriff bezieht sich auf die Prüfung Abrahams durch Gott bei der ›Bindung Isaaks‹.

Alija ›Hinaufgehen‹. In alter Zeit der »Aufstieg« der frommen Juden zum Tempel in Jerusalem, heute, unter dem Einfluß des Zionismus, die Rückkehr der Juden nach Erez Jisrael.

Alma ›Junge Frau‹ (biblischer Begriff).

Amida ›Stehgebet‹. Der Hauptteil der jüdischen Liturgie.

Apikoros ›Fragender‹, ›Herausforderer des Glaubens‹.

Baale Teschuwa ›Reuige‹. Der Terminus bezeichnet heute assimilierte Juden, die zur streng orthodoxen Praxis zurückgekehrt und damit ›wiedergeboren‹ sind.

Battai ›Töchter‹.

Bethula ›Jungfrau‹.

Bi'sh'gaga ›unabsichtlich‹.

Benej Rachamim ›Söhne der liebenden Güte‹. *Benei Rachamim* sind jene, die den jüdischen Grundsatz, allen Menschen Barmherzigkeit zu erweisen, befolgen.

Chasside umot ha-Olam ›Die Gerechten unter den Völkern der Welt‹. Das sind Menschen, die während des Holocaust Juden das Leben gerettet haben.

Chesed ›Mitleid, Erbarmen‹ oder ›liebende Güte‹.

Chewlej ha-Maschiach ›Das Leiden des Messias‹. Das bezieht sich auf die Vorstellung, daß das Leiden Teil der Aufgabe des Messias ist.

Churban ›Zerstörung‹. In der religiösen Literatur kann sich dieser Terminus auf den Holocaust beziehen, daneben aber auch auf die Zerstörung des Ersten und Zweiten Tempels.

Dajanim ›Richter‹. Heutzutage sind mit *Dajanim* die Gelehrten gemeint, die die orthodoxen rabbinischen Gerichtshöfe bilden.

Din Tora ›Regelung eines Rechtsstreits‹ vor einem rabbinischen Gerichtshof. Der Terminus bezeichnet manchmal auch einen Streit mit Gott.

Dybbuk ›Böser Geist‹. In der Lehre von der Seelenwanderung ist ein *Dybbuk* der Geist eines Toten, der sich eines Lebenden bemächtigt.

El Mistater ›Der sich verbergende Gott‹ der Mystik – ein Gott, der sich zu einem bestimmten Zeitpunkt der Geschichte für eine Zeitlang von der Menschheit zurückgezogen hat.

El mole Rachamim Eröffnungsworte des Gebets in der Begräbnisliturgie; sie verweisen auf den Gedanken, daß der Seele durch den Gott des Erbarmens das ewige Leben verliehen wird.

Emuna ›Glaube‹.

En sof ›Der Unendliche‹. Eine grundlegende Lehraussage über den transzendenten Gott. (?)

Galut ›Exil‹. Ein Terminus, der sich auf die Juden außerhalb Israels beziehen kann. Er bedeutet ›fern von Gott leben‹.

Ge'ula ›Erlösung‹.

Golem Eine mythische Gestalt. Der ›Golem von Prag‹ wurde von Rabbi Löw aus Lehm geformt und belebt, um den Menschen zu dienen. Der Terminus kann auch spöttisch auf einen tolpatschigen Menschen angewandt werden.

Aggada Das Buch, aus dem in der jüdischen Familie beim Passaseder, wenn die Geschichte des Exodus nacherzählt wird, vorgelesen wird.

Halacha ›Der Weg des Gesetzes‹ nach der Tradition der Rabbinen, der aus den halachischen Ausführungen in den talmudischen und nach-talmudischen Texten hervorgeht.

Ha-Maschiach ›Der Gesalbte‹. Der Messias aus dem Geschlecht Davids. David.

Ha-Rachamim ›Der Barmherzige‹. Ein Terminus für Gott.

Chassidimus (Adj. *chassidisch*). Eine Bewegung, die im 18. Jahrhundert im osteuropäischen Judentum einsetzte und großen Wert auf Frömmigkeit und religiöses Studium legt.

Ha-Zur tamim ›Der Fels, er ist vollkommen‹. Teil der Begräbnisliturgie.

Illui ›Erleuchteter‹. Wunderkind, oft ein Talmudschüler.

Jemach schemo ›Möge sein Name ausgelöscht werden‹. Ein Fluch.

Jeschiwa ›Ort des Lernens‹ im jüdischen Leben. Kann sich auf eine Rabbinerschule beziehen.

Jetzer ›Trieb‹. *Jetzer ha-Tow* bedeutet ›guter Trieb‹; *Jetzer ha-Ra* ist der ›böse Trieb‹.

Jisrael Mensch Bild des frommen Juden, das der deutsche Lehrer S.R. Hirsch gebrauchte.

Jiskor Gedenkgebet für die Toten.

Jom ha-Shoa Gedenktag für den Holocaust, im April

Jom-Kippur Versöhnungstag. Der heiligste Tag im jüdischen Kalender, ein 25-stündiges Fasten.

Kabbala ›Das, was empfangen wurde‹. Ein Terminus technicus für die jüdische Mystik.

Kahal Organisationsform jüdischer Gemeinden in Polen.

Kal wechomer ›Vom Leichten zum Schwierigen‹. Schlußfolgerung in der rabbinischen Hermeneutik.

Kehilla ›Gemeinschaft‹, ›Gemeinde‹.

Kellal Jisrael ›Ganz Israel‹ – das Leben der jüdischen Gemeinschaft.

L'rej-acha ›Dein Nächster‹.

Mathmid ›Schüler‹. Meist ein leidenschaftlicher Talmud-Schüler.

Midrasch ›Auslegung‹. Das Genre der rabbinischen Literatur, das Predigten, Legenden und andere Auslegungen der biblischen Texte umfaßt.

Mipne chattaenu ›Wegen unserer Sünden‹.

Mischna ›Lehre‹. Sammelbezeichnung von 63 Traktaten, eingeteilt in sechs Hauptabschnitte, die um 200 u.Z. als eine Quelle jüdischer Gesetzestexte zusammengetragen wurden.

Palmach Die ›Stoßtruppen‹ der israelischen Armee.

Rabbiner ›Mein Lehrer‹. Der Terminus technicus bezeichnet gewöhnlich den religiösen Leiter einer jüdischen Gemeinde. Dieser Titel kann nur durch andere Rabbiner verliehen werden, und zwar nach einer sorgfältigen Prüfung der Kenntnisse des Rabbinatsstudenten in der jüdischen Tradition.

Rebbe Diminutivform von ›Rabbiner‹; in Osteuropa ein Ehrentitel, vor allem für die chassidischen Lehrer.

Schechina ›Einwohnung Gottes‹ Terminus für die Gegenwart Gottes in der Welt.

Seder Zeremonielles Mahl in der ersten Nacht des Passafests.

Schabbat Der Sabbat, der siebte Tag der Woche, der Ruhetag.

Schakla w'tarja ›Rabbinische Beweisführung‹ im Talmud.

Schelilat ha-Galut, schelilat had-Gola ›Ablehnung des Exils, der Diaspora‹.

Shoa Terminus technicus für den Holocaust.

Sinti-Roma Zwei größere Stämme einer Volksgruppe, deren Angehörige meist als ›Zigeuner‹ bezeichnet werden.

Statlanut ›Vertretung‹.

Tallit Der traditionelle jüdische Gebetsschal.

Talmud Nach dem Abschluß der *Mischna* wurde in Schulen in Babylon und Palästina weiterhin über ihren Gehalt und ihre Beziehung zu anderen Quellen diskutiert. Die Berichte über diese Diskussionen sind, gemeinsam mit dem Text der *Mischna*, als *Talmud* bekannt. Die babylonische (und authentischere) Version wurde im 6. Jahrhundert abgeschlossen; die palästinische etwa 150 Jahr später.

Techiat ha-Metim ›Die Auferstehung der Toten‹. Ein alter jüdischer Glaube.

Tenach Das Gesamt der hebräischen Bibel, mit den drei Teilen: Tora (Pentateuch), Newiim (Propheten) und Ketuwim (Schriften).

Teschuwa ›Buße‹ und damit auch ›Umkehr‹.

Tischa be-Aw Der neunte Aw, der Tag der Trauer über die Zerstörung des Tempels in Jerusalem (durch die Babylonier im Jahr 586 v.u.Z. und durch die Römer im Jahr 70 u.Z.).

Tochacha ›Ermahnung‹; meist durch Gott.

Toledot ›Geschichte‹.

Tora ›Unterweisung‹. Das hebräische Wort für ›Pentateuch‹. Es kann sich auf auf das Gesamt der jüdischen Überlieferung beziehen (mit dem Pentateuch als ›schriftliche‹ und dem Talmud als ›mündliche‹ Tora).

Tremendum Ein theologischer Terminus. Das M*ysterium tremendum* meint das Unbeschreibbare, Unsagbare, das in der Offenbarung erfahren wird. Der Holocaust wird häufig als das *Tremendum* des Bösen bezeichnet, das nie ganz begriffen oder beschrieben werden kann.

Wa-jidom ›Und er schwieg‹ (Aaron). Kurzer Schriftvers, der das Schweigen Aarons angesichts des Todes seiner Söhne beschreibt.

Wa-jomer Elohim ›Und Gott sprach‹. Die häufigste Wendung überhaupt im Pentateuch.

Zaddikim ›Gerechte‹. Kann sich auf chassidische Führer beziehen.

Zimzum Die chassidische Lehre von dem Gott, der sich zurückzieht, um seiner Schöpfung Raum zu geben.

Bibliographie

Vorbemerkung

Für den gründlichen und engagierten Leser dieses Buches ist eine Bibliographie eigentlich unnötig. Die zahlreichen Zitate im Text sind gleichsam Steine des Weges in eine literarische Welt, in der der Versuch gemacht wurde und wird, das Unbeschreibbare zu beschreiben. Dabei öffnen sich immer wieder neue Seitenwege, auf denen wir Unbekanntes entdecken. Von daher ist die folgende sehr willkürliche Literaturliste als ein Versuch zu sehen, auf Autoren zu verweisen, deren Gedanken uns auf unserem Weg wichtig werden könnten. Das theologische und nicht-theologische Denken nach der Shoa ist noch unfertig, noch im Werden begriffen. Die sich um dieses Denken mühen, greifen zum Teil nach einzelnem, um überhaupt etwas zu begreifen, verstehen sich als Lernende, die sich zugleich dem Lehren, dem Weitergeben verpflichtet wissen. So nenne ich ältere und neue Veröffentlichungen, um einstigen Lehrern Dank zu sagen und neue Lehrer vorzustellen.
Die Reise geht weiter ... und am Ende werden wir zusammenfinden.

Albert H. Friedlander

I. Theologisches Denken nach der Shoa

Bethge, Eberhard, Erstes Gebot und Zeitgeschichte. München 1991.

Brocke, Michael/Jochum, Herbert (Hrsg.), Wolkensäule und Feuerschein: Jüdische Theologie des Holocaust. München 1982.1993.

Ecclestone, A., The Night Sky of the Lord. London 1980.

Fackenheim, Emil, The Jewish Return into History. New York 1989.

Friedlander, A.H., Martin Luther und wir Juden (Als Bruder Martin sein Tintenfass nach mir warf); in: *Kremers, Heinz* (Hg.), Die Juden und Martin Luther/Martin Luther und die Juden. Langguth 1987.

Ginzel, G.B. (Hg.), Auschwitz als Herausforderung für Juden und Christen. Heidelberg 1980.

Marquardt, F.-W./Friedlander, A.H., Das Schweigen der Christen und die Menschlichkeit Gottes: Gläubige Existenz nach Auschwitz. München 1980.

Marquardt, F.-W., Von Elend und Heimsuchung der Theologie: Prolegomena zur Dogmatik. München 1992.

Metz, J.B., Theologie der Theodizee?; in: *Oelmuller* (Hg.), Theodizee: Gott vor Gericht?. München 1990.

Osten-Sacken, P.v.d. (Hg.), Glaube und Hoffnung nach Auschwitz. Berlin 1980.

– Ders., Katechismus und Siddur. Berlin 1984.

Rendtorff, R./Stegemann, E. (Hg.), Auschwitz-Krise der christlichen Theologie. München 1980.

Rubenstein, R.L., After Auschwitz. Baltimore 1992[2].

Rubenstein, R.L./Roth, John K., Approaches to Auschwitz. London 1987.

Wiesel, E./Friedlander, Albert H., Die sechs Tage der Schöpfung und der Zerstörung. Freiburg 1992.

Wiesenthal, Simon, Die Sonnenblume. Hamburg 1970.

II. Amerika

Berger, Alan, Crisis and Covenant: The Holocaust in American Jewish Fiction. SUNY 1985.

Dawidowicz, Lucy, The Holocaust and the Historians. Harvard U.P. 1981.

Gilman, Neil, Sacred Fragments: Recovering Theology for the modern Jew. JPSA, Philadephia 1990.

Goldy, Robert G., The Emergence of Jewish Theology in America. Indiana 1990.

Marmur, Dow, Beyond Survival. London 1982.

Marmur, Dow, On Being a Jew. London 1994.

M*eyer, Michael*, Jewish Identity in the Modern World. Washington 1990.

III. England

Kitaj, B., First Diaporist Manifesto. London 1989.

Sacks, Jonathan, The Persistence of Faith. London 1991.

Sicher, Efraim, Beyond Marginality: Anglo-Jewish Literatur after the Holocaust. SUNY 1985.

Wasserstein, Bernard, Britain and the Jews of Europe: 1939-1945. Oxford 1979.

Webber, Jonathan, Jewish Identities in the New Europe. London 1994.

IV. Deutschland

Böll, Heinrich, Feindbild und Frieden: Schriften und Reden 1982-1983. München 1987.

Bubis, Ignaz, Ich bin ein deutscher Staatsbürger jüdischen Glaubens. Köln 1993.

Christiansen/Thiele, Johannes (Hg.), Dorothee Sölle im Gespräch. Stuttgart 1988.

Gorschenek, G./Reimers, Stephan (Hg.), Offene Wunden – Brennende Fragen. Frankfurt 1989.

Hegewisch, H./Lasky, M. (Hg.), Der Monat. Neue Folge 297 »Die großen Kontroversen II« (Deutsche Vergangenheit und Gegenwart: Broder, H.; Friedlander, A.H.; Falter, J.) Weinheim 1986.

Homolka, Walter, Jüdische Identität in der modernen Welt: Leo Baeck und der deutsche Protestantismus. Gütersloh 1994.

Nachama, Andreas/Schoeps, Julius H., Aufbau nach dem Untergang: in memoriam Heinz Galinski. Berlin 1992.

Petuchowski, Jakob, Mein Judesein. Freiburg 1992.

Stüben, Jens/Wösler, Winfried/ Loewy, Ernst (Hg.), Wir tragen den Zettelkasten mit den Steckbriefen unserer Freunde: Beiträge jüdischer Autoren zur deutschen Literatur seit 1954. Darmstadt 1994.

Voss, R. v./Neske (Hg.), Versöhnung mit der Geschichte: Reden am 20. Juli 1984 in Berlin (Friedlander, Diepgen, K.v. Dohnanyi, R.v. Weizsäcker, H. Friedman).

Watson, Alan, The Germans: Who Are They Now? London 1992.

Wössner, Frank, Begegnungen. München 1993.

327

V. Frankreich

Améry, Jean, Nach fünftausend Zeitungsartikeln; in: *Daiber, H.*, Wie ich anfing ... 24 Autoren berichten von ihren Anfängen. Düsseldorf 1979.

Finkielkraut, Alain, Der eingebildete Jude. Frankfurt 1984.

Hallie, Philip, ... daß nicht unschuldig Blut vergossen werde: Die Geschichte des Dorfes Le Chambon. Langguth 1983.

Hendrix, H.H. (Hg.), Verantwortung für den anderen. Aachen 1984.

Levinas, Emanuel, Outside the Subject. London 1993.

VI. Israel

Avneri, Uri, Wir tragen das Nessos-Gewand: Israel und der Friede im Nahen Osten. Bonn 1991.

Becker, H./Niemöller, Jan/ Schwemer, Ulrich/Stöhr, Martin u.a. (Hg.), Der schwierige Weg zum Frieden: Der israelisch-arabisch-palästinensische Konflikt. Gütersloh 1994.

Ben-Chorin, Schalom, Mein Glaube – mein Schicksal. Freiburg 1984.

Bettelheim, Bruno, The Children of the Dream. New York 1969.

Neustadt, Anmon, Israels zweite Generation: Auschwitz als Vermächtnis. Berlin 1987.

VII. Retrospektive und Schlußgedanken

Boschki, Reinhold, Der Schrei: Gott und Mensch bei Elie Wiesel. Mainz 1994

– Ders., Trotzdem hoffen: Mit Johann Baptist Metz und Elie Wiesel im Gespräch. Mainz 1993.

König, Franz Kardinal/Ehrlich, E.L., Juden und Christen haben eine Zukunft. Zürich 1988.

Wiesel, Elie, Der Vergessene. Freiburg 1990.

– Ders., Juden heute. Wien 1987.

– Ders., Macht Gebete aus meinen Geschichten. Freiburg 1986.

– Ders., Gesang der Toten. Freiburg 1987.

Register